21世纪中国高校社会工作专业
系列教材

社会保障概论新编

New Introduction on the Social Security

丁建定　主　编

中国人民大学出版社
·北京·

21世纪中国高校社会工作专业
系列教材编委会

总 序

湖北是我国恢复、重建社会学最早的地区之一，至今已有超过35年的历史。华中工学院（现华中科技大学）在1980年就着手建立社会学学科，尔后武汉大学、华中农业学院（现华中农业大学）、江汉大学、华中师范学院（现华中师范大学）、湖北大学等都相继建立了社会学学科。湖北也是全国最早成立省一级社会学学会的省份之一。1980年年末，在刘绪贻先生、艾玮生先生等老一辈社会学学者的指导和领导下，成立了湖北省社会学学会，之后武汉市也成立了社会学学会。

湖北社会学的发展，多年来一直得到全国社会学界同仁们的大力支持，特别是几代前辈社会学家曾多次亲临湖北指导。费孝通先生领导成立中国社会学会，在1982年来湖北出席了在华中工学院举行的中国社会学会成立大会暨第一次全国年会，并到在华中工学院举办的全国社会学讲习班接见了全体学员，给一百多名学员授课。在20世纪八九十年代，王康先生不仅亲自领导组建了华中工学院的社会学所、社会学系，亲自组织举办了全国社会学讲习班，而且帮助、指导湖北省社会学学会的成立和建设，还多次出席湖北省社会学界的活动。在近十几年间，郑杭生先生亲自指导华中师范大学社会学学科建设、指导和培养学生，并数十次到华中农业大学、华中科技大学、武汉科技大学、武汉大学等高校，为师生授课、举办讲座，为湖北同仁作报告。陆学艺先生曾数次来湖北，为湖北省学术会议以及在湖北举办的全国学术会议作学术报告，到华中农业大学、华中科技大学为师生作报告。前辈社会学家和全国学界同仁对湖北地区社会学发展的鼎力支持，湖北社会学界的同仁们永远不会忘怀！

对于湖北地区社会学的发展，许多前辈先生做出了很大的贡献，有老前辈社会学者刘绪贻、艾玮生，有余荣珮、李守经、刘中荣、齐金堂、于真、水延凯、夏邦新、张勋、罗东山、严武、王福霖、周运清，还有刘崇顺、李振文、冯兰等，现在他们中的很多人已经去世，其他人也年事已高。正是这些前辈先生开创了湖北的社会学事业，领导和组织了湖北社会学界的学术活动，在高校和湖北省社会科学院领导组建了社会学教学、科研实体，并指导、培养、扶持了一批青年学者。湖北社会学界的晚辈同仁们，对前辈先生们的教导、指导和培养，都一直心存敬意和感激！

35年来，湖北社会学界在不断发展中形成和保持了优良的传统：精诚团结、真诚合作、广泛交流、相互学习。这个传统不仅使湖北社会学界的同仁共享了更多的学术资源，同时完成了多次成功的合作，而且获得了共同发展，也使学界的活动越来越兴旺、越来越具有人气。这个传统已经成为推动湖北社会学发展的一个强大动力。

“21世纪中国高校社会工作专业系列教材”的出版，是湖北社会学界同仁的又一次成功合作，各本教材的主编都是华中科技大学、华中农业大学、华中师范大学、武汉大学、武汉理工大学、中南民族大学的教授。这个合作得以实现有三个条件：一是得益于湖北社会学界的优良传统，同仁们之间乐于合作、易于合作。二是社会工作专业在湖北已有相当的发展，一些高校较早建立了社会工作专业，有着十几年的办学历史。目前，湖北已有十几个本、专科社会工作专业，八个社会工作硕士专业学位点，形成了一百多人的专业教师队伍。三是得到了中国人民大学出版社的支持和信任，特别是编辑宋义平的精心策划和组织工作。

这套“21世纪中国高校社会工作专业系列教材”约二十本，涵盖了社会工作专业的核心课程，还有一些选修课程，特别是有残障人社会工作、学校社会工作、医疗社会工作、农村社会工作这些比较“新”的课程。对于社会工作专业教学而言，这套教材不仅课程的覆盖面更广泛、更全面，而且显示了我国社会工作专业教育的发展水平，也显示了湖北地区社会工作专业发展方向的一些特点。

这套教材的主编和作者们都是实际承担社会工作专业教学的教师，而且大都积累有十余年的教学体会、经验，特别是有多次指导、督导学生专业实习的经验，许多人还有创办社会工作服务机构、完成专业社会服务项目的经历和经验，他们不仅是社会工作的教学者，也是社会工作专业社会服务的实践者和带领者，至少可以说是目前我国“比较成熟”的社会工作专业教师。这些教师编撰的教材，已不再是仅有社会工作理论和方法的一些概念，而是融入了他们专业教学、专业社会服务实践的经验和成果。因此，这套教材的特点在于：更具有社会工作的实务性、应用性，更具有社会工作理念、价值观的社会实践性。同时，大部分教材中都安排有“案例”、“批判性思考问题”、“知识窗”等栏目，这在引导学生课外阅读、思考社会服务实践中的问题、拓展知识面及培养社会学想象力等方面，都能起到很好的作用。我相信这套教材会对社会工作专业的教学大有裨益。

在这套教材的编撰者中，大概只有我本人不那么专业，组织大家共同编写这套教材，只是我乐意为同仁们之间的合作做点事情，特别是乐意为社会工作专业的发展做点事情，而且我在负责华中科技大学社会学系建立、建设社会工作专业的十几年间也积累了一些经验，更是信任同仁们之间的乐于合作、易于合作。

雷　洪

2016年1月1日于喻家山

修订说明

2006年版《社会保障概论》主要包括导论和八个部分，即社会保障发展论、社会保障思想论、社会保障构成论、社会保障模式论、社会保障基金论、社会保障管理论、社会保障目标论和社会保障改革论。本教材出版后，以其“重视知识性，注意理论性，关注现实性，强调条理性，追求创新性，体现概论性”的编写原则，得到相关学校社会保障专业师生的较高评价。

随着社会保障事业和专业的不断发展，对原有教材进行修订的必要性逐渐明显，本教材在遵循2006年版教材编写原则的基础上进行了较大修订，除补充近十年社会保障理论、制度与学术研究的最新进展以外，对其核心内容做了较大调整和修订。修订后的教材主要包括导论和十个部分，即社会保障环境论、社会保障思想论、社会保障发展论、社会保障改革论、社会保障法制论、社会保障构成论、社会保障模式论、社会保障基金论、社会保障管理论和社会保障功能论。

目 录

第四章　社会保障改革论

第五章　社会保障法制论

第六章　社会保障构成论

第七章　社会保障模式论

第八章　社会保障基金论

第九章 社会保障管理论

第十章 社会保障功能论

导　论

导论要点： 阐述社会保障概念的基本内涵，中国社会保障研究的发展变化，社会保障研究的基本方法。

关键概念： 社会保障；社会保障基本原则；社会保障研究

一、社会保障的概念与原则

（一）社会保障的概念

“社会保障”（social security）一词是在1935年美国《社会保障法》颁布实施后被广泛使用的，但是，由于社会经济与历史文化发展的不同，各国对社会保障概念的确定和理解也存在很大差异。

在英国，社会保障被确认为一种公共福利计划，目的在于保护个人及其家庭免除因失业、年老、疾病或死亡而在收入上所遭受的损失，并通过免费医疗等公益服务和家庭生活补贴以提高其福利。社会保障可以包括社会保险计划、保健、福利事业和各种保护收入的计划。① 美国的社会保障则指“根据政府法规而建立的项目，给个人谋生能力中断或丧失者以保险，还为因结婚生育或死亡而需要某些特殊开支时提供保障，为抚养子女而发给的家属津贴也包括在这个定义之中”②。在日本，“社会保障，是指国民在生活上蒙受诸如失业、伤病、高龄等各种事故，而使这些国民的生活源泉——所得出现中断或减少，给国民生活带来困难时，通过社会保障机制，进行国民再分配，保障其最低限度的收入所得，由国家来救济国民生活之损缺的制度”③。

在中国的不同地区，对社会保障的概念也有不同理解。香港地区将社会保障定义为以政府为责任主体，通过向有需要的人直接发放款项的方式提供的福利，包括综合保障援助计划、公共福利基金计划、伤亡赔偿计划与灾民紧急救济计划。台湾地区将社会保障定义

① 参见《简明不列颠百科全书》，第7卷，117页，北京，中国大百科全书出版社，1986。

② 美国社会保障总署：《全球社会保障制度》，1页，北京，华夏出版社，1989。

③ ［日］一番ケ瀬康子：《社会福利基础理论》，33页，上海，华中师范大学出版社，1998。

为政府以社会救助、社会保险以及公共服务等形式，对遭受危险事故、失去工作能力、生活受到损害的国民提供各种生活需求，给其健康保障、职业保障、收入保障，从而促进民族健康、全民就业以及民生稳定。① 大陆的社会保障体系包括社会保险、社会救助、社会福利与慈善事业等。

至于各国学者对社会保障概念的理解更是存在很大差别。②

上述各种社会保障概念尽管存在一定的差异性，但其差异并非关于社会保障本质的差别，只是在社会保障制度内容与实施等非本质方面的差别。各国关于社会保障概念的不同理解反映出不同国家在不同社会经济和历史文化背景下对社会保障的需求和理解的差别，同时也反映出随着社会保障的发展，不同国家对社会保障理解和期望的不断变化。可见，社会保障的概念既包括一定的空间即国别的差别，也包括一定的时间即历史的差别。因此，社会保障理论研究在把握各国社会保障制度的一般意义和普遍原则的同时，更应该研究和揭示各国社会保障制度的独特性及其形成背景。

根据上述关于社会保障概念的各种表述，本书对社会保障给出如下定义：社会保障是工业社会发展的结果，是现代政府职能的重要组成部分，它通过立法途径规定国家、企业和个人之间的权利与责任关系，筹集和发放社会保障金，从而为因各种社会原因或特殊个人原因导致无收入或收入中断的国民提供生活保障，其基本内容一般包括社会保险、社会救助、社会福利与基本社会服务等。

（二）社会保障的基本原则

尽管各国政府与学者对于社会保障概念的理解和界定存在一定差异，但是，社会保障还是存在一些共同的原则，这些原则既是各国社会保障建立和发展经验的总结，也是各国社会保障国别特色存在的前提条件。社会保障的基本原则主要包括以下几个方面。

1. 国家责任原则

社会保障首先是一种国家责任，是国家对内职能的主要组成部分。社会保障中的国家责任体现在国家对社会保障的财政支持、社会保障国家管理、社会保障政府立法等各个方面。社会保障中的个人责任应该与国家责任保持平衡，完全用国家责任取代个人责任，或者仅仅强调个人责任而不充分履行国家责任，都是违背社会保障基本责任原则的。

2. 公民权和普遍性原则

在现代社会，享受社会保障应该是公民权的一种重要表现，这种公民权具有以下特点：首先，法定和不容侵犯性。任何政府都必须尊重、实现、维护和发展公民享受社会保

① 参见郑功成：《社会保障学》，7～9页，北京，商务印书馆，2000。

② 参见林嘉：《社会保障法的理念、实践与创新》，3～9页，北京，中国人民大学出版社，2002；郑功成：《社会保障学》，7～9页，北京，商务印书馆，2000。

障的权利，而不应该忽视和剥夺公民的这种权利。其次，平等性。所有公民应该享有平等的社会保障权利，社会保障制度中任何形式和程度的歧视都是违背现代社会保障基本原则的。再次，普遍性。公民权利的平等性决定了公民享受社会保障权利的普遍性，社会保障制度应该针对所有公民，覆盖所有社会成员。

3. 社会保障各项目标协调原则

社会保障制度的经济和社会目标是为因各种社会问题而导致贫困及生活不稳定者提供保障，从而保障民众的正常生活、工作和发展。社会保障的政治目标是通过向有需要者提供充分的社会保障，尽可能消除或者减轻社会矛盾和冲突，实现社会政治稳定。社会保障还应该具有更高的目标，就是促进人类社会的健全发展。社会保障目标既包括物质生活的发展，也包括社会政治的进步，更应该包括人类道德与进取意识的提高。

4. 社会保障基本选择与多种形式相结合原则

社会问题的多样性与个人需求的差异性等，决定了在社会保障选择和形式方面必须遵循基本选择与多种形式相结合的原则。社会保险制度应该构成社会保障制度的基本选择，它是解决民众基本生活保障的根本选择。社会救助制度不仅可以弥补社会保险制度的不足，也是社会保障制度的最底线。各种社会福利和社会服务，有利于促进民众生活水平的进一步提高，这是一种发展性社会保障措施。国家社会保障制度是社会保障制度的基本选择，私人或职业性保障措施是社会保障制度的必要补充，并将在未来的社会保障制度发展中发挥越来越重要的影响。

二、社会保障研究的内容与方法

(一) 中国社会保障研究的发展

社会保障研究在中国是一个正在逐步走向成熟的研究领域，其发展经历了一个从无到有的过程。新中国成立以后，中国的社会保障研究可以分为以下几个阶段。

1. 第一阶段：从新中国成立到20世纪70年代末

这基本上是中国社会保障制度研究的空白阶段。由于对社会主义建设模式和道路认识的局限，中国在建立起绝对的计划经济体制的同时，也建立起国家社会保障制度，各种社会问题在计划经济体制影响下难以表现或者被人为掩盖起来，这不利于社会保障制度研究的发展。与此同时，由于受到各种错误思想和观念的影响，认为社会主义制度的优越性可以避免一切社会问题，回避或否认社会主义国家社会问题的存在，否认社会主义国家建立和完善社会保障制度的必要性，对资本主义国家所实施的各种社会保障制度措施持完全批判和彻底否定的态度。这样，新中国成立后的近30年间，中国的社会保障制度研究几乎处于停滞状态。

2. 第二阶段：20 世纪 80 年代至 90 年代中期

这是中国社会保障制度研究的起步阶段。这一时期，中国对社会主义建设的认识发生变化，中国社会主义经济建设和社会生活本身也发生很大变化，特别是经济体制改革和社会主义市场经济建设，不仅对传统的社会主义经济建设和社会生活发展理论带来了冲击，而且直接导致原来被计划经济体制掩盖着的一系列社会问题的显性化，这就使得如何避免社会问题的相伴发展并逐步严重化，为广大民众提供有效的生活保障，成为一个十分现实的问题。与此同时，随着思想领域的拨乱反正，中国学术界对社会保障制度的作用与性质的认识也开始变化，社会保障制度逐步被认为是社会发展到一定阶段的必然产物，是保障社会稳定和谐发展的有效途径，不仅资本主义国家需要建立有效的社会保障制度，社会主义国家更需要建立起完善的社会保障制度。这样，中国的社会保障研究经历了 30 年的空白期后开始起步。

3. 第三阶段：20 世纪 90 年代中期以后

这是中国社会保障制度研究的快速发展阶段。20 世纪 90 年代中期以来，中国的社会保障制度研究进入快速发展阶段，其原因主要是经济体制改革和社会主义市场经济建设的发展进一步加快，伴随着这一过程的加快，各种社会问题越来越明显地表现出来，社会问题的严重程度及其影响的广度和深度也不断加剧；政府和社会对社会问题的关注程度不断加强，普通民众强烈要求建立有效的社会保障制度，政府对建立完善的社会保障制度对经济体制改革、社会主义建设以及社会政治的稳定的认识也有了很大的提高，并在党和政府的重要文件中，明确强调建立完善有效的社会保障制度的重要性；社会保障研究自身的起步和初步发展，对 20 世纪 90 年代以后中国社会保障研究的快速发展提供了条件。

4. 第四阶段：近二十年以来

这是中国社会保障研究逐步走向成熟的阶段。中共中央关于建立社会主义和谐社会的决定的发布，极大地推动了中国社会保障制度建设和研究事业的发展，中国不仅形成了一支具有较大学术影响力的社会保障研究队伍，产生了一大批具有直接决策参考价值的研究成果，而且，社会保障学科建设也逐步发展壮大起来。

(二) 社会保障研究的主要内容

社会保障是一个复杂的制度体系，它涉及与人的生活和发展相关的许多方面，社会保障研究也就包括多方面的内容。概括起来，社会保障研究的主要内容包括以下几个方面。

1. 社会保障体系研究

社会保障制度的基本体系包括内容、结构与层次体系，内容体系主要是指社会保障制度的基本项目构成，它表明社会保障制度对社会问题的覆盖面，反映社会保障制度对社会风险的预防和保障能力；结构体系主要是指社会保障制度的对象构成，它表明社会保障制度对社会成员的覆盖面，反映社会成员享受社会保障权益的普遍程度，因而也就反映出社会成员享受社会保障制度的公平程度；层次体系主要是指社会保障制度主体之间的相互关系，它表明社会保障制度各种主体参与社会保障制度的程度，反映出在社会保障制度中政府、社会组织与个人的责权关系。内容体系是基础，结构体系是核心，层次体系是关键，三者之间应该相互协调，缺一不可。①

2. 社会保障历史发展研究

当代社会保障制度的现状建立在社会保障制度历史发展的基础上，各国社会保障制度的历史发展及其阶段性特点，构成各国社会保障道路选择与国别特色的主要内容和基础。社会保障历史发展的研究是我们全面分析和认识社会保障制度的基础，也是我们评价和预测社保障制度发展的基础。

3. 社会保障理论研究

任何社会制度都具有自身建立和发展的思想理论基础，社会保障制度的建立和发展同样具有自身的理论基础，而且其理论具有更加复杂和丰富的特色，特定的社会现实往往导致特定的社会保障思想理论，进而影响社会保障政策选择，并决定社会保障制度模式，社会保障理论研究成为我们揭示社会保障发展道路和模式选择的钥匙。

4. 社会保障管理研究

社会保障管理对社会保障效果产生直接影响。社会保障管理内容与模式既与各国社会保障发展传统有关，更与各国社会、经济、政治与历史文化直接相关，社会保障管理研究对于提高社会保障效果具有重要意义。

(三) 社会保障研究的方法

1. 社会保障对策研究与基本理论研究相结合

社会保障研究具有明显的应用性特点，中国社会保障研究的目的应该是为社会保障制度的改革和有中国特色的社会保障制度的建立服务，为中国社会保障制度改革和发展提供理论依据、决策依据和政策选择。但是，社会保障研究的社会现实目标并不排斥基本理论研究的地位，相反，还需要有比较坚实的基本理论研究作为基础。没有系统的社会保障基本理论研究，必然制约社会保障研究的深度和可持续发展，也必然制约社会保障研究现实目标的实现。过于功利性的社会保障对策研究，忽视社会保障基本理论研究，必将使社会

---

① 参见丁建定：《西方国家社会保障制度史》，379页，北京，高等教育出版社，2010。

保障对策研究成为空中楼阁，这不利于中国社会保障研究的进一步发展，也不利于中国特色社会保障制度的建设事业。

2. 社会保障现状研究与历史研究相结合

社会保障的特点、原则、模式、经验和教训都具有历史性，与此同时，社会保障制度的发展呈现出明显的阶段性，不同国家社会保障制度的发展也都具有自己的特殊性。这就要求我们在研究社会保障时，既要研究当代社会保障制度的现状，也要研究社会保障的基本历史发展进程，更要研究不同阶段各国社会保障制度的特点，特别是不同国家社会保障制度国别特色的形成过程与背景。只有这样才能全面系统地认识和把握社会保障制度一般发展规律和不同国家社会保障制度的国别特色，才能为中国特色的社会保障制度的建设提供更加具体的借鉴。

3. 对社会保障进行多学科相结合研究

社会保障制度涉及社会发展的许多领域，是一项综合性社会调控和安全制度。社会保障的上述特点决定了社会保障制度研究也必然涉及许多学科，应该是一项综合性跨学科研究。西方国家社会保障研究达到了较高的研究水平，其研究角度不仅包括经济学，还包括社会学、政治学、伦理学、历史学、心理学甚至哲学。中国学术界目前关于社会保障制度的研究则比较偏重于单一学科的角度、以单一学科的方法进行研究，忽视了跨学科多角度进行社会保障制度研究，使得许多研究成果表现出一定的局限性，缺乏全面充分的说服力，既不利于中国社会保障研究的发展，也不利于中国特色的社会保障制度的建立。

4. 社会保障制度构成研究与责权关系研究相结合

社会保障制度构成和社会保障基金的运行效果，是社会保障制度的重要组成部分，有关社会保障制度构成和基金运营的研究应该在社会保障制度研究中占有重要的地位。但是，社会保障制度的对象是社会成员，研究社会保障制度内容构成和基金运行的目的，也是为了更好地为民众提供充分有效的社会保障，这就决定了社会保障制度研究的重点应该是社会保障的对象。正因为此，西方学术界从社会保障制度开始酝酿的 19 世纪末以来，一直将社会保障对象作为社会保障制度研究的重点，并提出了一系列重要的社会保障思想，形成了不同的社会保障思想流派。在对社会保障对象的研究中，社会保障对象享受社会保障权利和履行社会保障责任的关系，应该是社会保障制度研究的重要内容。社会保障责任与权利关系对社会保障基金来源构成、社会保障津贴水平、社会保障制度覆盖面、社会保障模式、社会保障基金安全与稳定、社会保障观念的发展变化、社会保障改革道路的选择、社会保障制度的效果等重要方面都产生直接影响。从中国社会保障制度建设来看，在社会经济发展水平还比较低、人口数量大、经济体制改革与社会保障制度改革同步进行等背景下，认真研究和合理确定中国社会保障制度中社会成员的责权关系更为重要。

5. 重视对积极性社会保障制度的研究

社会保障制度具有积极性和消极性的区别，这种区别还会随着时间的变化而变化。积极性社会保障主要是指既提倡国家责任又提倡个人责任、既提供现金补贴又提供社会服务、既应对短期社会保障压力又关注长期社会保障目标、既对现实贫困提供保障又采取措施预防贫困的发生或加剧的社会保障制度。消极性社会保障则是指强调国家责任忽视个人责任、强调现金补贴忽视社会服务、强调短期社会保障压力忽视长期社会保障目标、强调对现实贫困提供保障忽视采取措施预防贫困发生或加剧的社会保障制度。积极性社会保障制度不仅能够为社会成员提供适度的社会保障，还可以避免消极性社会保障制度所带来的各种弊端。所以，当代西方国家社会保障改革都把推行积极性社会保障作为改革方向，其社会保障研究也把积极性社会保障政策与措施作为研究重点。随着中国社会保障制度改革的发展，建立积极性社会保障制度必将逐渐成为中国特色的社会保障制度建设的目标，重视和加强积极性社会保障制度的研究也必将成为中国社会保障研究的一个重要问题。[①]

推荐阅读书目

郑功成．社会保障学．北京：商务印书馆，2000.

林嘉．社会保障法的理念、实践与创新．北京：中国人民大学出版社，2002.

丁建定．西方国家社会保障制度史．北京：高等教育出版社，2010.

① 参见丁建定：《当前社会保障研究中存在的主要问题》，载《中国社会保障》，2002（12）。

第一章 社会保障环境论

本章要点：主要阐述影响社会保障制度发展变迁与政策选择的经济环境、政治环境、社会环境与文化环境，以及各种宏观环境中的主要因素是如何影响社会保障发展变迁与政策选择的。

关键概念：经济环境；政治环境；社会环境；文化环境

第一节 社会保障制度经济环境

一、经济发展与社会保障

社会保障制度的发展变化需要一定的社会经济环境，社会保障制度与社会经济的发展变化具有密切关系，社会经济的稳定发展成为社会保障制度稳定发展的基础，社会经济的波动与萧条也是导致社会保障制度不稳定的主要因素。社会保障制度的发展变化在一定程度上取决于社会经济环境的发展变化。

工业化及其所导致的西方经济发展推动了社会保障制度的建立。在工业社会出现以前，解决社会问题的主要途径是依靠个人自助、教会救济和慈善机构的帮助，以及国家实施的济贫法制度。工业社会导致了失业、工伤、贫困、童工、劳动保护和健康等社会问题的严重化，劳工阶级为了解决贫困、失业和老年问题，建立起互助会、友谊会、丧葬会和工会等互助性或合作性组织。19 世纪末 20 世纪初，社会经济发展达到较高水平，社会物质财富也有较多积累，同时科学技术发展及以经济结构变化使得贫困、失业、老年、健康等问题等更加严重，这些问题不再主要由于个人原因造成，而是由于社会原因造成的。西方社会经济的发展变化要求建立一种与之相适应的社会保障制度，于是，社会保险制度在西方国家建立起来。

经济发展的阶段性决定了社会保障制度发展变化的阶段性。两次世界大战之间，经济危机的不断发生，使得西方社会保障制度的发展在制度内容方面主要以社会保险制度的建立和发展为重点；而美国社会经济力量的迅速增长，使得社会保障制度所覆盖的国家越出了西欧的范围，美国、日本等国家建立了社会保障制度。第二次世界大战后到20世纪70年代初，是西方社会经济快速发展时期，失业率降低，社会物质财富快速增长，推动了西方社会保障制度的快速发展，福利国家的建立成为这一时期西方社会经济快速发展的直接产物，西方国家社会保障制度的内容、覆盖面、津贴水平等都呈现出不断提高的趋势，并建立起完善的社会服务与发达的公共福利体系。20世纪70年代以后，西方社会经济的发展变化进入一个持续的缓慢增长时期，失业和贫困问题严峻，导致政府财政收入减少和社会支出扩大之间的尖锐矛盾，使得社会保障制度失去了稳定发展的经济环境，西方社会保障制度进入改革时代。压缩政府社会保障支出、降低社会保障津贴标准、提高社会保障缴费率、实施社会保障私营化与地方化成为西方社会保障制度改革时期的主要措施。

社会经济发展模式对社会保障制度的发展产生直接影响。19世纪末20世纪初，德国在新历史学派影响下所选择的国家控制型经济发展模式，使其成为在当时西方国家中虽然经济发展尚未领先，但却最早建立起社会保险制度的国家；英国在长期自由主义传统影响下的自由市场经济发展模式，使其成为在当时西方国家中虽然经济发展领先，但其社会保险制度的建立却相对较晚的国家；法国以中小企业和传统手工业为主的经济发展模式，使其社会保险制度的出现不仅较晚，而且呈现出鲜明的行业互助性；瑞典率先发展农业、林业和渔业进而带动工业化的经济发展模式，使其主要社会保险制度从一开始建立就具有较高的全民性，而不像其他国家的社会保险制度那样，在建立之初仅仅适用于特定的人群。

第二次世界大战以后，英国在凯恩斯学派经济主张的影响下，其经济发展模式逐渐转变为国家干预型模式，在瑞典学派经济主张的影响下，瑞典经济发展探索出令世人瞩目的“瑞典模式”，这两个国家的经济发展模式都将实现社会经济的增长与社会公平的提升作为主要目标，从而选择了福利国家型的社会保障制度发展模式；美国虽然同样受到凯恩斯学派影响，但其经济发展更多遵循其固有的自由主义与市场经济传统模式，德国则在社会市场经济理论的指导下，探索出社会市场经济发展模式，这两个国家的经济发展模式都更多地强调了市场在经济发展过程中的调节作用以及个人在社会保障制度中的应有责任，从而选择了社会保险型的社会保障制度发展模式。

社会经济发展模式直接影响到中国社会保障制度的发展。1949—1978年，中国实行计划经济体制，在城市建立了依靠国有经济的劳动保险制度和企业福利制度，在农村建立了依靠集体经济的五保供养制度和合作医疗制度。1978年以后，中国由计划经济逐渐向市场经济转变。在国有企业改革的过程中，大量的工人下岗失业，城市贫困问题凸显。在农村推行改革的过程中，集体经济削弱，依靠集体经济维系的五保供养制度和合作医疗制度受到严重影响。

社会经济发展模式使得社会保障制度发生了显著变化。第一，社会经济发展模式的改革使得社会保障制度不断完善。在计划经济向市场经济转型的过程中，失业问题开始出现、下岗职工贫困问题不断加剧、国家保障型养老保险难以为继、医疗费用激增、无偿分配住房政策趋于灭亡，失业保险制度、最低生活保障制度、公积金制度、廉租房制度、经济适用房制度以及公共租赁住房制度开始出现，养老保险与医疗保险统账结合模式得以确立。第二，社会经济发展模式的改革使得社会保险制度模式由“企业保险”向“社会保险”转变。随着国有企业改革的步伐的推进，传统“企业保险”产生的劳动保险负担不平等、劳动保险保障程度不等、劳动保险板块分割等问题不断凸显，中国因此开始了社会保险社会统筹。同时，传统的企业福利也向社会化方向转变。第三，社会经济发展模式的改革使得社会保障制度的责权关系发生变化。改革开放以后，为配合国有企业改革，中国开始从责权关系上对社会保障制度进行改革，明确个人、企业和政府在社会保障制度中的责权关系，并建立了社会统筹与个人账户相结合的养老保险制度和医疗保险制度，规定个人必须缴纳养老保险和医疗保险费用。

社会经济增长幅度决定了社会保障水平的增长幅度。社会经济是社会保障的物质基础，社会经济增长是社会保障水平提高的必要条件。[①] 在不考虑其他因素的情况下，当一国经济增长处于较高水平时，社会保障制度就有充分的物质基础，因而可以提供较高水平的社会保障。当一国经济增长处于较低水平时，社会保障缺乏必要的物质支持，社会保障水平较低。20 世纪，西方社会经济发展的总体趋势是一种不断增长的过程，但是，西方经济增长在不同时期存在明显的差别。20 世纪 20—40 年代初，西方国家的经济虽有增长，但其增长速度相对比较缓慢。20 世纪 50—70 年代中期，西方国家的经济呈现出快速增长的趋势，主要西方国家国民生产总值的增长率都远远超过整个 20 世纪 20—60 年代的平均增长率。20 世纪 70 年代中期以后，西方国家社会经济增长速度开始出现明显的缓慢趋势。20 世纪 50—70 年代中期，西方国家经济的快速增长使其社会保障水平增长幅度非常显著，1950—1975 年，主要西方国家社会保障水平均有显著增长，尤其是瑞典、丹麦、德国和法国等国的社会保障水平增长幅度更为显著；20 世纪 70 年代中期以后，西方社会经济增长速度缓慢，使其社会保障水平增长幅度明显降低，1980—1995 年，主要西方国家社会保障水平的增长幅度均显著下降，尤其是瑞典、丹麦、德国、美国和日本等国的社会保障水平增长幅度更为缓慢。

中国经济增长幅度与社会保障支出间关系密切。1995—1998 年，中国经济增长速度放慢，经济增长速度由 10.9%降到 7.8%，五项社会保险支出增长幅度由 29%降到 22.23%。2003—2007 年，中国经济增长速度较快，经济增长速度由 10%增加到 13%，五项社会保险支出增长幅度也由 15.7%增加到 21.8%。[②] 中国经济增长幅度也与财政社会保障支出有密切关系。1978—2013 年，中国国内生产总值由 3 645.2 亿元增加到 568 845.2 亿元，财政社会保障支出总额由 18.91 亿元增加到 14 490.54 亿元。[③]

---

① 参见丁建定：《西方国家社会保障制度史》，12 页，北京，高等教育出版社，2010。

② 根据《2011 中国统计年鉴》中国内生产总值，养老保险、医疗保险、失业保险、工伤保险和生育保险支出数据计算。

③ 参见中华人民共和国国家统计局：《2014 中国统计年鉴》，北京，中国统计出版社，2014。

经济全球化对社会保障制度产生重要影响。经济全球化的直接表现为贸易全球化、金融资本跨国流动、劳动力跨国流动等，这促进了不同国家社会保障的衔接。2011 年开始实施的《中华人民共和国社会保险法》规定，外国人在中国境内就业的，参照本法规定参加社会保险。同年施行的《在中国境内就业的外国人参加社会保险暂行办法》，确定了外国人在中国参加社会保险的办法。经济全球化推进了中国国际社会保险协定的立法进程。劳动力跨国流动是经济全球化的重要表现。1990 年以来，中国公民境外就业人数不断增加，1990—2006 年，中国公民境外就业人数由 5.8 万人增加到 78 万人。境外就业人数的增加促使中国签订双边社会保险协议，2001 年的《中华人民共和国与德意志联邦共和国社会保险协定》和 2003 年的《中华人民共和国与大韩民国互免养老保险缴费临时措施协议》是一个良好的开端，2011 年，中国与日本启动社会保险协定的谈判工作。2013 年，中国与丹麦签订《中华人民共和国政府和丹麦王国政府社会保障协定》，并分别与瑞士、法国启动社会保险互免协定谈判工作。

二、收入分配与社会保障

在收入分配体系中，存在初次分配、再分配和第三次分配的形式。在初次分配领域，通过社会保险和职业福利可以改变劳动者所得的报酬，从而改变收入分配格局。在再分配领域，社会保障制度通过转移支付对初次分配格局进行调整，从而实现缩小收入差距、实现社会公平的目的。在第三次分配中，通过慈善事业实现对弱势群体的救助和保护，在社会上层群体和下层群体间实现收入的再分配。

不完善的社会保障制度会扩大收入差距。1985—2005 年，中国社会保障制度的发展以城市社会保障制度建设为中心，城市转移性收入大大高于农村转移性收入，社会保障制度对收入差距的调节作用不明显，城乡社会成员收入差距扩大。2006 年以来，中国积极推进社会保障制度整合的进程，扩大城乡社会保障制度转移支付规模，城镇居民人均转移性收入由 2005 年的 2 650.7 元增加到 2013 年的 7 010.3 元，农村居民人均转移性收入由 2005 年的 147.42 元增加到 2013 年的 784.3 元。另外，中国慈善事业发展滞后，慈善事业缩小收入差距的作用难以发挥。2013 年，中国慈善捐赠占 GDP 的比例仅为 0.17%。慈善捐赠规模较小使得慈善事业对社会救助、社会福利基金的作用难以有效发挥，导致第三次分配缩小收入差距的目标难以实现。

收入分配制度的变迁对社会保障制度产生重要的影响。当收入分配制度较为合理时，社会成员收入差距缩小，社会保障收入再分配功能不明显。当收入分配制度不合理时，社会成员收入差距扩大，社会保障制度的再分配功能受到重视。1978 年以前，中国在收入分配领域中奉行平均分配的原则。1978—1987 年，中国收入分配制度主要是破除绝对平均主义，鼓励一部分人先富起来。1987—2001 年，中国收入分配制度主要遵循效率优先、兼顾公平、多种生产要素参与分配的原则。2002 年以来，中国收入分配制度更加强调公平，提出初次分配与再分配都要体现公平。[①] 在此背景下，1978—1985 年，城乡居民收入差距由 2.57 倍降到 1.86 倍。1985—2000 年，城乡居民收入差距由 1.86 倍增加到 2.79 倍。2000—2013 年以来，城乡居民收入差距由 2.79 倍增加到 3.03 倍。

收入分配制度的变化影响到社会保障制度的发展。在收入分配制度注重效率优先的背景下，社会保障的发展表现出为追求效率的社会经济政策配套的特点，社会保障发展较为缓慢。在收入分配差距扩大的情况下，社会保障制度的再分配功能受到重视，2000 年以来，中国推进农村社会保障制度的建设，大力发展新型农村合作医疗制度，积极推进农村医疗救助制度，提高农村最低生活保障制度的给付水平，并建立了新型农村养老保险制度。在此基础上，中国不断推进城乡社会保障制度的统筹工作。

三、劳动力市场与社会保障

就业体制变迁使得社会保险模式发生变化。1978 年之前，中国就业体制主要实行统包统配制度。与统包统配的就业体制相一致，社会保险具有明显的企业保险特点。1978—1986 年，中国形成了统包统配与合同制并存的双轨制的就业体制。受双轨制的影响，社会保险进入探索社会统筹的准备阶段。1986 年以来，中国对新招收的工人全面实施劳动合同制，社会保障重点为开始对传统企业保险制度进行改革，建立与市场经济相适应的社会保险体系成为改革的目标。

就业体制的转变推动失业保险制度的建立和发展。1986 年，中国开始在企业中实施劳动合同制。为了配合劳动合同制的顺利实施，同年，中国颁布了《国营企业职工待业保险暂行规定》，初步建立了失业保险制度。劳动合同制的实施引起严重的失业问题。到 1997 年，下岗人数为 940 万人，1998—2000 年，中国国有企业下岗职工达 2 137 万人。[②] 在此背景下，中国不断完善失业保险制度，1998 年，政府提出下岗职工社会保障制度的衔接，1999 年颁布的《失业保险条例》，将失业保险覆盖范围进一步扩大。

就业状况促使中国就业服务体系不断完善。中国积极推进就业服务的法律法规建设。1990 年的《职业介绍暂行规定》，要求设置职业介绍所，开展就业指导与咨询。1994 年的《加快培育和发展我国人才市场的意见》，要求建立人才市场，健全人才社会化服务体系。1998 年的《职业介绍服务规程（试行）》，对职业介绍所的职责进行划分。2002 年的《关于进一步加强劳动力市场建设完善就业服务体系的意见》，鼓励工会、妇联、残联等社会组织建立就业服务组织提供公益性就业服务，并支持民营就业服务机构的发展。2008 年实施的《中华人民共和国就业促进法》，对就业服务做出了系统的法律规定。

就业服务法律法规的实施促进了中国就业服务机构增加、就业服务主体多元化。1999 年，中国职业介绍所的数量为 30 242 所，劳动部门开办的有 21 685 所，其他组织和公民

① 参见武力、温锐：《新中国收入分配制度的演变及绩效分析》，载《当代中国史研究》，2006 (4)。
② 参见黄安余：《经济转型中的中国劳动力市场》，241 页，上海，上海人民出版社，2010。

个人开办的分别是 5 282 所和 3 275 所。① 2007 年，中国公共职业介绍所有 24 806 所，其他组织举办的职业介绍所有 2 926 所，全年全国劳动保障部门举办的公共职业介绍机构接受登记求职 3 494 万人，介绍成功 1 980.9 万人次。同时，中国就业服务覆盖面扩大、就业服务内容增加。中国就业服务覆盖面由最初的针对经济体制改革时期的城镇待业人员和下岗工人扩大到城镇失业人员、农村流动就业人员、青年失业者，就业服务内容由最初的主要是职业介绍服务发展到现在的职业介绍、职业咨询、人才测评、就业培训、人事档案管理、人事代理、社会保险代理等业务。

劳动力市场分割导致社会保障制度分割。中国劳动力市场分割表现为劳动力市场的城乡分割、劳动力市场的部门分割、正式劳动力市场与从属劳动力市场的分割。劳动力市场城乡分割使得中国社会保障制度具有明显的二元特点，形成了农村社会保障制度和城市社会保障制度的分割。在城市社会保障制度中，劳动力市场的部门分割使得中国形成了机关事业单位社会保障制度、城镇企业职工社会保障制度的分割。另外，正式劳动力市场与从属劳动力市场的分割使得社会保障制度呈现碎片化现象。

劳动力市场歧视使得社会保障制度出现公平失衡现象。中国劳动力市场歧视主要表现为劳动力市场的户籍歧视、地域歧视、性别歧视、工资歧视等。以劳动力市场的性别歧视为例。1995—2009 年，女性就业人员占城镇单位就业人员比重由 37.2%增加到 38.7%，但女性就业人员比重仍低于男性。在女性就业收入上，1999 年，城镇就业女性包括各种收入在内的年均收入为 7 409.9 元，是男性收入的 70.1%，男女两性的收入差距比 1990 年扩大了 7.4 个百分点。② 女性经济地位较低将会导致在社会保障制度上女性处于不利地位。中国城镇企业职工养老保险制度的覆盖群体为城镇劳动者，女性参与工作比重较低，使得社会保障制度在不同性别群体的覆盖上存在差异，女性收入比重低于男性，使得女性缴纳社会保险的基数低于男性，从而造成女性社会保险收益较低。

四、财税体制与社会保障

财政体制与社会保障制度关系密切。政府财政对社会保障制度的能动作用表现在，政府财政为社会保障制度的运行提供经济支持，并承担社会保障支付的最后风险。财政部门制定社会保障基金的财务会计制度，核准社会保障管理机构管理费用的提取比例及使用办法。财政部门监督社会保障资金的运营与管理。社会保障制度则通过影响消费者和厂商的决策进而影响财政收入，社会保障制度是收入分配的重要工具，社会保障支出是财政支出的主要方面。

财政收支与社会保障制度之间关系密切。1998—2003 年，中国财政收入由 9 875.95

---

① 参见国家统计局人口和社会科技统计司、劳动和社会保障部规划财务司编：《2000 中国劳动统计年鉴》，509 页，北京，中国统计出版社，2000。

② 参见侯小伏：《试论现代化与中国妇女经济地位的变迁》，载《东岳论丛》，1997 (3)。

亿元增加到21 715.25亿元，社会保障财政支出由595.63亿元增加到2 655.91亿元，社会保障财政支出占财政收入的比重由6.03%增加到12.23%。2004—2013年，中国社会保障财政支出由3 116.08亿元增加到14 490.54亿元，财政收入由26 396.47亿元增加到129 209.64亿元，社会保障财政支出占财政收入的比重由11.8%降到11.2%。总体而言，1998—2013年，中国社会保障的支出与财政收入呈现正向关系，伴随着财政收入的增加，中国社会保障财政支出增加。

财政转移支付为中国社会保障制度运行提供了重要的经济支持。在新型农村合作医疗制度运行中，财政每年对参加新型农村合作医疗农民的资助由2003年的20元增加到2008年的80元。在新型农村养老保险制度运行中，财政既补“入口”，又补“出口”。政府财政形成全国社会保障基金的重要来源。2000—2013年，中国财政共拨入全国社会保障基金6 000.26亿元。伴随着财政支出规模的扩大，社会保障财政支出增加，社会保障财政支出在财政支出中的比重提高。1998—2013年，财政支出由10 798.18亿元增加到140 212亿元，社会保障财政支出由595.63亿元增加到14 490.54亿元，社会保障财政支出占财政支出比重由5.52%增加到10.33%，增加了4.81%。

财政体制改革对中国社会保障制度产生了重要的影响。1994年，中国实施分税制改革，以税收法规形式划分了中央和地方政府的财权范围，但由于当时社会保障制度尚处于改革探索之中，分税制并没有对社会保障事权在中央政府和地方政府之间的划分进行明确界定，从而导致各级政府权责划分不清，在中央政府和地方政府的利益博弈中，中央政府倾向于加大地方政府的社会保障事权，而没有建立起在社会保障制度领域的财政转移支付机制。① 因此在社会保障制度中形成了中央政府和地方政府财权和事权不平衡的现象。1998—2013年，财政收入中地方财政收入比重由50.5%增加到53.4%，财政支出中地方财政支出比重由71.1%增加到85.4%，在社会保障财政支出中，中央财政支出比重由4.21%增加到4.42%，地方财政支出比重由95.79%降低到95.58%。

省直管县财政体制改革影响社会保障制度的发展。省直管县财政体制改革的核心内容包括三个方面，即“扩权强县”、财政管理层级的减少和省级财政转移支付制度。“扩权强县”有利于县域经济的增长，从而为发展社会保障制度奠定经济基础。省直管县财政体制改革，减少了财政资金在不同层级政府间流动的时间，避免了财政资金在市一级政府的截留，保障了省级政府对县级政府转移支付资金的安全，从而有利于提高农村社会保障资金运行效率，同时，省直管县财政体制改革有利于减少政府管理层级，避免政权运作效率降低、信息传达放慢、信息传达失真的问题，从而有利于社会保障行政管理效率的提升。省级财政转移支付为农村社会保障发展提供资金支持，有利于省内各个地区社会保障制度统筹发展，有效促进社会保障制度整合与体系完善。

财政政策调整影响到社会保障制度的发展。1993—1997年，中国实施适度从紧的财

---

① 参见柯卉兵：《分裂与整合：社会保障地区差异与转移支付研究》，245页，北京，中国社会科学出版社，2010。

政政策，财政政策调整的重点是促进国有企业改革，因此为国有企业改革配套的社会保险制度取得了较快的发展。这一时期，中国积极完善企业职工养老保险、医疗保险和失业保险制度。1997—1998 年，中国实施积极财政政策，进行收入分配政策调整。作为收入分配主要政策的社会保障制度取得了较快的发展，中国提高了失业人员的救济费，提高了城市最低生活保障标准，扩大了社会保障财政支出规模，社会保障财政支出由 1998 年的 595.63 亿元增加到 2004 年的 3 116.08 亿元。2003—2004 年，中国实施了稳健的财政政策，作为稳健财政政策的主要内容，中国积极推动社会保障制度的发展，逐步完善教育救助制度，积极推动最低生活保障制度和城乡医疗救助制度的发展，社会保障和就业支出由 2005 年的 3 698.86 亿元增加到 2008 年的 6 804.29 亿元。2008 年下半年开始，中国再次实施积极财政政策，加大社会保障转移支付的力度，社会保障财政支出由 2008 年的 6 804.29亿元增加到 2013 年的 14 490.54 亿元。①

第二节　社会保障制度政治环境

一、执政理念与社会保障

科学发展观提高了中国社会保障制度在国家经济社会政策中的地位。2003 年，中国提出了科学发展观。在科学发展观的指导下，中国加快了建立农村社会保障制度的步伐。2003 年以来，农村社会保障制度不断完善，社会保障覆盖面扩大，保障水平提高，政府财政支持力度提高。科学发展观要求提高中低层社会成员的社会保障给付水平。2001 年、2002 年、2004—2007 年的基本养老金调整比率以占上一年度企业在岗职工名义平均工资增长率的比例为标准，分别为不超过 60%、50%左右、45%左右、60%左右、100%左右和 70%左右，而 2008—2011 年的调整比率直接规定为 10%左右。②

以人为本的执政理念促使中国加快社会保障制度的发展。从以人为本执政理念出发，中国社会保障制度不再仅仅关注社会成员的物质需求，而是兼顾物质需求、精神需求和服务需求，并从这三种需求出发不断完善社会保障制度。2000 年以前，在中国社会保障制度中，社会保险制度的发展成为重点，社会保险制度以物质支持为主要方式来满足社会成员的物质需求。2000 年以来，在以人为本的执政理念指导下，中国积极发展社会救助、社会福利、补充社会保障制度和社会保障服务。通过提供满足社会成员物质需求、精神需求和服务需求的社会保障项目，中国社会保障制度得以不断完善。

---

① 参见中华人民共和国国家统计局：《2014 中国统计年鉴》，北京，中国统计出版社，2014。

② 参见丁建定、郭林：《我国企业职工基本养老金调整机制：变迁、问题与优化》，载《保险研究》，2011 (9)。

以人为本的执政理念与社会保障制度的发展具有同步性。2003 年，中国共产党十六届三中全会提出了以人为本的执政理念，同年，新型农村合作医疗制度开始实施。2007 年，中国共产党的十七大报告再次强调以人为本的执政理念，中国于 2006 年起开始了社会保障制度结构体系的整合。2010 年，中国共产党十七届五中全会强调“更加注重以人为本”，同年，《中华人民共和国社会保险法》获得通过，2011 年又开展城镇居民养老保险制度的试点工作。

和谐社会的执政理念是指导中国社会保障制度发展的重要理念。和谐社会建设需要一系列的政策制度来推动，社会保障制度是其中重要的制度之一。① 2006 年的《中共中央关于构建社会主义和谐社会若干重大问题的决定》，提出和谐社会理念。和谐社会要求完善社会保障制度，保障群众基本生活，完善收入分配制度，规范收入分配秩序，完善公共财政制度，逐步实现基本公共服务均等化。和谐社会的基础是社会公平，社会公平的实质是利益公平。社会保障制度的功能之一是促进社会公平，但社会保障制度必须首先实现公平享有，和谐社会执政理念直接促使中国社会保障制度通过制度整合与体系完善，促进社会公平与和谐。社会保障制度通过政府转移支付实现社会保障的收入再分配功能，具有稳定社会的功能；社会保障制度可以保护弱势群体的利益，具有促进公平、推进社会发展的社会功能；社会保障制度通过向劳动者提供社会保险、向失业者提供就业培训等，可以提升社会成员的物质资本、人力资本和金融资本，成为促进经济发展的有效政策工具。社会保障具有稳定和发展的功能，使得社会保障制度成为促进建设社会和谐的重要制度。

权利公平、机会公平和规则公平的社会保障制度执政理念影响社会保障制度的发展。2012 年，中国共产党在十八大报告中提出要建立以权利公平、机会公平、规则公平为主要内容的社会保障体系。中国共产党对社会保障制度公平价值的追求有助于更多的社会成员享有社会保障制度，有助于社会保障制度对不同区域、不同性别社会成员的覆盖，有助于社会保障制度中不同主体缴费和给付的科学和合理。

二、政党认识与社会保障

政党政治对西方社会保障制度发展的影响越来越强烈。政党政治是现代西方政治的基本模式，已经渗透到当代西方国家社会生活的各个方面。各政党在社会保障方面的基本主张使得西方社会保障制度的发展变化带有强烈的政党政治色彩。19 世纪末 20 世纪初以来，社会保障主张逐渐成为西方国家不同政党纲领的主要内容，但不同政党的社会保障主张具有明显的区别性，一般来说，左翼政党在社会保障方面表现出明显的高福利性政策要求，福利国家成为左翼政党的代表作品，而右翼政党在社会保障方面则表现出明显的低福利性政策主张，削减福利成为右翼政党的传统工具。第二次世界大战以后，西方国家左翼政党

① 参见丁建定：《和谐社会建设需要构建合理的社会保障制度》，载《人口与经济》，2009 (3)。

力量强大及劳工的工会化比例较高的国家，其社会保障水平相对较高，这种情况在奥地利、比利时、丹麦、荷兰、德国、挪威和瑞典等国表现得尤为突出，这些国家左翼政党所拥有的选票的比例一般高于或接近于右翼政党所拥有的选票的比例。这些国家劳工工会化的比例相对较高，一些国家甚至达到60%～80%的工会化比例。这些国家的社会保障水平一般都在20%以上，个别国家甚至高达30%左右。

政党交替执政机制促进了西方国家社会保障制度的发展。政党交替执政使得西方各国政党之间的关系始终处于一种竞争状态，并使选民成为决定政党取舍的重要因素，政党的社会保障政策也就成为决定其是否能够长期执政的关键因素。这样，政党交替执政机制推动西方国家各政党不断调整其社会保障政策，从而推动社会保障政策的发展和完善。西方社会保障制度的发展变化在一定意义上正是这种政党交替执政机制下各政党社会保障政策不断调整的结果。

与此同时，政党政治也表现出政党之间在社会保障政策方面的连续性和一致性。每个党派在执政期间都努力使自己的主张体现在社会保障政策中，于是，西方各国社会保障制度中不可能仅仅表现出一种政党力量对社会保障政策的影响，而是沉淀着多种政治力量对社会保障政策的影响，任何执政党都不可能完全改变上届政府的社会保障政策，而是会延续以前政府的部分社会保障政策，从而使西方社会保障制度在政党政治的交替中既发生一定变化，又保持其相对的连续性和稳定性。特别是到20世纪80年代，当西方社会保障制度经历一个世纪的发展过程，福利国家已经面临严重困难时，西方国家各种党派之间在社会保障制度态度和政策方面的一致性趋于明显。如，20世纪90年代中后期，英国工党政府的社会保障政策与以前的保守党的社会保障改革政策保持了事实上的继承性和连贯性。①

同时，应该指出的是，20世纪80年代，西方国家各种党派之间在社会保障制度态度和政策方面的一致性趋势并未取代其差别性。这在瑞典各党派关于社会保障制度态度的明显对比中可以得到明证。尽管瑞典各党派在有关国家应当消除社会不平等的问题上表现出态度的一致性，但在关于社会保障支出占重要比例的公共支出的态度方面却存在明显差别，保守党、自由党与中央党中认为公共支出已经成为瑞典经济发展的威胁，瑞典不再能够承担庞大的公共支出，并反对保持和继续扩大公共支出者占绝对多数比例，而在社会民主党与共产党中，否认公共支出已经成为瑞典经济发展的威胁，否认瑞典已经难以承受庞大的公共支出，并主张保持和扩大瑞典公共支出者则占多数比例。

中国共产党对社会保障制度的认识影响社会保障制度的发展。改革开放初期，提高经济效率成为经济体制改革的最初目标与基本途径，反对平均主义成为中国共产党这一时期经济主张的核心内容，这在1984年的《中共中央关于经济体制改革的决定》中得以集中和明确地体现。20世纪90年代初期，中国经济体制改革在促进经济快速发展的同时所引发的社会问题开始显性化，促使中国共产党必须思考和阐述经济体制改革与收入分配、社

① 参见丁建定：《布莱尔政府的社会保障政策与改革》，载《国际论坛》，2004（1）。

会保障制度之间的关系，从而使得中国共产党对社会保障制度功能的认识开始发生变化，这在1993年的《中共中央关于建立社会主义市场经济体制若干问题的决定》中得以明确地体现。20世纪90年代初，中国共产党开始认识到建立合理的社会保障制度体系的必要性，但是，基于经济建设的中心地位，中国共产党虽然认识到社会保障制度的政治与社会功能，但却突出了社会保障制度的经济功能。

改革开放初期，中国的经济体制改革驱动了社会保障制度改革，经济体制改革的核心地位使得中国共产党对社会保障制度功能的认识，在肯定其具有促进社会稳定的政治与社会功能的同时，突出了社会保障制度的经济功能，社会保障制度改革服务于经济体制改革，并成为经济体制改革的工具。社会保障制度改革的主要目标是改变单位保障模式，实行社会保障模式，为经济体制改革创造环境，社会保障制度体系建设的重点也是与经济体制改革直接相关的待业（失业）保险制度、企业职工基本养老保险制度与基本医疗保险制度等项目。

世纪之交，中国经济体制改革向纵深发展，服务和推进经济体制改革成为包括社会保障制度在内的许多社会政策的出发点和落脚点，这影响中国共产党对社会保障制度功能的认识。这在1999年的《中共中央关于国有企业改革和发展若干重大问题的决定》中可以清楚地看出，该决定突出了社会保障制度的经济功能，并将社会保障制度建设定位为顺利推进国有企业改革的条件。该决定提出的“减员增效”有可能引发社会问题的突出化，促使中国共产党必须反思经济发展与改善民生的关系。于是，中国共产党对社会保障制度功能进行新的思考和定位，并在2003年的《中共中央关于完善社会主义市场经济体制若干问题的决定》中加以明确表达，这不仅表明中国共产党对建立和完善社会保障制度必要性认识的发展，而且表明中国共产党已经正确认识到社会保障制度与经济发展的关系。

世纪之交，随着中国经济体制改革的深化和由此而引发的经济发展与改善民生之间的矛盾，社会问题开始突出地表现出来，中国共产党对社会保障制度功能的认识从突出强调社会保障制度的经济功能与经济体制改革的工具，转变为重新强调社会保障制度建设的必要性，正确认识了社会保障制度建设与经济发展水平的关系，从而在一定程度上确认了社会保障制度功能的综合性。在此基础上，中国社会保障制度体系建设也从比较强调服务于深化经济体制改革、提高国有企业经济效益的相关社会保障制度，逐步转变为构建适合中国基本国情、旨在逐步改善民生、推进社会公平的社会保障制度体系。

中国共产党第十七次全国代表大会以后，如何在经济发展的基础上实现民生的改善，成为党在新时期必须思考和把握的重大问题。中国共产党在总结改革开放以来关于社会保障制度功能认识的经验与教训的基础上，对社会保障制度功能进行了重新定位，并集中体现在2006年的《中共中央关于构建社会主义和谐社会若干重大问题的决定》之中。该决定指出，社会保障制度的基本目的是保障群众的基本生活，经济体制改革依然是党的工作重心，但不再强调社会保障制度作为经济体制改革的经济性功能，其促进社会公平与民生幸福的社会性功能得到肯定并受到高度重视。

中国共产党第十七次全国代表大会以来，党对社会保障制度功能的认识不断走向科学与成熟。这突出表现在中国共产党第十八次全国代表大会报告即《坚定不移沿着中国特色社会主义道路前进 为全面建成小康社会而奋斗》之中。党对社会保障制度功能的认识提升到一个新的高度，社会保障制度不再被作为推动经济体制改革的工具，也不再仅仅是为了保障人民群众的基本生活，而是为了保障人民生活和调节社会分配。社会保障制度不是保障人民生活和调节社会分配的一项特殊或者临时制度，而是保障人民生活和调节社会分配的一项基本制度。

中国共产党第十七次全国代表大会以来，适应中国经济和社会发展的新变化和新要求，中国共产党对社会保障制度功能的认识逐步走向科学和成熟，从对保障人民群众基本生活的局部性功能把握，发展到对保障人民生活和调节社会分配的整体性、科学性把握。中国共产党对社会保障制度功能认识的不断科学与成熟，决定了中国共产党对社会保障制度体系建设和完善的要求不断走向系统、全面和科学，从而推动了中国社会保障制度体系建设从重视制度内容体系建设到重视制度结构体系完善，同时，逐步实现制度层次体系的合理性，进而为在新时期中国社会保障制度体系的进一步完善奠定了科学的认识基础、政策要求、制度选择和制度目标等基本前提。

三、利益集团与社会保障

利益集团政治对西方社会保障制度的发展产生了一定影响。特别是在20世纪，西方国家的利益集团逐渐形成稳定化、严整化、复杂化的趋势，因而，其对西方政治生活的影响也越来越明显。在社会政策领域，利益集团政治一定程度上有助于集中反映不同社会群体的社会政策要求，使社会政策能够充分体现和维护各社会团体的利益，为社会政策的制定和实施提供必要的社会基础，从而提高社会政策制定和实施的效率。

社会保障制度涉及社会各阶层的利益，各种社会利益集团都会对此予以极大关注，并根据自身利益提出不同的社会保障主张和建议。这些社会保障制度和建议可能存在一致性，也必然存在明显的差异性，从而使得社会保障政策的出现、发展与变化必然在各种利益集团之间引起强烈的意见分歧。这些分歧又常常与各种利益集团的政治利益，特别是代表不同利益集团的政党的政治利益紧密联系在一起，使得社会保障政策的发展变化不仅成为引人注目的社会焦点，更成为备受关注的政治敏感问题。

西方社会保障制度的发展变化就是各种社会利益集团之间斗争与妥协的结果，这在西方社会保障制度开始出现时表现得尤为突出。19世纪末20世纪初，西方各国的社会利益集团还不稳定，导致社会保障制度建立过程中各种利益集团之间的严重分歧和难以妥协。在英国社会保障制度建立中，雇主利益集团、劳工利益集团、医生利益集团、友谊会等社会团体之间存在严重分歧，以致英国社会关于养老金制度的讨论就长达30余年；德国社会保险制度出现时容克利益集团、工业资产阶级集团、劳工利益集团之间的不妥协性，直接导致各种不同社会保险项目的不同组织方式和管理体制。

第二次世界大战以后，西方社会利益集团的发展变化使得利益集团对社会保障的影响更加明显，社会利益集团的稳定化使得不同社会利益集团的社会保障主张更加稳定，社会利益集团的严整化使得不同社会利益集团的社会保障主张的区别更加明显，社会利益集团的复杂化使得社会利益集团所代表的社会阶级或阶层更加具体，因而各种社会利益集团的社会保障主张也更加复杂，尤其是白领工人利益集团在西方国家的普遍形成成为西方国家利益集团复杂化的重要表现，也使劳工集团关于社会保障的主张更加复杂。社会保障成为一项在社会各利益集团之间十分敏感的问题，这虽有利于保证社会保障制度功能的社会性，但也使得关于已有社会保障制度的任何些微的改革都可能引发全社会的关注，从而增加了社会保障发展和改革的难度。

四、法制建设与社会保障

改革开放以后，中国法制建设紧紧围绕经济发展、围绕市场经济和国有企业改革展开。为了适应建立社会主义市场经济法律体系的需要，全国人大及其常委会把经济立法放在首位，社会保障法律的发展表现出为国有企业改革配套的作用。1986 年的《国营企业职工待业保险暂行规定》、1991 年的《国务院关于企业职工养老保险制度改革的决定》、1992 年的《关于试行职业大病医疗费用社会统筹的意见》等法规的颁布，都有配合国有企业改革、促进市场经济发展的目的。进入新世纪，人口老龄化、城乡收入差距、失地农民等社会问题较为严重，社会问题的发展变化使得社会法受到重视，社会保障法律建设取得了较快的发展。

立法主体结构影响社会保障法律法规体系。中国立法主体包括全国人民代表大会、全国人民代表大会常务委员会、国务院和地方政府。立法主体的结构影响到中国社会保障法律体系建设。中国社会保障法律体系由全国人民代表大会常务委员会通过的社会保障法和国际公约、国务院通过的社会保障条例、国家部委通过的部门规章、地方政府通过的社会保障规定组成。全国人民代表大会常务委员会通过的社会保障法律在中国社会保障法律体系中具有最高效力，如 2010 年 10 月 28 日通过的《中华人民共和国社会保险法》，是由人大常委会通过的社会保障法律；2002 年批准的《禁止和立即行动消除最恶劣形式的童工劳动公约》（第 182 号）和 2006 年批准的《消除就业和职业歧视公约》（第 111 号）则是人大常委会批准的国际公约。国务院通过的社会保障条例在中国社会保障法律体系中具有重要地位。如 2003 年 4 月 27 日公布的《工伤保险条例》，是由国务院颁布的社会保障法规。部门规章是中国社会保障法律体系的重要组成部分。如 1987 年由民政部印发的《关于探索建立农村基层社会保障制度的报告》，是由管理社会保障事务的相关部门颁布的社会保障法规。地方法规是地方政府部门通过的用于指导不同地区社会保障发展的法律规定。如 1993 年由上海市民政局、财政局等部门联合下发的《关于本市城镇居民最低生活保障线的通知》。

五、政府职能与社会保障

政府职能变迁与社会保障制度关系密切。1978年以来，中国政府职能经历了由以经济职能为主导向以社会管理与公共服务职能为主导的转变。1978—2003年，政府职能主要以经济职能为主导，2003年以来，政府职能向以社会管理与公共服务职能为主导转变。政府职能的转变影响到社会保障制度的变化。

一方面，政府职能的转变影响到社会保障体系的发展。在以经济职能为主导的阶段，城镇企业职工社会保障制度发展成为重点。1978—2003年，针对城镇劳动者的老年、疾病、失业、工伤、生育、贫困等社会问题，中国逐步建立了养老保险制度、医疗保险制度、失业保险制度、工伤保险制度、生育保险制度和最低生活保障制度，并进行养老服务、医疗服务和就业服务的探索。随着政府职能向社会管理与公共服务职能的转变，社会保障结构体系不断整合。2003年以来，中国逐渐为农村居民建立了新型农村养老保险制度、新型农村合作医疗制度、农村医疗救助制度和农村最低生活保障制度，不断完善农村五保户制度，并加大农村社会保障转移支付力度，缩小城市社会保障制度与农村社会保障制度的差距，促进城乡基本公共服务的均等化发展，促进社会保障的制度整合与体系完善。

另一方面，政府职能变迁使得社会保障制度目标发生变化。1978—2003年，社会保障制度改革主要是服务于经济体制改革与经济建设，表现出强烈的经济目标取向。随后，在经济体制改革取得快速发展时，各种社会问题开始突显出来，于是，中国社会保障制度的基本目标表现出在继续服务于经济建设这一基本目标的同时，强调社会保障制度的政治目标，维护社会稳定成为中国社会保障制度发展和完善的主要制度动机。2003年以来，中国社会保障制度的目标发生相应的变化，中国社会保障制度从被动选择单一的经济目标或政治目标，逐步向主动选择社会保障制度的社会目标进而促进社会保障制度的经济目标、政治目标、社会目标与道德目标的协调发展转变。①

政府机构改革影响到社会保障管理主体的变化。在政府机构改革的过程中，社会保障管理机构的合并、拆分、职能变更等使得社会保障管理主体发生变化。改革开放以来，中国经历了6次政府机构改革，其中，1982年、1988年、1998年和2008年涉及中国社会保险事务管理机构的改革，而且在每次机构改革过程中，中国社会保障管理主体的职责都受到影响。通过民政部门和社会保险部门的政府机构改革，社会保障管理职能在不同部门内进行重新分配，到2008年，中国形成了由人力资源和社会保障部、民政部、卫生部、住房和城乡建设部、教育部等部门组成的社会保障管理机构。

政府层级对社会保障管理体制有较大影响。政府层级影响社会保障管理机构的层级设计。中国政体基本形成了中央、省、地市级、县、乡的五层政权体制。在社会保障领域，在

---

① 参见丁建定：《西方国家社会保障制度史》，375～377页，北京，高等教育出版社，2010。

中央政府一层，设置了人力资源和社会保障部、民政部、国家卫生和计划生育委员会、教育部等机构，相应的在省级一层则设置了人力资源和社会保障厅、民政厅、国家卫生和计划生育委员会、教育厅，在地市级政府和县级政府一层设置了人力资源和社会保障局、民政局、国家卫生和计划生育委员会、教育局。在社会保障多层政权机构设置下，上层机构增加设置，必然引起下层机构相应地增加设置，机构工作人员就会增加，同时上层机构下达的文件、通知下传到下层机构耗费的时间也会增多，影响到社会保障制度管理的行政效率。

中央政府和地方政府财权和事权的划分影响社会保障制度的发展。1978—1994 年，中国地方政府财政收入在财政总收入中所占比重较高，地方政府拥有较大的资源处置权。1994 年以来，分税制的改革使得中央政府财政收入比重提高，地方政府财政收入比重降低，然而，在中国政府职能向社会管理和公共服务职能转变的背景下，地方政府承担的社会服务越来越多，而中央政府对地方政府的转移支付依靠国家卫生和计划生育委员会、人力资源和社会保障部等职能部门实施，依托项目向不同层级的地方政府进行转移支付，地方政府只有通过向上层政府申报以获得中央政府的配套资金来改善地方的公共服务与社会保障服务。这使得在中央政府财权集中过高的情况下，地方政府社会保障服务改善受到较大约束。中央政府和地方政府责权划分不明确导致中央和地方的社会保障负担不合理。

政府责任非制度化影响到社会保障制度的实施。在新型农村合作医疗制度的实施中，新型农村合作医疗制度资金来源于个人缴费、集体补助、中央财政补助和地方财政补助，然而在实践中出现了地方政府资金不到位、农民参保积极性低的问题。在城镇企业职工养老保险制度运行中，城镇企业职工养老保险制度资金来源于企业和个人，政府具有财政兜底责任，然而政府在社会保障中的财政责任并没有以立法的形式确定下来。在新型农村养老保险制度的运行中，政府既补进口，又补出口，但是在财政补贴上不同层级政府在新农保中的财政支出责任有待于进一步优化和明晰，由此将影响到中国新型农村养老保险制度的发展。另外，政府多头管理降低社会保障运行效率，使得社会保障基金没有合理利用。以社会救助为例，中国灾害救助、最低生活保障制度、医疗救助等由民政部门中不同的机构管理，教育救助、住房救助、法律援助由教育部、住房和城乡建设部、司法部负责实施。政府多头管理容易导致社会救助制度运行效率出现损失。

政府与社会关系的变迁对社会保障制度有重要影响。1978 年以前，中国社会从整体上看是一种社会组织发育程度较低、政府对社会实行严格控制的传统的社会结构模式。1978 年以来，中国政府和社会关系发生变化，政府与社会组织体系之间开始建立新型关系，社会组织也得以迅速发展。[①] 社会组织的发展使得社会保障参与主体向多元化方向发展。随着社会组织数量的增加以及社会组织力量的强大，中国社会保障参与主体逐渐由政府、单位向政府、单位、社会组织、家庭和个人的方向发展，社会保障主体多元化格局逐渐形成。同时，社会组织的发展有助于改善中国社会保障服务水平。社会组织是社会服务

---

① 参见汪玉凯等：《中国行政体制改革 30 年回顾与展望》，130～132 页，北京，人民出版社，2008。

的重要提供者，社会组织为老年人、残疾人、儿童提供社会服务，基金会通过将募捐所得的捐款进行合理利用，可以改善特殊群体的社会福利。

第三节　社会保障制度社会环境

一、人口结构与社会保障

人口年龄结构对社会保障制度的发展具有非常重要的影响。主要表现在以下几个方面：

第一，人口老龄化使得老年人口赡养比不断提高，并使得养老金支出成为社会保障支出的主要部分。20 世纪 70 年代，西方国家人口老龄化不断加剧。1978—1983 年，美国养老金支出占社会保障支出的 54%～60%，英国为 44%～45%，德国为 50%～53%，法国为 42%～45%，意大利为 50%～65%，加拿大为 30%～33%，澳大利亚为 45%～50%。① 在中国，1978—1990 年，65 岁以上的人口数增加，离退休费由 1978 年的 2.34 亿元增加到 1990 年 9.6 亿元。② 1990—2013 年，离退休人员总数由 965.3 万人增加到 8 041 万人，养老保险支出由 149.3 亿元增加到 19 818.7 亿元。③

第二，人口老龄化使得养老金缴费率呈现增加趋势。1990—2060 年，美国社会保障税率只有从 13%提高到 25.2%才可以满足老年、遗属与残疾人年金和住院保险津贴支付的需要。④

第三，人口老龄化使得社会保障给付办法发生变化。1950—1955 年，中国 65 岁人口平均余命为 8.7 岁，2005—2010 年，65 岁人口平均余命为 15 岁。⑤ 伴随着老年人口平均余命的延长，养老保险法定个人账户给付月数延长。1997 年，中国养老保险法律规定企业劳动者 60 岁退休时给付 120 个月的个人账户养老金。2005 年，将企业养老保险个人账户给付月数延长至 60 岁退休时给付 139 个月的个人账户养老金。

第四，人口老龄化推动了基本社会保障服务的发展。老年人口患病率高于平均水平使得老年人社会保障服务需求增加，进而推动老年人社会保障服务的发展。1998 年，中国城市居民两周患病率为 187.2‰，65 岁及以上城市居民两周患病率为 379.4‰，65 岁及以

① 参见国家统计局国际统计信息中心：《世界主要国家和地区社会发展比较统计资料（1991）》，108～109 页，北京，中国统计出版社，1992。

② 参见中华人民共和国国家统计局：《1996 中国统计年鉴》，234 页，北京，中国统计出版社，1996。

③ 参见中华人民共和国国家统计局：《2014 中国统计年鉴》，北京，中国统计出版社，2014。

④ 参见［美］罗伯逊：《美国的社会保障》，59 页，北京，中国人民大学出版社，1995。

⑤ 参见联合国经济和社会事务部：《世界人口展望：2010 年修订版》。

上农村居民两周患病率为242‰。[①] 1998—2013年，中国老年福利机构床位数由105.8万张增加到493.7万张，收养老年人的数量由80万人增加到307.4万人。[②] 在医疗服务方面，中国社区卫生服务中心（站）由2002年的8 211个增加到2013年的33 965个，每千人口医疗卫生机构床位数由2002年的2.32张增加到2013年的4.55张。[③]

人口区域结构影响到社会保障制度的发展。1978年以来，随着农村家庭联产承包责任制的推行，中国人口迁移规模增加。1982—1987年、1985—1990年、1990—1995年和1995—2000年，人口迁移规模分别达3 053.3万、3 412.8万、3 642.6万人和13 122.37万。[④] 流动人口规模庞大。2002年，中国流动人口为12 107万人，占人口总数的9.56%。2013年，农民工人数达26 894万人。[⑤] 人口流动对社会保障制度的影响，主要表现在：第一，人口流动影响农村家庭养老。2007—2010年，中国农村60岁及以上人口中，主要生活来源依靠劳动收入的人数占总人数的比重由50.05%降低为41.18%，主要生活来源依靠家庭其他成员供养的人数占总人数的比重由42.3%增加到47.74%，主要生活来源依靠养老金的人数占总人数的比重由4.22%增加到4.6%，主要生活来源依靠最低生活保障金的人数占总人数的比重由1.72%增加到4.48%。[⑥] 老年人生活来源的数据资料表明，农村人口流动的出现和扩大使得年轻劳动力留在农村的数量减少，家庭养老因而受到冲击，农村老年人可获得的家庭保障服务支持减少。第二，人口流动影响到流动人口养老保险制度的发展。在中国，由于养老保险缴费年限的规定、农民工工作的流动性、地方政府保护主义等原因，在养老保险参保方面，农民工退保现象较为严重。2002—2006年，广东省农民工“毛退保率”[⑦] 分别为7.17%、8.38%、9.15%、10.79%和11.18%。[⑧] 第三，人口流动使得社会保障制度碎片化现象严重。针对庞大的流动人口群体，中国不同地区出台了相应的法律法规解决农民工社会保障问题，逐渐形成了将农民工纳入城镇社会保障制度、纳入农村社会保障制度和建立独立的社会保障制度的做法，而不同地区农民工社会保障制度的差异使得养老保险制度表现出碎片化特点。

经济活动人口就业部门结构的变化影响到社会保障制度的发展。中国基本经济制度在由“公有制为主体”向“公有制为主体、非公有制经济是社会主义经济的必要补充”的转变过程中，经济活动人口就业部门结构发生较大变化。1978年，国有单位就业人数占城镇就业人数的78.3%，这一年颁布的《国务院关于工人退休、退职的暂行办法》规定养老保险的覆盖人群主要为全民所有制企业。1991年，国有单位就业人数占城镇就业人数的

---

① 参见 http://www.moh.gov.cn/open/statistics/year2004/p178.htm。

② 参见民政部：1998—2013年《社会服务发展统计报告》。

③ 参见卫生部：2005—2010年《中国卫生事业发展情况统计公报》。

④ 参见王德、叶晖：《1990年以后的中国人口迁移研究综述》，载《人口学刊》，2004（1）。

⑤ 参见人力资源和社会保障部：2002—2013年《人力资源和社会保障事业发展统计公报》。

⑥ 根据《中国人口和就业统计年鉴2008》和第六次人口普查“全国乡村60岁及以上分年龄、性别、主要生活来源的人口”的数据计算而得。

⑦ 毛退保率＝农民工退保人数/省农民工参加基本养老保险人数×100%。

⑧ 参见郑秉文：《改革开放30年中国流动人口社会保障的发展与挑战》，载《中国人口科学》，2008（5）。

61.1%，集体单位就业人数占城镇就业人数的比例为20.8%。[①] 依据1991年的《国务院关于企业职工养老保险制度改革的决定》，城镇企业养老保险制度覆盖范围为全民所有制企业，但集体所有制企业可以参照执行。1999年，城镇就业人数中股份合作单位、联营单位、有限责任公司、股份有限公司、私营单位、港澳台商投资单位和外商投资单位就业人数占城镇就业人数的12.8%。城镇私营经济单位就业人数的增加促使社会保障制度覆盖面进一步扩大，养老保险制度的覆盖人群扩大为国有企业、城镇集体企业、外商投资企业、城镇私营企业和其他城镇企业及其职工，2005年，中国城镇个体户就业人数占城镇就业总数的9.78%，同年的《国务院关于完善企业职工基本养老保险制度的决定》，提出个体工商户要参加城镇企业养老保险制度。

不同产业就业人数的变化促使不同时期社会保障制度发展重点不同。1978年，中国三大产业劳动者就业人数占总就业人数的比重分别为70.5%、17.3%和12.2%，2013年，分别为31.4%、30.1%和38.5%。劳动者由第一产业向第二产业和第三产业的转移使得不同阶段社会保障制度发展重点不同。1978—2000年，第二产业就业人数持续增加，中国社会保障发展重点是继续完善城镇企业社会保障体系，中国颁布了城镇企业养老保险制度、城镇企业医疗保险制度、失业保险制度、工伤保险制度等。2000年以来，第三产业就业人数持续增加，公共管理与社会组织就业人数从2003的1 171万人增加到2013年的1 567万人，金融业从业人数由353.3万人增加到537.9万人[②]，科学研究和技术服务人员、住宿餐饮业从业人员均有所增加，中国社会保障制度发展重点是对事业单位养老保险制度进行改革探索、对灵活就业人员和自由职业者的社会保障制度进行完善。

二、社会结构与社会保障

社会阶层结构对社会保障的影响主要表现在两个方面。一方面，社会阶层结构的发展变化促进社会保障的完善。不同社会阶层具有不同的社会保障需要，社会阶层结构的发展变化使得社会保障需要表现出多样化、复杂化的特点。1978年，农民阶级占67.4%，工人阶级占19.8%，知识分子阶层占3.5%；2001年，国家与社会管理者占2.1%，经理人员占1.6%，私营企业主占1%，专业技术人员占4.6%，办事人员占7.2%，个体工商户占7.1%，商业服务业从业人员占11.2%，产业工人占17.5%，农业劳动者占42.9%，无业失业半失业人员占4.8%。[③] 社会阶层结构的发展变化使得社会保障发展重点不同。1978年以前，中国社会保障制度包括针对城镇职工和机关事业单位老年、疾病社会问题的养老保险制度、医疗保险制度；1978年以后，失业人员的出现使中国建立了针对失业问题的失业保险制度，无业半失业人员的出现使中国建立了城镇最低生活保障制度，农业

① 参见中华人民共和国国家统计局：《1996中国统计年鉴》，87页，北京，中国统计出版社，1996。

② 参见中华人民共和国国家统计局：《2014中国统计年鉴》，北京，中国统计出版社，2014。

③ 参见陆学艺：《当代中国社会结构》，388～396页，北京，社会科学文献出版社，2010。

劳动者占有较大比例使中国建立了新型农村养老保险制度、新型农村合作医疗制度、农村最低生活保障制度，经理人员、专业技术人员等高端人才的出现使中国建立了企业年金制度、补充医疗保险制度。

另一方面，社会阶层的流动促使社会保障结构体系不断整合与完善。社会阶层的流动表现为向上流动和向下流动。2000年以来，中国社会阶层结构出现了中上阶层扩大、中下阶层缩小、底层扩大的趋势。社会阶层的流动促使不同人群社会保障制度的统筹和衔接，推动社会保障结构体系整合。2006年以来，中国通过为城乡居民建立养老保险制度和医疗保险制度实现了养老保险和医疗保险制度的全覆盖。2011年的《人力资源和社会保障事业发展“十二五”规划纲要》，强调完善社会保险制度衔接办法和社会保险关系跨区域转移接续办法，提高社会保险统筹层次。

城乡二元结构的变化推动社会保障制度结构体系的整合。1949年以来，中国形成了明显的二元社会结构，在二元社会结构的影响下，城市社会保障制度发展快于农村。2000年以前，中国主要社会保障制度，如养老保险、医疗保险、失业保险、最低生活保障制度主要是在城市。2000年以来，城乡发展失衡所引发的一系列问题促使中国政府加快农村社会保障制度的发展。2003年以来，新型农村合作医疗制度、农村最低生活保障制度和新型农村养老保险制度逐步建立。

城市化对社会保障制度有重要影响。在城市化的过程中，产生了失地农民社会保障问题。1950—2010年，中国城镇人口比重由11.18%增加到49.95%，中国城镇化率提高了38.77%。1978—2007年，中国已经形成8 300多万失地农民。到2020年，失地农民预计超过1亿人。[①] 与庞大的失地农民数量相比，只有1 324万失地农民被纳入基本生活保障或养老保障制度，仍然有超过4 926万失地农民还没有被纳入社会保障体系。[②]

三、民生需求与社会保障

社会成员的民生需求包括生存需求、发展需求和服务需求。生存需求是最低层次的需求，发展需求和服务需求是较高层次的需求，不同层次需求的差异使得社会保障制度在不同时期、不同人群上存在较大差异。

生存需求的满足可以使社会成员具备最基本的应对社会问题的能力，基本社会保险制度和社会救助制度的建立和完善有助于满足社会成员的生存需求。对中国而言，在社会还处于贫困、温饱及小康阶段时，满足生存需求的基本社会保障是其发展重点。1978—1980年，中国农村居民生活水平处于贫困阶段，农村社会保障制度的发展主要为五保供养制度的发展。1980—1999年，中国农村居民生活水平处于温饱阶段，农村社会保障制度的发展主要为最低生活保障制度的探索、农村养老保险制度的探索。2000—2011年，中国农

① 参见刘声：《国家应出台法规保障失地农民权益》，载《中国青年报》，2009-03-14。

② 参见胡晓义：《走向和谐：中国社会保障发展60年》，176～178页，北京，中国劳动社会保障出版社，2009。

村居民生活水平处于小康阶段，农村社会保障制度的发展主要为医疗救助、最低生活保障制度和新型农村养老保险制度。在城市，1978—1995 年，中国城市居民生活水平处于温饱阶段，社会保障制度的发展主要为社会保险制度的改革探索。1996—1999 年，城市居民生活水平处于小康阶段，社会保障制度的发展主要为最低生活保障制度、基本养老保险制度、基本医疗保险制度的发展与完善。

社会成员的发展需求促使社会福利制度、补充社会保险制度的发展。随着中国社会成员生活水平的提高，社会成员消费结构中用于满足发展需求的商品和服务的消费比重有所提高。1990—2013 年，城镇居民医疗保健支出比重由 2.01%增加到 6.2%，教育文化娱乐服务支出比重由 11.12%增加到 12.7%，其他商品和服务的支出比重由 0.94%增加到 3.9%。① 与此相适应，中国积极推进具有发展功能的社会保障制度。社会福利和补充社会保险制度获得了较快的发展。1978—2010 年，全国各类收养性社会服务机构床位数由 16.3 万张增加到 349.6 万张，每千人口平均拥有社会服务机构床位数由 0.17 张增加到 2.61 张。② 到 2014 年第 4 季度，中国为全体居民提供的社区服务设施数有 296 454 个，社区服务设施覆盖率为 43.4%，社区日间照料床位数为 691 132 张，社区留宿照料床位数为 888 690 张。③

社会成员的服务需求促使社会保障服务的发展。对于特殊社会成员来讲，服务的获得关系到其生存权和发展权的实现；对于全体社会成员来说，社会保障服务的供给可以提升全体国民的福利水平。如以残疾人需社会保障服务为例。根据第二次全国残疾人抽样调查数据公报，2006 年，有残疾人 8 296 万人。其中，视力残疾占 14.86%，听力残疾占 24.16%，言语残疾占 1.53%，肢体残疾占 29.07%，智力残疾占 6.68%，精神残疾占 7.40%，多重残疾占 16.30%。残疾人具有较多的服务需求，其中，有医疗服务与救助需求者占 72.78%，有救助或扶持需求者占 67.78%，有辅助器具需求者占 38.56%，有康复训练与服务需求者占 27.69%。④ 从残疾人服务需求出发，中国加快了残疾人服务的发展。2013 年，中国在 901 个市辖区和 2014 个县（市）开展了社区康复工作，累计已建社区康复站的社区总数 21.4 万个，配备 37.9 万名社区康复协调员，建立视力残疾康复机构总数达到 805 个，建立省级听力语言康复机构 32 个、基层听力语言康复机构 1 014 个，建立肢体残疾康复训练服务机构达 1 927 个，建立智力残疾康复训练服务机构 1 471 个。2013 年，残疾人托养服务机构达到 5 677 个，共为 16.0 万残疾人提供了托养服务。其中寄宿制托养服务机构 1 750 个，日间照料机构 2 000 个，综合性托养服务机构 1 927 个。接受居家托养服务的残疾人达到 78.4 万人。⑤

另一个典型的案例是老年人服务需求及养老服务的发展。根据《中国城乡老年人口状

---

① 参见中华人民共和国国家统计局：《2014 中国统计年鉴》，北京，中国统计出版社，2014。

② 参见中华人民共和国民政部：《中国民政统计年鉴 2011》，855 页，北京，中国统计出版社，2011。

③ 参见民政部：《社会服务业统计季报》(2014 年第 4 季度)，见 http：//files2. mca. gov. cn/cws/201501/20150129172531166. htm。

④ 参见第二次全国残疾人抽样调查领导小组、中华人民共和国国家统计局：《2006 年第二次全国残疾人抽样调查主要数据公报（第二号）》，见 http：//www. gov. cn/fwxx/cjr/content _ 1308391. htm，2009 - 05 - 08。

⑤ 参见中国残疾人联合会：《2013 年中国残疾人事业发展统计公报》，见 http：//www. gov. cn/xinwen/2014 - 03/31/content _ 2650048. htm，2014 - 03 - 31。

况一次性抽样调查数据分析》，2000年，中国城乡老年人中，吃饭有点困难者占3.4%，自己不能吃饭者占9.6%；穿衣有点困难者占3.5%，自己不能穿衣者占12.2%；做饭有点困难者占8.4%，自己不能做饭者占19.9%；洗澡有点困难者占9.8%，自己不能洗澡者占26.6%；洗衣有点困难者占12.2%，自己不能洗衣者占26.2%；在室内走动有点困难者占4.1%，自己不能够在室内走动者占13.1%。可以发现，老年人有较多的服务需求。因此，政府通过颁布老年人服务的法律法规、增加老年人服务的财政支持力度、建设老年人服务设施等手段积极推动老年人服务的发展。2014年第4季度，中国为老年人与残疾人提供收养服务床位551.4万张，每千人老年人口养老床位数为26张。[①]

四、社会问题与社会保障

社会问题的发展变化使得社会对社会保障制度的态度发生变化。以英国为例，1963年，英国社会关注的3大社会问题依次是失业问题、住房问题和养老问题，1992年依次为国民保健问题、教育问题和失业问题，1997年仍然为国民保健、教育和失业问题，但是，关注养老金问题的民众的比例已经接近2/5。英国社会对主要社会问题的关注程度的变化，导致对社会保障制度的主要内容关注程度的变化。20世纪60年代初期，养老金、失业保险、社会救助与教育补贴等成为英国社会关注的主要社会保障和社会福利项目，20世纪90年代初期，国民保健、教育福利、失业保障成为英国社会关注的主要社会保障项目，到20世纪90年代末，不仅国民保健、教育福利、失业保障等成为英国社会关注的主要社会保障项目，养老金制度与住房保障也成为英国社会关注的主要社会保障项目。

社会问题的发展变化影响社会保障制度的发展。20世纪90年代，受国有企业改革的影响，中国下岗工人增加，因此，下岗就业问题成为城市居民关注的首要热点问题，推动了中国社会保障制度中失业保障制度项目的发展，失业保险、就业援助、最低生活保障制度等成为中国社会保障制度的重要内容。2003—2006年，住房问题受到城市居民的关注，中国开始积极探索建立廉租房制度和经济适用住房制度。2006年，社会保障制度问题替代就业问题，成为城市居民关注的首要问题。2009年，社会保障问题仍然是中国国民关注的首要问题。[②] 因此，2006年以来，中国积极完善社会保障制度，为城乡居民建立养老保险制度，并积极推动城乡社会保障制度整合，完善社会保障制度结构体系。

社会问题原因的变化使得社会保障制度发生变化。相同的社会问题，其形成原因可能存在差异。以贫困问题为例。改革开放初期，中国农村贫困问题较为严重，农村贫困问题的形成原因主要是平均主义挫伤了农民的生产积极性，因此以制度变革、扶贫开发为主要

---

① 参见民政部：《社会服务业统计季报》（2014年第4季度），见 http://files2.mca.gov.cn/cws/201501/20150129172531166.htm。

② 根据北京美兰德信息公司对3 514名年龄在16～70岁之间的城市居民就其年度关心的热点问题进行的调查，2009年中国城市居民关注的十大热点问题中，社会保障问题以37.2%的关注度位列第一。

手段的社会保障制度得以实施。20 世纪 90 年代，随着改革开放的推进，特别是国有企业改革全面展开，失业问题凸显，由此导致了严重的城市贫困问题，失业也成为城市贫困问题的主要原因，为了应对城市贫困问题，中国因此实施了以最低生活保障制度、失业保险制度为主的社会保障制度。

社会成员对社会保障制度的认识也存在一种变化趋势，这在 20 世纪 70 年代前后表现得尤为突出。以瑞典为例，20 世纪 60 年代末，64%的瑞典人对社会保障制度基本表示满意，不满意者占 33%，赞成提高社会保障水平者占 51%，主张降低社会保障水平者占 42%；1978 年，对瑞典社会保障制度表示满意者的比例下降为 59%，不满意者的比例上升为 36%，赞成提高社会保障水平者的比例下降到 27%，而反对提高社会保障水平者的比例上升为 67%。①

20 世纪 80 年代，西方国家对社会保障制度的态度进一步发生变化。这种变化集中反映在西方社会对不同社会问题上国家所应承担的责任的认识方面。认为医疗保健和养老保障应该是国家责任者的比例较高，而认为失业社会保障是国家责任者的比例明显较低。这种差别在英国和德国表现得更为明显，1988 年，英国公众认为医疗保健和养老保障应该是国家责任者的比例分别为 86%和 79%，而认为失业社会保障应该成为国家责任者的比例为 45%；德国公众认为医疗保健和养老保障应该是国家责任者的比例分别为 64%和 56%，而认为失业社会保障应该成为国家责任者的比例为 24%。美国公众对主要社会问题中的国家责任的态度更加弱化，认为医疗保健和养老保障应该是国家责任者的比例分别为 36%和 43%，而认为失业社会保障应该成为国家责任者的比例则为 16%。②

社会成员对主要社会问题以及社会保障制度的认识和态度的变化，不仅对不同时期社会保障制度的主要制度内容产生直接影响，而且对社会保障制度的改革产生重要影响。社会保障制度的发展既是社会经济发展与社会问题发展变化的必然结果，也是社会对社会问题与社会保障制度的认识和态度发展变化的直接结果。

第四节 社会保障制度文化环境

一、制度传统与社会保障

制度传统对社会保障制度的发展有重要的影响。一国先前运行的制度决定着该国现在

① See Sven E. Ollson, *Social Policy and Welfare State in Sweden*, Lund, 1993, p. 235.

② See Haward Glenerster, *Paying for Welfare the 1990s*, Harvester Wheat Heats, 1992, pp. 282 - 283.

可能的制度安排，并具有明显的制度路径依赖特点。[①] 现行社会保障制度的形成和发展受到社会保障制度传统的影响。

合作医疗制度传统是中国社会保障制度的重要传统。合作医疗制度是伴随着农业互助合作化运动建立和发展起来的。在20世纪50年代，一些农村探索建立了具有互助性质的合作医疗制度，其资金来源于社员群众和集体，社员看病的药费由生产大队统一支付或给予一定比例的报销，基层医疗人员的报酬由生产大队以记工分的方式解决，参与集体收益分配和口粮分配，赤脚医生有病人就行医，没有病人就参加农业劳动，农忙时还在田间地头巡诊。[②]

合作医疗传统促进社会保障制度体系完善。一方面，合作医疗传统为新型农村合作医疗制度的建立和完善提供了重要的借鉴。2003年以来，中国开始在农村建立新型农村合作医疗制度，该制度的运行继承了合作医疗制度传统，并根据城镇职工医疗保险制度进行了适当改进，其资金来源包括个人缴费、集体补助、政府财政，在保障模式上，采取与城镇职工相同的社会统筹与个人账户相结合的模式。另一方面，“赤脚医生”传统促使中国积极完善全科医生制度。赤脚医生是“我国农村人民公社生产大队中不脱产的初级卫生人员，他们是由贫下中农推荐，经过一定时期培训的具有初级医疗卫生知识和技能的农村卫生人员”[③]。赤脚医生的存在，有效推进了合作医疗制度的发展。在新型农村合作医疗制度的实施中，中国积极完善全科医生制度，也是对赤脚医生传统的继承和发展。2011年的《国务院关于建立全科医生制度的指导意见》，建立了全科医生制度。

试点先行传统是中国社会保障制度发展的显著传统。试点先行是指某项制度在广泛推广或运行之前，先在个别地区进行试点实践，然后根据试点经验在全国范围内推行。在医疗保障和养老保障中，常常采取试点先行的做法。1997年，在试行职工大病医疗费用社会统筹过程中采取试点先行。2003年，在推进新型农村合作医疗制度和医疗救助制度中，采取试点先行。2009年和2011年，新型农村养老保险制度和城镇居民养老保险制度的推进采取试点先行。

试点先行传统对社会保障制度整合与体系完善产生了重要影响。养老保险制度的整合与完善需要继承试点先行的传统。“先试点、后推广”是养老服务制度建立、养老保险制度城乡统筹可借鉴的传统。“先试点、后推广”可以避免短期内制度转换的冲击和波动，实现制度逐步发展的目标，而且也符合中国地区差异、城乡差异、经济社会差异的国情，是社会保障制度整合与体系完善必然选择的传统。

国家保障和企业保障是中国社会保障制度的主要传统。1951—1969年，中国社会保障制度采取国家保障的模式。1969—1978年，社会保险费用由企业承担，中国社会保障

---

① 制度路径依赖理论是由制度学派的经济史学家诺思提出的，他发现：历史上在经济发展的过程中各类制度发挥着不容忽视的作用，而制度包括规章、依赖的程序和伦理道德行为准则。他指出，人们过去做出的制度选择决定着他们现在可能的选择，这就是制度的路径依赖。

② 参见夏杏珍：《农村合作医疗制度的历史考察》，载《当代中国史研究》，2003（5）。

③ 《辞海（医药卫生分册）》，12页，上海，上海辞书出版社，1978。

制度开始走上企业保障的道路。1951—1978年，中国社会保险费主要来源于国家或企业，个人不用缴纳社会保险费。中国传统社会保障制度由此表现出国家保障和企业保障的特点。

国家保障和企业保障传统影响社会保障制度整合与体系完善。国家保障增加了政府的社会保障财政负担，企业保障影响了企业的经济效益。国家保障传统促使社会保障制度层次体系中国家责任的回归，促使政府积极发挥制度建设责任、增强财政供给责任、改善制度管理责任、强化制度监督责任。同时，国家保障传统促使国家责任的适度，即政府责任不能太高，也不能太低。国家保障适度性的原因在于过高的国家责任会重蹈覆辙，过低的国家责任不能良好地激励社会成员参保的积极性。企业保障传统促使企业积极探索社会保障制度中企业责任的合理性和补充性，改善企业在社会保障制度中的责任有效性，保证社会保障制度充分发挥激励劳动者的作用。国家保障和企业保障的传统促使社会保障制度层次体系的完善，促使中国积极反思国家和企业的作用，重建社会保障中国家、企业和个人的责权关系。

轻视社会保障服务的传统是中国社会保障制度的首要传统。中国社会保障制度发展存在重视社会保险与社会救助制度发展、轻视社会保障服务发展的传统。这表现在相关法律法规中促进社会保险和社会救助制度的法律法规较多，改善和发展社会保障服务的专门法规太少。中国社会保障制度实践中对物质支持的重视度高于对服务供给的重视度，如在社会救助制度的运行中，由于缺乏积极的社会救助观念，重视贫困者的经济救助过多，缺乏对贫困群体自我获得劳动收入能力的培养。①

轻视社会保障服务的传统影响中国社会保障制度。轻视社会保障服务的传统使得中国社会保障服务严重滞后于社会保险制度的发展，社会保障服务人员专业性较差，社会保障服务设施较为落后，对中国社会保障制度体系的完善产生了消极影响。在新型社会保障制度发展中，政府应构建“社会保险与社会保障服务并重”的发展理念；促使中国大力发展社会保障服务，完善社会保障制度内容体系；促使中国积极推进社会保障服务与社会保险制度、社会救助制度和社会福利制度的均衡发展、同步发展，实现构建科学、合理、协调发展的社会保障制度体系。

二、文化传统与社会保障

社会保障制度的发展受文化传统的影响，并使不同国家社会保障制度的发展带有明显的国别特色，打上不同国家文化传统的烙印。不同时期的文化影响到社会保障制度的发展，文化的传承与变迁使得一国社会保障制度发生变化。

对西方国家而言，不同时期的文化对社会保障制度产生重要影响。在早期社会，影响

① 参见丁建定：《构建我国新型城市社会救助制度的原则与途径》，载《东岳论丛》，2009（2）。

西方国家社会保障制度发展的文化主要为西欧文化。古希腊罗马时期的社会思想及中世纪的基督教文化构成西欧文化的重要来源。古希腊罗马时期，柏拉图的社会思想中包含了一定程度的整体福利的社会福利思想，认为城邦的建立是为了全体城邦成员的幸福，立法必须有助于促进全体社会成员的福利。亚里士多德也提出了人类为了共同的利益而组成城邦的思想。基督教文化集中体现在《圣经·旧约》和《圣经·新约》中，基督教文化强调仁慈、行善和怜悯，甚至主张施爱予敌。此外，中世纪基督教经院哲学家的思想也在一定程度上对西欧社会保障制度的出现与发展产生了影响。奥古斯丁提出了“天上之城”与“世俗之城”的说法。阿奎那提出社会的起源决定了社会成员中必然存在个人与个人以及个人与整体的关系问题。中世纪欧洲被称为基督教神学统治的欧洲，社会保障思想必须反映上帝的意志，甚至就是上帝有关仁慈和行善的主张，而不是以人为中心，反映人的意愿和主张，可以说，中世纪西欧社会保障思想更多地带有宗教性而不是社会性，更有理由被称为宗教慈善思想而不是社会保障思想。

从文艺复兴开始兴起的近代西方文化，尤其是人文主义的兴起与启蒙运动的展开，奠定了西方现代社会保障制度产生的基础。文艺复兴核心思想则是人文主义，提倡以人为核心，探讨人的本性，歌颂人的美，促进人的幸福，培养完整人格。人文主义反对禁欲主义，提倡享受尘世生活。文艺复兴结束了欧洲长期的封建宗教神学的统治地位，确立了以人为核心的人文主义的基础地位，社会的发展不再以宗教的标准来评判，而以人的现实生活的幸福与快乐来评判，人的发展不再以受到上帝的认同为目的，而是以人自身的幸福与快乐为目的。文艺复兴对西方社会保障思想产生了直接影响。现代社会保障制度是关心人的生活及其幸福的一种制度，其核心是人的生活及幸福，如果一个社会尚不能将其成员及现实生活放在首要位置，也就不可能建立某种制度以保障人的现实生活及幸福，只有将人作为社会的核心，将其成员的现实生活及幸福置于重要位置，才有可能去设计某种制度以体现人的核心地位，并满足人的现实生活及幸福。文艺复兴确立了以人为核心的人文主义，也为现代社会保障制度的出现奠定了重要基础。①

宗教改革将人们从传统宗教的繁文缛节中解放出来，树立了一种仅凭个人的内心的信仰及勤奋与笃诚即可得到上帝认同的朴素简单的宗教观，将宗教从传统的核心与支配地位转到附属并服从世俗生活的地位，阐明了以人为核心地显示社会中宗教的地位及功能问题，从而进一步确立了人文主义的核心地位。宗教改革促进了西方社会的世俗化，有利于西方社会保障制度的出现。②

启蒙运动通过对人类社会如何组织、管理与正常运行等一系列现实问题的论述，向人们揭示了一整套人类世俗社会的运行机制，社会、政府、国家不再是上帝意志的产物，而是世俗的人们为谋求自身的幸福通过一定的社会契约组织起来的，在这样的社会中，上帝不再是核心，民众才是真正的核心，上帝的意志不再拥有至高无上的地位，民众的利益才

---

① 参见丁建定：《社会福利思想》，2版，35～36页，武汉，华中科技大学出版社，2009。

② 参见丁建定：《社会福利思想》，2版，40页，武汉，华中科技大学出版社，2009。

具有至高无上的地位，关注人及其现实的生活与幸福构成世俗社会中一切政府与国家的重要职责。启蒙运动真正完成了人文主义的确立，也为西方社会保障制度的诞生奠定了基础。

启蒙运动时期的社会思想主张构成西方社会保障思想的基础内容。天赋人权思想确立了人人都有平等享有社会生活权利的基本理念，公民有权享受必要的社会保障，政府有责任提供必要的社会保障；社会契约思想和人民主权学说树立了政府权力来自人们订立某种社会契约让渡自己部分权力的基本观念，从而为政府必须提供社会福利以满足人们的现实生活需要奠定了理论基础。政府权力来自民众权力的让渡，政府执行权力的过程实际上也就是为民众提供各种社会服务的过程，政府权力来自民众并受制于民众，因此，政府权力必须服务于民众并依据民众的满意度做出评判，这种社会思想构成了近代以来社会保障思想的基本内容。文艺复兴、宗教改革与启蒙运动是西方近代初期的三次思想解放运动，确立了人文主义的地位，奠定了近代西方社会、政治思想的基础，更为西方社会保障制度的产生与发展奠定了坚实的文化基础。

不同国家政治文化传统影响社会保障制度的发展。艾斯平-安德森在《福利资本主义的三个世界》中将西方国家的政治文化传统划分为保守主义、自由主义和社会主义三种：保守主义强调等级主义、合作主义、政府权力以及个人对于家长或国家的绝对服从，现代资本主义社会福利中，合作主义模式主要是围绕着职业类别建立社会保障，旨在保持传统身份，并以此作为社会和经济的联结纽带；自由主义的理想原则是“最小化的、自由放任的社会政策”，在社会保障领域，自由主义主张“市场中的福利资本主义与公共部门中的社会保险的混合体”；社会主义主张普救主义，“致力于社会地位、社会福利和公民责任的平等”。

艾斯平-安德森就如何辨别三种政治文化传统影响下的西方社会保障制度模式进行了简要概括：“要辨别保守主义模式，最简单的途径是看赋予公务员的相对特权；与此相反，要识别自由主义模式，可以从福利国家的补缺角度，尤其是家计调查的相对差别，以及从个人负担的财政责任角度、从自愿性私人部门福利的相对分量角度加以考察；而要寻获社会主义模式的特征，即可考察普救主义的程度，社会主义模式应该出现最低程度的给付差别。”① 他还根据西方国家 3 种不同政治传统对不同国家社会保障制度的影响指数进行了对比，认为，奥地利、比利时、法国、德国和意大利是保守主义政治传统对社会保障制度影响最强的国家，澳大利亚、加拿大、日本、瑞士、美国是自由主义政治传统对社会保障制度影响最强的国家，丹麦、芬兰、荷兰、挪威和瑞典则是社会主义政治传统对社会保障制度影响最强的国家。

对于中国而言，影响中国社会保障制度的文化传统因素包括孝文化、节俭储蓄文化、生育文化、互助文化。

---

① ［丹麦］艾斯平-安德森：《福利资本主义的三个世界》，78～79 页，北京，法律出版社，2003。

孝文化奠定了家庭养老保障的思想基础。孝文化确立了养老的代际供养关系，树立了子女对父母孝养、孝敬、孝顺、孝思、孝丧、孝祭的行为模式，使得子女一代对父母一代的赡养成为一种责任和义务，从而为家庭养老保障奠定了理论基础。在当代社会，家庭养老在中国农村依然长期存在并发挥重要作用。在新型农村社会养老保险制度实施之前，农村养老主要由家庭来实施，家庭养老立足于孝文化，由配偶、子女和其他亲属对老年人提供经济支持、服务供给和精神慰藉。因此，子女赡养父母的孝文化构成了中国家庭养老保障的重要思想基础。

节俭储蓄文化对社会保障制度的发展产生了重要的影响。节俭储蓄文化将社会资源在不同的时间段内进行均衡，以保障国家和社会成员的安全。社会保障制度发展与储蓄关系密切。在社会保障制度不健全的情况下，国民的预防性动机增加，往往进行大量的储蓄以应对未来风险；反之，社会保障制度的发展则会提高国民应对社会问题的能力，从而使得国民增加消费。在中国社会保障制度还不完善的情况下，为了应对老年、疾病、教育等社会问题，中国国民进行了大量的储蓄。1978—2013 年，中国储蓄存款额由 210.6 亿元增加到 447 601.6 亿元。[①] 中国储蓄传统的继承对社会保障制度的发展产生了影响。庞大的储蓄规模有利于提高国民抵御风险的能力，使得中国发展较慢的社会保障制度能够长期存在，保证了社会的稳定运行。

生育文化影响社会保障制度的发展。生育文化的差异导致人们对生育方式、生育孩子的数量、孩子的性别、养育孩子的理念等产生不同的认识，进而对劳动力的数量、劳动力的结构、养老的方式等产生直接影响，最终间接影响到社会保障制度的发展。中国生育文化由传统生育文化向现代生育文化变迁。传统生育文化是早生、多生、粗放式养教的生育文化，多子多福、多男子、养儿防老观念等是其主要表现。现代生育文化以晚婚、晚育、少育和集约化养教为特征。[②] 在现代生育文化影响下，孩子性别偏好逐渐淡化，孩子数量减少，养儿防老的观念日益淡化，对于孩子的教育投资也逐渐增加。生育文化的变迁影响到家庭保障的发展。孩子数量减少使得长期存在的家庭保障日益弱化，孩子性别结构的变化使得家庭保障的供养方式发生变化，女儿养老和儿子养老同样受到重视。生育文化的变迁促进社会保障制度不断完善。在新型生育文化取代传统生育文化的背景下，家庭保障因子女数量的减少受到影响。同时，孩子数量减少、孩子性别结构变化会使得人口年龄构成、人口结构构成发生变化，进而使得劳动力供给数量及劳动力供给结构发生变化，引起社会保障制度发生变化。

互助文化是中国社会保障制度的重要思想基础。中国社会互助传统主要表现在血缘性互助和地缘性互助方面。在社会互助传统下，社会成员通过生产互助实现互助换工，解决缺少生产工具和劳动力的问题；在生活互助中，较典型的包括民间结社和丧葬互助，民间

① 参见中华人民共和国国家统计局：《2014 中国统计年鉴》，北京，中国统计出版社，2014。

② 参见吴忠观、刘家强：《关于生育文化现代化的几点思考》，载《人口研究》，2003 (5)。

结社所需费用由结社居民负担，丧葬嫁娶的帮忙帮钱是下层民众互助行为的突出内容。[①]互助文化对中国当代社会也具有重大影响，农村在农忙季节的帮扶互助、在婚丧嫁娶上的帮忙帮钱、对于患病社会成员的疾病照料、对于贫困人员的生活照料均表现出互助的社会特点。随着社会经济的转型，社会互助尽管有所削弱，但传统互助文化对社会成员仍然产生重要的影响，同时在城市社区服务的推进过程中，社会互助传统促使社区内成员的相互帮扶，表明社会互助仍然发生着较大的作用。

可见，社会保障制度的发展变化受到多种因素的影响，需要与之相适应的经济、政治、社会与文化环境。经济、政治、社会与文化环境性质的变化，决定着社会保障制度性质的变化，经济、政治、社会与文化环境变化的阶段性，决定着社会保障制度发展变化的阶段性，经济、政治、社会与文化环境的差异性，决定着社会保障制度的国别特征。社会保障制度建立、发展和改革的过程，正是经济、政治、社会与文化环境发展变化的结果。当代著名的社会保障研究专家吉尔伯特将 19 世纪末以来西方国家的社会保障制度的发展分为发端、成长、成熟与紧缩四个阶段，并分别从经济发展、政治发展、政府角色与社会政策和重要社会保障事件等方面，揭示西方国家社会保障上述四个不同发展阶段的主要特点。从经济发展、政治发展、社会发展、文化发展与重要社会保障事件，可以总结出中国社会保障制度在不同时期的发展变化。

推荐阅读书目

胡晓义．走向和谐：中国社会保障发展 60 年．北京：中国劳动社会保障出版社，2009.

[丹麦] 艾斯平-安德森．福利资本主义的三个世界．北京：法律出版社，2003.

郑功成．社会保障学．北京：商务印书馆，2000.

丁建定．西方国家社会保障制度史．北京：高等教育出版社，2010.

---

① 参见王勇：《论汉代下层民众的互助活动》，载《中国社会经济史研究》，2009 (1)。

第二章

社会保障思想论

本章要点：主要阐述自由主义社会保障思想、国家干预主义社会保障思想、社会主义社会保障思想、社会民主主义社会保障思想、中间道路社会保障思想等主要流派的代表性思想家关于社会保障的基本主张及其对社会保障制度选择的影响。

关键概念：自由主义社会保障思想；国家干预主义社会保障思想；社会主义社会保障思想；社会民主主义社会保障思想；中间道路社会保障思想

第一节　自由主义社会保障思想

一、19 世纪自由主义社会保障思想

（一）古典政治经济学社会保障思想

自由主义社会保障思想是 19 世纪前期社会保障思想的重要内容，古典政治经济学家的社会保障思想成为自由主义社会保障思想的核心。亚当·斯密（Adam Smith，1723—1790）认为，劳动是社会收入的主要来源之一，所有以赋税为来源的收入，所有俸金、恩恤金和各种年金都直接或间接从劳动工资、资本利润或土地地租中支出。亚当·斯密将社会贫富不均归因为社会财富分配的不合理。他指出，一个人是贫是富，就看他能在什么程度上享受人生的必需品、便利品和娱乐品。依靠劳动生活者的工资不仅至少必须维持其生活所需，还应该能够超过维持劳动者自己所需，否则劳动者就难以赡养自己的家人。工资不仅与劳动者生活资料所需直接相关，更与国民财富的不断增加直接相关。工资状况决定于对工资劳动者需求的状况，对工资劳动者需求大，工资就可能提高，反之就会降低。

亚当·斯密指出，社会财富的增长必须服务于人类繁荣与幸福的需要，社会尤其应该关注普通劳动者生活状况的改善。他说，社会大部分成员生活境况的改善绝不能被认为对社会全体不利，大部分成员陷于贫困状况的社会绝不能说是繁荣幸福的社会。供给社会全

体以衣食住的人，在自己的劳动生产物中分享一部分，使自己得到过得去的衣食住等方面的条件，这样才算是公正的社会。他以发展的眼光看待社会财富的增长与人类幸福的关系，指出："劳动报酬优厚，是国民财富增进的必然结果，同时又是国民财富增进的自然征候。反之，贫穷劳动者生活维持费不足，是社会停止不进的征候，而劳动者处于饥饿状态，乃是社会急速退步的征候。"亚当·斯密同时指出，人口的增长必须与社会财富的增长保持协调，必须与对劳动者需求的状况保持一致。他说："像对其他商品的需求必然支配其他生产一样，对人口的需求也必然支配人口的生产。生产过于迟缓，则加以促进；生产过于迅速，则加以抑制。"①

大卫·李嘉图（David Ricardo，1772—1823）认为，人口的发展受到生产力发展水平、社会经济与财富增长状况的制约。当人口对生活资料发生压力时，补救办法只有两种：或者减少人口，或者更加迅速地积累资本。李嘉图认为，工资作为劳动的自然价格，应该让劳动者大体上能够生活下去，并能够满足延续劳动力再生产的需要。劳动者维持自身生活以及供养家庭的能力，不应取决于他的工资的货币数量，而应该取决于这笔货币所能购买的食物和必需品的数量，包括由于习惯而成为必不可少的享用品的数量，即货币工资的实际购买力。劳动的市场价格是根据供求比例的自然作用实际支付的价格，劳动稀少时就昂贵，充足时就便宜。

李嘉图对济贫法制度表示反对。他指出，济贫法制度具有人人皆知的弊端，与立法机关的善良的意图正好相反，济贫法不能改善贫民的生活状况，而只能使贫富双方的状况都趋于恶化。它不能使贫者变富，却使富者变穷。当现行济贫法继续有效时，维持这种救济的基金就会越来越多，直到将国家的全部纯收入耗尽为止。李嘉图还指出，如果贫民自己不注意，立法机关也不设法限制他们人数的增加或者浪费行为，那么，他们的幸福与享受就不可能得到保障。济贫法制度将勤勉谨慎的人们的一部分工资给予贫民，就使得节约的思想不再为人们所注意，从而实际上鼓励了不谨慎与不勤勉的行为。

李嘉图坚决主张废除济贫法制度。他指出："修改济贫法的任何计划，如果不以废除它为最终目标，都是不值一顾的。"他对当时一些人提出的全国统一征收济贫税的办法也表示反对。他指出，如果实行全国统一征收的方式，我们所要消除的灾难不但不会减轻，反而还会增加。而不同教区独立征集用于维持本教区济贫事业的基金，较之全国统一征收该种基金要好得多，也更能保持较低的济贫税率。因为"当全部款项都将用来为一个教区本身谋福利时，和几百个其他教区共享这种利益相较，一个教区对于经济地征收济贫捐款和节约地分配救济金问题，会远远地更为关心"②。李嘉图强调贫民应通过个人努力摆脱困难状态。他指出，只要逐渐缩小济贫法的范围，使贫民深刻认识自立的价值，就可以逐步接近更为合理和更为健康的状态。

马尔萨斯（Thomas Robert Malthus，1766—1834）认为，人口增殖力与土地生产力

① ［英］斯密：《国民财富的性质和原因的研究》，上卷，64～72页，北京，商务印书馆，1972。

② ［英］李嘉图：《政治经济学及赋税原理》，88～91页，北京，商务印书馆，1962。

天然地不相等，当人口增长超过生活资料增长所能允许的范围时，就必然出现贫困，这是一个自然法则。马尔萨斯认为，贫困的存在不仅是必然的，而且也是有用的。他指出，在人口原理的作用下，缺吃少穿者将永远存在，任何时候都不会使每一个人吃饱穿暖，富人对穷人的给予不仅将导致富人的权力感，而且还导致穷人的依赖感，这两者对人类心灵都是有害的。①

马尔萨斯指出，英国现行济贫法制度存在以下弊端：（1）济贫法往往使人口趋于增长，而养活人口的食物却不见增加。穷人明知无力养家糊口，还要结婚生子，因此，济贫法制度在产生它所养活的人；（2）济贫院的人一般都不是最有价值的社会成员，他们所消费的食物将会减少更为勤劳者本应享有的份额，因而会使更多的人依赖救济为生；（3）济贫法制度影响人们自立意识的发挥，英国社会应该把没有自立能力而陷于贫困看作是一种耻辱；（4）济贫法制度不利于勤俭节约意识的发展，英国现行的济贫法削弱了普通人储蓄的能力和意愿，从而削弱了人们节俭勤勉、追求幸福的动机；（5）济贫法制度对民众自由构成影响，为了使一些穷人得到救济，英国全体普通民众不得不忍受整个济贫法制度的限制，这与自由思想格格不入。济贫法还经常对劳动力市场产生障碍，并给那些不依靠救济者增添许多麻烦。

马尔萨斯提出了解决社会问题的三种措施：首先，完全废除现有的济贫法制度；其次，鼓励人们开垦新地，尽最大可能鼓励农业而不是制造业，鼓励耕种而不是畜牧；最后，各地可以为极端贫困者建立济贫院，由全国统一征收的济贫税提供经费，收容贫民。济贫院中的生活应该是艰苦的，凡能够工作者都应该强迫他们工作。不应该把济贫院看作在困难时期过舒服生活的避难所，只应该将其视为可以暂时缓和一下严重困难的地方。可以针对有劳动能力者建立专门的济贫院，其中的所有人都必须全天工作，并按照市价得到报酬。马尔萨斯指出，这种计划最能增加英国普通人的幸福总量，而实施这种计划的第一步就是废除所有现行的济贫法制度。②

（二）功利主义社会保障思想

功利主义是19世纪前期自由主义的重要组成部分，功利主义社会福利思想具有重要地位和影响。边沁（Jeremy Bentham，1748—1832）指出，主宰人类社会的是痛苦和快乐。自然把人置于两个最高主宰——痛苦和快乐的统治之下。我们所做、所说和所想的一切都受它们的支配。人类行为都具有趋向性和背离性，人们总是趋向一种共同目标，这种共同目标就是幸福，边沁将人类行为中导向幸福的趋向性称为功利。边沁认为，幸福并不是个别人的幸福，而是全体社会大多数人的幸福，他明确指出："最大多数人的最大幸福是正确与错误的衡量标准。"他把幸福分为四个具体的目标，这就是生存、充裕、平等和安全。值得指出的是，随着时间的推移，边沁对"最大多数人的最大幸福"越发强调，甚

① 参见［英］马尔萨斯：《人口原理》，112～142页，北京，商务印书馆，1992。
② 参见［英］马尔萨斯：《人口原理》，33～39页，北京，商务印书馆，1992。

至认为用这种说法比用“功利”一词更能够全面充分地表达自己的真实意思。[①]

边沁阐述了实现最大多数人的最大幸福的途径。首先，人类应该努力做好自己的各种事情；其次，应该对现存事物进行不断的批判，同时进行社会改革；再次，注意协调好个人利益与全体利益，社会要关心个人利益，个人要服从社会利益；最后，国家、政府尤其是法律是实现幸福的重要保证。但是，国家、政府和法律所施加的干预必须尽可能被限制在最低限度，不能妨碍个人最大限度地追求自己的幸福与快乐。因此，边沁对当时大部分由政府颁布实施的社会立法表示反对。例如，他对新济贫法制度表示支持，而对工厂法却表示反对，认为这些社会立法尽管是趋向社会幸福的，但它们牺牲或者限制了个人行动的自由，因而妨碍了个人最大限度地追求自己幸福的自由。

穆勒（John Stuart Mill，1806—1873）认为，凡是能促进最大多数人的最大幸福的行动就是正义的行动。而作为终极标准的功利必须是以人类的永久利益为基础的最广泛意义上的功利。穆勒对政府干预表示反对，他指出：“一般应实行自由放任原则，除非某种巨大利益要求违背这一原则，否则，违背这一原则必然带来弊害。”穆勒同时指出，不干预的原则在一些情况下不一定适用，或不一定普遍适用，这几种情况包括：初等教育，社会弱势群体，永久性契约，规定劳动时间，利他行为，公益服务与社会事务等。穆勒指出，对于适宜于私人去做但却没有人去做的事情，政府就有必要进行干预。[②]

穆勒认为，社会财富的增长必须有利于使民众从中得到福利，应该实行有效的财富再分配，以实现社会公平。如果民众从社会财富的增长中得不到一点好处，这种增长就没有任何重要意义。他说：“只有在落后国家，增加生产才仍是一项重要目标。在最先进的国家，经济上所需要的是更好地分配财产。”穆勒不赞成自然竞争的生活状态。他指出：“一些人认为，人类生活的正常状态是生存竞争，坦白地说，我并不欣赏这种生活理想。这种状态也许是文明进步的一个必要阶段，但是，这种状态并不是未来应该实现的完美的社会状态。”“人类是应该互相帮助的，穷人更是需要帮助，而最需要帮助的人则是正在挨饿的人。所以，由贫穷提出的给予帮助的要求，显然最有充分的理由通过社会组织来救济急待救济的人。”[③]

穆勒指出，对穷人提供的帮助如果不注意方式和程度，就会造成有害的结果。解决这个问题的主要途径是实施有限救济，使得各种救济以不损害个人自助精神和自立意识为界限。正因为此，穆勒对“斯宾汉姆制度”表示坚决反对。他指出，这种津贴制度一实行，英国人口就会迅速增长，工资却大幅度下降。它不但使失业人口贫民化，而且使全部人口贫民化，其弊端超过了以前任何一种滥用济贫法的方式。穆勒对1834年实行的新济贫法表示欢迎和支持，认为它不仅可以使人人都获得帮助，还可以使人人都尽力争取摆脱这种帮助。

---

① 参见［英］边沁：《政府片论》，92～100页，北京，商务印书馆，1995。

② 参见［英］穆勒：《政治经济学原理》，下卷，531～570页，北京，商务印书馆，1991。

③ ［英］穆勒：《政治经济学原理》，下卷，558页，北京，商务印书馆，1991。

斯宾塞（Herbert Spencer，1820—1903）指出，要得到最大数量的幸福，一方面必须有一定数量的人口，另一方面，每个人又必须有机会做他的欲望激励他去做的事情。每一个人的福利每一天都更多地包含在全体人们的福利之中，尊重所有人的利益是每一个人的利益所在。斯宾塞指出，幸福意味着人体各种机能都得到满足的状态。为了追求幸福，必须使个人能在他自己的活动范围内得到完全的幸福，而不减少其他人为获得幸福而需要的活动范围。

斯宾塞强调个人为实现自己的幸福而做出努力，反对给个人努力施加无谓的干预。他指出，要是让国家插手个人努力的领域，个人适应社会性状态的过程立刻就会终止，人类不再继续把自己塑造得与社会状态的自然要求相协调，而是开始采取适合于这些人为要求的形式。因此，斯宾塞主张对国家的职责范围做出严格限制，提倡尽可能地自由放任，反对国家实行的商业管理政策和卫生监督政策，甚至对政府干预货币、承担邮政的职能以及政府建设公共工程设施等都表示反对，认为这些都“是我们关于国家职责的定义所禁止的”①。

斯宾塞系统阐述了反对实施政府济贫的原因。首先，政府实施的救济工作不利于人们正常同情心的发展。其次，政府济贫计划与自然和社会进化规律相违背。再次，政府济贫计划不利于培养人们适应社会性状态的能力。最后，政府济贫计划对正常劳动者的收入状况带来不利影响。斯宾塞对有助于实现个人自助的各种帮助表示支持。他指出，这里反对的只是各种不明智的救济行为，至于那些可以帮助人们实现自助的慈善行为，则应该给予支持和鼓励。

二、20 世纪自由主义社会保障思想

（一）新古典学派社会保障思想

新古典经济学派的著名代表是马歇尔（Alfred Marshall，1842—1924）和庇古（Arthur Cecil Pigou，1877—1959），他们继承了英国古典政治经济学的传统，也受到了当时流行于西方的“社会达尔文主义”的影响。新古典学派关心的是通过市场实现财富的分配而不是经济的增长，认为在资本主义经济制度中，只要合理地调整生产资源和分配国民收入，就能实现提高整个社会经济福利的目标。②

新古典学派将社会福利定义为个人从其行为特别是市场交换中获得的满足。为了促进社会福利的发展，不应该采取任何集体行为。相同福利服务的集体发放并没有导致社会财富的增长，因为有些人的利益将会因此而受到损害，特别是那些被迫为这样的福利服务支付费用的人受到的损害更多，同时，这种集体性和强制性还减少了人们行为自由的机会。国家对社会福利的干预，只有在这种干预促进个人满足的机会的增长时才是合理的，这种

---

① ［英］斯宾塞：《社会静力学》，193～222 页，北京，商务印书馆，1996。

② See Anthony Forder, *Theories of Welfare*, Routledge, 1984, p. 27.

福利应该通过现金再分配的形式来实现，而不是通过直接的实物或服务的形式来实现。

新古典学派认为，社会福利制度和社会保险制度是两种不同的制度，社会保险制度可以得到市场的支持，而社会福利制度则不具备这一性质。由俾斯麦所发端的社会保险制度实际上是不需要的，因为人们在国家开始着手解决社会问题以前，已经通过友谊会及其他相关的私人互助组织为自己的失业、健康等做好了安排，因此，普遍性福利国家的发展是社会福利原则与社会保险原则混淆的结果，它对人口中的大多数提供极少的社会保险，对真正的贫困者提供不充分的社会福利。

新古典学派主张建立和发展私人保险制度。他们认为，只在工业发展的早期阶段，才有建立和发展统一标准的集体性失业保险制度的理由。国家保险制度使人们认为国家有义务在任何情况下提供无限期的福利津贴，私人保险制度则要加上比较严格的调查，并且对领取保险津贴的时限予以严格的规定，以避免弊端的发生。国家福利把人们生活中的一切都组织在国家制度之中，社会保险私有化就可以建立一种公共性与私人性并存的社会保障制度，这样的社会保障制度可以通过这两种类型的福利制度之间的竞争，达到保证民众实际福利水平的目标。

新古典学派还从道德危机的角度，对现行社会保障制度进行了批判。他们指出，按照人的本性，个人往往要使其行为能够最大限度地使自己得到满足，在福利国家中，这种满足往往以牺牲他人的利益为代价，同时，国家福利常常使领取者产生惰性和依赖性，因此，集体福利制度导致道德危机。他们提出了解决这一问题的办法：（1）实施类似于新济贫法制度那样的原则，使得各种社会保障津贴接受者在政治、经济和社会地位方面低于正常人，使他们尽可能地通过个人的努力实现自我救济与自立，此外，提供工作福利也是避免现行福利制度所带来的道德问题的一种有效途径；（2）限制公民的社会福利权利，主要措施应该是对社会保障制度的参加者和社会救济的领取者进行财产状况调查；（3）将大部分的社会福利服务恢复为由志愿性组织实施，不仅要恢复私人性保险制度，而且要恢复友谊会一类的互助组织，同时，还要依靠和发展慈善机构，这些组织的原则与传统，使它们能够防止接受帮助者的懒惰与欺诈行为。①

（二）当代新自由主义社会保障思想

哈耶克（Friedrich A. von Hayrk，1899—1992）是当代西方著名的新自由主义社会保障思想家。哈耶克承认建立完善的社会保障制度的合理性和必要性。他指出，为了避免各种灾难所带来的社会问题，建立完善的社会保障制度具有其合理性，没有理由认为在我们这样普遍富裕的社会中不应该向所有人提供社会保障，政府也没有理由不帮助个人对生活中的那些意外事件作出准备，凡是能够减轻个人既无法防范又不能对其后果预作准备的灾祸的公共行动都是正当和必要的。哈耶克将社会保障分为两种不同的类型：第一种是防

---

① See R . M. Page, *British Social Welfare in the Twenty Century*, MacMillan, 1999, pp. 59 - 79.

止物质匮乏的保障，即确保每个人维持生计的某种最低需要；第二种是某种生活水准的保障，即最低限度的收入保障。哈耶克坚决反对收入保障制度，并阐述了反对实行收入保障制度的原因：首先，收入保障是与个人选择职业的自由不相容的；其次，收入保障制度有可能带来特权，影响他人的利益，从而对自由构成损害；最后，收入保障可能导致社会对立和社会价值标准的蜕化。他指出：防止出现赤贫的适当的社会保障必须是社会政策的主要目标之一，政府和社会应为此作出各种努力，要想使这些努力获得成功而又不损害个人自由，就必须在市场以外提供保障而让竞争自然进行且不受阻挠，“那些愿意放弃基本自由来换得少许暂时保障的人，既不配得到自由，也不配得到保障”①。

哈耶克对由国家统一实施的社会保障体制提出尖锐批评。他指出，在社会保障领域，依靠合理制度的适度发展，可能意味着许多个人需要在一段时间内难以得到满足，换成一个集权组织来推行这些制度的话，这些需要就会立即得到关注。但从长远看，我们不得不为此付出的代价也可能非常高昂。哈耶克呼吁在社会保障制度中为个人责任的发挥尽可能留下空间。他指出，在受到国家垄断明显影响的养老和健康保障领域，只要是国家尚未全部控制的地方，就有各种新方法自发产生且迅速发展，多种多样的实验都会进行，这些肯定会找到解决当前一些急需问题的新答案。而由国家单一控制的社会保障制度会对个人责任意识的发展带来不利影响。

哈耶克反对实行由国家垄断的养老金制度。他指出，国家对养老保障实行垄断经营，必然带来两大后果：首先，国家不仅要向那些因缴纳社会保险费而获得养老保障权利者提供养老金，而且也要向那些还没有履行社会保障义务者提供养老保障；其次，当到了应该支付养老金的时候，养老金并非来自为此目的而积累的社会保险基金的收益，而是来自当前生产者的部分劳动成果的转移支付。哈耶克同样反对实行国家单一控制的健康保险制度。他认为，这种健康保险制度的实施往往是出于政治因素的考虑，而一旦引入这一政治上毫无退路的措施，就必须继续下去。哈耶克指出，我们有理由在任何可行的地方推行失业保险制度，但是，所有西方国家所实行的综合性失业保险制度的主要特征之一是，这些失业保险制度是在由工会的强制行为所控制的劳动力市场上运作的，也主要是在工会的影响下设计的，其目的显然是为了支持工会的工资政策，这种失业保险制度为工会开脱了由其政策而引起的失业责任，并把失业保险负担转嫁到国家身上，从长远来看只能把就业问题越搞越糟。②

弗里德曼（Mildun Friedman，1912—2006）提倡实行竞争性资本主义经济政策，反对国家对经济生活实施过多干预。他认为，在一个自由市场社会里，收入分配的直接的道德原则是，按照个人和他拥有的工具所生产的东西进行分配，而不是实行普遍的财富分享。弗里德曼指出，我们应该提出一种帮助贫民的计划方案，这种计划的目的应该是帮助作为一般人的人，这种帮助解决贫困问题的方案在通过市场发生作用时，不应该阻碍市场正常作用的发挥。他为此提出负所得税主张，认为，实行负所得税具有现行各种解决贫困问题

---

① 参见［英］哈耶克：《通往奴役之路》，119～128页，北京，中国社会科学出版社，1997。

② 参见［英］哈耶克：《自由宪章》，440～464页，北京，中国社会科学出版社，1999。

的办法所不具备的优点：它是专门针对贫困问题的；它向个人提供最有用的现金帮助；它可以代替现在已经实施的很多特殊措施；它明白地表示出社会所负担的费用；它在市场之外发生作用；它虽减少了那些被帮助者自助的动机，但却没有完全消除这种动机。

弗里德曼指出，社会保险以及公共住房、法定最低工资、公费医疗、特别援助等制度不仅是导致税收提高的主要因素，也是平均主义思想的直接结果。“社会保险方案是维持现状的暴政开始发生魔力的那些东西之一”，它大规模地侵犯了大部分人的个人生活，实施社会保险制度的理由是没有说服力的，“这不仅在自由主义的原则上，而且在几乎任何其他的原则上都是如此”。公共住房远没有像其提倡者与赞成者所期望的那样改善了穷人的住房问题，而是恰恰相反。最低工资法显然在增加贫穷，国家可以通过立法制定最低工资标准，但国家很难要求雇主按照最低工资雇佣所有以前在最低工资标准以下被雇佣的人们，最低工资制度的结果是使失业人数多于没有设置最低工资时的情况。

弗里德曼将养老金分为三个部分来分析：首先，关于作为再分配手段的养老金制度，弗里德曼指出：“我看不出任何理由可以作为这个特殊的再分配的根据。从一般纳税人那里提取养老保险津贴是毫无道理的，我们愿意帮助穷人，但是不分贫穷与富有，而仅因为他们恰好达到一定的年龄就对其提供帮助，这是一种毫无原则的再分配。”① 其次，关于养老金管理机构的国有化，他指出，养老金国有化的代价似乎要超过它的任何优点，在养老保障领域，个人的自由选择与私人企业争取顾客的竞争，会促进现有各种养老金计划的逐步改善，并增加各种多样化和差别性以满足个人需要。“反对养老金机构国有化的论点是十分有力的，不仅按自由主义的原则而论，而且甚至按照福利国家的支持者的价值观来看，也是如此。”最后，关于强制性购买养老金，弗里德曼指出，实行强制性养老金制度纯粹是一种家长主义做法，它为了很少的好处花费了很大的代价，剥夺了我们对自己的大部分收入的控制，并要求我们将其用于特殊的目的，即用特殊方式从政府机构购买养老金。这种强制性养老金阻止了出售养老金和发展退休安排的竞争机制，造成了巨大的官僚机构，并将其控制范围从我们生活的一个领域延伸到另一个领域。②

第二节　国家干预主义社会保障思想

一、19 世纪末国家干预主义社会保障思想

（一）英国激进自由主义社会保障思想

19 世纪末，以英国激进自由主义和德国新历史学派为代表的国家干预理论开始出现，

---

① ［美］弗里德曼：《资本主义与自由》，172～185 页，北京，商务印书馆，1986。

② 参见［美］弗里德曼：《资本主义与自由》，180～182 页，北京，商务印书馆，1986。

并成为推动社会保险制度出现的重要理论基础。英国激进自由主义的重要人物有霍布森（John A. Hobson，1858—1940）和霍布豪斯（Leonard Trelawny Hobhouse，1864—1929）等，他们试图提出一种新的自由主义理论，并把这种新的自由主义称为“社会改革的理论”。激进自由主义与传统自由主义的差别表现在：传统自由主义强调个人无限制的自由，激进自由主义则认为自由具有有限性和可共享性；传统自由主义总体上反对国家对经济和社会生活的干预，而激进自由主义则积极主张国家对社会经济与生活的干预；传统自由主义通常认为社会问题主要是由个人原因造成的，主张应该依靠个人努力加以解决，激进自由主义更多地把社会问题归因于社会发展过程中的不和谐性，主张社会问题的解决不能仅仅依靠个人，而应该依靠国家干预，建立一种有效的社会保障制度来解决。

霍布豪斯认为国家的义务不是直接为公民提供食物，也不是直接给他们提供房子或者衣服，而应该是为他们创造一种有利的经济条件，以便使那些正常人能通过他们的有用劳动为自己及其家庭获得食物、房子和衣服。保障公民的工作权利和基本生活权利，如同保障他们的人身权利与财产权利一样，是维持一个良好的社会秩序不可或缺的必要条件。霍布豪斯认为，要解决社会经济制度的缺陷，既要依靠个人的责任，也要依靠国家和社会的责任。个人和社会之间有一种互相责任，个人对国家的责任是为自己和自己的家庭勤奋工作，为他们子女的教育、健康、卫生和幸福尽心尽力创造条件，社会的责任就是为其每一个成员提供足以维持文明生活水准的手段。如果社会仅仅让个人在市场上通过竞争竭尽全力地去挣取微薄的工资，那么是不算尽到责任的。

霍布豪斯提出一些社会保障的具体主张。首先，关于贫困救济问题，他指出，我们不应该仅仅注意到救济穷人，而应该力求使得避免贫穷的方法人人都能做到，做到这一点的办法有三个：第一个是为个人提供一个可据以脚踏实地工作的基础；第二个是国家举办的社会保险；第三个是用济贫法制度对寡妇、孤儿以及单身母亲进行救济。其次，关于工资问题，他认为，劳动所得的工资不仅应该能够支付妻子和儿女的吃穿用费，而且应该能够对付疾病、意外事故和失业风险，还应该能够提供教育费用，此外，也应该能够储存一部分钱供养老使用。再次，关于老年人问题，霍布豪斯认为，最合理的办法莫过于推行养老金制度。又次，关于儿童保护与妇女保障，他认为，应该关心儿童的肉体、精神和道德，办法是让父母负起一定的责任，同时，拟定一项教育和卫生的公共制度。最后，关于社会保障支出的功能，霍布豪斯指出，为改善工人阶级物质生活条件的社会福利支出具有社会投资的功能，这种投资非但不会赔本，还会获得更大的利益。①

霍布森指出，19 世纪末的西方社会需要一种更加富有建设性的自由主义思想。自由的最主要内容是“机会平等”，一个人如果没有拥有与其同伴同样的获得个人发展所需的手段和机会，他就不算一个自由的人。机会平等至少意味着一种平等使用国家土地、资本和其他工业资源的权利，任何个人如果没有充分地拥有这一切，就不是真正自由的人。因

---

① 参见［英］霍布豪斯：《自由主义》，102～104 页，北京，商务印书馆，1996。

此，霍布森明确指出："富于建设性的自由主义的主要方面，应该是积极致力于实现机会平等。"①

霍布森深刻系统地阐述了贫困问题加剧的原因。他认为，贫困的基本原因有两个：一个是人力资源的浪费；一个是机会的不公平分配。但是，"贫困的主要原因是机会的不平等"。霍布森进一步分析指出：财富的创造来自对土地、工具、工厂以及资本的使用和占有，普通工人对于这一切都没有平等地获得，所以，他们必须通过廉价出卖个人劳动力来维持生活。因此，"贫困来自普通工人在取得土地、工具、工厂、资本等方面的不平等条件"。

霍布森指出，国家的重要职责之一是帮助民众解决贫困等社会问题，这也是衡量国家的治理效果的重要方面。他指出，一个治理得当的国家，应该以充分的社会支出来解决目前公众生活中存在的贫困，并把它作为国家的主要责任。国家在社会经济政策方面做些调整，使剩余产品的一部分用于提高社会中收入不高者的生活水平，从而实现全社会物质生活条件的改善，社会改良也就取得了伟大胜利。他提出了解决社会问题的六项主张：土地归人民使用，土地所产生的价值归人民所有；国家对公路、铁路、运河的公有；国家对信用、保险的公共控制；充分自由的教育，所有的人都有平等获取文化知识的权利；公共法律面前的平等；确认国家有权对任何垄断及不平等征税或控制。

（二）德国新历史学派社会保障思想

19 世纪末 20 世纪初，以施穆勒（Gustav von Schmoller，1838—1917）和桑巴特（Werner Sombart，1863—1941）为代表的新历史学派开始出现。他们利用大学讲坛宣传社会改良，主张通过社会改良过渡到社会主义，因此又被称为"讲坛社会主义学派"。新历史学派的主要经济社会主张包括以下几个方面：

第一，强调精神和伦理在社会经济与生活中的重要地位。新历史学派把经济社会生活中的许多问题同精神、道德和伦理联系在一起，希望通过对民族精神与道德伦理的强调，通过协调劳资关系，消除社会主义的影响，促进资本主义的发展。施穆勒认为，经济问题只有和伦理道德联系起来才能得以解决。劳资矛盾是由于工人缺乏道德造成的，其解决应该依靠工人道德水平的提高。桑巴特认为："资本主义是由欧洲精神的深处生发出来的"，企业家精神和市民精神结合起来形成了资本主义精神，"这种精神创造了资本主义"②。

第二，强调国家在经济发展和社会进步中的重要作用，主张实行强有力的国家干预。施穆勒提倡实行"国家经济"，他指出："没有一个坚强组织的国家权力并具备充分的经济功用，没有一个'国家经济'构成其余一切经济的中心，那就很难设想有一个高度发展的国民经济。"③ 桑巴特指出，国家对资本主义经济发展具有重要影响，它帮助资本主义开拓

---

① Robert Eccleshall, *British Liberalism*, London, 1978, pp. 205 - 206.

② ［德］桑巴特：《现代资本主义》，第 1 卷，212～215 页，北京，商务印书馆，1958。

③ 转引自季陶达：《资产阶级庸俗政治经济学选辑》，344 页，北京，商务印书馆，1963。

市场，获得劳动力，推行新技术，国家通过社会政策实行的有意识的干涉，可以保护并推进资本主义的利益。

第三，认为资本主义经济组织形式的变化可以避免其经济发展中的某些弊端。新历史学派认为，德国卡特尔经济组织形式的出现，有利于德国资本主义经济计划性的实现，这也是实现德国经济走向社会主义计划经济的有效途径。俾斯麦开始了一个在企业转化为国家财产的基础上逐步向社会主义过渡的新时代。卡特尔不仅可以消除经济危机，实现经济计划性，而且可以促进工人阶级的社会福利。资本主义经济将通过内部自我调节走向更加稳定和计划性，从而为过渡到社会主义作好准备。

第四，提倡社会改良，主张实施社会立法，促进社会福利事业的发展。施穆勒指出，现代的个人自由和私有制将永远保存下来，但是，同时应该促进经济的社会化，改变分配制度和所有制形式，以满足所有社会成员的权利和要求。社会中存在过度的阶级分化和阶级对立的现象，会对社会稳定带来极大的危害，只有进行大规模的社会改良，才能促进社会的稳定发展。新历史学派思想家主张制定社会立法，推行社会保险制度，建立工厂监督员制度和劳资纠纷仲裁制度，加强劳动保护，为贫穷者提供社会救济，同时，推进一些经济领域的国家化，并改革财政制度。新历史学派的经济社会主张，对 19 世纪末德国政府及其社会经济政策产生了直接影响，新历史学派的社会保障思想成为建立社会保险制度最早的理论基础。

二、20 世纪国家干预主义社会保障思想

(一) 凯恩斯学派社会保障思想

20 世纪前期，凯恩斯学派的出现标志着国家干预理论的形成。凯恩斯（John Maynard Keynes，1883—1946）整个理论体系的核心内容是充分就业理论。凯恩斯认为，充分就业包含两种情况，第一种情况是不存在非自愿性失业，第二种情况是社会就业量达到一种饱和状态。资本主义社会难以实现充分就业的根本原因，不是新古典学派所指出的供给不足，而是社会需求与新投资量的不足。因此，扩大社会需求并增加新投资量成为凯恩斯解决就业问题的主要建议。凯恩斯认为，要实现扩大社会需求与增加投资总量的目标，首先应该通过收入再分配政策提高消费倾向。其次应该降低利率，刺激消费。最后必须放弃自由放任主义的传统政策，依靠和实行政府干预。凯恩斯认为，在目前的消费倾向下，无论用什么方法来操纵投资，恐怕充分就业还是很难维持，因此两策可以并用：增加投资，同时提高消费。国家必须用改变租税体系、限定利率以及其他方法指导消费倾向。要达到充分就业，唯一办法是把投资这件事情由社会总揽。他指出，国家干预是实现消费倾向增强与投资增加的唯一途径，也是避免资本主义经济毁灭的必要条件。

凯恩斯国家干预的主张也是有限度的。他指出：“似乎没有强烈理由要实行国家社会主义，把社会上大部分经济生活包罗在政府权限以内。要紧的倒不是生产工具国有；只要

国家能够决定（a）资源之用于增加生产工具者，其总额应为若干；（b）持有此种资源者，其基本报酬应为若干，则国家已尽其职责。”① 凯恩斯认为，国家干预的目的是促进资本主义更好发展，他说：“我所寻求的是改善资本主义的社会机器，而不是推翻它。”因为，资本主义是“尊敬和提高个人包括个人选择、信仰、思想、言论、经营企业以及财产在内的自由的最理想的，或者至少是最可行的社会组织形式”②。

凯恩斯的上述经济社会主张常常被称为“凯恩斯主义”。凯恩斯主义在以往各种国家干预主张的基础上，进一步系统、具体地论述了国家宏观干预的范围、内容、途径与限度，从而为20世纪30年代后西方资本主义国家干预政策的广泛实施提供了理论基础。第二次世界大战以后，西方资本主义国家社会保障制度的发展，尤其是西欧福利国家的建立和发展，正是凯恩斯主义与国家干预政策的直接结果。凯恩斯的基本经济社会主张在20世纪30年代以后随着资本主义的发展而不断变化，但是，以“充分就业”和“需求管理”为基本特征的“凯恩斯主义”的核心没有发生根本变化，凯恩斯及其主张的追随者和发展者常常被称为“凯恩斯学派”。

(二)《贝弗利奇报告》的社会保障主张

贝弗利奇（William Beveridge，1879—1963）毕生致力于英国社会保障制度的建立和发展。1941年，英国政府组织了社会保障与相关服务委员会，1942年12月，著名的《社会保险与相关服务的报告》（又称《贝弗利奇报告》）由贝弗利奇签署后正式发表。

报告首先对英国现行社会保障制度的缺陷提出了批评，指出，英国现行社会保障制度中，每一种社会问题在处理时都是单独对待的，而不考虑或很少考虑相关的社会问题，这使得各种社会保障措施彼此孤立，影响了社会保障制度的实际效果。现行社会保障制度在一些规定方面存在较大差异，使得英国现行社会保障制度的管理十分复杂。报告阐述了社会保障的基本范畴，指出，社会保障是对因失业、疾病或事故造成的收入中断所提供的保障，是对因年老而退休所提供的收入保障，是为因另一个人的去世而导致失去生活依靠所提供的保障，也是对与诸如生育、死亡以及婚嫁相关的额外开支所提供的保障。社会保障首先是对最低生活标准的一种收入保障，但它必须与那些能够尽快恢复劳动收入的措施密切相连。报告阐述了英国社会保障制度改革的三项首要原则：第一，社会保障制度改革与发展不应该仅限于局部利益的考虑；第二，社会保险应该被作为一种综合性的社会发展政策的一部分；第三，社会保障必须通过国家与个人之间的合作来实现，国家应该对各种社会服务以及各类社会保障提供保证，国家在组织社会保障中，不应该使个人和社会进步的动力、机会与责任心受到抑制。

报告指出，社会保障有三种主要途径，那就是为保障基本需要而实施的社会保险、为保证特殊需要而实施的国民救济、为满足基本需要以外的需求而实施的自愿保险。社会保

① ［英］凯恩斯：《就业利息和货币通论》，281～328页，北京，商务印书馆，1983。

② Vic George, *Modern Thinkers on Welfare*, London, 1995, pp. 75 - 76.

险是指为被保险人提供的基于强制性缴费的现金津贴，它是三种社会保障措施中最重要的一种，社会保险应该实行综合性和普遍性原则。国民救济是对申请者的特殊需求所提供的保障，它与申请者是否缴费无关，仅随个人需求情况与政府财政情况的变化而变化，国民救济是社会保险制度的必要补充。自愿保险是社会保险制度与国民救济制度的补充。社会保险与国民救济旨在保障生存收入，为较高水平的生活提供保障应该是个人自愿保险的目标，国家应该鼓励发展自愿保险。

报告提出了社会保险制度应该实行的六个基本原则：（1）社会保险津贴统一标准原则。不管被保险人的收入存在多大差异，在领取社会保险津贴时采用同一标准。（2）社会保险缴费统一标准原则。所有被保险人要获得同样标准的社会保险津贴，就必须按照同样的标准缴纳社会保险费。（3）社会保障统一管理原则。社会保障管理责任必须统一，被保险人只需每周缴纳一项综合性社会保险费，所有社会保险费应该集中到一项社会保险基金中，所有社会保险津贴也将从该项社会保险基金中支付。（4）社会保险津贴发放时间与数量合理原则。社会保险津贴在数量上必须保证被保险人的基本生活，只要被保险人的需求继续存在，就应该向其发放社会保险津贴。（5）社会保障综合性原则。社会保险制度应该与国民救济制度及志愿保险制度结合起来。（6）社会保障需求分类原则。社会保障制度必须考虑到不同人的不同收入及需求，根据不同收入与需求调整社会保障缴费与津贴，在每一种社会保险阶层中，根据大多数人的需求来确定社会保险标准。[①]《贝弗利奇报告》不仅为英国福利国家的建立奠定了基础，也对世界社会保障制度的发展产生了重要影响。

第三节　社会主义社会保障思想

一、19世纪社会主义社会保障思想

（一）空想社会主义社会保障思想

空想社会主义社会保障思想是早期社会主义社会保障思想的基本内容。圣西门（Claude Henri de Rouvroy，comte de Saint-Simon，1760—1825）认为，人类社会的发展和人的成长一样，有一个从童年到成年的过程，新的社会体系不断代替旧的社会体系，社会就是这样进步的。每一种社会制度要想完美无缺，必须满足下列两个条件：首先，这种社会制度要有利于社会，即要给社会带来实际效益；其次，这种社会制度要同社会现状协调。圣西门提出了社会进步的四条标准。首先，它要尽可能使社会上的大多数人过着幸福的生活，拥有最多的资料和可能来满足他们的最切身的需要；其次，它要使内心修养高尚

---

① See Rex Pope, *Social Welfare in Britain 1885—1989*, London, 1986, pp. 123 - 125.

的最有德行的人，拥有最多的机会来获得较高的地位，而不管他们出身于什么样的家庭；再次，它要把人数最多的人团结在一个社会里；最后，它要鼓励劳动，因而促进重大发明，导致文明和科学的最大进步。

圣西门认为，政府经常和唯一的职责就是为社会造福。为此必须解决所有制问题，使它既兼顾自由和财富，又造福于整个社会；应该实行平等制度，废除一切特权；还必须尊重生产劳动者。他指出："尊重生产和生产者的原则，要比尊重占有和占有者的原则有益得多。"[①] 圣西门提倡通过社会改革实现人类福利的改善。他指出，最能够直接促进和提高大多数居民的精神和物质福利的手段，就是使国家的重要开支只包括这些方面的内容：使一切身体健康的人能够有工作以保证他们生存所需的费用，以尽快地在无产阶级中间普及现有的实证知识为目的的费用，为帮助这个阶级的成员可以得到有助于他们智力的发展、享乐和消遣所需的费用。

傅立叶（Charles Fourier，1772—1837）指出，近代工业制度导致贫困人口的大量出现，造成集体利益与个人利益的冲突，加剧分配的不合理。他说："文明制度的工业只能创造幸福的因素，而不能创造幸福。相反，事实将会证明，如果不能发现循着社会发展阶梯真正前进的办法，则工业的过分发展会给文明制度带来极大的不幸。"[②] 为了消除工业文明带来的种种弊端，傅立叶提出了建立劳动协作组织——"法郎吉"的主张。他指出，这种劳动协作组织的建立和发展必须坚持"劳动引力，比例分配，人口平衡"的原则。劳动引力将使工作变成一种乐趣，同时保证人们能够持久努力从事劳动以偿还预付给他们的最低限度的生活资料；比例分配是在每个人中间实行公正的分配制度，这种分配按照资本、劳动和才能确定，分配数额对每个人来说都足够用；人口平衡则是指必须发现一种办法来确保防止人口无限制的增长。

傅立叶提出了自己独特的社会保障的观念。他认为，完整的保障制度是社会进一步发展的必然阶段。他将文明制度分为六个阶段：第一阶段即童年期，第二阶段即青少年期，第三阶段即壮年期，第四阶段即衰老时期，第五阶段即过渡期，第六阶段为保障制度时期。他提出一种综合性保障观点，并把保障分为两种，即作为贫苦劳动阶级生存与福利的劳动保障和针对中层阶级与富有阶级的在社会关系上的真理保障。与此相应，实现保障的办法也就有两种，一种办法是为穷人建立福利的保障，另一种办法是为富人在经济利害关系上建立安全和诚实的保障。傅立叶还主张实行一些具体的社会保障制度项目，例如，建立卫生检疫隔离所，实行个人或者互助保险，推行预扣养老费的办法为老年人口提供保障，建立储蓄银行，建立官办农场和收容农场，接纳失业者和贫困者等。

欧文（Robert Owen，1771—1858）认为，工业化不仅给英国带来巨大的社会财富，同时也带来许多社会恶果。英国贫困问题的加剧与工业化的发展不可分割，他指出："目前贫困现象的直接原因，是人类劳动不值钱。而人类劳动不值钱，又是由于欧洲和美洲工

---

① 《圣西门选集》，2版，第1卷，167～168页，北京，商务印书馆，1979。

② 《傅立叶选集》，第1卷，116～125页，北京，商务印书馆，1979。

业中普遍使用机械，主要是不列颠工业中使用机械的结果。”① 欧文认为，私有制度也是贫困的根源，并且经常阻挠和妨碍实行对人人有利的社会措施。

欧文呼吁社会关注普通民众的生活问题。他指出，社会不仅应该关注农业和商业利益，英国成百万衣不蔽体、食不果腹的贫民的福利问题，同样应该引起人们的密切关注。英国有许多贫民和劳动者目前无法获得劳动以维持生活，他们的生活只能由各种社会救济机关来维持，而各个教区很难承担这笔开支，他们的贫困和灾难是历史上前所未有的。社会应该做出其他安排，使得所有能够并愿意劳动者获得生产性工作，这对于解决贫民的生活具有现实意义，对社会幸福和福利也有根本影响。欧文还提出一些解决社会问题的具体办法。他认为，国家应该采取措施对失业者提供工作，帮助他们走出失业和贫困，还应该颁布工厂法等法令来解决童工问题、劳动保护问题等。

欧文还对当时英国的济贫法制度提出批评。他指出，制定济贫法制度的动机无疑是正确和善良的，但是，济贫法制度的直接作用和影响与其最初出现时的动机相悖，它几乎是在尽可能地伤害贫民并因此伤害国家。它表面上是在救济贫民，实际上在帮助贫民养成最坏的习惯，它使贫民的人数不断增加，也使贫民的苦难不断加重。欧文提出了改革济贫法制度的具体建议。他指出，对贫民提供现金救济毫无益处，我们应当提供条件让贫民通过自己的劳动赚得一种可靠而舒适的生活，不但要指导他们如何以最有效的方式进行劳动，同时还要把他们安置在最有利于增进幸福和道德的环境中。必须采取坚决的措施来消除现行济贫法制度所造成的各种不良影响和后果。

（二）科学社会主义社会福利思想

马克思（Karl Marx，1818—1883）和恩格斯（Friedrich Engels，1820—1895）始终关注无产阶级的贫困问题。马克思指出：工人的劳动为富人创造了财富，却为自己生产了赤贫，“劳动者越是生产更多的财富，他的生产在威力和范围上越是增长，则他反而越来越贫困”②。恩格斯也指出：“大城市里工人阶级的状况就表现为一个逐渐下降的阶梯：最好的情况是生活暂时还过得去……最坏的情况是极端的贫困，直到无家可归和饿死的地步；但是一般说来，是更多地接近于最坏的情况，而不是接近于最好的情况。”③ 马克思、恩格斯认为，无产阶级贫困化是资本主义制度的产物。无产阶级处境悲惨的原因应该到资本主义制度本身中去寻找。生产资料私有制使得整个资本主义经济活动从许多方面加剧着无产阶级的贫困化：资本主义工资制度导致无产阶级的贫困化，资本主义生产手段的改进加重了对工人的剥削，资本积累进一步加剧无产阶级的贫困化。

马克思和恩格斯还对19世纪前期的济贫法制度进行了批判。恩格斯指出，在新济贫法制度下，“为了使穷人只是在万不得已的时候才去请求救济，为了使他在请求以前想尽

---

① 《欧文选集》，第1卷，178页，北京，商务印书馆，1979。

② 马克思：《1844年经济学哲学手稿》，52页，北京，人民出版社，1963。

③ 《马克思恩格斯全集》，中文1版，第2卷，357页，北京，人民出版社，1957。

一切办法，马尔萨斯的信徒们挖空心思地把习艺所变成一个令人望而生畏的地方”。新济贫法制度“实质上是把穷人当做犯人，把习艺所当做惩治犯人的监狱，把住习艺所的人当做法律以外的人，当做人类以外的人，当做一切丑恶的化身”。新济贫法制度是英国资产阶级对付无产阶级的手段，“在国家的这个措施中，英国资产阶级是 in corpore〔作为一个整体〕，作为当权者出现的，在这里他们清楚地表明了他们的真正愿望，表明了他们那种使无产者处处遭殃但又把这归之于个别人的罪过的恶劣行为的真正含义”。恩格斯同时认为，新济贫法制度将唤起英国无产阶级新的斗争意识。他指出：“习艺所的建立比执政党的任何措施都更激起了无产阶级对有产阶级的强烈的仇恨……新济贫法大大地促进了工人运动的发展。”①

马克思还提出了著名的社会保障基金扣除理论。他指出，为防止各种不幸事故与灾变带来的后果，一般应该建立后备基金，这种后备基金来源于社会总产品。社会总产品在进行分配以前，应该从中首先扣除三个部分：第一，用来补偿消费掉的生产资料的部分；第二，用来扩大生产的追加部分；第三，用来应付不幸事故、自然灾害等的后备基金或保险基金。在扣除上述三个方面所需的生产消费资料部分以后，剩余的社会总产品才能成为消费资料。但是，在对这部分消费资料进行个人分配之前，还必须从中首先扣除下列三项费用：第一，和生产没有直接关系的一般管理费用；第二，用来满足共同需要的部分，如学校和各种保健设施等；第三，为丧失劳动能力的人等设立的基金。马克思还指出，社会福利基金等的扣除数额应该与经济发展状况保持协调。从社会总产品中扣除社会后备基金和保险金，“在经济上是必要的，至于扣除多少，应当根据现有的资料和力量来确定，部分地应当根据概率论来确定”。同时，马克思还指出，社会福利费用尽管来源于生产者的劳动创造的财富，但它“又会直接或间接地用来为处于社会成员地位的这个生产者谋福利”②。马克思还指出，有工作能力的劳动者必须为失去工作能力者或者还没有工作能力者的生活福利提供一定的劳动。

恩格斯也十分关注社会福利问题。他在《共产主义原理》中提出一系列与社会福利相关的重要主张：(1) 组织劳动者或者让无产者在国家的田庄、工厂、作坊中工作，并迫使厂主所付出的工资与国家所付出的工资一样高；(2) 直到私有制度完全废除时为止，对社会的一切成员实行劳动义务制；(3) 所有儿童从能够离开母亲照顾的时候起，由国家机关公费教育，并将教育与工厂劳动有机结合起来；(4) 在国有土地上为公民建立公共住宅；(5) 拆毁一切不合卫生和建筑条件的住宅和街道。恩格斯进一步指出，建立为全社会所有的福利是无产阶级革命的目的之一。“即将到来的社会变革将把这种社会生产基金和后备基金，即全部原料、生产工具和生活资料，从特权阶级的支配中夺过来，并且把它们转交给全社会作为公共财产，这样才真正把它们变成社会的基金。”③

① 《马克思恩格斯全集》，中文1版，第2卷，576、577、582、581页，北京，人民出版社，1957。

② 《马克思恩格斯全集》，中文1版，第19卷，19、20页，北京，人民出版社，1963。

③ 《马克思恩格斯全集》，中文1版，第20卷，211页，北京，人民出版社，1971。

马克思和恩格斯虽然提出了一些社会福利思想主张，但是，其社会福利思想以服务于唤起和鼓动无产阶级进行革命为目标，这使得马克思、恩格斯不仅对当时资产阶级政府的社会福利措施采取批评态度，甚至对工人阶级所提出的一些社会福利要求与主张也持批判态度。恩格斯指出，资本家为了赢得火腿，可以给工人香肠。马克思也指出："在工人自己所生产的日益增加的并且越来越多地转化为追加资本的剩余产品中，会有较大的份额以支付手段的形式流回到工人手中，使他们能够扩大自己的享受范围，有较多的衣服、家具等消费基金，并且积蓄一小笔货币准备金。但是，吃穿好一些，待遇高一些，特有财产多一些，不会消除奴隶的从属关系和对他们的剥削，同样，也不会消除雇佣工人的从属关系和对他们的剥削。"①

二、20 世纪以来社会主义社会保障思想

（一）无产阶级国家保障思想

列宁（Lenin，1870—1924）提出的无产阶级国家保障思想成为社会主义社会保障思想的重要内容。1902 年，列宁在为俄国社会民主工党拟订的纲领草案中，系统地阐述了无产阶级政党在社会福利方面的基本要求：（1）把一切雇佣工人的工作日限制为 8 小时；（2）依法规定国民经济各部门的男女雇佣工人，每周至少有连续 36 小时的休息时间；（3）绝对禁止加班加点；（4）在国民经济各部门内禁止做夜工；（5）禁止企业主雇佣未满 15 岁的童工；（6）禁止在特别对妇女身体有害的部门使用女工；（7）依法规定工人由于不幸事故或有害的生产条件而完全或部分丧失劳动能力时，企业主应该受到民事处分；（8）禁止用商品发付工资；（9）国家对失去劳动能力的老年工人支付抚恤金；（10）增加工厂视察员人数，由工人选出的代表监督工资标准的规定；（11）由地方自治机关会同工人选出的代表一起检查企业主为工人提供的住宅的卫生状况以及这些住宅的出租条例；（12）在一切使用雇佣劳动的企业内设立合理全面的对劳动条件的卫生检查；（13）把工厂视察员监督制推广到手艺业、家庭工业、手工工业和国营企业中去；（14）破坏劳动保护法者应受到刑事处分；（15）禁止企业主以任何理由和目的克扣工资；（16）在国民经济各部门设立职业法庭，由工人和企业主各选出一半代表组成。②

到 1912 年，列宁的社会福利思想进一步发展和完善，他不仅明确地指出了资本主义社会建立社会保险制度的必要性，而且具体阐述了建立无产阶级国家保险的基本主张。列宁指出，在资本主义社会，雇佣工人以工资形式取得的那一部分自己创造的财富，非常之少，仅仅能够满足最迫切的生活需要，无产阶级根本不可能从工资中拿出一些钱储蓄，以备在伤残、疾病、年老、残废、失业时的需要。因此，对工人实行保险完全是资本主义发展的整个进程决定的改革。列宁阐述了关于无产阶级国家保险的基本原则，他指出：最好

---

① 《马克思恩格斯全集》，中文 1 版，第 23 卷，677～678 页，北京，人民出版社，1972。

② 参见《列宁全集》，中文 1 版，第 6 卷，13～14 页，北京，人民出版社，1959。

的工人保险形式是国家保险，这种保险是根据下列原则建立的：（1）工人在伤残、疾病、年老、残疾等情况下丧失劳动能力，或因失业失掉工资时国家保险都要给工人以保障；（2）保险要包括一切雇佣劳动者及其家属；（3）对一切被保险者都要按照补助全部工资的原则给予补助，同时一切保险费都由企业主和国家负担；（4）各种保险都由统一的保险组织办理，这种组织应该按区域和被保险者完全自理的原则建立。①

列宁还把社会福利作为无产阶级反对资产阶级斗争的重要内容和手段。他指出，必须进行最坚决的和齐心协力的斗争，反对政府和资本家强迫工人不经过工人大会选举自己的伤病互助会的初选代表的企图；工人们应当举行革命的群众大会，抗议在实行保险法中所发生的暴力和侮辱行为；争取合理地选举伤病互助会代表的斗争一分钟也不能放松，要采取一切办法、动员一切力量、利用一切有利机会扩大和发展工人的斗争；必须把关于实行保险制度的一切鼓动工作，同说明沙皇俄国的一切实际状况的工作密切地结合起来，同时要说明我们的社会主义原则和革命要求。列宁关于无产阶级国家保险制度原则的主张，成为后来苏联建立社会主义国家保险制度的基本理论依据。

（二）中国共产党对社会保障认识的变化

20 世纪 90 年代初期，中国经济体制改革经历十年进程，其在促进经济快速发展的同时所引发的社会问题开始显性化，促使中国共产党必须思考和阐述经济体制改革与收入分配、社会保障制度之间的关系，必须明确社会保障制度建设的必要性，从而使得中国共产党对社会保障制度的功能的认识开始发生变化。

1993 年的《中共中央关于建立社会主义市场经济体制若干问题的决定》提出，要“建立合理的个人收入分配和社会保障制度”，并对社会保障制度的功能做出了比较明确的表述：“建立多层次的社会保障体系，对于深化企业和事业单位改革，保持社会稳定，顺利建立社会主义市场经济体制具有重大意义。”②

1999 年的《中共中央关于国有企业改革和发展若干重大问题的决定》指出：“下岗分流、减员增效和再就业，是国有企业改革的重要内容。要把减员与增效有机结合起来，达到降低企业成本、提高效率和效益的目的。”“加快社会保障体系建设，是顺利推进国有企业改革的重要条件。”③ 显然，该决定更加突出了社会保障制度的经济功能，并将社会保障制度建设定位为顺利推进国有企业改革的条件。

“减员增效”势必导致经济增长与收入分配、经济效率与社会公平等的不协调，从而有可能引发社会问题的突出化，促使中国共产党必须反思经济发展与改善民生的关系，对社会保障制度功能的认识，再次成为中国共产党必须做出合理判断和明确回答的问题。

---

① 参见《列宁全集》，中文 1 版，第 17 卷，449 页，北京，人民出版社，1959。

② 《中共中央关于建立社会主义市场经济体制若干问题的决定》，见劳动和社会保障部、中共中央文献研究室：《新时期劳动和社会保障重要文献选编》，137～138 页，北京，中央文献出版社，2002。

③ 《中共中央关于国有企业改革和发展若干重大问题的决定》，见劳动和社会保障部、中共中央文献研究室：《新时期劳动和社会保障重要文献选编》，414～415 页，北京，中央文献出版社，2002。

2003 年的《中共中央关于完善社会主义市场经济体制若干问题的决定》中得以明确的表达，该决定提出，“加快建设与经济发展水平相适应的社会保障体系”①。

2006 年的《中共中央关于构建社会主义和谐社会若干重大问题的决定》明确指出：“完善社会保障制度，保障群众基本生活。”显然，该决定表明党对社会保障制度功能的认识发生了重大变化，社会保障制度的基本目的是保障群众的基本生活，经济体制改革依然是党的工作重心，但不再强调社会保障制度作为经济体制改革的经济性功能，其促进社会公平与民生幸福的社会性功能得到肯定并受到高度重视。

中国共产党第十八次全国代表大会报告即《坚定不移沿着中国特色社会主义道路前进为全面建成小康社会而奋斗》明确指出：“社会保障是保障人民生活、调节社会分配的一项基本制度。”② 2013 年的《中共中央关于全面深化改革若干重大问题的决定》明确提出：“建立更加公平可持续的社会保障制度。”显然，党对社会保障制度功能的认识提升到了一个新的高度，社会保障制度不再被作为推动经济体制改革的工具，也不再仅仅是为了保障人民群众的基本生活，而是为了保障人民生活和调节社会分配。社会保障制度不是保障人民生活和调节社会分配的一项特殊或者临时制度，而是保障人民生活和调节社会分配的一项基本制度。

改革开放以来，中国共产党对社会保障制度功能的认识过程，即是中国共产党对中国特色社会保障制度本质属性的认识过程，也是中国共产党对符合中国国情的社会建设理论的探索过程。中国共产党对社会保障制度功能的认识及其对中国特色社会保障制度体系建设的主张和要求，构成了中国特色社会主义理论的重要组成部分，也是中国共产党对马克思主义社会保障理论体系和社会主义社会建设理论的重要贡献。③

第四节　社会民主主义社会保障思想

一、19 世纪社会民主主义社会保障思想

（一）早期费边社的社会保障主张

费边社成立于 1884 年，其基本理论被称为费边社会主义。早期费边社会主义是一个

---

① 《中共中央关于完善社会主义市场经济体制若干问题的决定》，见中共中央文献研究室：《十六大以来重要文献选编》（上），476 页，北京，中央文献出版社，2005。

② 《中共中央关于构建社会主义和谐社会若干重大问题的决定》，见新华月报社：《时政文献辑览（2006.3—2007.3）》，40 页，北京，人民出版社，2007。

③ 参见丁建定：《中国共产党对社会保障制度功能认识的发展及其影响——基于党的若干重要历史文献的研究》，载《当代世界与社会主义》，2013（5）。

庞杂的思想体系。在政治思想方面，费边社主张走向社会民主主义，实现这一目的的手段不是通过暴力革命，而是通过渐进与渗透。在经济思想方面，费边社主张为了所有人的利益实现生产资料与交换资料的公有。在社会思想方面，费边社认为，社会是一个有机的整体，个体的活动与有机体内任何其他个体的活动紧密联系在一起，共同构成社会有机体的组成部分。

费边社会主义者提出了解决各种社会问题的具体主张。

关于贫困问题，他们认为，贫困问题是资本由少数人所有所造成的，也是社会不平等和剥削制度带来的，土地的不平等所有也是造成贫困的主要原因，贫困与造成贫困的原因都是可以消除的，消除贫困的主要办法是把土地所产生的地租以及资本所带来的利润当作公共的或社会的财富用到公共事业上，“在这些事业中，社会主义将把社会保险及对重大事故的预防列为第一位”。“真正趋向社会改革的政府，应该转而注意工业和农业租金，并应该一方面利用赋税，另一方面利用市有化和国有化把这种租金用来增进整个社会的福利。”①

关于失业问题，费边社会主义者认为，失业是由社会原因引起的，社会应该采取措施解决失业问题。他们将失业分为农村和城市两个方面，分别提出不同的解决途径。解决农村失业问题有两种办法：第一种是把失业者组织起来从事生产劳动，这是一种明智的办法；第二种是仅给失业者提供一些救济性的工作，这是一种不明智的办法。为减少农村人口向城市的盲目流动，应该把城市中的那些失业的农村人口重新安排到郡办农场去劳动。城市中那些有技术的失业者应该按照他们自己所属的行业就雇于市营工场，这些工场应该实行八小时工作日制度，工资不应少于工会能够接受的最低工资。失业者必须成为自己所需消费品的生产者，对于那些一方面失业，另一方面又随便拒绝政府机构为其提供的工作机会者，没有必要给他以任何救济。

关于工厂法和最低工资，费边社会主义者认为，工厂法的适应范围应该扩大到所有的企业和工厂，增加工厂视察员的数量，在一切企业和部门实行八小时工作日制度，防止各类血汗劳动制度。必须由国家制定一个最低工资标准，这是维持国民最低生活标准的基本前提。这一最低工资标准必须与工时挂钩，但不能通过工时的延长来实现最低工资，国家应该保证公民的生活水平不低于最低生存标准。

关于老弱病残和儿童问题，费边社会主义者指出，老弱病残者的一切需要都应该由公共福利来承担，应该把老年人与病人从成年贫困者中区分出来，给老年人建立一种养老金制度，给病人建立一种疗养制度，使得对老年人与病人的救济与对普通成年贫民的救济区别进行。为使所有的儿童特别是最贫困儿童能受到充分的教育，国家必须采取措施帮助他们顺利接受教育。

费边社会主义者还深刻地认识到社会保障对提高公民的道德水平，促进社会文明、健

---

① ［英］肖伯纳：《费边论丛》，58～78页，北京，三联书店，1958。

康发展的影响。他们指出，应该让每一个人都感到生活绝对有保障，应该让每一个人对于他未来的物质需要的所有忧虑都一扫而空，这样一来，人们对财富的那种渴望才会失去它的杠杆作用。当人们每天的生活有了保证的时候，人们的生命将开始用来生活而不是用来为得到生活的机会而斗争。于是，那些能够促进社会健康发展的精神因素就会得到发展，进取的精神、创造的快乐、仁慈的本能等都会立即活跃起来并影响社会的进步。

（二）其他国家社会民主主义社会保障思想的出现

早在1848年，“德国工人兄弟会”就提出了提高工资、缩短工时、救济病残工人、设立住房建设贷款所、实行免费教育等要求。1863年成立的“德国工人协会”主张通过社会改良，实现工人阶级福利的改善，要求禁止童工和实物工资制度，所有成年人实行十小时工作日制度，设置工厂视察员，设立一个议会常设委员会，调查和确定城市工人与农村工人的生活状况。1869年成立的德国社会民主工党主张通过社会革命途径解放德国工人阶级，领导工人同俾斯麦政府实行的以“非常法加社会保险法”为代表的“鞭子加蜜糖”政策进行了坚决斗争。社会民主工党指出：“为了维持和巩固工人对上层阶级的依赖或精神上的从属地位，而对工人状况进行少许物质上的改善，凡具有这种倾向的一切政治措施都应该遭到唾弃。”社会民主工党在当时的竞选宣言中指出：“帝国议会至今制定的社会政治法令（疾病保险法和意外灾难保险法）十分恶劣，以致我们的代表不得不投反对票。”①

但是，德国社会民主党内社会改良思想十分严重，伯恩施坦公开宣扬与资产阶级政府合作，他指出，一部好的工厂法可以比一整批工厂的国有化包含更多的社会主义。1891年，德国社会民主党通过《爱尔福特纲领》，纲领在提出一些政治民主化要求的同时，明确提出社会福利方面的主张。纲领写道：“只有将生产资料的资本主义私有制改变成社会主义的，即为社会经营和由社会经营的生产，才能使大生产和不断提高的社会劳动生产率不再是迄今受剥削阶级遭受贫困和压迫的根源，而成为使这些阶级享有最充分的福利和全面、和谐的完美生活的根源。”②

巴黎公社失败后，法国工人运动和社会主义运动走向低谷，但是，争取改善工人经济和生活条件的主张和斗争始终是法国社会民主主义思想和运动的主要内容。1876年，法国工人代表大会就曾提出有关工人退休金制度的基本原则，反对强制征收养老税，希望通过同厂主达成协议使老年人获得退休金。共和社会主义者同盟提出的社会改革要求包括：依法规定缩短劳动时间，禁止资方干预工人储金会的管理，修改劳资纠纷法，提供劳动贷款，建立徒工学校，禁止使用14岁以下童工，为老年人和残废者设立退休基金。1888年，法国工会代表大会提出下列改革要求：八小时工作日制度，规定最低工资，禁止转包工，由资方负担工伤事故费用。1890年，法国工会宣布争取八小时工作日制度和劳动保护立法，保证最低工资，限制童工和女工劳动时间，取缔私人职业介绍所和转包工等要求。

---

① 转引自［德］梅林：《德国社会民主党史》，第4卷，226～242页，北京，三联书店，1966。

② 转引自［德］迈尔：《社会民主主义导论》，21～22页，北京，中央编译出版社，1996。

法国工人党十分关注社会保障问题。1881 年，法国工人党经济纲领规定：成年工人实行八小时工作日制度，每年规定最低工资标准，实行男女同工同酬，由社会负担老人和残疾人的生活费用，工人互助金和保险金由工人自行管理，雇主应对工伤事故负责。1891 年，法国工人党市政建设纲领规定：提供免费或者廉价学校餐，委托工会和同业公会团体管理劳动介绍所，维修整治公认为有害健康的房子，建立妇产医院、养老院和残废工人收容所，建立免费医疗机构和按成本收费的药房，修建免费公共浴室和洗衣房，建立市镇承担费用的疗养院等。1892 年，法国工人党农业纲领规定：确定短工和长工的最低工资，为残疾者和老年人设立农业退休基金，实行免费医疗并按照成本供给药品。1895 年，法国工人党还对海员的社会保障提出系统主张：（1）甲板上的船员工作日不得超过十二小时，司炉工实行八小时工作日；（2）实行最低工资制，甲板工作员每月 90 法郎，货舱工作员每月 100 法郎，司炉工每月 120 法郎；（3）建立海员养老金制度，凡航行 2 年以上的注册海员领取不低于 600 法郎的退休金，凡在海洋上工作 15 年以上的海员领取比例退休金，注册海员死于海事，其抚恤金全部交给死者妻子、孩子与直系亲属；（4）制定劳动安全保护措施，保证海员劳动和人身安全，建立廉价海员宿舍。①

二、20 世纪社会民主主义社会保障思想

（一）英国社会民主主义社会保障思想的发展

20 世纪前期，社会民主主义社会福利思想进一步发展。柯尔（G. D. H. Cole，1889—1959）是 20 世纪 30—50 年代英国社会民主主义社会福利思想的重要代表。柯尔指出，建立有效的社会保障制度，给每一个英国民众提供基本的生活水平，不仅是国家的责任，而且应该成为社会民主主义的目标。柯尔批评了英国社会保障制度所存在的缺点和不足。他说，国家在社会保障方面已经作出了许多努力，这些措施也已经发挥或正在发挥积极的影响，但是，“这些社会服务机构却是通过一条奇怪的偶然道路发展起来的，其中仍存在很多差距，更不用说其主要过失是，它们大部分仍然是为了掩盖那些不应当让其产生的邪恶”。

柯尔认为，保证民众合理的基本收入是社会保障制度的重要目标，实现这一目标的一个办法是把合法工资章程的适用范围扩大到所有行业，另一个是为那些可以从国家得到一些补助，但其数量显然过少的人提供有效的收入，还应该建立由国家承担费用的普遍性家庭补贴制度，仅仅对失业者进行救济是不够的，应该使失业者能够尽快重新就业，建立最低生活标准有助于社会保险目标的实现，保证最低生活标准的补助金必须是普遍性的，同时也必须作出总体安排，给那些因年龄问题不适合工作的人发补助金，给那些尚能从事一

① 参见［法］泽瓦埃斯：《1871 年后的法国社会主义》，181～187 页，北京，三联书店，1983。

些劳动的人发放收入补助，所有这些补助必须保障使接受者的生活达到基本生活水平。必须实行普遍社会保险制度。他说："社会保险条件不应当只运用于赚取工资者，任何需要这些社会保险的人都应有资格得到它们。"① 柯尔反对在提供救济时实施极度严格的家庭财产状况调查，但也认为不能毫无限度地提供救济。

克罗斯兰（Anthony Crosland，1918—1977）是 20 世纪 50 年代英国社会民主主义社会保障思想的代表人物。他认为，政府应该采取行动改正或者补充市场交换制度，甚至可以取代市场交换制度。政府按照这种方式行动有助于平等、民主与福利的提高和发展，这些都是福利国家的目标。国家还可以利用社会支出与其他手段来改正与市场经济分配制度相联系的不平等与不公平。为了实现一种建立在中央财政基金之上的普遍的福利国家，必须进行调整；对通过以消费为目标的社会政策，而不是以生产为目标的经济政策，来实现更大的社会平等的福利国家的扩张应予以理性控制；对右翼势力要求减少福利的主张应予以驳斥；对工党左翼的过度性经济与社会政策愿望应予以拒绝与批评。福利国家的功能应该是，改善因为国家在经济方面的规定与私人工业发生矛盾和冲突而无法实现机会的平等的情况。②

蒂特马斯（Richard Titmuss，1907—1973）是对社会保障理论产生深远影响的社会民主主义思想家。蒂特马斯认为，现代工业社会需要建立一种有效的国家福利制度，因为在这种工业社会中，个人只顾自己的利益而不顾他人的利益，甚至以损害他人的利益作为实现自己利益的手段，国家可以解决市场制度在社会福利方面所带来的不足。国家福利制度具有五大职能与目标：第一，国家福利服务可以通过许多途径并在许多方向上对社会收入实施分配与再分配；第二，国家福利能够促进社会的紧密结合与协调；第三，国家福利服务在解决社会问题时具有重要的作用；第四，国家福利可以促进个人与社会福利的发展；第五，国家福利服务还是一种投资方式。

蒂特马斯主张实施普遍的社会保障制度。他指出，既然市场制度不利于人的社会责任与义务意识的发展，既然社会政策与经济政策的主要区别是社会政策具有社会凝聚力功能，那就应该建立普遍性国家福利制度，这种普遍性社会福利服务可以促进和提高全社会走向社会协调的态度与行为。他认为，私人福利不利于促进社会平等，反而会造成社会不平等范围的扩大与程度的加深，它使一些人被排斥在某种社会福利之外，从而使社会产生明显的分裂，私人福利不仅不能给人们提供自由选择的机会，而且带来权利的集中，它使一些权利集中于极为有限的一些人手中。

蒂特马斯还对社会福利进行了区分。他指出，如果我们的目标是理解社会中的福利，那么其他类型的福利制度也必须与公共福利一道解释，这些福利包括财政福利（如纳税补贴与救济）和职业福利（如来自雇主的津贴），这些福利的目的是一致的，它们同样得到

---

① ［英］柯尔：《费边社会主义》，65～77 页，北京，商务印书馆，1984。

② See R. M. Page, *British Social Welfare in the Twenty Century*, Macmillan, 1999, pp. 121 - 124.

财政支持，最明显的区别是财政福利与职业福利显然对那些经济条件较好者最为有利。蒂特马斯还指出，对一个国家的社会保障制度发展的认识和理解，不能离开它发生与发展所赖以存在的特殊社会和文化背景，最好的理解办法是对一些特殊的社会保障措施进行详细的解释，而不是仅仅从宏观理论上去把握。①

（二）德国和法国社会民主主义社会保障思想

进入 20 世纪，德国社会民主主义社会保障思想进一步发展。1918 年，德国社会民主党左派会议提出了第一次世界大战以后的革命任务，其所发出的号召中明确写进了缩短工作时间、规定最低工资的内容。1930 年，德国共产党发表《德国人民民族解放与社会解放纲领》，要求改变税收政策，改革社会保险制度，帮助失业工人，给妇女和青年以平等的就业权利。1931 年，德国共产党发表《扶助农民纲领》，要求实行依靠雇佣劳动为生的农民的失业救济、救济老弱疾病的农民等。

第二次世界大战后，德国社会民主主义社会保障主张有了新的发展。1959 年，德国社会民主党通过《哥德斯堡纲领》，提出了社会民主党在社会福利方面的目标，这就是："作为社会福利国家，它必须为它的公民的生存提供保障，使每一个人都能以自我负责的精神实行自决，并促进一个自由社会的发展。" 1975 年，德国社会民主党提出的《八五大纲》，对社会保障制度改革和发展的目标提出了总体要求，大纲指出："社会民主党为争取一个民主的和社会公正的社会制度而采取的政策，需要得到多数人民的信任。这一政策必须确保充分就业和经济的稳定发展，同时还必须顺利推行改革。人们因已经许诺的改革未能兑现和经济进步受到威胁而产生的失望情绪，同样能动摇这一政策的民主的信任基础。这种信任基础还应该包括维持社会福利国家对人民的保障，特别是对经济上和社会上的弱者的保障。"②

法国社会民主主义社会福利思想也有发展。1918 年，法国总工会发布纲领，提出八小时工作日、养老金与其他形式的社会保险立法等基本要求。第二次世界大战期间，在法国社会党的推动下，全国抵抗委员会发布纲领，要求建立最广泛的民主社会，使法国民众能够享有劳动、休息、教育和社会保障的权利，具体措施则为保障最低工资、增加人民收入、建立社会保障体制等。第二次世界大战以后，法国社会民主主义政党更加关注社会保障制度，著名领袖罗卡尔将下列三个方面确认为社会民主主义为欧洲文明提供的样板，这就是：建立在人权基础上的公共组织；文化与经济的高水平发展；高水平的社会保险。1972 年，法国社会党与共产党签署《共同施政纲领》，纲领第一部分明确提出了社会保障方面的发展目标，规定增加工资和制定最低工资水平，在不减少工资的情况下恢复每周 40 小时工作制，延长休假时间，退休金应占工资的 75%，降低退休年龄，改善教育制度等。

---

① See Titmuss, *Commitment to Welfare*, London, 1968, p. 59.

② 转引自［德］迈尔：《社会民主主义导论》，117～119 页，北京，中央编译出版社，1996。

第五节 中间道路社会保障思想

一、20 世纪前期中间道路社会保障思想

(一) 英国早期中间道路社会保障思想

20 世纪末以来，中间道路社会福利思想成为影响西方社会保障制度发展的重要因素。早在 20 世纪初，英国就已经出现了中间道路的思想主张。1911 年，英国保守党激进派的一份文件就曾指出，托利党的社会改革既不同于"激进社会主义"，也不同于"辉格党的个人主义"，而是"第三条道路"。[①] 20 世纪 20—30 年代，英国中间道路思想开始出现。麦克米伦（Maurice Harold MacMillan，1894—1986）是在英国较早提出中间道路的政治家与思想家，他于 1938 年正式出版了《中间道路》，并且指出，英国正面临着经济衰退所带来的社会问题的严重威胁，但是，英国的政治家们太迷恋于自由资本主义与社会主义道路之争，而没有认识到这些社会问题的严重性。英国必须避开两条道路之争，通过实行混合经济政策，实现充分就业，实行社会改革，建立有效的社会保障制度，确保为每一个公民"提供一种不低于最低生活标准的生活水平"，这种对基本生活水平的保障是整个社会保障制度的首要一步。

(二) 德国社会市场经济学派社会保障思想

德国社会市场经济理论的基本内容包括两个方面。首先市场经济是德国社会市场经济理论的基础。德国经济发展必须依靠市场调节手段，并尽可能保持市场调节的自由程度，形成良性的市场竞争机制。也就是说，德国社会市场经济理论的基本内容是强调自由、市场与竞争。其次，社会公正是德国社会市场经济理论追求的基本目标。为实现这一目标，不仅要合理限制市场竞争的自由，还要采取有效措施规范市场竞争的秩序，并保证有限的自由市场竞争有利于社会公正的发展。

在这种思想理论指导下，德国社会市场经济理论在社会福利方面的基本主张是，既强调个人在社会保障制度中的责任，强调自助在社会保障制度中的作用和影响，主张每一个社会成员都有权利和义务尽其所能进行自我救助，同时也强调国家应该建立起完善有效的社会保障和社会福利制度，因为这是实现社会公正的基本途径。

可见，德国社会市场经济理论实质上是一种中间道路的社会经济理论，其目的是在自由市场经济与高度统制经济之间寻找第三条发展道路。1948 年，阿尔马克就指出，我们

---

① See Jane Ridley, "The Unionist Social Reform Committee, 1911—1914, Wets before Deluge," *The Historical Journal*, No. 2, pp. 391 - 413.

的经济处境使我们认识到，我们在未来必须在两个完全不同的经济体制之间作出抉择，建立起基于自由价格、真正有效竞争与社会公正的市场经济体制。艾哈德更加明白地指出了德国社会市场经济理论的特色，他在1964年纪念其著名导师奥本海默时就指出："他认为'资本主义'是造成社会不平等的主义，甚至还是承认不平等的主义；但是他也反对共产主义，因为它必然造成不自由。还应当有一条道路，即第三条道路，它是一种可贵的综合，是一条出路。我几乎是按照他的吩咐来进行尝试的，试图在社会市场经济中找到一条现实主义的道路。"①

基于此，艾哈德主张实行有限的集体福利。他指出，正像一个国家的人民的消费不能超过自己所创造的价值一样，每个人所能得到的保障也不能超过我们全体成员通过生产而获得的保障，正是社会福利方面的过分的集体摊派，使得个人过多地依赖于国家与集体的福利，这已经给社会带来了巨大的代价。② 集体性社会福利的范围宁可窄一点，也不要宽一点。政府与社会的天职之一是保障老人晚年生活，他们并非由于个人原因而是由于错误的经济政策和严重的通货膨胀损失了个人储蓄。老工人与老职员都必须同样得到帮助，还包括自由职业者、独立劳动者等。但是，德国的特殊情况所产生的这个特殊问题不应该引起错误的想法，那就是好像强制性保险与集体福利天生就符合这些范围的人的要求。③

艾哈德将竞争概念引入社会福利领域，他认为，争取和保障各项福利的最有成效的手段就是竞争，用这种方法就能最佳地增加福利。"'属于大众的福利'和'来自竞争的福利'这两句口号是不可分割的整体；第一句表示目的；第二句表示达到目的的途径。"④ 为了避免集体福利与国家福利所带来的弊端，艾哈德极力提倡个人自助的作用与地位。艾哈德强调指出："社会保障当然是好事，也是十分必要的，但是社会保障必须主要是依靠自己的力量、自己的劳动和自己的努力得来的。社会保障不等于全民的社会保险，不等于将个人的责任转嫁给任何一个集体。开始时必须实行个人自己负责，只有当个人负责还嫌不足或者必须停止时，国家和社会的义务才发挥作用。"⑤

二、20世纪末以来中间道路社会保障思想

(一) 英国中间道路社会保障思想

20世纪80年代以后，英国中间道路社会保障思想的发展和影响越发明显，吉登斯(Anthony Giddens，1938— ）则是当代英国著名的中间道路社会保障思想家。他提出了"无责任即无权利"的思想。他指出，政府对其公民负有一系列的责任，但是，在个人主

① 转引自周茂荣等：《德国社会市场经济与中国经济改革》，140页，武汉，武汉大学出版社，1999。
② 参见［德］艾哈德：《大众的福利》，183～185页，武汉，武汉大学出版社，1995。
③ 参见［德］艾哈德：《大众的福利》，187页，武汉，武汉大学出版社，1995。
④ ［德］艾哈德：《大众的福利》，1～3页，武汉，武汉大学出版社，1995。
⑤ ［德］艾哈德：《大众的福利》，192页，武汉，武汉大学出版社，1995。

义不断扩张的同时，个人义务也应该不断延伸，作为一项伦理原则，无责任即无权利必须不仅适用于福利制度的受益者，也适用于每一个人。我们不应该把福利国家的改革简单地理解为营造一张安全大网，只有造福于大多数人的福利制度才能产生出一种公民的共同道德。如果福利只具有一种消极内涵并主要面向穷人，它就必然导致社会分化。

吉登斯提出了“积极福利”的主张。他指出，我们应当倡导一种积极的福利，公民个人以及政府以外的其他机构也应当为这种福利做出贡献。福利在本质上不是一个经济学的概念，而是一个心理学的概念，它关乎人们的幸福，经济上的利益或好处本身几乎从来都不足以创造出幸福，福利制度还必须在关注经济利益的同时关注心理利益的培育。

吉登斯还提出了“社会投资国家”的概念。他指出，社会投资国家这个概念适用于推行积极福利政策的社会。在社会投资国家中，作为积极福利的福利开支不再完全由政府来创造和分配，而是由政府和其他各种机构包括企业之间共同合作来提供；个人与政府之间的关系发生了转变，自主与自我发展将成为重中之重；自上而下分配福利资金的做法应当让位于更加地方化的分配体制，福利供给的重组应当与积极发展公民社会结合起来；社会保障观念也要发生积极的变化。应当逐步废除固定的退休年龄，把老人视为一种资源而不是一种负担，失业福利支出应当维持适当的标准，并且主要用于人力资源的投资方面。①

吉登斯的中间道路社会保障主张，对英国工党政府的社会保障政策与改革产生了直接的影响。英国工党领袖布莱尔（Tony Blair，1953— ）提出了所谓的“第二代福利”的观点。他指出：“我想要建立第二代福利”，这种社会福利制度具有以下特点：(1) 第二代福利要给人以扶持，而不仅仅是施舍。它意味着多种服务，而不仅仅是现金；它应成为成功的跳板，而不是缓解措施失败后的安全网；它应当创造稳定，使家庭和社会团体能够应付这个变化的世界。(2) 第二代福利能够适应家庭生活方式的改变。社会福利必须使这种改变朝好的方向发展，用安全感来代替恐惧感。(3) 第二代福利承认公民身份是建立在权利和义务基础上的。(4) 第二代福利不会通过高高在上的政府来发号施令，而是鼓励地方、公共与私人开展合作。(5) 第二代福利是要消除英国中等收入阶层的不安全感和低等收入阶层的贫困。②

(二) 其他西方国家中间道路社会保障思想

中间道路社会保障思想还在其他西方国家具有广泛影响。施罗德是当代西方中间道路理论的支持者和实践者，他提倡左右道路之间的妥协，指出：没必要对社会民主党的和保守派的经济政策加以区分，而应该对现代的和非现代的经济政策作出区分。长期以来，引起人们愤怒的不是什么左的或右的经济政策，而是正确的或错误的经济政策。施罗德强调社会保障制度改革的必要性。他认为战后社会民主党的理论和实践模式正面临严重危机，不重新考虑既得的社会福利，就不能推行现代化的社会政策，对社会保障体制进行结构改

---

① 参见［英］吉登斯：《第三条道路》，68～132页，北京，北京大学出版社，2000。

② 参见［英］布莱尔：《新英国》，167～168页，北京，世界知识出版社，1998。

革尤为重要。他主张保持最低福利标准，要求采用资本化的养老基金制度取代现行再分配性的养老金制度。施罗德强调社会保障制度中的个人责任。他指出，现代公民社会的核心在于实现更多的以公益为目标的自我负责，必须把个人与社会的价值和目标结合起来。“当代社会民主主义者要把社会保障网从一种权利变为通向自我负责的跳板。”他还强调社会公正的重要性，指出：“我们要填平我们社会中的社会鸿沟。我们要所有的人都有工作并过上富裕的生活。我们把自己看成是强者和弱者团结互助的共同体。”①

美国前总统克林顿指出：“我们的政策既不是随便的，也不是保守的；既不是共和党的，也不是民主党的。我们的政策是新的，是与以往不同的”，“是介于自由放任资本主义和福利国家之间的第三条道路”②。美国前总统布什提出的社会保障改革方案同样带有中间道路社会保障理论的色彩，方案提出：不能改革退休或行将退休人员的给付水平；全部社会保障盈余不能挪作他用；不能提高社会保障税；政府不能将社会保障基金投资于股市；新制度必须保留伤残和遗属保障项目；新制度应包括个人控制的、自愿的个人退休账户，以便增大社会保障安全网。③

推荐阅读书目

［英］贝弗里奇．贝弗里奇报告．北京：中国劳动社会保障出版社，2004.

Anthony Forder. *Theories of Welfare*. Routledge，1984.

Vic George. *Modern Thinkers on Welfare*. London，1995.

丁建定．社会福利思想．2 版．武汉：华中科技大学出版社，2009.

① 转引自殷叙彝：《施罗德、吉登斯谈公民社会与国家的互动关系》，载《国外理论动态》，2000（11）。

② 转引自傅殷才、文建东：《凯恩斯主义复兴与克林顿经济学》，载《武汉大学学报（哲学社会科学版）》，1994（1）。

③ 参见李珍、刘子兰：《小布什社会保障改革思路评析》，载《经济学动态》，2002（7）。

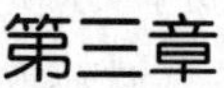

第三章 社会保障发展论

本章要点：主要阐述传统社会救济制度的发展、现代社会保障制度的建立、现代社会保障制度的发展和扩张、福利国家的建立和发展等社会保障制度发展的过程，以及社会保障制度发展不同阶段的基本特征及其影响因素。

关键概念：济贫法；社会保险；社会福利；社会救助；福利国家

第一节 传统社会救济的发展

一、西方传统社会救济的发展

（一）西方早期社会救济传统

西方社会具有悠久的社会救济传统。在中世纪欧洲的社会救济中，教会举办的慈善救济占有重要地位。教会在基督教慈爱思想的影响下，将其收入的一部分用于对穷人的各种救济，并建立救济院、医院、上帝之家、疯人院等机构。每个主教管辖区的主教负有对教区内穷人加以救济的责任，主教管辖区一般分成若干牧师管辖区，由牧师对其辖区内的慈善事宜直接负责。教区往往将其什一税收入的 1/4 或 1/3 用于救济穷人。例如，宗教改革前英国教会什一税的 1/3 被用于慈善事业。宗教改革后的 16 世纪中叶，英国大约有 100 多座教会养育院、2 300 多个教会施物所被取消，在这些场所接受救济的贫民近 9 万人，可见中世纪英国教会在提供救济方面所发挥的重要作用。

个人慈善救济在中世纪欧洲社会救济中发挥重要作用。一些有条件者特别是商人往往将自己的部分财产捐献给社会慈善事业，或者直接建立社会慈善机构。例如，1007 年，威尼斯商人奥尔塞禄·彼得二世就从自己的 1 250 里弗尔商业投资利润中拿出一部分用于慈善事业。1173 年，法国商人彼得·华尔多创办了著名的里昂贫民院。1601 年，英国呢绒商彼得·布伦达留下 4 万英镑用于社会慈善救济事业，另一英国商人威廉·伏特建立的慈善收容院曾收容 5 名男子和 1 名妇女，伏特每周给他们发一次生活费。①

中世纪欧洲一些地方还以特许状形式规定市民的互助义务。1188 年，佛兰德斯的埃伊市市民特许状规定，属于本市友谊会的所有市民都应当相互扶助；亚眠市市民特许状规定，本自治体内所有居民都应当尽力互助；基尔伯特市市民特许状则指出，本自治体乃是相互扶助的誓约。②

中世纪欧洲行会组织发挥着十分重要的救济作用。行会章程对行会的社会救济职能作出了明确规定。在英国，南安普敦商人行会章程第 22 条规定：任何会员不幸陷于贫困无法生活时，可以从行会获得一定的救济。林里吉斯圣三一行会章程规定：本行会任何会员要获得本会救济，必须先为维持本救济基金捐纳财物。行会负责人有义务每年至少 4 次访问所有衰老、缺乏衣食以及贫困的会员，并对其提供救济，陷于贫困的会员可以根据其需要的紧急程度，从本行会获得救济。③ 中世纪丹麦的一个行会的规章作出这样的规定："如果一个会友的房子被烧掉了，或者他的船遭了难，以及他在朝香的旅途中遇了不幸，那么所有的会友都必须帮助他。如果一个会友患了重病，就必须有两个会友在床边看护他，直到他脱离危险；如果他死了，会友们必须把他送到教堂的墓地去埋葬……在他死后，如果需要的话，他们还必须抚养他的子女，他的寡妻则时常成为行会的一个姊妹。"④

（二）英国济贫法制度的建立和发展

中世纪英国政府最初对贫困流民实施惩罚性政策。1349 年，英国政府颁布和实施了《劳工章程》，规定对没有劳动能力的无业人员实行流动限制，有劳动能力者必须在其居住地工作，禁止慈善机构给身体健全的流浪者和乞丐提供帮助。1531 年，英国议会颁布了一项严厉惩罚身体健全的乞丐的法令，规定：凡是有劳动能力的乞丐都将被捆绑到市场，处以赤身裸体的鞭刑，直至全身被打出血为止。法令同时要求政府官员"应该努力发现并帮助所有年老的穷人和那些值得尊敬和救济的人们"。

16 世纪初，英国政府开始放弃对贫困流民的惩罚性政策，转而实施一些区别性救济措施。1536 年，英国颁布的《亨利济贫法》规定，地方官员有义务分发教会收集的自愿捐献物资，用来救济穷人、残疾人、病人和老年人，地方政府可以用公共基金为"身体健全、能够从事工作的人们"提供工作，有权教育那些 5～14 岁的乞丐学会一门手艺，以便他们在成年后能够自谋职业。

1572 年，英国国会颁布一项法令，规定每个公民都要缴纳为实施济贫而专门设立的基金，还应该设立教区贫民救济委员会，专门负责贫民救济，并为身体健全的无业者提供工作。该法为英国政府建立起社会救济制度奠定了财政基础。在上述各种社会立法的基础

---

① 参见［英］拉蒙德：《论英国本土的公共福利》，9 页，北京，商务印书馆，1989。

② 参见［俄］克鲁泡特金：《互助论》，163～165 页，北京，商务印书馆，1997。

③ 参见金志霖：《英国行会史》，62～64 页，上海，上海社会科学院出版社，1996。

④ 转引自［俄］克鲁泡特金：《互助论》，158～159 页，北京，商务印书馆，1997。

上，1601年，英国颁布了著名的《伊丽莎白济贫法》。该法规定：父母有义务抚养子女，晚辈也有责任赡养他们贫穷的长辈。政府有责任对没有工作能力的贫困者提供帮助，保障穷人的最低生活水平。政府也有义务帮助贫穷的孩子去做学徒，并给身体健全者提供工作。用于向贫民提供救济的基金以每户固定缴纳的税款为主，那些不依法缴纳济贫税者将遭受牢狱之灾。

法令将贫民分为三种：第一种是身体健全的贫民，他们不能得到任何救济，只能接受强制劳动，拒绝工作的身体健全的贫民将被送进惩戒所，接受鞭刑、烙刑、枷刑和灌水等酷刑，甚至被处死，并无权提出申诉；第二种是没有劳动能力的成年贫民，他们可以得到由济贫官员提供的救济；第三种是贫困儿童，他们可以由他人收养，并为收养者提供一定年限的劳动作为收养报酬。[①]《伊丽莎白济贫法》的颁布实施，标志着英国济贫法制度的正式建立。

随着工业革命在英国的进行，英国开始了向工业化社会的转变。在工业革命带来英国社会经济的发展的同时，社会问题尤其是贫困问题和失业问题等也开始日渐突出。1795年，英国开始实施“斯宾汉姆制度”，即根据食品价格决定基本工资标准，对不能达到这一基本工资标准者，由政府给予救济补贴。这种救济制度的最大特点是实行济贫院外救济，救济对象除了工资收入者本人以外，还包括其妻子和孩子等家庭其他成员。

19世纪初，一些经济学家和社会学家开始对斯宾汉姆制度提出批评。他们认为，这种以家庭人口数量为依据的救济制度有可能导致人口的膨胀，并使贫困问题进一步加剧。他们强烈要求对济贫法制度进行改革，主张建立各种济贫院，申请救济者必须进入济贫院才可以得到救济，尽可能降低济贫院的生活条件和院内救济的标准，使那些有工作能力的贫困者尽快寻找工作，依靠自己的劳动摆脱贫困。

于是，1834年，英国颁布了《新济贫法》。其主要特点是实行院内救济，贫困者必须进入济贫院中才能得到救济。接受院内救济者不仅受到许多限制，还被剥夺选举权等政治权利。《新济贫法》颁布实施后，为了保证院内救济原则的推行，英国各地开始逐步建立起济贫院，济贫院成为19世纪大部分时期英国重要的救济机构。《新济贫法》所确立的救济制度在以后的实施过程中虽有过一些变化，但其基本特征和原则一直保持未变。《新济贫法》制度成为社会保险制度出现以前英国政府实施贫困救济的主要政策措施。

（三）其他西方国家的济贫法制度

政府性救济措施在其他西方国家也开始推行。1788年，德国城市汉堡设立中央办事处，综合管理全市救济事业，全市分为若干区，每区设监察员和救济员。基本救济原则是帮助人们实现自助，对失业者提供工作，将贫困儿童送往职业学校学习技艺，对患病者提供救治，禁止沿街乞讨。1852年，德国爱尔福特市提出一种新的救济制度：将全市分为

① 参见丁建定：《英国济贫法制度史》，59～62页，北京，人民出版社，2014。

564个段，每段约300人，其间贫民不得超过4人，每段设救济员1人，负责社会救济工作，申请救济者必须接受家庭收入状况调查，每14个段构成一个救济区，每区设救济监察员1人，负责指导全区社会救济事务，每区成立一个救济委员会，监察员任委员会主席，负责制订全区救济工作计划。全市设立中央救济委员会作为最高救济机构。①

1763年，瑞典政府颁布《济贫法》，规定各市镇当局应该对贫困人口提供救济，并可以征收济贫税，以便保障救济所需的费用。瑞典济贫法制度建立以后，这项制度随着工业化的不断发展而变化，逐步成为瑞典政府解决社会问题的主要政策措施。1847年，瑞典政府再次颁布《济贫法》，规定贫民享有申请救济的权利，各地政府必须对贫民提供必要的救济。1862年，瑞典实行地方政府改革，对贫民实施救济的责任从由教会负责转变为由地方政府负责，新建立的地方政府还负有提供医疗救济的责任，中央政府负责对精神病患者的救济。② 1850年，法国颁布《公共救济与预防法》，建立官方社会救济制度。荷兰政府于1854年颁布《济贫法》，在确认教会和私人团体实施社会救济的同时，要求地方政府在必要时提供社会救济。1870年，荷兰规定社会救济工作由地方政府负责。

1642年，北美普利茅斯殖民地开始实施类似于英国的济贫法制度，此后，弗吉尼亚、康涅狄格和马萨诸塞等殖民地都相继实施救济制度。18世纪，北美殖民地相继颁布和实施《济贫法》或相关法律制度，济贫法制度在北美殖民地逐步建立起来。19世纪前期，美国也将建立济贫机构、对值得救济者提供济贫院内的救济作为社会救济事业发展的重要目标。1824年，纽约州议会提出一份有关救济问题的报告，认为建立各种济贫机构是解决贫困问题的有效办法，报告对如何改进济贫法制度提出三项建议：第一，18～50岁失去劳动能力者由公众救助；第二，丧失劳动能力的老年人以及尚无劳动能力的年幼者由政府救助；第三，济贫事务以郡为行政单位实施。③ 同年，纽约州议会颁布《郡级济贫院法案》，要求在每个郡至少建立一个济贫院，所有接受救济者必须进入济贫院，济贫院所需全部费用由郡专项税收基金支付。各郡设立一个新的政府济贫机构——郡济贫专员公署，其主要职能是管理济贫院事务。此后，美国各地也纷纷建立济贫院。④

二、中国早期社会救济

(一) 中国古代救济主张

中国具有悠久的社会救济思想和实践传统。早在春秋战国时期，诸子百家大都提出过有关社会救助的思想。《礼记·礼运》中提出："大道之行也，天下为公。选贤与能，讲信修睦。故人不独亲其亲，不独子其子，使老有所终，壮有所用，幼有所长，鳏、寡、孤、

① 参见王思斌：《社会工作导论》，29～30页，北京，北京大学出版社，1998。

② See M. Forsberg, *The Evolution of the Social Policy in Sweden*, Stockholm, 1986, p. 13.

③ 参见牛文光：《美国社会保障制度的发展》，48页，北京，中国劳动社会保障出版社，2004。

④ See Joel F. Handler, *The Poverty of Welfare Reform*, New Haven, Yale University Press, 1995, p. 120.

独、废疾者皆有所养。男有分，女有归。货恶其弃于地也，不必藏于己；力恶其不出于身也，不必为己。是故谋闭而不兴，盗窃乱贼而不作，故外户而不闭，是谓大同。”老子的理想社会是“虽有舟舆，无所乘之；虽有甲兵，无所陈之；使民复结绳而用之，甘其食，美其服，安其居，乐其俗”[①]。墨子在《兼爱·下》中主张：“有力者疾以助人，有财者勉以分人，有道者劝以教人。若此，则饥者得食，寒者得衣，乱者得治。”[②]

在此基础上，中国古代逐步形成比较系统的救济思想，这些思想可以概括为以下几个方面：

（1）赈济思想。如《礼记·月令》指出：“天子布德行惠，命有司发仓廪，赐贫穷，振乏绝”。《左传》也指出：“楚大饥……振廪同食。”

（2）移民调粟思想。如《孟子》指出：“河内凶，则移其民于河东，移其粟于河内。河东凶亦然。”《汉书·食货志》指出：“岁有上、中、下、孰（熟）……大孰则上籴三而余一；中孰则籴二；下孰则籴一，使民适足……小饥则发小孰之所敛；中饥则发中孰之所敛；大饥则发大孰之所敛……虽遇饥馑、水旱，籴不贵而民不散，取有余以补不足也。”

（3）轻徭薄赋和贷赈思想。汉代汉宣帝元康二年下诏：“今天下颇被疾疫之灾……其令郡国被灾甚者，毋出今年租赋。”《宋史》也曾记载：“今岁颇旱，百姓艰难，乞敕令诸州，仓廪量留三年军粮外，贷与贫下百姓”。

（4）重农思想。《管子·治国》指出：“民事农则田垦，田垦则粟多，粟多则国富”。《汉书·食货志》指出：“人情，一日不再食则饥，终岁不制衣则寒……薄赋敛，广畜积，以实仓廪，备水旱，故民可得而有也。”《刘子》指出：“衣食足，知荣辱；仓廪实，知礼节……有九年之储，可以备非常、救灾厄也……谷之所以不积者，在于游食者多，而农人少”。

（5）仓储和节约思想。《礼记·王制》记载：“国无九年之蓄，曰不足；无六年之蓄，曰急；无三年之蓄，曰非其国也。三年耕，必有一年之食，九年耕，必有三年之食，以三十年之通，虽凶旱水溢，民无菜色。”《孔子家语》指出：“凶年则乘驽马，力役不兴，驰道不修……祈以币玉……祭祀不悬……祀以下牲……此贤君自贬以救民之礼也……夫人君遇灾，尚务抑损，况庶民乎？即民气稍苏，宜常念艰苦之时，爱惜物力。”[③]

（二）中国古代政府救济

中国古代历代政府都曾采取一些救济措施，这些救济实践可以概括为两个主要方面。首先是赈济措施。中国古代政府赈济的主要措施可以划分为以下几种类型：

（1）建立各种谷仓，遇到灾害时开仓赈谷。《周礼》中就有这样的记载：“遗人掌邦之委积，以待施惠；乡里之委积，以恤民之嬉阨……县都之委积，以待凶荒。”战国时期楚

---

① 转引自王友等：《中国保险实务全书》，1170～1171页，北京，中国物价出版社，1993。

② 转引自李占乐：《现代城市社会福利事业的兴起、变迁与模式转换》，30页，武汉，华中师范大学博士学位论文，2005。

③ 转引自王友等：《中国保险实务全书》，1172～1176页，北京，中国物价出版社，1993。

国建有二仓，韩国也建有谷仓，魏国建有御廪，西汉政府建立常平仓，隋朝时建立官仓，宋朝仓储赈济制度更加完善，建有惠民仓、广惠仓、丰储仓、平籴仓。

(2) 赈钱措施。例如东汉永建三年，京都发生地震，汉顺帝下诏："实核伤害者，赐年七岁以上钱，人二千"。宋仁宗天圣七年，河北发生大水灾，仁宗下诏："见存三口者，给钱二千，不及者半之"。明代洪武二十五年，山东发生洪灾，皇帝下诏：给山东受灾人家每户救济5锭钱款。

(3) 赈工措施。如唐朝时期江淮大旱，当地官府组织灾民开垦荒地，按工施济，"于是渚田尽辟，藉佣以活者数千人"。明朝弘治年间，开封黄河决堤，官府召灾民修堤以工赈，"堤成，而饥民饱，公私便之"。

其次是养恤措施。养恤措施包括施粥和居养两种类型。施粥措施早在春秋战国时代已经出现，到汉代已经发展为一种普遍的政府救济措施，宋代以后施粥措施更加兴盛，到明朝时期，施粥措施演变为"粥厂"制度，施粥管理也更加规范化。居养措施开始于汉代，至宋代发展成比较规范的收容机关，宋代建立了福田院、居养院和养济院等居养机构，南宋政府还建立了专门收养弃婴的慈幼局和免费给穷人提供药品的惠民药局。明代建立东、西、南、北四个福田院，专门收容贫病流民。到清代，养济院成为政府实施的主要救济机构，各个州县几乎都建立了养济院一类的机构。[①]

(三) 中国古代慈善救济

中国古代慈善救济主要是个人或者社会组织提供的救济。宗族提供的救济构成中国古代慈善救济的重要内容和传统。最初的宗族救济多是分散的，后来逐步出现了机构性的宗族慈善救济。例如，北宋时期，著名历史人物范仲淹捐田建立的"范氏义庄"就是宗族慈善救济的著名机构，其目的是"养济群族之人，日有食，岁有衣，嫁娶婚葬，皆有赡"[②]。其后，以义庄为代表的宗族慈善救济机构很快发展，到清代，不仅义庄的捐助来源逐渐扩大，义庄提供的救济内容也有很大的扩展。

同乡组织在中国古代慈善救济中发挥了重要影响。乡里往往建立互助组织，大家共同捐赠钱物以便为贫困乡里提供救济，中国古代的"社仓"最早就是同乡组织的慈善救济机构，后来逐步演变为政府提供社会救济的机构。此外，明朝时期，居住在外的同乡往往成立同乡会馆，到清代，同乡会馆非常广泛地建立起来，除了为同乡提供乡情交流外，保护同乡利益和救助遭受灾难的同乡成为同乡会馆的重要职能。清朝末年还出现了"父母轩"、"孝子居"等慈善互助机构，其中尤以清末福建各地出现的"父母轩"最具有代表性。参加者每月缴纳一定标准的费用，在缴足一定的期限后，参加者死亡时，其家属可以领取一定数量的丧葬救济补贴。

此外，中国古代私人慈善也发挥了一定的救济作用。一些具有慈善心肠的有钱人建立

---

① 参见王友等：《中国保险实务全书》，1176～1180页，北京，中国物价出版社，1993。

② 转引自李文治、汪太新：《中国宗法宗族制和族田义庄》，44页，北京，社会科学文献出版社，2000。

了慈善机构，如普济院、育婴堂、清节堂、义冢、施棺局、救生局等，这些民间慈善机构大多数从事多种项目的综合性慈善救济，只有一部分如育婴堂等救助活动比较单一。到了清朝中期，私人慈善所提供的救济逐渐开始重视受济者的品行，并往往将申请救济者的品行作为是否提供救济的资格标准。

第二节　社会保障制度的建立

一、社会保险制度的出现

（一）德国社会保险制度的出现

德国是最早建立社会保险制度的西欧国家。1883 年，德国颁布了《疾病保险法》，对工资劳动者实行强制疾病保险，费用由雇主承担 30%，雇工承担 70%，国家予以一定的补贴。雇工在患病期间可以从疾病保险基金中领取相当于工资的 50%的疾病津贴，领取疾病津贴的最高时限不能超过 13 周。疾病保险基金由该项基金的公共法人管理，开始时可以利用共济会或互助会等组织来管理，然后建立起地方疾病保险协会和公共疾病保险协会进行管理。由于雇工承担了疾病保险基金的绝大部分，所以，在各类管理机构中，雇工都起到决定作用。

1884 年，德国颁布《工伤事故保险法》，推行费用全部由雇主承担的工伤保险制度，国家和个人不负担任何费用，也不参加工伤事故保险的管理工作。因工伤丧失劳动能力者前几周依照疾病保险办理，工伤事故津贴标准为工资的 2/3，最高领取时限为 14 周，工伤死亡者的家属也可以领取相当于死者工资的 20%作为津贴。

1889 年，德国又实施《养老保险法》，该法适用于工业工人、农业工人、手工业者以及公务员，费用由国家、雇主及雇工三方分担，参加保险者在服兵役期间，其所承担的费用转由国家担负，领取养老金的年龄为 70 岁（后改为 75 岁），参加养老保险者必须工作满 24 年方可领取养老金，残疾者也必须工作满 4 年才可领取。养老保险由国家统一管理。德国社会保险制度的建立，极大地推动了西方社会保险制度的出现和发展。

（二）英国社会保险制度的出现

1908 年，英国议会正式批准《养老金法案》。明确规定了英国国家养老金制度的普遍性和免费性原则。申请领取养老金者必须年满 70 岁，作为英国公民至少已达 20 年，年收入不超过 31 英镑 10 先令。1908 年 1 月 1 日以后仍领取各种方式的济贫补贴者、依其能力在成为国家养老金领取者前未能为自己及其家人努力工作者、被拘禁于疯人院及其他同类地方者，以及被控犯罪处以监禁者在其监禁期间以及释放后的 10 年间，均无权领取或继续领取国家养老金。国家养老金的发放标准是每周 1～5 先令，每对符合条件的夫妇每周不超过 10 先令。1908 年的《养老金法案》成为英国现代社会保障制度的开端。

1911 年，英国颁布《国民保险法》，正式建立失业保险制度。法令规定：失业保险适用于建筑业、工程建造业、造船业、机械制造业、铸铁业和锯木业。失业保险津贴申请人必须在过去 5 年中曾在上述行业中工作 26 周以上；以规定方式提出申请并且自申请之日起一直失业；能够工作但未能得到合适的就业机会。失业保险制度实行缴费原则，工人每周缴纳 2 便士半，雇主每周为其每位雇工缴纳 2 便士半，国家垫付工人及雇主共缴款数的 1/3。具备领取失业保险津贴资格者，从失业后的第二周开始每周可领取 7 先令，12 个月中领取失业保险津贴的时间最长不能超过 15 周。

1911 年的《国民保险法》还在英国建立起国民健康保险制度。法令规定：所有 16 岁以上被雇佣以及那些未被雇佣但却具有被保险人资格者，可依该法参加健康保险，所有被保险人均有权依该法所规定的方式与条件得到健康保险津贴及医疗服务。健康保险实行缴费原则，男工每周缴纳 4 便士，女工每周缴纳 3 便士，雇主每周为每名雇工缴纳 3 便士，国家每周为每名工人拨付 2 便士。被保险人在患病期间，每名男工每周可领取 10 先令，女工可领取 7 先令 6 便士，工人残废不能工作时，不论男女每周都可领取 5 先令，女工在产期每周可领取 30 先令。

（三）法国社会保险制度的出现

1898 年，法国颁布《工伤保险法》，给工人提供由雇主承担费用的工伤赔偿。雇主将自己企业雇工的工伤保险交由保险公司经营，工伤补偿也由保险公司支付。1905 年，法国颁布法令，规定工伤事故受害人有权利直接对雇主所委托的保险公司提起有关工伤保险补偿的诉讼。工伤补偿制度最初只适用于工业企业，1899 年，扩大到因使用机械而导致工伤事故的农业工人，1906 年，扩大到商业从业人员，1914 年，又扩大到林业人员。其后又在自愿基础上扩大到所有行业的劳动者以及某些特定职业病患者。

法国养老保险也以雇主提供的养老保险的形式出现。例如，1888 年，法国就建立了重型钢铁工业保险基金，但是，由雇主提供的各种保险基金很不稳定，雇员的养老权益经常受到损害。法国政府曾试图采取措施规范这种养老基金的发展，例如，1886 年，法国颁布法令，对各项退休基金制度进行重组和扩大；1890 年的法令规定，在发生不正当解雇时，工人有权要求给付他们已经履行缴费义务的退休金；1894 年的法令对矿工退休制度进行重组，工人和雇主的强制性分摊金需缴纳给国家退休基金，从而结束雇主对退休基金的随意性支配，国家保证养老金的支付；1910 年，法国《工人和农业劳动者养老金法》规定，养老金费用由雇主及雇工分担，国家给予少量补贴，要求年收入 3 000 法郎以下者必须参加，年收入在 3 000～5 000 法郎者自愿参加；1911 年又规定，如果雇员不能提供缴纳分摊金的证明，法庭将裁决雇主解除其对雇员的养老保险义务。

(四) 其他西欧国家社会保险制度的出现

1905 年，瑞典政府成立了有关养老金问题的专门委员会。1906 年，瑞典政府已经开始对自愿互助性失业保险团体提供国家财政帮助，以保证这些团体的正常运行。1910 年，瑞典政府颁布立法，对自愿性疾病保险作出具体规定。1913 年，瑞典议会通过《养老金法案》，规定养老金制度是普遍性缴费养老金制度，所有 18～66 岁的瑞典公民都可以参加养老金制度。对那些无力缴纳养老金费用者，瑞典政府提供免费的养老救济，免费养老救济领取者必须接受收入状况的调查。1901 年和 1913 年，荷兰分别颁布《工伤保险法》和《疾病保险法》，要求雇工必须参加，津贴标准依物价水平而定。1898 年，意大利开始实施强制性工伤保险以及老年和残废保险。1892 年，丹麦实行《疾病保险法》；1898 年，又实行《工伤保险法》；1907 年，又颁布了《失业保险法》。挪威也在 1890 年实施《疾病保险法》；1892 年，颁布《养老保险法》；1894 年，又颁布了《工伤事故保险法》。

根据 1907 年的一项对德国、法国、英国、瑞典、意大利等 14 个西欧国家的研究报告，有 8 个国家建立了由国家管理的工伤事故保险制度，4 个国家建立起强制性疾病保险制度，只有德国实施了强制性养老和残疾保险制度。可见，1907 年前后，由国家实施的强制性社会保险制度还只是开始。到 1914 年，根据当时的一项研究报告，上述 14 个国家中，已有 13 个国家建立起国家管理的工伤保险制度，12 个国家建立起疾病保险制度，9 个国家或通过养老保险，或通过与济贫法毫无联系的公共救济对老年人提供各种形式的救济。在所有这些社会保险制度中，有 18 个是强制性的制度，其中工伤保险方面 8 个，疾病保险方面 5 个，养老保险方面 5 个。有 3 个国家实行了自愿性失业保险，只有英国实行了强制性失业保险制度。这样，到第一次世界大战爆发前，社会保险制度逐步在欧洲主要国家建立起来。①

二、传统社会救济制度的发展

(一) 济贫法制度的改革和发展

19 世纪末 20 世纪初，社会保险制度建立起来了，但传统的社会救济制度依然存在，并发挥着对新型社会保险制度的补充作用。英国济贫法仍然采用《新济贫法》的体制与原则，在社会问题日益加剧、社会各界强烈要求对济贫院内的救济进行改革的呼声下，济贫法当局不得不采取措施对院内济贫做些改进。首先，改变混合济贫院的传统，把院内贫民划分为不同的群体，实施区别性对待。其次，改善济贫院的环境，增加济贫医院的床位，建造新的条件较好的济贫院，改善济贫院的伙食等。与此同时，济贫法当局也开始逐步放

① See Gerhard A. Ritter, *Social Welfare in Britain and Germany*, *Origins and Developments*, New York, 1986, pp. 9 - 10.

松各项有关济贫院的规定，采取一定的措施改善济贫院的物质与精神娱乐。这样，到 19 世纪 90 年代，大多数济贫院的条件已经有了一定程度的改善。

1905 年，英国官方组织了一个有关济贫法的皇家调查委员会，目的是调查济贫法及其他措施执行情况。由于委员会成员之间观点的不同，最终提交的报告实际上由多数派和少数派两个报告组成。两派的报告在一些问题上看法一致，但在许多方面存在严重的分歧。多数派认为贫困主要是由于个人原因造成的，必须严格按照 1834 年《新济贫法》的原则实施救济，济贫法制度本身必须继续存在，只需对它做一些改革；少数派则认为贫困主要是由于社会和经济的因素造成的，要想有效地加以解决，最有效的办法是实行“预防性原则”，济贫法已经不能适应社会问题多样性、复杂性的需要，必须予以废除。[①] 严重的意见分歧势必影响政府在济贫法方面采取行动，加之英国济贫法制度本身已经进行了一些改革，诞生不久的社会保险制度还不能解决所有人的社会保障要求，因此，济贫法制度作为社会保险制度的补充被保存下来。

19 世纪末 20 世纪初，美国还没有像主要西欧国家那样建立社会保险制度，作为政府社会救济的主要措施仍然是济贫法制度。不过，美国的济贫法制度也在发生变化，其中济贫院外救济的发展成为这一时期美国济贫法制度发展变化的主要特点。接受济贫院外救济的人数与比例远远超过接受济贫院内救济的人数与比例，用于提供院外救济的费用的数额也远远超过用于提供院内救济的费用的数额。与此同时，用于提供济贫院内救济的费用与用于提供济贫院外救济的费用，总体上都呈现出一种增长趋势，这又表明，美国济贫法制度所提供的院内和院外救济都在逐步改善。

此外，美国济贫院以接受老年贫困人员为主的特点越来越明显。美国接受济贫院救济者中，50 岁以下人口的数量和比例都呈现出下降趋势，而 50 岁以上人口的数量和比例都呈现出明显增长趋势，尤其是 65 岁以上老年人口中接受济贫院救济者的人数及其占接受济贫院救济者总数的比例增长更加明显。这既表明济贫院正在成为贫困老人的主要养老去处，也表明美国需要更加合理有效的养老保障制度。

（二）慈善与互助事业的发展

19 世纪末 20 世纪初，慈善与互助事业在西方社会发展明显。英国的慈善事业一直比较发达，1862 年，仅伦敦就有 640 个慈善机构，其中有 124 所学校和老年院，80 所医院，72 个不同行业的基金会，56 个传教基金会，16 家聋、哑、失明者慈善院，14 家孤儿院，还有 4 个专为印度灾荒提供救济的基金会。[②] 1869 年，英国建立了全国性“慈善组织协会”，目的是协调各慈善机构之间的关系，促进相互之间的合作，集中各慈善机构的财物以便有计划地、最大限度地使其充分发挥作用。19 世纪 90 年代，英国慈善机构每年所得

---

① 参见丁建定：《从济贫到社会保险——英国现代社会保障制度的建立》，155～164 页，北京，中国社会科学出版社，2000。

② See Edward Royle, *Modern Britain, A Social History, 1750—1985*, Arnold, 1987, p. 181.

款项大约为150万英镑，1906—1909年，平均每年为450万英镑。从总体上说，个人捐款构成英国慈善机构收入的主要来源，这方面的收入一般要占其总收入的45%左右。

英国慈善组织虽然也对处于贫困中的个人提供一些救济，但此类救助在慈善机构的救助中不占重要地位。慈善机构用于公共福利方面的支出远远高于用于个人救济方面的支出，其中主要用于教育、医院、老人院、疯人院等公共福利项目，此外，在养老金方面的支出也占重要的比例。英国慈善组织提倡运用慈善事业来创造自助的力量，并对申请救济者提出了严格的条件限制：申请人必须正在尽其全部所能进行自助；申请人必须提供全部的资料，以便判断是否对其进行帮助以及实施什么样的帮助；申请贷款帮助者必须找到合适的担保人，贷款也必须定期归还；申请人因个人过错而失业，不能从慈善机构中得到任何帮助；有酗酒、道德败坏、懒惰习惯者不能得到慈善机构的任何帮助；协会不对支付欠租或支付丧葬开支提供帮助。①

慈善事业在19世纪末20世纪初的美国也发展起来。1863年，马萨诸塞州建立了慈善事业局；1867年，纽约州也建立了公共慈善事业局，1873年改名为纽约州慈善局；1863—1873年，美国有10个州建立了慈善事业局。1877年，纽约州的布法罗建立了慈善组织协会，此后的10年中，有25个慈善组织协会在美国建立起来，它们在各地慈善事业局的领导下，具体实施各项慈善救助工作。

19世纪末20世纪初，英国的互助事业得到发展。1885年已经登记的各类友谊会有9 283个，到1910年，友谊会大约有386万会员，共济会约有279万会员，募捐会约有716万会员。友谊会的收费标准大约是每名会员每年5英镑4先令9便士，募捐会的收费标准仅仅为14先令，曼彻斯特联合共济会收费标准为每周6便士，其他共济组织在4～6便士之间，也有些较小的共济会每周会费仅为3便士。1891年，英国各类友谊会的基金总数已经达到2 270万英镑，1909年，更增至4 820万英镑。津贴标准因会而异，或逐月支付，或一次性支付。②

1898年，法国通过有关共济会的法令，允许未经政府当局事先批准而建立的共济会，仅须向政府当局提交包含相关管理措施的共济会条例，1900年，法国政府又颁布法令，将共济会等互助组织的活动领域扩展到农业中的经济风险，法国共济会等互助组织开始快速发展。1890年，法国共济会等互助组织会员达到140万人，1905年，增长到375万人，1914年，又增长到530万人。③ 共济会的参加者主要包括医生、兽医、诉讼代理人、公证人、裁缝、商人、饭店老板、公务员和新闻记者等。

---

① See W. H. B. Court, *British Economic History*, *1870—1914*, *Commentaries and Documents*, Combridge, pp. 374－375.

② 参见丁建定：《从济贫到社会保险——英国现代社会保障制度的建立》，137页，北京，中国社会科学出版社，2000。

③ See Peter A. Kohler, *The Evolution of the Social Insurance*, *1881—1981*, *Studies of Germany*, *France*, *Great Britain*, *Austria and Switzerland*, New York, 1982, p. 115.

三、其他社会保障立法的发展

(一) 英国的劳动与住房立法

19世纪末20世纪初，英国颁布实施许多种类型的劳动立法，其中《工伤赔偿与最低工资法》最具典型性。1878年的法令规定，工人因厂主没有对机器设备做安全处理而受伤，厂主要受到100英镑以内的罚款，这笔罚款的全部或部分作为受伤者或其家属的津贴。1880年的《雇主责任法》规定，厂主必须对遭受工伤的工人提供赔偿。1897年的《工人赔偿法》规定，雇主必须对任何原因造成的工伤负责，并对受伤工人做出赔偿。1906年的《工人赔偿法》将工伤赔偿范围扩大到海员及渔船工人，雇主必须对一些工业病所带来的残废及死亡负责。

1909年的《行业局法》规定，在裁缝业、纸箱制造业、制钉业、制链业、花边制造业等行业中实行最低工资制度，雇主必须按这一标准支付工资，任何工人都可以向行业局报告其领取了低于最低标准的工资，行业局有义务代表工人的利益采取行动。1912年，英国又通过了《煤矿工人最低工资法》，要求各地区都要根据本地区的情况，对煤矿工人做出最低工资规定。

1868—1890年，英国共制定和实施6项住房法，解决城市居民居住环境卫生问题。这些法令赋予地方当局三大权力：一是执行健康立法，对新建房屋实行监督，禁止现有住房的不卫生使用，并改善那些对健康有危害的居住环境；二是拆除和关闭不适合居住的房屋；三是拆除和清理不卫生住宅区。其中，1875年的《住房法》、1885年的《工人阶级住房法》和1890年的《住房法》无不主张加强地方当局在改善城市居民居住处所卫生环境方面的权力。

(二) 其他西方国家的相关社会保障立法

1889—1903年，法国实施多项社会福利立法，在对老弱贫病幼残以及多子女家庭的救济等方面都作出了明确规定。法令规定，罚金数额不得超过工人每天工资的1/4，对工人所处罚金不得归雇主所有，而必须归入职工救济基金中。1915年，法国颁布法律，对从事家内服装生产的女工工资作出规定，最低工资分为计件、计时和包工最低工资三种，由雇主和雇工代表组成的委员会协商决定，此后，最低工资制度又推行到从事家内工作的男工，同时规定，不能因为劳动时间的缩短而降低工人工资。1875年，瑞典政府颁布第一个《公共健康法》；1901年，瑞典政府通过《工人赔偿法》；1902年，颁布《儿童立法》；1912年，瑞典政府又颁布《劳工福利法》；1916年，瑞典又建立职业伤害保险制度。这些立法及措施与社会保险制度一道，构成了西欧现代社会保障制度的基本框架，使得现代社会保障制度在西欧初步建立起来。

19世纪末20世纪初，美国社会福利事业开始建立。各州在推行社会保障立法方面的成就显著。1861年，俄亥俄州通过了将所有的儿童从救济院中分离出来的法规，并建立75家儿童福利院。1912年，马萨诸塞州通过了关于最低工资的法案，其后，其他各州先后制定最低工资法律，由劳资委员会决定适用于所有工人的最低工资标准。联邦政府也制定了一些立法。随着内战的结束，修改和完善战争抚恤金制度势在必行。1890年，美国颁布立法，取消了1862年《战争抚恤金法》中有关“执行战斗任务”的条款，使内战双方遗留下来的所有伤残退伍军人都可以领取战争抚恤金。1906年，又规定凡达到一定年龄的军人都可以领取抚恤金。

第三节　社会保障制度的初步发展

一、西欧国家社会保障制度的初步发展

（一）英国社会保障制度的发展

1925年，英国颁布实施《寡妇、孤儿及老年人缴费养老金法》。法令规定，实行缴纳费用的养老金制度，每名男子每周缴纳9便士，其中雇主和雇工各承担一半，每名妇女每周缴纳4便士半，其中雇主承担2便士半，雇工承担2便士。法令还给寡妇及孤儿提供年金。1925年的《寡妇、孤儿及老年人缴费养老金法》，实现了在养老金问题上权利与义务相结合，扩大了养老金制度的适用范围，取消了对领取养老金者的财产状况调查，使得更多的老人可以通过养老金制度得到养老保障。1929年，工党政府把寡妇年金扩大到该项制度正式实施前死去的被保险人的妻子，以及该项制度正式实施前其丈夫已经达到70岁因而没有保险资格的妇女。1937年，英国政府又颁布了《寡妇、孤儿及老年人自愿缴费养老金法》，开始向没有参加国民健康保险的收入较高者提供缴费性养老金。1938年，英国政府颁布了《盲人养老金法令》，将盲人养老金领取者的年龄资格由50岁降低至40岁，盲人养老金实行免费且不附带任何财产状况调查规定。

两次世界大战之间日益加剧的失业问题，使得刚刚诞生的英国失业保险制度的作用与效果显得极为有限，扩大失业保险制度的覆盖范围成为失业保险制度发展的首要目标。1920年，英国颁布《失业保险法》，每年收入不足250英镑的所有体力劳动者、非体力劳动者均可参加失业保险制度。1936年，英国失业保险制度的适用范围再次扩大，农业工人开始有权参加失业保险制度。提高失业保险津贴水平成为英国失业保险制度发展的又一内容。1920年的《失业保险法》将男子的失业保险津贴提高到每周15先令，妇女提高到每周12先令，同时，对失业保险费也作了相应的提高，雇主和雇工每周各缴纳4便士，国家承担2便士。1924年，该法将失业保险津贴标准增加到每周27先令；1928年，增加到28先令；1930年，又增加到30先令。1921年，该法将被保险人一年之中领取失业保

险津贴的最高时限增加到 47 周。1927 年该法规定，已经失去领取失业保险津贴权利的失业者，仍然可以领取失业救济补贴。1934 年的《失业保险法》，将失业保险津贴与失业救济补贴区分开来，实行区别管理，为第二次世界大战以后英国建立起社会保险制度与社会救济制度相结合的双轨社会保障制度体系奠定了基础。

两次世界大战之间，英国社会要求建立有效的国民保健制度的呼声不断高涨。1918 年，英国颁布《产妇与儿童福利法》，规定地方政府有权为产妇提供牛奶与营养品，向产妇提供家庭服务及产妇用品，建立产妇与婴儿福利中心和产前诊所。英国建立起了全国性的母婴保健制度。1919 年，英国成立了健康部，使健康和医疗管理事务从地方政府事务部中分离出来，获得专门化管理。1929 年，英国通过《地方政府法》，将济贫法医院的管理归并到地方政府。地方政府成为英国国民保健服务的基本机构。

（二）德国和法国社会保障制度的发展

第一次世界大战以后，德国社会保障制度有了一定的发展。1918 年，德国颁布《失业救济法》。1919 年的《魏玛宪法》第 161 条规定："为了保持健康和劳动能力，为了保护母亲，为了应付由于老年和生活中的软弱地位以及情况变化造成的经济上的后果，国家将在投保人的决定性参与影响下，创造一个全面广泛的福利保障制度。"① 同年，德国颁布《帝国供给法》和《健康严重受损法》，为第一次世界大战中受伤人员及其遗属提供养老金等补助。1923 年，德国颁布《残废救助法》，1924 年，颁布《公共救助法》，为由于战争导致的财产损失者提供公共援助；同年，又颁布《失业救助法》，为失业者提供救助。

与此同时，德国还进一步完善社会保险制度。1924 年，提高了社会保险参加者子女的津贴标准；1925 年，将工伤事故保险的范围扩大到上下班途中和看护劳动工具时受到的伤害；1929 年，养老金标准得以提高，养老保险适用范围扩大到家庭手工业部门的雇员。1927 年的《职业介绍和失业保险法》在德国建立起强制性失业保险制度，失业保险费由雇主和雇工平均分担，失业保险津贴标准依照现时工资标准的百分比分为不同等级，一般领取标准相当于被保险人工资的 60%～80%，领取失业保险津贴的最高时限为每年不超过 26 周，确有特殊需要者，最高领取时限可以延长到每年不超过 39 周。

1930 年，法国颁布《社会保障法》。法令规定，工商部门中的低工资收入者必须参加社会保险，农业工资劳动者必须参加农业社会保险，社会保险包括疾病保险、生育保险、残疾保险、老年和遗属保险，社会保险缴费标准为被保险人工资的 8%，由雇主和被保险人各分担一半，政府提供少量的补贴，农业社会保险缴费标准为收入的 2%，政府提供较多的补贴。该法经过 1935 年的改革后一直实行到 1945 年，成为法国当时最重要的社会保障法规。但是，该法所建立起来的社会保险仍然具有很大的互助和私人保险性，政府对社会保障的责任尚未充分体现。

① 转引自和春雷：《社会保障制度的国际比较》，40 页，北京，法律出版社，2001。

法国在家庭补贴制度的建立和发展方面走在西方国家前列。早在第一次世界大战前，法国一些雇主已经开始为贫困家庭提供工资补贴，并建立了许多提供家庭补贴的补偿所，1930 年，这类补偿所有 232 个，有 3 万名雇主参加，为 200 万工资劳动者提供补贴。1932 年，法国颁布法令，雇主必须参加保险，为有子女负担者提供家庭补贴。1939 年，法国通过《家庭法》，规定所有在职工作人员都可以得到家庭补贴。

(三) 西欧其他国家社会保障制度的发展

两次世界大战之间，西欧其他国家的社会保障制度也有初步发展。1918 年，瑞典政府颁布法令，对有需要者提供有别于济贫法的“社会救济”。1929 年，瑞典通过《职业病法》，将工伤保险制度的适用范围扩大到所有工资收入者，费用由雇主单方面承担，在工作或上下班过程中受到伤害、导致医疗需求及失去工作能力者都可以领取工伤保险津贴。职业病患者也可以领取工伤保险津贴。1931 年，瑞典政府再次作出决定，所有健康保险互助团体都必须接受国家资助，并按照政府规定进行运营。瑞典的健康保险制度逐步转变为一种国家资助的社会保障制度。1934 年，瑞典政府颁布法令，规定在各种被认可的工人失业互助保险组织基础上，建立国家给予资助的失业保险制度。失业保险制度由各种失业保险团体实施，也仅适用于组成失业保险团体的行业或部门的工人。失业保险费用由雇员单方面缴纳，领取失业保险津贴的最长时限为 12 个月之内不能超过 156 天。

其他西欧国家的社会保障制度也有较大发展。西班牙于 1919 年建立了养老金制度和失业保险制度，1929 年建立了生育保险制度，1938 年建立了家庭补贴制度。荷兰于 1919 年建立了养老金制度，1931 年建立了医疗保险制度和生育保险制度，1939 年又建立了家庭补贴制度。意大利于 1919 年建立了养老金制度和失业保险制度，1937 年建立了家庭补贴制度。葡萄牙于 1935 年建立了养老金制度、医疗保险制度和生育保险制度。奥地利于 1920 年开始建立失业保险制度。比利时于 1920 年建立失业保险制度，1930 年建立家庭补贴制度。卢森堡于 1921 年建立起失业保险制度。瑞士于 1924 年建立失业保险制度。希腊于 1922 年建立医疗保险制度和生育保险制度，1935 年建立养老金制度。这样，以社会保险制度为核心内容的现代社会保障制度在西欧国家广泛建立起来。

二、其他西方国家社会保障制度的建立

(一) 美国社会保障制度的建立

20 世纪 30 年代，世界性经济危机带来的严重社会问题极大地推动了美国社会保障制度的出现，西欧各国社会保险制度的建立和发展也促使美国政府采取措施建立社会保障制度，美国社会各界强烈呼吁建立有效的联邦社会保障制度。20 世纪初，美国各州颁布实施一系列社会保障立法。1902 年，马里兰州制定美国第一部《工伤保险法》，1907—1919 年，美国已有 39 个州颁布类似法案；1915 年，阿拉斯加州首次提出《退休金法》，1933

年，美国已有 28 个州通过类似法案；1908 年，《盲人救济法》在美国开始出现，到 1935 年，颁布实施这种法案的州增加到 29 个；1911 年，美国密苏里州和伊利诺伊州颁布实施《寡妇抚恤金法令》，到 1930 年，除 4 个州以外，其他各州都已经颁布向母亲提供救济的法案。1921—1933 年，美国共有 27 个州通过了 186 个与失业保险相关的法令。① 各州社会保障立法的颁布实施，促进了美国社会保障制度的建立和发展。

20 世纪 30 年代初美国各州政府颁布实施的一系列社会立法，为联邦社会保障制度的建立奠定了基础。联邦政府先后通过多项社会保障相关立法，其中主要的有 1933 年的《联邦紧急救济法》。1934 年的《铁路职工退休法》、1935 年的《紧急救济拨款法》。1935 年，美国国会通过《社会保障法》。

《社会保障法》建立了联邦老年福利制度，享受老年福利的资格条件为年满 65 岁，从 1936 年 12 月 31 日至其年满 65 岁前曾经就业且收入不低于 3 000 美元。任何有资格领取老年福利的个人在 65 岁以后，从 1942 年 1 月 1 日起有权获得老年福利；65 岁以前就业收入低于或高于 3 000 美元者，老年福利标准实施差别制度，但是，最低标准不得低于每月 85 美元。失业保险费由雇佣 8 名工人以上的雇主缴纳，联邦财政部建立“失业补偿信托基金”，在规定的起始纳税年度内，累计缴纳失业保险费未满 2 年者不能领取失业保险津贴。联邦政府对儿童补助计划和儿童与妇女福利计划提供财政拨款。该法还对建立公共健康服务计划、社会保障委员会的职能、盲人补助计划等做出了明确规定。

1939 年，美国通过《社会保障法修正案》，其主要内容包括：将养老保险的适用范围扩大到海员、银行职员和雇员；将原定于 1942 年 1 月 1 日开始发放的缴费性逐月养老津贴，提前到 1940 年 1 月 1 日开始发放；将原来规定的养老津贴以累计工资为基础计算，改为以平均工资为基础计算，从而保证养老金制度开始初期即已退休者的利益；向年老的妻子和寡妇提供补贴；向在退休前去世的被保险人的年幼孩子提供儿童补贴。1935 年的《社会保障法》和 1939 年的《社会保障法修正案》，标志着美国联邦社会保障制度的建立。

（二）日本社会保障制度的建立

两次世界大战之间，日本的社会保险制度也开始出现。1922 年，日本颁布《健康保险法》，规定：以企业为单位参加健康保险，经常雇佣 10 人以上的企业强制性参加，非强制性要求加入的企业中，如有一半以上雇员要求加入，其他人员即被认为随之加入。1934 年，日本健康保险的适用范围扩大到雇佣 5 人以上企业。健康保险缴费率为 4%，雇员与雇工各付一半，国库负担保险支付费用的 10%。参加者遇到工伤或者患病时，可以领取相当于工资的 60%的实物医疗支付和伤病津贴，疾病津贴的期限为 180 天，健康保险包含工伤保险，工伤津贴没有期限限制。1938 年，日本颁布《国民健康保险法》，建立农民健康保险。1942 年，日本对《国民健康保险法》进行了修改，把过去自愿加入原则改为强制

① 参见黄安年：《当代美国的社会保障政策》，11 页，北京，中国社会科学出版社，1998。

性加入原则；对保险医疗与保健医疗的机构和医生进行集中控制和统一调配；同时，日本又制定了《职员健康保险法》和《船员健康保险法》。

20世纪20年代，日本已经开始尝试建立包括公务员和船员等在内的公共年金，由于受到普通民众的反对而搁置。1939年，船员年金保险终于实施。1941年，日本颁布《养老保险法》，但该法仅适用于男性工资劳动者。1944年，《养老保险法》改称《厚生年金保险法》，不仅将被保险者扩大到妇女，而且将强制性加入的范围扩大到5人以上、10人以下规模的小企业。一般工人的养老保险缴费率为11％，矿工为15％，雇主与雇工各承担一半，国库承担一般工人养老保险津贴的10％和矿工养老保险津贴的20％。一般参加者领取养老金的年龄为55岁，但必须参加该制度满20年，矿工领取养老金的年龄为50岁，但必须参加该制度满15年方可领取养老金。养老金津贴标准为平均工资标准的1/3。

日本社会救助制度也开始逐步建立。早在1917年，日本已经颁布《军事救护法》。1929年，日本颁布《救护法》，规定为65岁以上没有扶养人的老人、13岁以下的儿童以及孕妇、残疾者、精神病患者等丧失劳动能力的人提供救济。救济以个人为单位，不以家庭为单位，救济种类分为生活救助、医疗救助、生育救助、小本生意补助。接受救济者从接受救济之日起即丧失选举和被选举的资格。1937年颁布了《军事扶助法》，1938年颁布《母子保护法》，1941年颁布《医疗保护法》，1942年颁布《战时灾害保护法》，这些社会立法虽然服务于战争需要，但为日本社会救助制度的确立奠定了基础。

(三) 加拿大和澳大利亚社会保障制度的建立

第一次世界大战以后，加拿大各省开始纷纷颁布实施社会保险立法。1914年，安大略省颁布《工伤保险法》，其他各省很快仿效并颁布各自的《工伤保险法》，到1950年，加拿大已经至少有10个省颁布了《工伤保险法》。1916年，马尼托巴省开始实施了母亲年金制度，其他各省纷纷效仿，到1949年，加拿大至少有9个省实施了母亲年金或补贴制度。1918年，马尼托巴省和不列颠哥伦比亚省开始实施最低工资立法，到1920年，加拿大已有5个省实施了最低工资立法。

在各省社会保障立法纷纷出现的基础上，加拿大联邦政府也开始加快实施联邦社会保障立法。1916年，加拿大成立老兵年金专门委员会，1918年，开始对无依无靠的死亡士兵的父母提供保障。1919年的《年金法》规定，联邦政府有责任向残疾退伍军人及其家属提供年金。1927年，联邦政府通过《养老金法》。1930年，加拿大国会又通过《战争老兵补贴法》，向60岁及以上老兵或因身体或精神原因无法就业的老兵及其家属提供补贴。1935年，联邦政府通过的《就业和社会保险法》规定，实行由雇主和雇员缴费的失业保险和医疗保险，该法因广泛涉及加拿大联邦和地方政府权力划分而引起宪法争议。1937年，英国枢密院司法委员会裁决该法超越宪法规定的联邦权力，不过，联邦政府同年对《养老金法》的修改使得40岁以上的盲人可以领取最高标准养老金。

澳大利亚社会保障制度出现于20世纪初。1901年，澳大利亚联邦成立以后，新南威尔士州和维多利亚州就开始实行养老金制度。1908年，澳大利亚联邦政府制定了《残疾抚恤金和养老金条例》，并于次年开始生效，规定年满 65 岁、在澳大利亚居住满 25 年的英国人可以获得每年 26 英镑的养老金，但是，养老金领取者必须接受家庭收入状况的调查。1928 年，澳大利亚联邦议会通过了《国家保险法》，由于澳大利亚社会对社会问题的看法存在严重分歧，该法实际上并未真正实施。1938 年，澳大利亚通过《国家健康与养老金法案》，该法案尽管未能真正实施，但它确立了澳大利亚社会保障制度的基本体系，因此被认为是澳大利亚现代社会福利国家建设和发展的开端。①

第四节　社会保障制度的扩张

一、西方社会保障制度的快速发展

(一) 西欧福利国家的建立

1942 年，著名的《贝弗利奇报告》在英国发表。根据《贝弗利奇报告》所确定的原则，英国开始创建福利国家。1944 年，英国颁布《国民保险部法》，建立国民保险部。1945 年，英国政府颁布了《国民保险（工伤）法》，建立起新的工伤保险制度。1946 年，英国议会通过《国民保险法》，规定国民保险制度是一种强制性缴费制度，国民保险缴费标准是每名男子每周缴纳 4 先令 7 便士，由雇主每周为其缴纳 3 先令 10 便士，另由国家每周垫付 2 先令 1 便士；每名女子每周缴纳 3 先令 7 便士，由雇主每周为其缴纳 3 先令，另由国家每周垫付 1 先令 7 便士。国民保险津贴包括失业保险津贴、疾病保险津贴、产妇津贴、寡妇年金以及寡妇补贴、孤儿津贴、退休金以及死亡补贴。其基本标准是每名男子或女子每周领取 26 先令，已婚男子每周领取 42 先令，每名妻子或其他成年亲属每周领取 16 先令，第一个孩子每周可领取 7 先令 6 便士。

1945 年，英国颁布《家庭补贴法》，从第二个孩子开始，向每个孩子提供平均每周 5 先令的家庭补贴。1948 年，英国政府颁布实施《国民救助法》，宣布废除济贫法制度，建立国民救助局，国民救助的标准为除了房租以外，每对夫妻每周 40 先令，特殊情况下每周 55 先令；单亲家长每周正常标准为 24 先令，特殊情况下每周 39 先令；其他 21 岁以上者每人每周正常标准为 20 先令，特殊情况下每周 39 先令。1956 年，开始向第一个孩子提供补贴，其标准为每周 8 先令，其他孩子增加到每周 10 先令。

1946 年，英国通过《国民保健法》。除规定的一些收费项目外，其他各项健康服务项目都是免费的。英国国民保健制度由三个部分组成，即医院和特殊服务、由地方健康当局

① See M. Jones, *The Australia Welfare State*, Sydney, 1983, p. 42.

提供的服务以及由开业医生提供的一般性医疗服务。《国民保健法》的颁布实施，标志着英国国民保健制度的建立。这样，第二次世界大战后，英国不仅建立起更加完善的国民保险制度，而且建立起国民救助制度和国民保健制度，使得社会保障覆盖范围和国民福利水平明显提高，因此，英国在1948年宣布建成福利国家。

第二次世界大战后，德国社会保障制度快速发展。1947年，德国修改《社会保险法》，1949年颁布实施《紧急救助法》，1954年颁布《儿童津贴法》，1956年对《失业保险法》进行修改，1957年颁布《农民年金保险法》和《士兵年金法》，1967年又对失业保险津贴和失业救济补贴的具体管理作出规定。1969年，德国颁布《劳动促进法》，年龄未满65岁、足额缴付社会保险费、参加失业保险时间已经达到26周的失业者，可以领取失业保险津贴。失业保险最高津贴标准为每天60马克，失业保险缴费标准为参加保险者工资的2%，雇主和雇工各承担一半，月收入低于2 800马克者的失业保险费由雇主单方面承担。不具备领取失业保险津贴资格者可以领取失业救济补贴，失业救济补贴所需费用由政府承担。

20世纪70年代，德国社会保障制度进一步发展。1970年，德国颁布法令，建立强制性疾病保险制度，适用范围为所有脑力劳动者和体力劳动者。同年，德国修订《儿童津贴法》，实施递增型儿童补贴制度，规定有两个以上儿童、年收入不足一定标准的夫妇，第二个孩子每月领取25马克补助，第三、四个孩子每月各领取60马克补助，五个以上孩子每月各补助70马克。1972年，又将自耕农及其家属纳入强制性疾病保险制度。1974年，颁布了《失业救济法》。

战后法国的社会保障制度得到快速发展。1945年，法国国民议会通过《社会保障法》，指出："为了确保劳动者及其家庭不受所有足以削弱或取消其收入能力的风险的影响，为了减轻劳动者的生育与家庭负担，特此建立社会保障组织。"[①] 1946年，法国颁布《家庭补贴法》，将家庭补贴制度扩大到全体国民；同年，将社会保险制度适用范围扩大到在本国领土上居住的所有法国人，并把养老保险制度扩大到全体居民，将工伤事故保险纳入整个社会保障法律体系之中。1948年，将普遍社会保险制度扩大到大学生；1949年，扩大到职业军人和作家。

20世纪50—60年代，法国社会保障制度进一步发展。1953年，将公共救济制度发展为社会援助制度。1954年，普遍性社会保险制度扩大到残疾人、寡妇和战争孤儿，针对独立经营者、自由职业者、农业经营者也都分别建立了退休金制度。1958年，法国还建立起劳资集体协议性质的失业保险制度。1961年，开始实行农业经营者的疾病和生育保险制度，同年，还实行低收入者补充退休金制度。1966年，实行非农行业中自由职业者的疾病和生育保险制度。

第二次世界大战后，瑞典社会保障制度发展很快。1946年，瑞典通过新的《健康保

---

① ［法］迪贝卢、普列多：《社会保障法》，24页，北京，法律出版社，2002。

险法》。1951 年，强制性健康保险制度正式生效。1957 年，通过《社会福利与社会救济法》。1946 年，通过一项新的《养老金法》，正式建立起同一标准的养老金制度；1959 年，通过《补充养老金法案》，开始实行与收入相联系的补充养老金制度；1969 年，开始实行一种特殊的补充养老金，主要针对没有领取补充养老金或者领取较低标准的补充养老金者；1973 年以后，将退休年龄从 67 岁降低到 65 岁。这样，到 20 世纪 70 年代，瑞典的养老金制度逐渐建立并完善起来，瑞典福利国家也随之诞生。

（二）美国社会保障制度的发展

第二次世界大战后，美国社会保障得到明显发展。杜鲁门政府时期，美国国会通过了关于《社会保障法》的 1945 年、1946 年、1947 年、1950 年和 1952 年修正案，这些修正案对美国社会保障制度覆盖面的扩大、社会保障津贴标准的提高、联邦政府对各州社会保障计划拨款的增加、社会保障税率的提高以及社会保障局的建立等发挥了积极影响。

在艾森豪威尔政府时代，《社会保障法》的适用范围进一步扩大。1954 年的《社会保障法修正案》将个体农场经营者、牙科医生、律师和其他医生之外的自由职业者、农场主、家庭佣人以及地方政府职员都纳入《社会保障法》的适用范围，并提高了退休金津贴标准。1956 年的修正案将原来被排除在《社会保障法》之外的律师、牙医和其他专业人士纳入《社会保障法》体系，对永久残疾人提供保险制度，还将妇女领取养老金的年龄从原来的 65 岁降低到 62 岁。1958 年的修正案规定，永久残疾保险受益者的家庭成员享有领取保险津贴的权利。1960 年的修正案将社会保障的范围扩大到在关岛和萨摩亚群岛的美国公民。

肯尼迪政府通过《社会保障法修正案》促进老年、遗属和残疾人年金制度的发展。1961 年的修正案提高了老年、遗属和残疾人年金标准，将领取老年年金的年龄降低到 62 岁，将遗属年金的标准由原来的相当于被保险人津贴的 75%提高到 82.5%。1961 年的《儿童援助法》，将向有需要的儿童提供援助改为向抚养有儿童的家庭提供援助，从而可以使更多家庭得到援助，并增加了联邦对老年援助、盲人援助和永久性完全残疾人援助的费用。第二年的《公共福利法修正案》不仅增加了联邦对老年援助、盲人援助和永久性完全残疾人援助的费用，还增加了联邦政府用于其他社会福利的费用。

约翰逊总统将“向贫困开战”和“建立伟大社会”作为重要目标。1965 年，美国颁布《社会保障法修正案》，这就是著名的《医疗照顾和援助法案》，该法案将美国医疗保障分为两部分：一部分是社会保险性质的医疗照顾，规定为每一位 65 岁以上的老年人提供住院和医疗保险，其中住院保险实行强制性缴费原则，医疗保险实行自愿缴费原则；另一部分是社会救助性质的医疗援助，医疗援助所需经费由各州和联邦政府共同承担，主要针对抚养未成年人家庭、盲人与永久残疾人等特殊人群。

（三）日本社会保障制度的发展

第二次世界大战后，日本颁布实施一系列社会保障法，开始建立起现代社会保障制度。1946年，日本颁布《生活保护法》，为所有生活贫困者提供救济。1950年的《生活保护法》，将生活保护制度适用范围扩大到所有生活贫困者。1947年，颁布《儿童福利法》；1949年，通过了《残疾人福利法》。《生活保护法》、《儿童福利法》和《残疾人福利法》构成日本“社会福利三法体制”。1951年，日本政府颁布《社会福利事业法》，将社会福利事业分为两种：第一种主要由政府自治体经营和管理，以实现保护人权和生存权的原则；第二种主要由民间团体构成的福利法人和医疗法人运作，两者是相互补充的两个体系。

1947年，日本颁布实施《失业保险法》，失业保险适用于雇佣5人以上的所有企业事业单位，缴费标准为工资的2.2%，雇工与企业各负担一半，失业保险基金的1/3由国家财政负担。失业保险津贴标准为工资的60%，领取失业保险津贴的时限最多不超过180天。1949年，实行临时工失业保险。1955年规定，根据加入失业保险期限的长短，将享受失业保险津贴的时限分为不同等级。

1954年颁布的新的《厚生年金保险法》规定，厚生年金津贴支付由以往的按照收入的比例制改为按照定额比例与收入比例相结合的制度，提高开始支付厚生年金津贴的年龄。到20世纪50年代末，日本基本建立起共济组合年金保险制度。1959年，日本正式颁布《国民年金法》，建立国民年金制度。1958年，日本颁布新的《国民健康保险法案》，要求到1961年，在全国范围基本建立“全民皆保险”的健康保险体制。

20世纪60—70年代，日本社会保障制度进一步发展，养老金制度发展的重要内容是提高各类养老金津贴的标准。1965年，日本修改《厚生年金保险法》，建立厚生年金基金制度。1966年，日本对《国民年金保险法》进行修改，提高国民年金保险下夫妇两人每月的津贴。1969年，日本再次修改《厚生年金保险法》和《国民年金保险法》，将厚生年金与国民年金保险的津贴标准提高到同样水平，同时引进附加年金制度，设立国民年金基金，提高国民年金保险缴费率和福利年金支付标准。1971年，日本再次修改《厚生年金保险法》，将厚生年金的平均支付标准提高10%，并提高标准收入的上限。1972年，日本政府又对《国民年金保险法》作出相应的修改，将缴费型国民年金的津贴标准提高10%，同时提高非缴费型福利年金的津贴标准。1973年，日本政府对《厚生年金保险法》和《国民年金保险法》进行修改，再次提高养老保险津贴标准。

在医疗保险方面，1966年，日本政府明确规定，所有国民的医疗费用负担比例一律实行个人负担30%，政府和健康保险基金负担70%。1972年，日本建立老人医疗费政府支付制度，1973年是日本“福利元年”，日本政府提高了健康保险津贴支付标准，建立大额医疗费用支付制度，改进和完善医疗保险财政状况，提高健康保险缴费率。这样，日本全民皆保险体制获得进一步的发展。日本还进一步改进工伤保险制度。1960年的《劳动者灾害补偿保险法》将原来实施的有期限补偿制度改为建立长期疗养制度，并向受伤害者提供残疾人年金。1965年的《劳动者灾害补偿保险法》引进伤病补偿年金和残疾补偿年金，规定雇佣5人以下的企业事业单位全部实行该种保险，并将其推行到木匠和泥瓦匠等个体从业者中。1973年的《劳动者灾害补偿保险法》又将上班途中发生的伤害纳入补偿保险范围。

日本政府多次修改《失业保险法》，逐步将失业保障和就业政策结合起来。1958 年的《失业保险法》将失业保险的范围扩大到雇佣 5 人以下的企业的职工。1963 年修改后的《失业保险法》提高每天所支付的失业保险金的最高限额，为失业者设立技能学习津贴和宿舍津贴，同时对失业时患病者提供伤病津贴。1969 年，日本再次修改《失业保险法》，将失业保险强制性扩大到雇佣人数不满 5 人的企事业单位，加入失业保险制度 20 年以上的长期被保险人领取失业保险的天数从 270 天增加到 300 天，对连续 3 年出现一定数量的短期离职者的雇主征收特别保险费，以稳定就业。

1960 年，日本颁布《精神病患者福利法》，规定地方政府必须建立精神病患者医疗康复设施、生活保护设施及劳动工场设施，各级政府都要设置专门机构处理精神病患者相关的行政事务，其工作人员必须具有一定的医务、心理等专业技能。1970 年，日本再次颁布《心身障碍者对策基本法》，扩大对精神病患者服务的范围。1963 年的《老年福利法》，将老人福利服务对象分为一般需求对象和特殊需求对象，1964 年的《母子福利法》的援助对象包括所有母子家庭和儿童，重点为母子家庭创造良好生活环境。《精神病患者福利法》、《老年福利法》和《母子福利法》，将日本社会福利带入六法体制时代，日本社会福利制度进一步完善。

二、发展中国家社会保障制度的建立

(一) 拉丁美洲发展中国家社会保障制度的建立

拉丁美洲国家的社会保障制度在 20 世纪初开始出现。早在 1904 年，阿根廷就开始建立养老金制度，其后，这一制度扩大到多个部门的职工。1916 年，智利颁布《工伤事故保险法》；1918 年，建立铁路工人养老金制度。1914 年，乌拉圭颁布《工伤事故法》；1919 年，又颁布《老年、工伤残疾和死亡保险法》，建立起社会保险制度。1923 年，巴西开始建立养老金制度，并于 20 世纪 30 年代末建立起社会保障体系。

第二次世界大战以后，墨西哥、玻利维亚、哥伦比亚、委内瑞拉、秘鲁等国家也都开始建立社会保险制度。社会保险制度的内容在拉丁美洲国家也开始扩大，在养老保险制度和工伤保险制度发展的同时，医疗保险制度和生育保险也开始出现。此外，一些国家和地区在建立和发展社会保险制度的同时，还开始建立和发展各种社会服务。这样，20 世纪前期，拉丁美洲国家和地区的社会保障制度逐渐建立和发展起来。

(二) 亚洲发展中国家社会保障制度的建立

亚洲一些发展中国家和地区的社会保障制度也开始建立和发展起来。新加坡的公积金制度在发展中国家社会保障制度发展中具有独特性。1951 年，新加坡政府任命了一个委员会，对在新加坡推行退休金制度进行调查。该委员会提出养老金计划和公积金计划两种方案，并倾向于建立一种公积金制度。1955 年，新加坡政府通过立法，正式建立公积金制度，同时成立新加坡中央公积金局，负责管理公积金事务。

韩国的社会保障制度开始逐步建立和发展起来。20 世纪 60 年代，韩国将发展经济和完善福利作为发展目标，颁布实施了十多部社会保障法令，但是，由于受经济发展水平的制约，这些法令并没有建立起全面的社会福利制度，仅仅推行了公务员年金、军人年金等特殊保障和一些救济措施。20 世纪 70 年代，随着韩国社会经济的发展，韩国政府加快了各种社会保障制度实施步伐，颁布了一些重要的社会保障立法，如 1970 年的《社会福利事业法》、1973 年的《国民福利年金法》、1976 年修改的《医疗保险法》，逐步建立起社会保障制度体系。

土耳其的社会保障制度逐步建立起来。1946 年，土耳其开始实施《职工、职业病、妇女保险法》，建立起工伤保险和妇女保险制度。1949 年，土耳其颁布《老年退休保险法》，并于次年开始实施，从而建立养老保险制度。1950 年，土耳其颁布《疾病与妇女保护保险法》，第二年又颁布《残疾人、老年人和死亡保险法》。1965 年，土耳其将上述各种社会保障立法合并成统一的《社会保险法》，建立起包括工伤事故保险、疾病保险、妇女保险、养老保险和残疾保险在内的社会保险制度。

（三）非洲发展中国家社会保障制度的建立

非洲国家社会保障制度出现于 20 世纪初。1914—1929 年间，阿尔及利亚、摩洛哥、突尼斯、马达加斯加等法属殖民地，南非和赞比亚等英属殖民地都开始实行工伤保障制度，其他一些殖民地也在 20 世纪 30 年代开始实行工伤保障制度，例如，1936 年，埃及就颁布了《工伤保险法》。其他社会保障制度也开始在非洲国家出现。1928 年，南非通过《养老金法案》；1936 年又制定了《盲人法案》，开始提供盲人养老金；1937 年，通过《失业保险法案》。

第二次世界大战以后，非洲国家民族解放运动纷纷高涨，为了缓和各种社会矛盾，殖民地宗主国不得不在非洲实行一些其他的社会保障措施。例如，英国于 1945 年通过《殖民地发展与福利法案》，法国在 1955 年将儿童补贴制度引进到法属殖民地。一些非洲国家的社会保障制度在战后获得较大发展。1950 年，埃及颁布实施《公共救济法》，建立老年救济制度；1959 年，埃及制定《医疗保险法》，1964 年开始正式实施。1946 年，南非开始实施《残疾人补贴法案》，1949 年通过了《自愿捐助性社会福利机构管理法案》，1965 年颁布了《国家福利法案》，建立了国家和地方两级社会福利委员会。这样，非洲国家的社会保障制度逐步建立起来。

三、社会主义国家社会保障制度的建立

（一）苏联及东欧其他国家社会保障制度的建立

1917 年十月革命胜利后，俄罗斯苏维埃联邦社会主义共和国政府就发表了《关于社

会保险的政府通告》，提出实行社会主义社会保险政策。1918 年，苏维埃联邦批准了《劳动者社会保障条例》，提出建立针对伤残、疾病、老年和失业等的社会保障制度。1921 年，苏维埃联邦通过《共和国社会保险决议》、《残疾人员的社会保障》和《失去赡养人条件的劳动者和军人家庭成员的社会保障》等文件，加快社会主义社会保障制度的建立。1928 年，苏联通过第一个《养老金法》，为纺织工人提供养老金，第二年，苏联共产党中央通过关于社会保险的决议。1932 年，苏联又通过《关于改进残疾、抚恤、养老金的决议》。

第二次世界大战后，苏联加快实施社会保障制度。1949 年，苏联通过了《科学工作者老年和残疾恤金条例》，1956 年，苏联最高苏维埃通过《苏维埃社会主义共和国联盟国家老残恤金法》，建立起针对全体职工的养老金制度。1964 年，苏联最高苏维埃又通过《集体农庄庄员养老金和补助费法》，建立起集体农庄劳动者的养老保障制度。这样，苏联社会主义社会保障制度基本建立。

东欧其他社会主义国家也开始建立社会保障制度。1956 年，民主德国颁布《职工社会保险条例》，开始建立社会保险制度。1948 年，捷克斯洛伐克颁布《国民保险法》，1956 年颁布《职工医疗保障法》，1964 年颁布《合作农民医疗保障和母子保障法》，1971 年颁布《母子补贴法》，1975 年颁布《社会保障法》。1952 年、1954 年和 1959 年，匈牙利先后制定和实施了三个关于退休的法令，初步建立起退休制度。1962 年，匈牙利建立起农业生产合作社社员退休制度。1975 年，匈牙利颁布实施《社会保险法》，建立起职工、农业合作社社员、手工业者和其他行业工作者的统一的退休金制度。1947 年，保加利亚开始实施健康保障，1948—1949 年，建立起国家公职人员的社会保障，1951 年颁布实施《抚恤金法》和《农业社员抚恤金法》。这样，东欧国家社会主义社会保障制度逐步建立起来。

（二）新中国社会保障制度的建立

新中国成立以后，中国政府非常重视社会保障制度建设。在养老金制度方面。1950 年，政务院发出《关于退休人员处理办法的通知》，承认在旧中国时期就已建立了退休金制度的有关行业如机关、铁路、海关、邮局已有养老金制度。1951 年，政务院颁布《中华人民共和国劳动保险条例》，该条例是新中国社会保障制度的开始。建立统一的综合性劳动保险制度，劳动保险基金统一筹措，分项目支付各种社会保险所需津贴支出。1951 年，《劳动保险条例》的实施范围是，正式职工 100 人以上的国营、公私合营及合作经营的企业，铁路、航运、邮电部门；1953 年，《劳动保险条例》的实施范围扩大到工、矿、交通、基本建设单位与国营建筑公司；1956 年，《劳动保险条例》覆盖范围进一步扩大到商业、外贸、粮食、供销、合作、金融、民航、石油、地质、水利、水产、国营农场与林场。企业职工养老金制度逐步建立。1955 年，国务院公布《国家机关工作人员退休处理暂行办法》和《国家机关工作人员退职处理暂行办法》，开始建立机关、事业单位工作人员的养老保险制度。1957 年，国务院公布《关于工人、职员退休处理的暂行规定》。1958 年，国务院公布《关于现役军官退休处理的暂行规定》，建立起由民政部与军队政治机关共同负责的军官退休制度。1964 年，财政部等发布《关于解决企业职工退休后生活困难救济经费问题的通知》，建立退休人员生活困难救助制度。1966 年，第二轻工业部等发布《关于轻、手工业集体所有制企业职工、社员退休统筹暂行办法》和《关于轻、手工业集体所有制企业职工、社员退职处理暂行办法》，尝试建立集体企业职工养老保险制度。

在医疗保障方面，1952 年，政务院发布《关于全国各级人民政府、党派、团体及事业所属单位的国家工作人员实行公费医疗预防的指示》和《国家工作人员公费医疗预防实施办法》，决定实行公费医疗制度。公费医疗制度的适用范围包括：全国各级人民政府、党派、工青妇女团体、各种工作队及文化、教育、卫生、科研、经济建设等事业单位的国家工作人员和革命残废军人；1953 年，将公费医疗制度的适用范围扩大到高等学校在校生及乡干部；1956 年，又将公费医疗制度的适用范围扩大到各国在华工作专家、国家机关退休人员与高等学校退休人员等。1951 年，政务院颁布《中华人民共和国劳动保险条例》，1953 年，劳动部颁布《劳动保险条例实施细则》，逐步建立企业职工劳保医疗制度。企业职工劳保医疗制度主要指非工伤医疗即一般患病、非工伤及残疾等的医疗制度。劳保医疗制度所提供的医疗保障主要包括：医疗费、病假工资、病残救济和亲属补贴。1966 年，劳动部与全国总工会发布《关于改进企业职工劳保医疗制度几个问题的通知》，对企业职工医疗保障进行改革：挂号费、出诊费自理；贵重药品费企业负担；职业病患者及因工负伤者住院时间的膳食费由职工承担 1/3，企业承担 2/3；职工直系亲属就诊挂号费、检查费及化验费由个人自理。

在失业保险制度方面，1950 年，政务院发布《关于救济失业工人的指示》，同年，劳动部发布《救济失业工人暂行办法》，开始确立对城镇失业工人提供救济的一般原则。其后，随着计划经济观念的逐步强化，加之意识形态的原因，中国开始逐步淡化失业问题，此后 20 多年中，中国社会经济生活中不再使用“失业”这一术语，中国社会保障制度中也没有了“失业保险制度”这个概念。

推荐阅读书目

丁建定．西方国家社会保障制度史．北京：高等教育出版社，2010.

王子今等．中国社会福利史．北京：中国社会出版社，2002.

Peter A. Kohler. *The Evolution of the Social Insurance, 1881—1981, Studies of Germany, France, Great Britain, Austria and Switzerland*. New York, 1982.

第四章 社会保障改革论

本章要点：主要阐述西方国家社会保障制度改革的基本背景、改革实践，发展中国家社会保障制度改革的背景与实践，俄罗斯和东欧其他国家社会保障制度改革的背景与特点，中国社会保障制度改革的历程。

关键概念：西方国家福利病；东欧国家社会转型；中国社会保障制度改革

第一节　社会保障制度改革背景

一、社会保障制度发展环境的变化

（一）社会经济增长缓慢

社会保障制度的发展需要有与之相应的社会环境，其中经济发展状况对社会保障制度的发展产生直接影响。20 世纪前期西方社会保障制度的快速发展，尤其是战后西方福利国家的广泛建立与西方社会经济的稳定发展密不可分。20 世纪 70 年代以后，由于经济危机的影响，西方主要国家社会经济发展速度明显放慢，使得西方国家社会保障制度发展所需的稳定的经济环境开始动摇。

20 世纪 70 年代末，主要西方国家的社会经济发展明显减缓。英国和美国的经济发展速度明显降低。1950—1955 年，英国工业品增长率为 2.9%，1955—1960 年为 2.5%，1960—1964 年为 3.4%，1964—1969 年为 2.5%，1969—1973 年为 2.8%，1970—1980 年为 1.9%。在西欧主要资本主义国家中，英国工业品增长率处于最低位置。1970—1980 年，法国工业产品增长率为 3.6%，德国为 2.8%，意大利为 3.0%，都高于英国的增长率。较之 20 世纪 50 年代，20 世纪 70 年代美国经济发展速度明显下降，国内生产总值年均增长率在 1965—1969 年为 4.4%，1970—1974 年降为 2.4%，1975 年甚至出现负 1.3% 的增长率，此后的 1980 年和 1982 年，美国国内生产总值又两度出现负增长。

德国和日本的经济增长速度在20世纪70年代中期以后也开始明显下降。大规模的经济危机使得日本社会经济的发展速度明显下降。1960—1973年，日本国民生产总值年增长率一般在5%～9%，1974年出现负增长，1975—1980年为4.5%，1980—1985年为3.8%。日本政府财政开始出现赤字，国债发行量连年扩大，1970年为3 472亿日元，1975年为52 805亿日元，1980年为141 002亿日元，十年增长近40倍。日本财政对国债的依存度不断提高，1970年仅为4.2%，1975年提高到25.3%，1980年达到32.6%。与西欧其他国家相比，德国经济衰退更为严重，1973—1975年，西欧国家实际国民生产总值的增长率为0.8%，而德国的增长率为负0.7%，政府财政赤字不断增长，1974年的财政赤字为1973年的3倍，1975年的财政赤字又为1974年的2.38倍。①

20世纪80年代开始，各类国家经济增长速度均下降，世界经济呈低速发展趋势。西方工业发达国家经济表现相对较佳，而大部分发展中国家和苏联等东欧国家经济却陷入了困境。80年代，西方发达国家的国民生产总值年均增长率为2.9%，其中，美国经济年均增长速度为2.3%，日本为4.2%，西欧为2%。②

20世纪90年代开始，世界经济区域化、集团化趋势加强，经济全球化出现了加速发展和升华的态势。③1994年世界经济已全面复苏，开始进入新一轮增长期。1994年，世界经济增长率达3.1%。发达国家已经走出80年代以来最严重的经济衰退，基本实现了低通货膨胀条件下的经济增长，1994年的经济增长率达到3.1%，其中，美国的经济增长率为3.9%，日本的经济增长率达到0.9%。发展中国家持续保持较高的经济增长速度，1994年达到5.6%，非洲和中东的经济也在恢复之中，1994年增长3%左右。④ 这种快速发展时期，也是泡沫经济的积累时期。

2008年，全球金融危机爆发，这是20世纪30年代以后世界最严重的经济危机。2008—2009年，西方主要国家社会经济呈现负增长；2010年起，世界经济轻微复苏，西方主要国家社会经济增长极为缓慢。2010—2013年，英国国民生产总值年均增长率约为1.5%，美国的增长率约为2.15%，德国的增长率约为2.05%，日本的增长率约为1.9%，2011年出现负增长。⑤ 至今，受经济危机的影响，加之现在尚未完全消退的欧债危机和美债危机，世界经济仍处于经济增长长周期的萧条阶段，也是化解危机前期积累的泡沫和风险的消化阶段以及拉动经济增长新旧动力的徘徊或转换阶段。⑥

西方社会经济增长的缓慢，不仅带来严重的失业问题和贫困问题，使得社会保障制度遭受巨大压力，而且带来政府财政收入减少和社会支出扩大的尖锐矛盾，使社会保障制度

---

① 参见梅义征：《在改革和稳定之间》，上海，复旦大学博士学位论文，1999。

② 参见郭传玲：《现阶段世界经济的基本特点及其发展趋势》，载《现代国际关系》，1990（4）。

③ 参见唐海燕：《当代经济全球化的发展及其后果》，载《华东师范大学学报（哲学社会科学版）》，1999（4）。

④ 参见吴有为：《世界经济已进入一个新的发展阶段》，载《山西财经学院学报》，1995（3）。

⑤ 根据世界银行相关数据计算而得，见 http：//data. worldbank. org/indicator/NY. GDP. MKTP. KD. ZG。

⑥ 参见上海社会科学院世界经济研究所宏观经济分析小组：《砥砺前行中的世界经济：新常态、新动力、新趋势》，载《世界经济研究》，2015（1）。

失去稳定发展的经济环境。

(二) 失业与贫困的压力

充分就业是社会保障制度稳定运行的又一重要社会环境条件。建立在战后西方国家社会经济稳定发展基础上的充分就业，曾经成为西方社会保障制度特别是福利国家建立和发展的重要因素。20 世纪 70 年代中期的经济危机导致西方国家经济增长缓慢，使得西方国家的失业问题越来越严重。70 年代中期以后，主要西方国家大都出现了严重的失业问题。

20 世纪 70 年代经济危机以前，德国失业人数一般保持在 30 万人以下，有时甚至低于 20 万人，经济危机以后的 1974 年，德国失业人数迅速增长到 60 万人，1975 年达到 110 万人。1975—1980 年，德国失业率一直在 4%左右，1981 年达到 5.5%，1982 年以后达到 7%，1985 年甚至达到 9.2%，直到 1990 年，德国的失业率仍然为 7.2%。①

日本社会经济发展的缓慢导致失业问题的严重化。1973—1992 年，日本就业增长率下降到 1.0%，失业率却不断增长，1975 年，失业人数达到 100 万人，1987 年达到 173 万人，1977 年的失业率为 2%，1987 年达到 2.87%。②

20 世纪 70 年代中期以后，美国的失业率、失业人数和消费物价年均增长率都呈不断上升趋势。1960—1969 年，美国工业生产年均增长率为 5.5%，年均失业率为 4.8%，年均失业人数为 341 万人，年均消费物价增长率为 2.3%；1970—1979 年，美国工业生产年均增长率仅为 3.2%，年均失业率却为 6.2%，年均失业人数增加到 572 万人，年均消费物价增长率达到 7.1%。③ 此外，美国社会的贫困问题呈现逐步严重化趋势。1980 年，美国处于贫困线以下的人数为 2 930 万人，贫困人口比例为 13%；1990 年，两者分别为 3 360 万人和 13.5%；1995 年，两者分别为 4 300 万人和 17.2%。④

经济发展缓慢同样使得英国的失业率和失业人数快速增长。1975 年，英国失业人口有 100 万人，1980 年达到 150 万人，1982 年达到 300 万人。⑤ 与此同时，贫困问题也出现加剧趋势。1975 年，英国领取补充津贴者的人数为 371 万人，低收入者占人口总数的比例为 23.1%；1977 年，两者分别为 416 万人和 25.8%；1981 年，两者分别为 484 万人和 27.4%；1983 年，两者分别增长到 574 万人和 35.7%。⑥

20 世纪 90 年代到 21 世纪初，伴随着经济全球化的迅猛发展，全球性失业问题有所缓解，世界失业率呈现缓慢下降趋势。2008 年全球金融危机的爆发导致世界经济形势严峻，全球失业问题日趋严重。自 2009 年以来，全球平均失业率略有下降，但仍保持在 6%左

---

① 参见梅义征：《在改革和稳定之间》，上海，复旦大学博士学位论文，1999。

② 参见复旦大学日本研究中心：《日本社会保障制度》，45 页，上海，复旦大学出版社，1996。

③ 参见牛文光：《美国社会保障制度的发展》，174 页，北京，中国劳动社会保障出版社，2004。

④ 参见陈恕祥：《美国贫困问题研究》，104 页，武汉，武汉大学出版社，2000。

⑤ See C. P. Hill, *British Economic and Social History, 1700—1982*, Arnold, 1985, pp. 293 - 294.

⑥ See A. H. Halsey, *British Social Trends since 1900*, Macmillan, 1988, pp. 512 - 514.

右；2014 年全球失业人数高达 2.013 亿，比 2007 年增加了 3 100 万人。[①] 虽然从 2010 年开始，世界经济呈现轻微复苏，但仍无法改变失业率居高不下的态势。这一趋势在西方主要国家仍将持续。据预测，2015—2017 年，全球年均失业率约为 5.9%，其中，德国的约为 4.9%，日本的约为 3.6%，美国的约为 5.5%，英国的约为 5.7%。[②]

失业问题的严重化不仅减少了社会保障缴费人数，从而使得社会保障基金收入受到影响，而且导致失业保险支出的快速增加。例如，1960—1970 年，日本失业保险支出从 440 亿日元增长到 2 460 亿日元，1975—1985 年，失业保险支出从 7 990 亿日元增长到 13 870 亿日元，1990 年增加到 22 460 亿日元。[③] 1960—1993 年，德国的失业保险支出从 12 亿马克增加到 1 319 亿马克，增长了 109 倍。同时，失业问题的严重化也导致各国政府的失业津贴支出增加。1980—2012 年，西方主要国家失业津贴支出增长迅速，其中，德国的失业津贴支出从 3.856 7 亿马克增加到 30.581 4 亿马克，日本的从 1 241.755 3 亿日元增加到 1 404.803 8 亿日元，美国的从 18.689 5 亿美元增加到 94.701 7 亿美元，英国的从 2.871 亿英镑增加到 5.916 4 亿英镑。[④] 失业问题的严重化使得西方社会保障制度稳定发展的环境进一步恶化。

(三) 人口老龄化加剧

社会保障制度的发展还与人口发展状况密切相关，其中人口结构的变化对社会保障制度的影响最为明显，除了上述就业人口状况对社会保障制度发展产生影响外，人口年龄结构对社会保障制度的发展也具有直接影响。20 世纪中期以后，西方人口发展的主要特点是老龄化趋势明显加快。2013 年，联合国发布的《世界人口老龄化报告》显示，1950—2015 年，全球人口平均预期寿命显著提高，其中，全球较发达地区人口平均预期寿命从 65 岁提高到 78 岁。[⑤] 20 世纪 60 年代中期到 80 年代中期，西方主要发达国家平均寿命增长尤为明显。1965—1985 年，加拿大男性人口平均寿命从 68 岁提高到 72 岁，女性从 73 岁提高到 79 岁；法国男性平均寿命从 68 岁提高到 71 岁，女性从 75 岁提高到 79 岁；德国男性平均寿命从 67 岁提高到 71 岁，女性从 73 岁提高到 78 岁；意大利男性平均寿命从 67 岁提高到 71 岁，女性从 73 岁提高到 78 岁；英国男性平均寿命从 68 岁提高到 72 岁，女性从 72 岁提高到 78 岁；美国男性平均寿命从 68 岁提高到 72 岁，女性从 75 岁提高到 79 岁；日本男性平均寿命从 68 岁提高到 75 岁，女性从 73 岁提高到 85 岁。[⑥]

---

① See ILO, "World Employment and Social Outlook-Trends 2015," http://www.ilo.org/global/research/globalreports/weso/2015/lang--en/index.htm.

② 根据国际劳工组织《世界就业与社会展望——2015 年趋势》相关数据计算而得。

③ 参见复旦大学日本研究中心：《日本社会保障制度》，45～46 页，上海，复旦大学出版社，1996。

④ See OECD, "Social Expenditure Statistics," http://stats.oecd.org/viewhtml.aspx?datasetcode=SOCX_AGG&lang=en.

⑤ See United Nations, "World Population Ageing 2013," http://www.un.org/en/development/desa/population/publications/ageing/WorldPopulationAgeing2013.shtml.

⑥ 参见郭士征：《社会保障学》，207 页，上海，上海财经大学出版社，2004。

人口寿命的延长意味着更多的人在法定退休年龄后的生命余岁将延长。1920—1990年，日本男性人口退休以后存活的时间从6.1年延长到17.2年，丈夫死后妻子平均存活时间从4.2年延长到8.1年，日本老年人的扶养期从5.3年延长到20.3年，增加了3倍。20世纪80年代末，德国男性退休后的生命余岁为13.8岁，女性为17.6岁；美国男性退休后生命余岁为14.9岁，女性为18.6岁；西方主要国家男性退休后的平均生命余岁为15.2岁，女性退休后的平均生命余岁为18.6岁。[①] 21世纪以来，西方主要发达国家60岁以上人口生命余岁明显提高。2013年，联合国发布的《世界人口老龄化报告》显示，2010—2015年，全球60岁以上人口生命余岁预计达到20岁，其中，较发达地区60岁以上人口生命余岁将延长23岁。[②]

主要西方国家老龄人口比例快速增长，人口老龄化趋势明显加快。在过去的30年，全球较发达地区经历了最广泛、最快速的老龄化。1980—2010年，这些地区60岁以上人口比例从15.5%提高到21.8%。[③] 其中，65岁以上人口比例增长速度尤为显著。1980—2000年，加拿大老年人口比例从9.5%提高到12.8%，法国老年人口比例从14%提高到15.3%，德国老年人口比例从15.5%提高到17.1%，意大利老年人口比例从13.4%提高到15.3%，日本老年人口比例从9.1%提高到15.2%，美国老年人口比例从11.3%提高到12.1%。据预测，到2050年，主要西方国家的老年人口比例将会大大提高，加拿大为21.3%，法国为22.3%，德国为24.5%，意大利为22.6%，日本为22.3%，英国为18.7%，美国为19.3%。[④]

人口老龄化将给社会保障制度的发展带来一系列问题。人口老龄化使西方国家老年人口赡养率不断提高。1950—2050年，全球较发达地区老年人口赡养率呈现直线上升趋势，2013年该地区老年人口赡养率为25%，到2050年这一比例将可能达到50%。[⑤] 根据国际劳工局研究报告，1980年，美国老年人口赡养率为16.9%，日本老年人口赡养率为13.4%，德国老年人口赡养率为23.7%；2000年，美国老年人口赡养率提高到19.0%，日本提高到25%，德国提高到24.0%；到2050年，美国老年人口赡养率将提高到35.5%，日本将提高到58.4%，德国将提高到48%。[⑥]

人口老龄化将使养老金支出成为社会保障支出的主要部分。1978—1983年，美国养老金支出占社会保障支出的54%～60%，英国养老金支出占社会保障支出的44%～45%，德国养老金支出占社会保障支出的50%～53%，法国养老金支出占社会保障支出的42%～

---

① 参见李珍：《社会保障制度与经济发展》，92页，武汉，武汉大学出版社，1998。

② See United Nations, "World Population Ageing 2013," http://www.un.org/en/development/desa/population/publications/ageing/WorldPopulationAgeing2013.shtml.

③ See United Nations, "World Population Ageing 2013," http://www.un.org/en/development/desa/population/publications/ageing/WorldPopulationAgeing2013.shtml.

④ 参见郭士征：《社会保障学》，208页，上海，上海财经大学出版社，2004。

⑤ 参见根据联合国发布的《2013年世界人口老龄化报告》中的老年抚养比计算而得。

⑥ 参见国际劳工局：《2000年世界劳动报告》，165～172页，北京，中国劳动社会保障出版社，2001。

45%，意大利养老金支出占社会保障支出的50%～65%，加拿大养老金支出占社会保障支出的30%～33%，澳大利亚养老金支出占社会保障支出的45%～50%。[①] 主要西方国家养老金占国内生产总值的比例也不断提高。1990—2009年，澳大利亚从3.0%提高到3.5%，加拿大从4.2%提高到4.5%，德国从9.7%提高到11.3%，日本从4.8%提高到10.2%，瑞典从7.7%提高到8.2%，英国从4.8%提高到6.2%，美国从6.1%提高到6.8%。整个经济合作与发展组织成员国平均养老金占国内生产总值的比例将从6.1%提高到7.8%。[②]

人口老龄化还将导致养老金缴费率不断增长。1994—2004年，加拿大养老金缴费率[③]从5.2%提高到9.9%，德国从19.2%提高到19.5%，法国从21.5%提高到24.0%，意大利从28.3%提高到32.7%。[④] 根据预测，2000—2040年，加拿大15～54岁人口的养老金缴费增长指数从103提高到145，德国从106提高到154，瑞典从95提高到122，英国从93提高到111，荷兰从115提高到154。在美国，乐观的预测显示，1995—2060年，美国与老年福利直接相关的支出将占可征税工资额的14.84%，悲观的预测则为27.89%，中性的预测为20.17%。根据美国社会保障官方部门的推算，1990—2060年，美国社会保障税率只有从13%提高到25.2%，才可以满足老年、遗属与残疾人年金和住院保险津贴支付的需要。[⑤] 根据日本政府1994年对年金制度财政状况进行的评估，如果领取养老金的开始年龄为60岁，要维持目前养老金水平，被保险者所缴纳的保险费率必须从现在的14%提高到2025年的34.8%，如果领取养老金的开始年龄提高到65岁，被保险人缴纳的保险费率至少也应为29.6%。[⑥]

二、社会保障制度内在问题的凸显

（一）社会保障刚性的加剧

随着社会保障制度的不断发展，尤其是西方福利国家的不断完善，社会保障制度所具有的刚性特点越来越明显地表现出来。社会保障可以满足民众的物质生活需求，而民众的需求具有明显的刚性，某种需求满足以后就会提出新的需求或者更高的需求标准，这种需求刚性导致社会保障制度刚性的出现。

首先，社会保障项目不断增加。目前，主要西方国家的社会保障范围越来越广，除了社会保险制度和社会救助制度外，还有种类繁多的其他福利补贴。无论是社会保险项目还

---

① 参见国家统计局国际统计信息中心：《世界主要国家和地区社会发展比较统计资料（1991）》，108～109页，北京，中国统计出版社，1992。

② See OECD, "Pensions at a Glance 2013: OECD and G20 Indicators," http://www.oecd-ilibrary.org/finance-and-investment/oecd-pensions-at-a-glance_19991363.

③ 缴费率即雇主和雇员的共同缴费水平。

④ 参见穆怀中：《社会保障国际比较》，2版，181页，北京，中国劳动社会保障出版社，2007。

⑤ 参见［美］罗伯逊：《美国的社会保障》，59页，北京，中国人民大学出版社，1995。

⑥ 参见魏大名：《日本医疗与社会保障制度》，69～104页，上海，上海远东出版社，1997。

是社会救助项目抑或是公共福利项目，一旦出现就很难再被取消或者停止实施。

其次，社会保障覆盖面不断扩大。不仅缴费性社会保险制度的覆盖面不断提高，更重要的是非缴费性社会救助与社会福利的覆盖面也不断扩展。社会保障覆盖面的扩大是社会保障制度发展的必然要求，但是，社会保障覆盖面过分扩大，也将带来一些消极后果。以养老金制度覆盖面为例，20 世纪 80 年代末 90 年代初，澳大利亚年金领取者占 60 岁以上人口的比例为 74.3%，加拿大为 75.2%，丹麦为 87.5%，芬兰为 96.9%，德国为 88%，冰岛为 75.6%，日本为 68.5%，荷兰为 80.7%，挪威为 81.1%，西班牙为 80%，瑞典为 88.4%，瑞士为 98%，英国为 83.6%，美国为 82.9%。[①] 2006 年，西方主要国家养老金制度覆盖率也呈现上升趋势，其中澳大利亚年金领取者占 60 岁以上人口的比例为 93.1%，加拿大为 75.2%，丹麦为 100%，芬兰为 100%，德国为 100%，冰岛为 76%，日本下降为 67.9%，荷兰为%，挪威为 94%，西班牙为 84.8%，瑞典为%，瑞士为%，美国下降为 74%。[②]

再次，社会保障津贴标准呈现逐渐提高趋势。战后西方国家社会保障制度发展的一个突出特点是，各项社会保障津贴标准呈现不断提高的趋势，这在典型福利国家中表现得尤其明显。以瑞典为例，1960 年，基本养老金津贴标准为单身每年 5 458 克朗、夫妇每年 8 734 克朗；1980 年，单身每年为 11 949 克朗、夫妇为 20 734 克朗。1963—1974 年，健康保险日现金补贴替代率从 60%提高到 90%，健康保险日现金补贴的最低标准从 10 克朗增加到 41 克朗。1950—1980 年，失业保险津贴的最低标准从每天的 7 克朗提高到 43 克朗，最高标准从 34 克朗提高到 128 克朗。儿童补贴标准从每年 893 克朗提高到 1 823 克朗。与此同时，各种社会保障津贴领取期限也不断延长。产妇保险（父母保险）津贴领取时间从 1955 年的 90 天延长到 1974 年的 210 天。失业保险津贴领取时间从 1950 年的 120 天延长到 1974 年的 300～450 天。[③]

西方国家的社会保障水平呈现不断提高趋势。社会保障水平是一个国家或地区的社会成员在一定时期内享受社会保障的程度。其主要衡量标准通常是一个国家或地区在一定时期内社会保障总支出占国内生产总值的比例，这一比例越高，说明社会保障水平越高，这一比例越低，则说明社会保障水平越低。社会保障水平偏低或偏高，都不利于社会的正常发展。

20 世纪中期以后，西方国家社会保障水平呈现不断提高趋势。1965—1980 年，英国社会保障水平从 14.4%提高到 24.5%，德国从 19%提高到 31.5%，法国从 15.8%提高到 28.8%，瑞典从 17.5%提高到 33.5%，美国从 11.2%提高到 28%，日本从 11%提高到

---

① 参见世界银行：《防止老龄危机》，233 页，北京，中国财政经济出版社，1996。统计年份除加拿大、美国为 1989 年、西班牙为 1992 年外，其他各国都为 1990 年。

② See ILO, “World Social Security Report 2010/11,” http: //www. ilo. org/gimi/gess/ShowRessource. action?ressource. ressourceId=15263.

③ See Sven E. Ollson, *Social Policy and Welfare State in Sweden*, Lund, 1993, p. 157.

25％。[①] 社会保障水平的不断提高，导致西方国家社会保障支出不断增长，社会保障支出超度情况明显加剧。1975—1985年，英国社会保障支出超度数值从0.7％增加到5.45％，美国社会保障支出超度数值从3％增加到11.3％，日本社会保障支出超度数值从4.05％增加到11.5％，德国社会保障支出超度数值从6.34％增加到10.38％。上述4个国家社会保障支出超度平均数值从3.527％增加到9.06％。[②] 1985—2003年，英国社会保障支出水平从24.3％提高到27.4％，美国从19.2％提高到26.2％，日本从11.2％提高到21.0％，德国从26.5％提高到30.2％。[③] 整个社会保障支出（占国内生产总值的百分比）在20世纪90年代中期和2000年初期一般保持稳定：经合组织高收入国家为14％，前社会主义国家为10.05％，亚洲国家为1％。[④]

（二）社会保障财政支出的膨胀

社会保障刚性的形成使得西方各国社会保障支出不断增长。1950—1983年，英国社会保障支出从6.571亿英镑增至339.91亿英镑。整个20世纪70年代，英国5大社会支出项目中，只有社会保障支出一直保持3％以上的年增长率，而其他4项社会支出的年增长率都有明显下降，有的项目甚至出现负增长。在英国社会保障支出中，社会保险制度支出与补充救济支出构成主要支出部分。在社会保险支出中，退休养老金、寡妇孤儿津贴、疾病保险津贴以及失业保险津贴又构成主要部分。1950年，英国缴费养老金支出占社会保障支出的41.7％，1960年增加到48.4％，1970年降低到46.8％，1980年很快回升到48.3％，1983年仍为44.3％。社会保障支出的增加使英国社会支出占整个财政支出的比例不断提高。70年代，英国社会支出占政府财政支出计划的比例都接近或超过60％。[⑤]

战后美国各项社会福利支出也一直呈现较快增长趋势。1960—1980年，美国联邦政府社会福利支出增长率从11.3％提高到15％，州和地方政府社会福利支出增长率从8.7％提高到13.9％，美国各级政府社会福利支出增长率从9.9％提高到14.6％。[⑥] 美国社会福利支出中社会保险、公共援助与住房保障等项目支出增长幅度最大。1980—1989年，美国联邦政府社会保险支出从1 911.6亿美元增长到3 872.9亿美元，公共援助支出从486.7亿美元增长到798.6亿美元，医疗保障支出从128.4亿美元增长到242.2亿美元，联邦政府整个社会保障支出从3 024.4亿美元增长到5 631.9亿美元；同期，美国各州和地方政府社会保险支出从385.9亿美元增长到807.7亿美元，公共援助支出从233.1亿美元增长到476.2亿美元，医疗保障支出从144.2亿美元增长到326.5亿美元，美国各州和地方政

① 参见李珍：《社会保障理论》，194页，北京，中国劳动社会保障出版社，2001。
② 参见穆怀中：《社会保障国际比较》，128页，北京，中国劳动社会保障出版社，2002。
③ 参见穆怀中：《社会保障国际比较》，2版，116页，北京，中国劳动社会保障出版社，2007。
④ 参见纳伦·普拉萨德等：《危机时刻的社会保障支出》，载《经济社会体制比较》，2012（1）。
⑤ See A. H. Halsey, *British Social Trends since 1900*, Macmillan, 1988, pp. 499 - 501.
⑥ 参见陈恕祥：《美国贫困问题研究》，274页，武汉，武汉大学出版社，2000。

府社会保障总支出从 1 895.5 亿美元增长到 3 926.8 亿美元。[①]

德国社会保障支出也快速增长。1960—1993 年，德国养老金支出从 196 亿马克增长到 3 177 亿马克，增长 15.2 倍；医疗保险支出从 97 亿马克增长到 2 097 亿马克，增长 21.6 倍；失业保险支出从 12 亿马克增长到 1 319 亿马克，增长 109 倍。[②] 德国人均社会保障支出 1980 年为 2 731.3 欧元，1985 年为 3 815.9 欧元，1990 年为 5 021.9 欧元，1994 年为 6 462.2 欧元。[③] 德国社会保障支出总额从 1960 年的 657 亿马克增至 2002 年的 15 793 亿马克，增长 20 倍，同期德国国民生产总值增长不到 10 倍。[④] 其他各国的社会保障支出也都呈现不断膨胀的趋势。

西方国家社会保障支出的膨胀给社会保障基金和政府财政带来巨大压力，而且不利于社会经济的发展，进而使社会保障制度发展所需的经济环境难以维系。从 20 年世纪 80 年代开始，西方国家公共社会保障支出仍然不断扩张，到 2010 年，多数发达国家公共社会保障支出占总财政支出的比重已经超过或接近 50%，成为各国主要的财政支出项目。[⑤]

(三) 社会保障基金收入的压力

稳定增长的社会保障基金是维持社会保障制度正常运行的必要条件。社会保障基金的主要来源是各项社会保障缴费，社会保障缴费一般实行个人、雇主以及国家三方分担原则，但在西方国家社会保障基金来源构成中，国家财政补贴和雇主缴费构成各国社会保障基金来源的较大部分，个人所承担的社会保障缴费所占比例较小。1980 年，法国社会保障基金中雇主承担的比例占 56%，雇工占 23.7%，国家财政补贴占 17.7%，其他经常性收入来源占 2.6%。德国社会保障基金中雇主承担的比例占 42.7%，雇工占 22.1%，国家财政补贴占 26.7%，其他经常性收入来源占 8.5%。意大利社会保障基金中雇主承担的比例占 58.8%，雇工占 13.6%，国家财政补贴占 24.4%，其他经常性收入来源占 2.7%。英国社会保障基金中雇主承担的比例占 33.3%，雇工占 14.6%，国家财政补贴占 43.6%，其他经常性收入来源占 8.5%。[⑥] 这种社会保障基金来源状况不仅导致政府财政支出的巨大压力，而且造成企业经营成本上升、投资和扩大生产积极性下降，同时还导致各种社会保障津贴领取者个人责任意识与进取意识的减弱。

随着人口老龄化的加剧，传统的现收现付型社会保障基金筹资模式面临严重的挑战。现收现付的基本原则是以支定收，根据短期社会保险支付需要，确定社会保险基金数额，筹集社会保险基金，支付社会保险需求。其主要筹资渠道是在职人员缴纳的社会保险税或者社会保险统筹缴费。这种筹资模式可以根据养老需求变化和社会经济增长及时调整缴费

---

① 参见陈恕祥：《美国贫困问题研究》，276 页，武汉，武汉大学出版社，2000。

② 参见和春雷等：《当代德国社会保障制度》，98 页，北京，法律出版社，2001。

③ 参见邹根宝：《社会保障制度》，210～212 页，上海，上海财经大学出版社，2001。

④ 参见柴野：《德政府对福利体制进行改革》，载《光明日报》，2003-05-07。

⑤ 参见张士斌、何秋仙：《欧洲福利国家扩张与公共财政赤字的关联性探讨》，载《浙江社会科学》，2012 (9)。

⑥ 参见李琮：《西欧社会保障制度》，56 页，北京，中国社会科学出版社，1989。

率，因此，在社会经济稳步发展时期，现收现付型筹资模式是一种比较理想的社会保障模式。但是，现收现付模式也存在明显的缺点，它所依赖的代际再分配使其明显受到人口因素，特别是现时就业人口数量、老年人口比例以及人口出生率等因素的影响。当这种代际转移达到或者超过一定的限度时，就会出现基金不足或不稳，甚至导致代际矛盾加剧。

20世纪前期，当现代社会保障制度建立和发展时，西方国家人口老龄化并不明显，社会保障基金拥有较多的缴费人口，因此，现收现付模式成为西方国家广泛采用的社会保障基金筹资模式。20世纪中期以来，西方国家的人口老龄化逐步明显，老年人口供养率不断提高，这将使得以代际支付为主要特点的现收现付制度，难以有效适应人口结构变化的现实需要，从而使得现收现付制度承受巨大压力。西方社会经济与人口结构的变化要求社会保障基金筹资模式进行相应改革，否则只能在现收现付模式下提高社会保障税费率，于是，20世纪后期，西方国家社会保障税率均有明显的增长。1965—1992年，美国社会保障税占税收总量的比例从16.4%增长到29.8%，瑞典社会保障税占税收总量的比例从12.1%增长到31.7%，整个经济合作与发展组织成员国的社会保障税占税收总量的比例则从21.6%增长到27.2%。①

社会保障基金投资收益对社会保障基金收入具有重要意义，尤其是在社会经济发展缓慢、政府财政支出面临困难、人口结构老龄化、社会保障缴费人口基数缩小的情况下，要保持社会保障税费率的合理和稳定，社会保障基金投资收益就具有重要意义。社会保障基金投资收益率较高，就可以有效控制和稳定社会保障税费率，社会保障基金投资收益率较低时，为应对日益增长的社会保障支出压力，就不得不提高社会保障税费率。然而，20世纪中期以来，西方国家社会保障基金投资收益情况普遍不佳。1970—1975年，加拿大养老基金投资收益率为－1.8%，德国为3.3%，丹麦为－2%，日本为－1%，荷兰为－1.5%，英国为－0.5%，美国为－1.6%。70年代末80年代初，主要西方国家养老基金投资收益率有所改善，但是收益率依然不佳，1975—1980年，加拿大养老基金投资收益率仍为－1.1%，丹麦为0.8%，日本为3.2%，荷兰为1.9%，英国为5%，美国仍为－2%。②社会保障基金投资收益效果已经成为影响西方社会保障制度实施效果的重要因素。

三、社会保障制度理念的改变

（一）社会保障制度理念的极端化

社会保障理念对社会保障制度的发展具有重要影响。20世纪70年代以前，西方社会保障理念存在严重的极端化倾向。19世纪末期以前，西方社会保障理念的基本特点是强

① See Richard B. Freeman, *The Welfare State in Transition, Reforming the Swedish Model*, The University of Chicago Press, 1997, p.123.

② 参见李珍：《社会保障制度与经济发展》，146页，武汉，武汉大学出版社，1998。

调自助。这种社会保障理念认为，资本主义尤其是工业化为每个人提供了充分的机会，个人理应依靠自己的努力为自己提供较好的生活与发展条件，个人的成败荣辱与自己的努力直接相关，个人生活中的各种问题主要是由于自己的过错而不是社会的过错造成的。因此，这些问题的解决应该是个人的责任而不是社会的责任，社会保障应该依靠个人自助而不是依靠社会或者政府帮助。政府应该尽可能少地干预经济和社会生活，也不应该为每一个人提供充分的社会保障。这种极端强调个人自助的社会保障观念导致早期西方资本主义社会保障制度的内容和适用范围极为有限，使得早期资本主义国家政府救济措施的实施极为严格。

19 世纪末到 20 世纪 70 年代，西方社会保障制度理念发生明显变化。其主要特点是从过去的极端强调个人自助的社会保障理念，转变为过分强调国家责任的社会保障理念。尽管不同国家的国家福利程度有所差别，但是，社会福利的基本观念是强调国家的责任。这种观念认为，社会问题的出现主要不是由于个人的原因，而是由于社会的原因，社会问题的解决主要应该是社会或国家的责任，而不应该是个人的责任，社会保障应该依靠国家保障而不是依靠个人自助。

这种国家责任社会保障理念，出现于 19 世纪末英国的激进自由主义和费边社会主义以及德国的新历史主义学派，发展于 20 世纪初期的凯恩斯学派，兴盛于 20 世纪中叶的社会民主主义思想之中，这种极端性社会保障理念推动了福利国家的出现，却也最终导致西方国家福利病的产生。从而使得西方社会保障制度发展逐渐面临严重困境。

（二）社会保障制度选择的极端化

西方不同阶段不同的社会保障理念对社会保障制度选择产生了直接影响，极端化的社会保障制度理念导致了极端化的社会保障制度选择。到 20 世纪 70 年代，西方社会保障制度同样经历了两种极端化选择阶段。

第一个阶段是 19 世纪末以前，强烈的自助理念使得这个时期西方社会福利制度十分强调个人自助的地位和作用，家庭保障成为这一时期社会保障的重要内容，社会慈善机构提供的各种救助成为家庭保障的重要补充，只有在家庭保障与社会慈善救助无法满足需要时，政府才会通过济贫法制度等官方制度措施提供救助，其基本目的和宗旨仍以促进个人自助为主，因此，这一时期的西方济贫法制度往往规定严格的家庭经济情况调查，接受济贫法救济者还要以牺牲部分政治权利为代价。

第二个阶段是 20 世纪前期，由于西方社会保障理念是强调国家责任的保障理念，因此这一时期的西方国家十分强调国家在社会保障制度建立和实施中的重要地位和作用，以国家为主体实施的各种社会保障成为这一时期西方国家社会保障制度的核心内容。国家不仅建立起完善的社会保险制度，而且建立起有效的社会救助制度，同时还建立起充分的福利服务制度。社会福利制度的覆盖面不断扩大，社会福利津贴标准逐年提高，社会保障水平不断提高，建立“福利国家”成为西方许多国家争相追求的目标，一些国家的许多社会保障项目甚至成为完全免费性项目。这种社会保障制度极端化选择在促进西方社会保障制度快速发展的同时，必然导致“福利病”的出现并长期难以克服。①

（三）社会保障改革理念的形成

20世纪70年代以后，面对西方社会保障制度发展的严重困境，西方社会保障制度理念开始发生变化，强调国家、社会与个人的共同责任，主张自助、互助与国家保障相结合的社会保障理念逐渐成为西方社会保障制度的基本理念。这种理念认为，社会问题的出现和加剧既有社会原因也有个人原因，社会问题的解决既是政府责任，也是社会责任，还是个人责任。社会保障不仅应该依靠国家保障，也应该依靠社会力量，还应该发挥个人作用。这不仅可以为民众提供充分的社会保障，也可以避免福利病的蔓延，同时还有利于社会道德的进步。

英国撒切尔政府指出，自《贝弗利奇报告》以来，英国社会保障制度已经发生了很大变化，而英国社会保障制度的基本原则仍然以《贝弗利奇报告》的基本原则为主，这显然已经不再符合英国社会发展现实的需要。英国社会保障制度的主要问题是过分强调国家在提供有效的社会保障中应该承担的义务与责任，忽视个人应该承担的责任与义务，没有在社会保障制度方面将国家所应承担的责任与个人所应承担的责任区分开来，更不可能将国家责任与个人责任有机地结合起来。社会保障并不仅仅是国家的责任，而应该是个人与国家共同的责任，英国社会保障制度改革应该追求三项基本目标：社会保障制度必须能够满足真正的需要，这是国家基本的责任；社会保障制度发展必须与整个社会经济发展保持一致；社会保障制度必须简单化并更加容易理解。②

日本政府从20世纪70年代初期开始推进社会保障理念和政策选择的转变。1976年，日本政府强调应该谋求个人生活中“自助与相互扶助的和谐”。1979年，又指出日本社会保障制度的目标是“形成在个人的自助努力与家庭及社会的连带责任的基础上，加上适当的官方福利这样一种新型的福利社会模式”。1986年，日本全国社会福利协议会指出：日本目前的社会福利发展已经处于失调状态，战后确立起来的社会福利基本框架经过30多年的时间，一些部分已经僵化，开始阻碍社会福利事业的发展，在老龄化日益严重的21世纪到来之际，这个矛盾越发突出，因此，必须寻求新的发展对策。③ 1993年，日本社会保障制度审议会指出，日本社会发生了变化，应该对社会保障制度重新认识。社会保障制度的变化必须适应国民需求的变化，适应人口的变化，适应家庭和区域的变化，适应劳动环境的变化和经济发展的变化。“社会保障制度应该是为了全民的利益，由全民来建立，由全民来支持的制度，它应该是导引我们走向21世纪新的共同社会的明灯。”④

美国社会保障改革理念从20世纪70年代也开始逐步形成。尼克松总统指出，美国社

① 参见丁建定、魏科科：《社会福利思想》，15～18页，武汉，华中科技大学出版社，2005。

② See Rex Pope, *Social Welfare in Britain 1885—1985*, London, 1986, pp. 240-243.

③ 参见复旦大学日本研究中心：《日本社会保障制度》，56～57页，上海，复旦大学出版社，1996。

④ 转引自复旦大学日本研究中心：《日本社会保障制度》，169～170页，上海，复旦大学出版社，1996。

会保障制度中必须建立起一种个人责任与公共参与的复合责任机制。他提出“不工作即无福利”的主张，并且指出：“我相信对于任何人来说接受比所做的工作更多的福利是一种错误。”① 卡特总统提出的“更好的工作与收入”计划，同样旨在进一步强调社会保障中的个人责任意识。里根政府认为，必须遏止社会福利扩展政策。美国经济已经陷入严重危机之中，按照老办法已经不能解决问题，尤其不能依靠政府来解决问题，因为政府本身就是需要解决的问题。必须减轻社会福利领取者对福利本身的严重依赖性，提高他们的自立、自强和自尊意识。克林顿政府强调社会福利必须与工作要求相结合。他指出：“我们将结束大家都了解的那种福利。……恢复一条简单而庄严的原则：不能让一个能够工作的人永远依靠福利。我们仍然要帮助那些不能自助的人，帮助那些需要受教育、训练和抚养孩子的人。但是，如果是能够工作的人，就必须工作。”②

德国社会保障制度改革理念也逐步形成。施罗德政府认为，不重新考虑既得的社会福利就不能推行现代化的社会政策，对社会保障体制进行结构改革尤为重要。必须保持最低的福利标准。退休制度和老龄化问题已经严重地威胁着现行以再分配为主要特征的养老金制度，应该采用资本化的养老基金制度取代现行再分配性的养老金制度。现代公民社会的核心在于实现更多的以公益为目标的自我负责。“要把社会保障网从一种权利变为通向自我负责的跳板。”③

随着西方社会保障制度改革理念的逐步形成，西方各国开始走上社会福利制度改革的道路，其基本改革政策和措施是，提高享受一些社会福利项目的资格要求，降低一些社会福利津贴的标准，提倡社会福利水平与社会经济发展水平的协调，推进一些社会福利项目的私营化，鼓励建立多层次的社会福利制度。这些改革措施旨在在为民众提供合理的社会福利的同时，消除福利病的困扰，实现社会福利、社会经济与社会道德的全面和谐发展。

四、国际组织的社会保障改革建议

社会保障制度发展面临的困境，还引起了主要国际组织的关注，它们对国际社会保障制度改革提出了具体建议，这些建议对社会保障制度改革产生了重要影响。

(一) 国际劳工组织的社会保障改革建议

国际劳工组织始终关注全球社会保障事业的发展，尤其是在 20 世纪 50 年代以来，国际劳工组织颁布了《社会保障最低标准公约》等一系列社会保障发展公约和建议书，对国际社会保障制度的发展产生了积极影响。20 世纪中期以后，国际劳工组织更加积极地关注各国正在进行的社会保障制度改革，并根据自身的宗旨和目标提出了社会保障改革的

① 转引自黄安年：《当代美国的社会保障政策》，154～156 页，北京，中国社会科学出版社，1998。

② 转引自黄安年：《当代美国的社会保障政策》，257～258 页，北京，中国社会科学出版社，1998。

③ 殷桐生：《施罗德的“新中派”经济政策》，载《国际论坛》，2001 (4)。

建议。

随着西方国家人口老龄化趋势的加强，国际劳工组织在20世纪80年代末对养老保障制度改革提出了建议，指出，面对人口老龄化趋势，政府可以采取两个方面的措施：一是调整人口政策，改变人口年龄结构，降低老年人口比例；二是重新设计和实施养老保障计划，如在养老基金筹资方面实行部分积累模式，在养老金支付方面实行提高开始领取养老金的年龄资格和领取全额养老金的缴费资格年限，还可以对达到一定年龄并继续从事非全日制劳动的养老金制度参加者实行部分养老金制度。20世纪90年代初，国际劳工组织进一步提出养老保障改革和发展建议，主要包括为老年人提供适当的工作条件、平等的就业机会和待遇，进一步完善养老保障制度，实行更加灵活的过渡性退休制度等。①

2000年，国际劳工组织又发表《变化世界中的收入保障和社会保护》的报告，进一步阐明了国际劳工组织关于新世纪社会保障的基本主张：（1）扩大社会保障制度的覆盖面，将被排除在现行制度以外的所有雇员、自营就业人员、非正规就业人员强制性纳入社会保障计划，并对最为脆弱的社会群体提供有效的社会救助；（2）改善社会保障管理，建立合适的管理机构，吸收社会保障制度参加者参与管理，扩大社会保障管理专业人员队伍；（3）加强社会保障与性别问题的联系，促进家庭和劳动力市场的性别平等，改善妇女就业机会，促进妇女从事有薪工作与家庭责任的结合，将社会保障覆盖面扩大到妇女占多数的特殊劳动领域，如非全日制工作和家庭工作中；（4）加强社会保障的可支撑性，扩大社会保障的效果，应该采取有效的收入分配政策，使得社会保障制度获得更加广泛的社会支持，同时还应该广泛发挥社会保障的经济、政治与社会效果；（5）促进民众的积极参与和缴费意愿，应该建立社会保障管理中的民众参与制度，这不仅是保证社会保障有效满足其参加者要求和利益的需要，也是保证社会保障制度参加者缴费意愿的需要。国际劳工组织认为："建立一种有效益的经济和一种有效益的社会保护制度是实现收入保障和社会稳定的根本保证。保持二者之间的平衡关系是符合国际劳工组织的主要目标的。"②

21世纪初期，世界范围的经济危机爆发，各国社会保障面临严峻考验。2010年，国际劳工组织发布第一份关于全球社会保障状况的分析报告，即《世界社会保障报告：2010—2011》。该报告通过分析危机期间和后危机时代世界范围内的社会保障覆盖情况、各国社会保障投入规模和全球经济危机期间的社会保障问题，提出新时期各国社会保障的根本任务是发展综合性社会保障制度体系。第一要务是提供基本的收入保障和支付得起的全民基本医疗健康服务，它是全球社会保障的基础。③

2010年以来，受经济危机的影响，世界各国减少了社会保障支出，使得全球贫困、不平等状况加剧。2014年，国际劳工组织发布第二份关于全球社会保障状况的分析报告，

---

① 参见李绍光：《养老金制度与资本市场》，212～214页，北京，中国发展出版社，1998。

② 国际劳工局：《2000年世界劳动报告》，9～10页，北京，中国劳动社会保障出版社，2001。

③ See ILO, "World Social Security Report 2010/11," http://www.ilo.org/gimi/gess/ShowTheme.do? tid=1985&lang=EN.

即《世界社会保护报告：2014—2015》。该报告认为，社会保障有助于减少贫困和不平等，增强社会凝聚力，实现包容性发展和社会正义；扩展社会保护是经济恢复和包容性发展的关键要素。[①] 也就是说，国际劳工组织关于社会保障改革的基本建议仍是扩大社会保障的覆盖面。

(二) 世界银行的社会保障改革计划

世界银行对20世纪70年代以来的社会保障改革同样予以极大关注，并针对全球人口老龄化的现实提出养老金制度改革计划。1994年，世界银行发表了《防止老龄危机——保护老年人及促进增长的政策》的研究报告，建议建立多支柱的养老保障制度。

世界银行的研究报告指出，各国养老保障实践可以划分为三种模式：一是公共的现收现付制计划，二是雇主发起的职业年金计划，三是个人储蓄年金计划。无论从效率还是从分配来看，公共的现收现付制计划都存在严重的问题，当人口还很年轻时，该种制度往往容易走向提供慷慨的养老金，现收现付筹资方式还使缴费与津贴脱节，使养老基金错过资本市场发展良机，造成养老开支超过预计水平，最终导致难以承受的养老保障费用负担。因此，“这种公共养老金制度是低效率的，也是不公平和难以为继的”。其他单一支柱的养老金制度也存在问题。

报告指出，为了避免上述三种单一支柱的养老保障计划存在的问题，建议将储蓄功能和再分配功能分开，在两个不同的强制性支柱下，采用两种不同的筹资和管理方式：一种是公共管理的、以税收筹资的养老金计划，一种是私人管理的、完全积累制的养老金计划。另外，实行一种自愿性养老金计划作为对以上两种养老金计划的补充，“三者构成老年保障的三个支柱”。

报告进一步指出，公共养老金计划有三种选择：它可以提供以生活状况调查为基础的津贴，也可以为强制储蓄制度提供一个最低的年金保障，还可以为更大范围的人口提供统一的年金。但是，公共养老金计划在规模上必须适中，并应该实行现收现付制筹资模式。第二种强制性养老金计划可以采用两种形式，即个人储蓄账户或者职业年金计划。作为第三支柱的个人自愿性储蓄计划，将为那些想在老年得到更多收入及保险的人提供额外保障。[②] 世界银行所提出的多支柱的养老保障计划，已经成为当代世界各国社会保障制度改革的重要目标。

2005年，世界银行发布《21世纪的老年收入保障——养老金制度改革国际比较》的研究报告，扩展了三支柱的思想，提出了五支柱的概念和建议：提供最低水平保障的非缴费型“零支柱”；与本人收入水平挂钩的缴费型“第一支柱”；不同形式的个人储蓄账户性质的强制性“第二支柱”；灵活多样的雇主发起的自愿性“第三支柱”；建立家庭成员之间

---

① See ILO, “World Social Protection Report 2014—2015,” http://www.ilo.org/global/research/global-reports/world-social-security-report/2014/lang- -en/index.htm.

② 参见世界银行：《防止老龄危机》，5～10页，北京，中国财政经济出版社，1996。

或代际之间非正规保障形式的所谓“第四支柱”。同时，提出了五个改革思路：一是制度的待遇结构、公共管理、现收现付属性等保持不变，但对关键的制度参数进行调整改变；二是“非实账积累制”或“名义账户制”可改变制度的待遇结构，但公共管理和非积累制的属性保持不变；三是按市场规则运作，实行完全积累制（DC型或DB型），由私人机构管理；四是公共预筹积累的制度可实行DC型或DB型，由政府进行管理；五是实行多支柱的制度，在待遇结构、管理机构、基金积累等方面要因地制宜。①

第二节　西方发达国家社会保障制度改革实践

一、英国的社会保障制度改革

（一）撒切尔的社会保障制度改革

20世纪80年代开始，撒切尔政府对英国社会保障制度进行改革，改革的主要内容包括以下几个方面：

第一，直接降低一些社会保障项目的津贴标准。在1980年的预算中，开始降低一部分社会保障项目的津贴标准，将针对病人、失业者以及失去工作能力者的短期津贴减少了5%。1982年，政府决定取消与收入相联系的疾病与失业短期津贴，从2月份起，失业津贴与补充失业津贴成为应纳税津贴。1986年，英国颁布新的《社会保障法》，把与收入相联系的养老金建立在养老金领取人整个一生的平均收入水平上，而不是20年最好收入的平均水平上，国家收入养老金的最高水平降低到平均收入的20%，而不是此前的25%。

第二，对社会保障制度的一些惯例实施改革。英国的疾病津贴一直由国民保险部门以现金形式支付，1982年的《社会保障与住房津贴法》对此作出改革，将向病人提供最初8周的疾病津贴的责任转移给病人的雇主，雇主因此而增加的支出可以通过减少其应缴纳的雇工社会保险税来补偿。第二次世界大战以来，英国提高社会保障津贴水平的主要依据是收入水平与物价水平的变化，并取其中较高的一项作为基本标准。1982年的《社会保障法》作出规定，今后仅根据整个物价水平来决定社会保障津贴水平特别是养老金津贴水平。这意味着英国基本养老金占平均工资或者纳税后收入的百分比将逐步降低。1986年的《社会保障法》规定，今后所有各项附带家庭经济情况调查的社会保障项目的资格认定采用统一标准。实行家庭信贷以取代补充家庭收入津贴，它适用于所有正在工作的低收入家庭。用收入补贴取代补充津贴，以便满足儿童以及失去工作能力者的需要。

① 参见郑秉文：《世界银行养老金改革观点的重要变化：从三支柱到五支柱》，见 http://www.aisixiang.com/data/10999.html，2006-09-10。

第三，改变社会保障制度的“普遍性原则”，实施“选择性原则”。这一重大改革集中反映在1986年的《社会保障法》中，法令规定：新的收入补贴的发放仅限于有子女的家庭以及丧失工作能力的家庭，“额外资助”也不再对所有的低于最低生活标准者发放，而仅仅向两类人员发放：第一种是18～24岁的单身者，以帮助他们建立起家庭；第二种是有特殊困难的家庭，如单亲家庭、养老金领取者、丧失工作能力者。从1980年起，不再要求地方政府官员提供学校餐。1988年起，收入补贴不再对16～18岁的人有效，同时，儿童津贴也不再对处于全日制教育之中的儿童有效。1986年，减少了18～25岁人口的津贴。1993年，又决定将18～25岁人口的津贴从1996年起减少20%。1990年颁布的《儿童法》对单亲家庭的家庭责任作出强调，所有单亲母亲不管其依靠收入补贴、家庭借贷还是失去工作能力者补贴，都必须授权政府部门采取行动，以便使其父亲履行自己应尽的责任，父亲必须为养育自己的子女以及以前的伴侣承担责任与义务。建立儿童帮助机构，接管一切有关父母离异儿童的生活事务。

第四，积极推行社会保障私营化。20世纪80年代初，英国政府对国民保健制度的私营化与市场化已经基本认同，认为“私营因素具有重要的作用，国民保健的私营化将减轻这一制度所面对的压力，并为国民保健制度提供一个有用的选择道路”①。1990年，英国颁布新的《国民保健与社会关怀法》，对国民保健制度实施私有化与市场化改革。该法规定，医院和社会关怀应该从地方健康当局的直接控制下摆脱出来，建立起自主经营的国民健康服务公司，参加者持有股权并由政府财政为之担保，它们直接管理医院，地方健康当局不再负责管理医院与社会关怀服务，而只是确定当地健康需求服务的基本目标。从1993年4月起，社会保障制度不再对私人或志愿性寄宿院的新增人员提供帮助，地方当局有义务确定提出此类需求的人的要求是否属实，并采取适当的措施为其提供有效的服务。到1995年，几乎所有的英国医院以及大部分的社会关怀服务已经实现私营化与市场化。此外，保守党政府要求，从1988年起，所有企业都必须为其雇工建立职业养老金制度，政府对此予以一定的优惠措施，并鼓励个人通过银行储蓄、参加保险等方式，为自己准备养老费用。②

（二）布莱尔的社会保障制度改革

以布莱尔为首的工党政府上台以后，继续对英国社会保障制度进行改革。失业保障制度改革成为工党政府社会保障制度改革的主要内容。工党政府推行所谓“从福利到工作”的“新政”，努力争取所有具有劳动能力者都能就业，从而提高有劳动能力者的自我救助和保障能力。为此，布莱尔政府采取一系列向各种失业者提供就业帮助的措施。解决青年失业者的失业保障问题是工党政府“新政”的主要任务。政府为失业半年以上的年轻人提供4种选择：（1）雇主提供的有补贴的工作，雇主每雇佣一名年轻失业者，可获得每周60

① Grand, *Privatization and Welfare State*, London, 1985, pp. 100-107.

② 参见丁建定、杨凤娟：《英国社会保障制度的发展》，171～175页，北京，中国劳动社会保障出版社，2004。

英镑的补贴；(2) 环境保护部门提供的为期6个月的工作；(3) 志愿性组织提供的工作；(4) 接受全日制教育和技术培训。[①] 工党政府还对单亲家庭提供就业服务，主要是提供就业机会、就业指导以及儿童护理服务，争取使他们能够通过自己的就业收入而不是社会福利收入来维持正常生活。工党政府支持和鼓励具有劳动能力的残疾者就业，一方面为其提供合适的就业机会，另一方面为其提供就业培训和咨询。

在养老金制度改革方面。工党政府一方面继续加强国家基本养老金和职业养老金制度建设，特别是鼓励更多有能力者参与职业养老金和个人储蓄年金制度，以便通过个人努力为自己提供更加充分的养老保障；另一方面，推行新的养老金制度改革措施，主张建立国家第二基本养老金制度，为那些最需要帮助者提供养老金，以保障他们实际生活的需要。工党政府还在1999年颁布《福利改革和养老金法》，对老年妇女的养老权益予以法律保护。

工党政府国民医疗保健改革的目标是，逐步将医疗保健由普遍权利意识向个人责任意识转变，同时，确保为全体民众提供充分的医疗保健服务。1998年，英国政府推行新的国民医疗保健计划，缩小国民保健服务覆盖面，鼓励医疗保健服务的市场化。2000年，英国政府又公布国民保健5年计划，建立全面有效的国民保健服务体系，其中包括建立100家医院，增设7 000张病床，招收20 000名护士、7 500名会诊医生、2 000名普通医生和6 500名医务专业人员。[②] 此外，英国政府从1999年开始提高儿童福利的标准，并增加了针对抚养有11岁以下儿童的家庭的补贴，同时，单亲家庭的家长在选择就业后，还可以得到儿童护理服务。1997年和1998年，英国先后颁布有关社会保障管理的立法，宣布对社会保障制度参加者重新登记，清理和严惩社会保障制度实施过程中的欺诈行为。

(三) 卡梅伦的社会保障制度改革

布莱尔下台后，接替他的布朗首相面对随之而来的金融危机，也就更加难以在社会保障制度方面有大的改革行动。[③] 2010年，保守党与自由民主党合作并由卡梅伦筹组成立了新政府。卡梅伦联合政府推出“大社会”计划，即政府将会把更多的权力和资金下放给社区、慈善机构和公众，以提高公共服务的效率及转变政府的管理方式。[④]

卡梅伦联合政府社会保障制度改革的重点是社会福利制度。2010年10月，公民社会部发布《建设更强大的公民社会》的发展战略，政府通过社区分权、公共服务公开、社会行动等议程规划。2011年5月，联合政府发布了《捐赠白皮书》，其目的在于让捐赠重现生机、为慈善组织减负，同时鼓励创新。同年7月，经过长期的讨论和修改，联合政府发布了《开放的公共服务白皮书》，规划了英国政府改进公共服务的举措，根据选择、放权、

① 参见刘燕斌：《面向新世纪的全球就业》，30页，北京，中国劳动社会保障出版社，2000。

② 参见王振华、陈志瑞：《挑战与选择——中外学者论“第三条道路”》，145～246页，北京，中国社会科学出版社，2001。

③ 参见丁建定：《西方国家社会保障制度史》，310页，北京，高等教育出版社，2010。

④ 参见李小虎：《卡梅伦的“大社会”思想述评》，载《世界经济与政治论坛》，2013（5）。

多元化、公平性、责任五项原则，政府将选择及控制权赋予公众和社区邻里居民，使公共服务更好地满足公众的需求。如削减财政预算，减少公务员的数量，以及对“国民医疗体系”进行改革。[①]其中，国民医疗体系改革的主要内容是通过让私人部门和志愿部门（即非营利组织）的医疗服务提供者接收更多的病人，引入更多的选择与竞争；针对国民医疗体系内部二级服务谁来管理的问题，政府计划把这一责任在 2013 年下放给家庭医生小组，取消供应过程中的官僚管理层。[②] 2012 年 2 月，在英国上议院终审一致通过《公共服务（社会价值）》，该法案要求英国公共部门在履行公共服务合同时，必须考虑如何改善社区的经济、社会与环境福祉；同时在公共采购中不能只考虑低价与高量的因素，而必须注重社会、经济与环境价值，以一个公平的价格购买真正造福于当地社区的公共服务。同年 11 月，总值 9 千万英镑的“社会成果基金”启动，用于吸引私人投资。同时，两个新的社会影响债券也正式启动：一个是由伊塞克斯郡政府负责的五年期儿童服务项目，目标是帮助 166 名问题少年免予被送进感化院；另一个则由伦敦市长来负责，目标是帮助伦敦的街头露宿者。这种社会影响债券投资风险完全由投资方承担，如果项目未能达成预定目标，地方政府无需为此买单；对慈善组织和社会企业而言则意味着能进入更多公共服务领域。[③] 2013 年 4 月，英国政府发布新修订的《福利政策改革法案》，拟实行社会救济金封顶、福利房限制、残疾人救济改收抵免等多项补贴政策合并；同时，加强对申请福利人员的审核，缩小发放范围，鼓励国民去工作，减少 180 亿英镑的政府福利开支。[④] 2014 年 5 月 14 日，英国《养老金法案 2014》获得御准。在公共养老保险制度方面，该法案将现有的国家基础养老金和与收入相关的第二养老金合并为单一层次的公共养老金，其目的在于解决英国目前部分人养老金水平过低和养老保险制度整体设计过于复杂的问题。同时根据政府的估计，1 300 万英国人缺乏充足的养老金储蓄，而且私人养老金储蓄的水平有逐年下降的趋势，为此该法案中也包含了鼓励私人养老金制度发展的内容，以增强养老保险制度发展的可持续性。[⑤]

二、德国的社会保障制度改革

（一）科尔的社会保障制度改革

德国社会保障制度改革早在科尔政府时代已经开始。在医疗保险方面，《1988 年卫生保健改革法》就已在医疗保险中引入竞争机制和激励机制，提倡多样化和多种形式的医疗保险，逐步增强个人在医疗保险中的责任，降低部分医疗保险项目津贴标准，取消部分医

① 参见李小虎：《卡梅伦的“大社会”思想述评》，载《世界经济与政治论坛》，2013（5）。

② 参见李旭章、龙小燕：《英国医疗公共服务改革与借鉴》，载《经济研究参考》，2013（20）。

③ 参见李小虎：《卡梅伦的“大社会”思想述评》，载《世界经济与政治论坛》，2013（5）。

④ 参见郝福庆、杨京平：《英国社会公共管理政策及启示》，载《宏观经济管理》，2014（6）。

⑤ 参见中国社会保障学会：《2014 年国际社会保障十大事件》，见 http://intl.ce.cn/specials/zxgjzh/201502/28/t20150228_4683553.shtml，2015-02-28。

疗保险津贴项目，增强医疗保险基金管理的透明度，提高医疗保险服务的效率等。《1992年卫生保健改革法》规定，在1993—1995年间，法定医疗保险支出必须同被保险人应付缴款收入上升的比例保持一致，以有效遏止医疗保险支出增长。

在养老金制度方面，1992年的《养老金改革法》将养老金缴费标准由占工资的18.5%提高到19.2%，养老金的增加不再同参加者人均毛收入增长挂钩，而是与纯收入增长挂钩，以减少养老金支出。1996年的养老金改革又将男性退休年龄从63岁提高到65岁，女性退休年龄从60岁提高到65岁。

在失业保险方面，失业保险缴费标准由占工资的3%提高到6.5%，以应对失业保险支出的增长，将失业救济标准降低3%，并停止发放因自然原因不能工作者的收入损失补贴。从1995年7月开始停发长期生活补助。1996年，又规定病假工资从标准工资的100%降至80%。①

科尔政府的社会保障制度改革取得了一定成效，但只是德国社会保障制度改革的开端。1998年的选举标志着科尔时代的结束，但并不意味着德国社会保障制度改革时代的结束，施罗德从科尔手中接过了德国政府总理职位的同时，也就意味着他从科尔手中接过了社会保障制度改革的重任。

（二）施罗德的社会保障制度改革

施罗德政府社会保障制度改革大体上可以分为两个阶段：2003年以前为温和改革阶段，2003年以后为激进改革阶段。施罗德政府一上台，就开始推行社会保障制度改革，调整和降低一些社会保障项目的津贴水平。1999年的《养老保险改革法案》规定，用分等级的工作能力下降养老金取代原来的无职业能力和无工作能力养老金，在一般劳动力市场上只能每天工作3小时以下的养老金制度参加者，可以获得全额工作能力下降养老金，只能工作3～6小时者，可以获得半额工作能力下降养老金，能够工作6小时及以上者，不能领取工作能力下降养老金。② 同时规定，2000年和2001年这两年发放的养老金不与最后工资挂钩，而与通货膨胀率挂钩。只有领过失业保险津贴者方能领取失业救济金，失业保险津贴以失业救济金的实际发放额为依据。

与此同时，施罗德政府也提高了一些社会福利津贴标准。把子女津贴费从每人每月220马克提高到250马克，把照看16岁以下子女的免税金额统一提高到3 024马克，残疾子女不受年龄限制。雇员在生病、接受治疗和康复期间继续享受的工资由80%重新提高到100%。在依法享受病假工资情况下，职工休假天数不变。

2003年3月，施罗德政府提出了“2010年议程”的改革计划，内容涉及经济和社会发展的许多方面，它标志着施罗德政府的社会保障制度改革进入激进阶段。

在失业保险制度改革方面，将失业保险金的发放时间从32个月按不同年龄段分别减

---

① 参见和春雷等：《当代德国社会保障制度》，98页，北京，法律出版社，2001。

② 参见和春雷等：《当代德国社会保障制度》，117页，北京，法律出版社，2001。

少，55岁以下的失业者减少到12个月，55岁以上的失业者减少到18个月，以促使失业者尽快寻找新的工作。将失业保险金降到社会救济金的水平上，并最终将失业保险金和社会救济金合并，以便降低失业者对失业保险金的期望值，促使他们尽快寻找工作。此外，还将发放失业保险金和社会救济金的工作由地方转为联邦劳动局负责。

养老保险制度改革的目标是将养老金津贴标准由占税前工资的48%降低到40%，同时将养老金缴费比例由19.5%上调为22%。主要改革措施是提高退休年龄，从2011年开始把退休年龄提高到67岁。扩大私人养老保险，所有在职员工必须参加私人养老金制度，凡参加私人养老金制度者可从政府得到相应数额补贴，私人养老金制度的规模和目标是占整个养老金的15%，并逐步增加到25%～30%。实施养老金政府补贴制度，政府每年拿出700亿欧元用来补贴养老保险基金。此外，养老金津贴标准的提高将按缴纳养老保险费的人数与退休者人数的比例进行计算，当缴纳养老保险费的人数减少时，养老金津贴数额的增长将自动停止。

医疗保险制度改革的主要内容是增加法定医疗保险参加者自己付费的部分，将过去的免费就医改成现在的每次看病缴费10欧元，住院治疗费以及药费个人要承担10%，非处方药的费用全部由个人承担，非工作时间发生事故的医疗费用由个人承担，等等。①

（三）默克尔的社会保障制度改革

2005年，德国社会民主党在选举中失利，以默克尔为首的联盟党获得胜利并组建大联合政府，执政的联盟党与社民党将推进医疗保障改革作为社会保障改革的突破口，并于2006年7月达成关于医疗保障改革的框架协议，出台了长达54页的医疗保障改革要点，联邦卫生部依此起草了《医疗保障改革法案》，联邦政府本欲在当年9月通过该法案，并于2007年1月1日起实施，但由于联盟党与社民党之间有关法案具体内容存在分歧，关于该法案的表决被迫推迟3个月。② 2007年，默克尔政府通过和实施的《法定疾病保险——强化竞争法》，其主旨首先是鼓励各医保机构之间的相互竞争，提高效率，以此较为长效地稳定缴费率，解决财政的可持续性问题；其次，医保全覆盖是为了增强体制的公平性和互助性，把德国内部丧失医保的小部分弱势群体纳入覆盖中；最后，完善医保和医疗服务提供，造福德国民众。同年，默克尔政府还颁布《法定养老保险退休年龄调整法》，提出从2012年起至2029年，逐渐将退休年龄从65岁延长到67岁。③

2014年5月23日，德国联邦议院以压倒性多数票通过了一揽子养老保险制度改革措施。新措施规定已经年满63岁且缴费45年的参保者可以申请提前退休并获得全额养老金；同时针对1992年之前养育孩子的950万位母亲，政府提供额外的“母亲养老金”，以体现对母亲教育子女做出的贡献的认可；并且政府提高了劳动能力受限者可以享受的养老

① 参见丁建定：《社保改革：施罗德在反对声中趟水而行》，载《中国社会保障》，2005（5）。

② 参见丁建定：《西方国家社会保障制度史》，318页，北京，高等教育出版社，2010。

③ 参见丁纯、李君扬：《未雨绸缪的德国社会保障制度改革》，载《当代世界与社会主义》，2012（5）。

金待遇水平。这些改革措施增加了参保者的退休选择权利，改善了他们的养老金待遇状况，被认为是德国大联合政府组阁以来最重要的社会政策之一。①

三、美国的社会保障制度改革

(一) 里根的社会保障制度改革

20 世纪 70 年代末，卡特总统就已经开始对美国社会保障制度进行改革。如提高住院保险中个人自费标准，降低医疗保险支出，将住院者在头 60 天的每天自费标准从 1977 年的 124 美元提高到 1980 年的 180 美元，第 61～90 天个人每天自费标准从 31 美元提高到 45 美元，第 90 天以后个人每天自费标准从 62 美元提高到 90 美元。此外，1979 年的《家庭援助计划修正案》提高了 4 口之家领取家庭援助与食品券的标准，增加了对各州实施家庭援助的补贴额，并对参加工作的穷人收入提供所得税减免。

里根政府时期，美国社会保障制度开始进入激进改革的阶段。1983 年，美国通过《社会保障法修正案》。修正案削减了一些社会福利项目，同时增加了社会保障税，以增加联邦政府社会保障基金规模，对老年、遗属和残疾人年金领取者的过多收入征收所得税，并归入该项年金基金，自 2009 年开始将退休年龄从 65 岁推迟到 66 岁，以应对老龄化压力。提高社会保障津贴领取资格条件，从 1990 年起，领取社会保障津贴的纳税年限从 10 年提高到 20 年。将社会保障津贴随物价变动而调整的规定停用半年，以遏制社会保障津贴上升趋势，缓解社会保障支出压力。

削减社会福利支出是里根政府激进社会保障制度改革的重要内容和目标。里根政府在预算中直接减少社会福利支出，根据 1981 年的预算方案，用于提供公共援助的开支减少了 128 亿美元，其中未成年人日托补贴等支出减少 1/5 以上。1984 年的公共援助开支减少数额达到 176 亿美元，其中大部分削减发生在抚养有未成年人的家庭的援助、食品券、住房补贴等项目方面。联邦政府对各州政府的医疗援助补贴在 1982 年和 1983 年各减少 3%，1984 年减少 4.5%。1981—1985 年，对抚养有未成年人的家庭的援助削减 13%，儿童营养补助费减少 20%，住房援助减少 4.4%，医疗援助减少 5%，一般就业和训练基金削减 35%，工作刺激项目费削减 33%。② 此外，里根政府时期，还多次提高住院保险中个人应该承担的费用的比例，以达到有效控制医疗保险支出的目的。

美国政府提高领取社会福利津贴的资格条件。1981 年的预算方案对享受抚养有未成年人的家庭的援助增加了附加条款，任何收入高于所在州的生活需求标准 150%的家庭，不能享受抚养有未成年人的家庭的援助补贴，抚养有未成年人的家庭的孩子不准备读完中学或者在 19 岁时仍不接受假期培训者，不能再享受抚养有未成年人的家庭的援助补贴，

---

① 参见中国社会保障学会：《2014 年国际社会保障十大事件》，见 http：//intl. ce. cn/specials/zxgjzh/201502/28/t20150228 _ 4683553. shtml，2015 - 02 - 28。

② 参见黄安年：《当代美国的社会保障政策》，224 页，北京，中国社会科学出版社，1998。

首次怀孕的孕妇在怀孕6个月后才能享受抚养有未成年人的家庭的援助补贴，享受抚养有未成年人的家庭的援助补贴时，孩子继父的收入必须计算在内，享受抚养有未成年人的家庭的援助补贴者必须参加公共服务就业，家长已经获得正式就业者不能再享受抚养有未成年人的家庭的援助补贴。凡收入为贫困线收入标准的130%者，除家中赡养有老年人或残疾人者外不能领取食品券，并取消大部分联邦住房补贴，提高个人承担住房房租的标准。1988年的《家庭援助法案》又规定，在1995年以前，各州必须使1/5的家庭援助收益人参加促进个人就业计划，包括帮助他们寻找工作，为他们提供有用的职业技术培训。

里根政府还积极推进社会福利地方化。1982年，政府提出在10年内将数十项社会福利与公共服务项目在联邦、州和地方政府之间进行明确划分，要求联邦政府在1984年全部接管和担负医疗补助项目，抚养有未成年人的家庭的援助、食品券等社会福利项目由各州政府负担，联邦在各州建立特种信托基金，逐步减少对该信托基金的拨款比例，并在1991年转变为全部由各州和地方政府自筹经费，或者根据各州和地方政府情况加以取消。1983年，里根政府又提议再将30多种专项补助合并为4项，并划归各州和地方政府实施。

（二）克林顿的社会保障制度改革

克林顿政府继续推进美国社会保障制度的改革。1993年，克林顿上任伊始，就提出增税和减少社会福利支出的计划，要求在4年内增加1 860亿美元税收，减少1 410亿美元社会福利开支，目标是在1997年减少联邦财政赤字3 250亿美元。第二年成立的一个社会福利改革组织提出了社会福利改革的基本思路：有劳动能力者应依靠劳动为生而不是长期领取救济，其领取救济金的时间不得超过2年，政府应通过各种途径帮助贫困者就业，应通过向私营雇主提供补贴以鼓励他们接受领取救济金者就业，应开办政府性服务企业吸收领取救济金者就业。

1996年，美国通过具有重要影响的《社会福利改革法案》。具有工作能力者享受社会福利援助的时间为5年，并且必须在2年内找到工作，18岁以下的未婚母亲必须在校或与成年人一起居住，才可以得到相关援助。在6年内将食品券开支削减240亿美元，没有获得美国公民资格的移民不能领取联邦公共援助，联邦所划拨的公共援助资金如何使用由各州而不再是联邦政府决定。

同年，美国还通过《振兴法案》，对残疾人保障进行改革。规定由于服食违禁药物或酗酒而导致残疾的新申请人，除非提供医疗证明，证明其符合有关规定，否则不能享受任何补贴，已经参加残疾人保障计划并享受此类补贴者的领取资格自1997年1月1日起无效。逐年提高已经退休的社会保障计划受益者接受补助的收入限额，到2002年提高到每年3万美元，超过3万美元者将不能再领取相关补助。同年的《个人责任与工作机会协调法案》还规定，任何新的非美国公民都不能参加“附加收入保障”计划，已经参加并正在享受此类补助者也将被取消资格。1997年的相关法案又规定，尽快建立相关的联邦标准体系，保证各州签发的出生证明符合要求，社会保障局也应开发和提供具有防伪标志的社会保障卡，杜绝社会保障欺骗行为。

(三) 乔治·布什的社会保障制度改革

2000 年，共和党人乔治·布什成为美国新任总统，这意味着美国社会保障制度发展中的共和党传统又将占据上风。布什上台后，提出了共和党在社会保障制度改革方面的基本原则：社会保障制度改革不能改革退休或行将退休人员的给付水平；全部社会保障盈余不能挪作他用；不能提高社会保障税；政府不能用社会保障基金投资股市；新的社会保障制度必须保留伤残和遗属保障项目；新的社会保障制度应包括个人控制的、自愿的个人退休账户，以便增大社会保障安全网。[①] 2003 年 6 月，布什政府提出一套关于老人医疗保健制度的改革方案，其主要内容是从 2006 年开始的 10 年中，美国政府将拨出 400 亿美元用于向老年人提供药品补贴。该方案事实上没有实质性改革内容，但因医疗保障制度始终是美国两党政策的敏感所在，故在民主党和共和党之间引起了激烈争议，并以 216∶215 的一票优势获得众议院通过。

2004 年，乔治·布什连任美国总统，开始推进社会保障改革。2005 年 2 月 2 日，布什总统向国会发表国情咨文，提出一项社会保障制度改革方案，其主要内容是允许 55 岁以下的就业者将其应缴纳的社会保障税的 4%，转入可以用来购买股票等有价证券的个人账户，并可以将个人账户上的积累留给自己的子女或孙子女。这一社会保障制度改革方案遭到民主党的坚决反对，这使得布什总统的社会保障改革决心与信心遭遇挫折，更使其社会保障制度改革进程遭遇阻力，从而基本上注定了布什政府时期是一个在美国社会保障制度改革与发展中少有作为的时期。

(四) 奥巴马的社会保障制度改革

2009 年 1 月，接替乔治·布什就任美国总统的奥巴马上任不久，就提出了对美国医疗保障制度进行改革的要求。美国众议院很快提出一项医疗保险改革方案，主张建立一种与私人医疗保险计划展开竞争的公共医疗保险计划。根据该项法案，所有美国人都必须参加医疗保险计划，雇主也必须为雇员购买医疗保险或者支付相当于工资总额 8%的费用，禁止保险公司拒绝患病者参加医疗保险或要求提高患病者参加医疗保险的保费的做法，扩大针对贫穷人口的医疗救助计划的实施范围，并提高老年医疗保险制度中对初级医生的费用支付标准。[②] 同年 11 月 7 日，美国众议院以 220 票对 215 票通过《医疗保险改革法案》。美国参议院以众议院的《医疗保险改革法案》将引发巨大的财政负担为由坚决反对并很快提出了自己的医疗保险改革法案。同年 12 月 24 日，美国参议院以 60 票对 39 票通过这一《医疗保险改革法案》。

2010 年 2 月，奥巴马总统在结合参众两院的法案基础上，提出了彻底修改美国医疗卫生制度的计划，该计划主要内容包括以下几个方面：(1) 禁止保险公司拒绝为投保者已有

① 参见李珍、刘子兰：《小布什社会保障改革思路评析》，载《经济学动态》，2002 (7)。

② 参见《美众议院公共医疗保险议案引争议》，载《参考消息》，2009-06-23。

疾病进行赔付、不受理患者的投保要求或者为终身保险设定上限，并限制保险公司设定每年的赔付金额；（2）放弃公共医疗保险计划；（3）建立以州为基础的医疗保险市场，使没有雇主提供医疗保险者可以自己购买医疗保险；（4）要求有收入能力者必须购买医疗保险，否则将被处罚款，大公司如不为雇员购买医疗保险也将被处罚款；（5）由政府向收入高于政府医疗救助计划的要求但低于联邦贫困线的4倍（2009年的贫困线标准为四口之家年收入2.2万美元）者提供补贴。①

2010年3月3日，奥巴马总统公布经过修改的最终版本的《医疗保险改革法案》；3月21日，美国众议院以219票对212票通过了《医疗保险改革法案》；3月23日，奥巴马总统正式签署《医疗保险改革法案》。②

四、日本社会保障制度改革

（一）社会保险制度改革

20世纪70年代中期以后，日本社会保障制度开始进入改革阶段。年金制度改革成为日本社会保障制度改革的重要内容。日本年金制度改革的主要目标，是实现年金制度的统一化和合理化。其主要改革措施包括：首先，建立统一的基础年金制度。1985年，日本引入国民基础年金制度，将国民年金制度的适用范围扩大到全体国民。国民基础年金相当于国家基本养老金，国民基础年金的加入年限最长为40年，支付年龄为65岁，支付水平为每月5万日元。其次，推进养老金制度管理的合理化。1989年，将国民基础年金津贴标准提高11%，并将国民基础年金支付标准与物价水平自动挂钩；将年金支付等级从3个等级增加为7个等级，以充实和扩大养老基金，每年支付养老金次数从4次增加为6次。最后，提高退休年龄。1994年，日本政府决定推迟退休年龄，到1999年，将女性退休年龄从58岁推迟到60岁，同时提出只要个人愿意，每个人都可以工作到65岁；养老金支付仍从60岁开始，但是60～64岁之间仍然工作者可以领取部分养老金，到65岁时再支付全额养老金。从1996年开始，领取失业保险津贴者停止领取养老金，企业如果雇佣60～64岁人员，政府可以提供25%的工资补贴。③

日本养老金制度改革在一场“养老金缴费风波”中进入21世纪。根据日本厚生省提出的养老金财政报告，截至2003年3月底，日本养老金的亏损额达到60 617亿日元。针对日本养老金所面临的支付危机，日本政府从2003年开始推行新的养老金改革方案：（1）养老保险缴费由按月工资缴纳改为按照年收入缴纳，以便将雇员的年中和年末的奖金计入年收入，以提高养老保险基金的收入；（2）实行青年学生养老保险费补缴办法，原来没有收入的20岁以上的青年学生可以向地方政府申请减免养老保险缴费，现改为向地方

---

① 参见《美国全民医保迈出历史性一步》，载《参考消息》，2010-03-23。

② 参见丁建定：《西方国家社会保障制度史》，354～356页，北京，高等教育出版社，2010。

③ 参见吕学静：《日本社会保障制度》，60～61页，北京，经济管理出版社，2000。

政府申请在其就业后的10年内补缴；(3) 延长养老保险缴费的年限，原来60岁以后老人再就业后无需缴纳养老保险费，现改为65～70岁的就业者必须缴纳养老保险费，并根据就业收入情况减少其在就业期间领取的养老金的数额；(4) 增加政府对养老保险基金的负担比例，将政府负担的国民基础年金津贴的比例从1/3提高到1/2；(5) 将养老金津贴标准降低50%；(6) 将领取养老金的年龄标准从60岁逐步提高到65岁；(7) 从2003年开始，养老保险缴费率从13.5%逐步提高0.3%，直到2022年提高到20%。①

日本养老金制度改革既势在必行又困难重重。2004年5月初，日本政坛的一些内阁官员、上百名参众两院的议员以及数十位地方政府知事未缴或欠缴养老保险费的丑闻曝光。同年6月，日本众议院通过具体有关公共年金制度改革的法案，主要内容包括：基本保持100年间的待遇与负担的平衡；2017年以后保险费率固定不变，厚生年金18.3%，国民年金16 900日元；根据宏观经济指数调整养老金，从2004年度开始到2009年度逐步提到1/2。② 2007年6月，日本发生了超过5 000万份养老保险缴费记录丢失的事件。同年，日本实施离婚者养老金分割制度，并提出企业工人70岁退休以应对老龄化。③

从2008年开始，日本政府进行了社会保障和财税体制的一体化改革。2009年3月，日本进行了税制改革，以2008年开始的经济好转为前提，立刻着手进行包含消费税的税收体制根本化改革，目的是稳定财源并建立有效及可持续的社会保障体系；同年6月，日本开始了经济财政改革，目标是建立适应新社会经济变化的社会保障体系（包括年金、医疗及护理保险、下一代抚育、就业扶持、教育等五大领域）。④ 2010年10月，日本开始新的社会保障改革，提出了社会保障未来改革的三个理念和五项原则。三个理念分别是：参加保障、普遍主义、安心与活力。主要是明确社会保障制度改革的方向和目标，即通过系统化的制度改革与调整，建立国民全覆盖、社会全方位参与、消除不公平及歧视、为全体国民切实提供各种有效保障的安全网。五项原则是：无差别地把所有人作为社会保障的对象、社会保障面向未来各代进行投资、建立地方政府支援型服务及分权和多元化的供给体制、超越垂直系统并依据个人情况实施全面支援、不预先支出下一代负担并确保财源稳定。⑤ 年金制度改革内容比较丰富具体，主要包括6个方面：(1) 所得比例年金与最低保障年金合并成一种新的公共年金，年保险费率为15%，最低保障年金满额7万日元。(2) 增加低收入者收入，基础年金等每月增加1.6万日元。(3) 减少直至停止对高收入者的年金给付。(4) 基础年金国库负担1/2长久化，不足部分靠增加的消费税偿还。(5) 降低厚生年金保险加入资格标准，由一周必须工作30小时降为20小时，年金领取年限也由25年缩短到10年，不满10年的只能领取41%，以增加加入保险者数量。(6) 为了保证整个被

---

① 参见《日本养老保险陷入危机》，载《中华时报》(日本)，2004-05-15。

② 参见日本国立社会保障·人口问题研究所：《日本的社会保障制度简介(2007)》，见 http://www.ipss.go.jp/site-ad/index_english/security-e.html。

③ 参见丁建定：《西方国家社会保障制度史》，361～362页，北京，高等教育出版社，2010。

④ 参见柳清瑞等：《基于少子高龄化的日本社会保障改革：经验与借鉴》，载《人口与发展》，2012(6)。

⑤ 参见柳清瑞等：《基于少子高龄化的日本社会保障改革：经验与借鉴》，载《人口与发展》，2012(6)。

雇佣者年金制度的公平和稳定，从 2015 年 10 月起实施共济年金与厚生年金一元化改革，保险费到 2018 年都提高到 18.3%，共济年金废除职域部分后与厚生年金给付相同，都是 230 940 日元。[①] 2012 年，日本政府针对年金制度进行了改革，主要包括：将年金参保年限从 25 年降低到 10 年；基础年金的国库负担比例仍保持 1/2；临时工适用厚生年金；产假期间免缴保险费；遗族年金发放给无母家庭；厚生年金和共济组合年金合并成企业年金；领取退休金人员的救济金发放给低龄领取者。[②]

日本失业保险制度改革的基本指导思想，是将以对失业者提供消极救济为特征的失业保险制度，改为以对失业者提供就业机会为主的积极性失业保障制度，这种性质的失业保险制度改革早在 20 世纪 70 年代初就已经开始。1974 年，日本通过《雇佣保险法》取代 1947 年的《失业保险法》，规定：雇佣保险制度所需经费由雇主、雇工和国家三方分担，国家承担雇佣保险支出费用的 25%，雇主和雇工缴费的标准相当于工资总额的 14.5%。雇佣保险津贴标准为被保险者失业前 6 个月平均工资的 60%～80%，雇佣保险津贴领取时限根据被保险者的年龄而定。

20 世纪 80 年代以来，日本进一步改革失业保险制度，降低失业保险津贴的领取标准，提高失业保险缴费的标准；改革领取失业保险津贴时限的计算标准，将以往仅仅以被保险者的年龄作为计算标准，改为按照被保险人年龄以及缴纳失业保险费的时间而定，最低为 90 天，最高为 300 天。把 65 岁以上老年人的失业保险津贴从失业保险制度中分离出来，设立专门的老年救济补贴制度，从而减少领取失业保险津贴者的数量。1984 年，日本实行再就业津贴制度，失业保险津贴领取者在领取失业保险津贴期间，如果找到合适工作，可以领取一定时间的再就业津贴，以鼓励失业保险津贴领取者尽可能寻找就业机会。1995 年，日本实行“连续就业补助计划”，向那些年龄较大、很难找到连续性就业机会者提供连续性就业补助。1998 年，日本实行“教育训练补助计划”，规定不管在职与否，只要参加政府劳动管理部门举办的就业培训，均可得到 80%的培训费用补贴，并将连续就业补助的适用范围，扩大到因护理家人而不得不停止工作者。[③]

20 世纪 90 年代末到 21 世纪初，日本政府采取了许多就业对策，主要包括：紧急就业开发项目（1998）、激发就业综合计划（1998）、紧急就业对策（1999）、针对为促进日本新生的新发展政策的就业对策（2000）、综合就业对策（2001）、针对加速改革项目的就业对策（2002）等。由于日本的失业率一直处于历史的高位，失业保险金的给付急剧增加，日本政府分别于 2000 年和 2003 年部分修改了《雇佣保险法》，把失业保险费率由 1.15% 提高到 1.55%和 1.6%。[④]

---

① 参见张玉棉、刘广献：《日本税制——社会保障“一体化改革”最新研究》，载《日本问题研究》，2013（1）。

② See National Institute of Population and Social Security Research, “Social Security in Japan 2014,” http://www.ipss.go.jp/site-ad/index_english/security-e.html.

③ 参见吕学静：《各国失业保险与再就业》，167～168 页，北京，经济管理出版社，2000。

④ 参见日本国立社会保障·人口问题研究所：《日本的社会保障制度简介（2007）》，见 http://www.ipss.go.jp/site-ad/index_english/security-e.html。

日本政府还对医疗保险制度进行改革。1984 年，日本修改《健康保险法》，将被雇佣者医疗保险对个人的支付比率从 100%降为 90%；在国民健康保险中设立退休人员医疗制度，将 60～70 岁老人门诊和住院费支付比率从 70%提高到 80%，其费用由退休的被保险者缴纳的保险费和被雇者保险机构缴纳的费用负担；将健康保险制度的适用范围扩大到服务业等行业中雇佣 5 人以下的企业。1990 年和 1993 年，日本先后两次对《国民健康保险法》进行修改，由政府对国民健康保险高额医疗费提供资助，并建立国民健康保险基金资助制度。1992 年，设立了健康保险事业安全运营资金，健康保险财政结算由单年度结算制改为 5 年结算制，以保持健康保险稳定发展。

进入 21 世纪，日本政府在改革医疗制度的基础上开始了医疗保险的改革。2000 年，日本政府在医药品的定价、诊疗报酬体系、高龄医疗制度和医疗提供体系方面进行了全面改革。2002 年 3 月，经过在野党的审查合议，厚生劳动省向国会提交了《健康保险法》的修正草案，并于同年 7 月审议通过。该法案规定：从 2003 年 4 月起，将工薪族被保险者的医疗费用负担由原来的 20%提升至 30%，同时将所有 3 岁以下儿童医疗费负担统一为 20%。2006 年 6 月，日本政府通过《医疗制度改革大纲》，从三个方面修订原来的健康保险法：第一，实施医疗费用的合理化；第二，创立新型老年人医疗制度；第三，改组合并施保者。①

2014 年 4 月 1 日，日本政府将消费税率从之前的 5%提高到 8%，增加的消费税收入将全部用于社会保障制度，包含养老保险制度、医疗保险制度和老年护理制度等方面。由于日本的人口老龄化问题严重，政府需要扩大财政收入以满足社会保障制度发展的需要，通过提高消费税预计将增加 4.3 万亿日元的政府收入，有助于到 2020 年实现政府的收支平衡。在增加消费税的同时，日本政府也推出相关的经济激励政策，希望可以在经济增长的同时维持社会保障制度的可持续发展。②

(二) 社会福利制度改革

日本政府还对社会福利制度进行改革。首先是生活保护制度改革。1984 年，日本对生活保护制度进行改革，以 4 人家庭为标准，将生活标准提高 2.9%，1986 年又把标准家庭由 4 人改为 3 人，生活保护水平提高 2%，以后逐年有所提高。

其次是儿童津贴制度改革。1986 年，日本对儿童津贴制度进行修改，儿童津贴对象从第三个孩子开始改为从第二个孩子开始，但津贴时限从到中学为止缩短为进小学为止，第二个孩子的津贴额为每月 2 500 日元，第三个孩子起每个孩子每月 5 000 日元。1992 年，日本又将儿童津贴对象扩大到第一个孩子，但是，领取儿童津贴的时限缩短到 3 岁以下，

---

① 参见日本国立社会保障·人口问题研究所：《日本的社会保障制度简介（2007）》，见 http://www.ipss.go.jp/site-ad/index_english/security-e.html。

② 参见中国社会保障学会：《2014 年国际社会保障十大事件》，见 http://intl.ce.cn/specials/zxgjzh/201502/28/t20150228_4683553.shtml，2015-02-28。

津贴标准为第一和第二个孩子每月 5 000 日元，第三个孩子起每个孩子每月 10 000 日元。2000 年 6 月日本政府将儿童津贴的对象扩大到 6 岁以下儿童，2004 年再度将儿童津贴的对象扩大到 9 岁以下儿童。[①] 2009 年，日本新一任执政党上台，民主党政府推行新的儿童津贴制度。[②] 2010 年 4 月 1 日，日本民主党政府实施新修订的《平成二十二年儿童津贴法》，规定 15 岁及以下儿童的父母每月可以获得 1.3 万日元的补贴。[③] 2011 年 8 月 26 日，日本在参议院全会上通过《儿童补贴特别措施法》，该法规定：3 岁以下及家庭中第三胎之后的孩子（3～12 岁）每月补贴 1.5 万日元，3 岁至中学生阶段的儿童每月补贴则从 1.3 万日元降为 1 万日元。[④] 2012 年 3 月 30 日，在日本参议院的正式会议上，《儿童补贴法修订案》取代了现行的儿童补贴政策，给有初中毕业前儿童的家庭支付新的补贴，从 2012 年 6 月开始实行。根据新颁布的儿童补贴政策，未满 3 岁的儿童，每人每月发放补贴金额 1.5 万日元；3 岁以上至小学毕业阶段的儿童，第一、第二个孩子则为每人每月发放 1 万日元，从第三个孩子开始每人每月发放 1.5 万日元；初中学生每人每月补贴 1 万日元。[⑤]

再次是鼓励社会福利事业产业化发展。20 世纪 80—90 年代，日本政府颁布法律，确认从事社会福利工作者的专业技术资格和地位，大力倡导社会福利事业社会化、地方化和家庭化，积极鼓励社会福利事业商业化，大力发展银发产业。1987 年，建立“社团法人银发商业振兴会”，1988 年，修改《社会福利和医疗事业团法》，对银发事业提供贷款，1989 年，颁布《推动民间社会福利事业法令》，并制定《推进老年保健福利事业十年战略》，将家庭福利事业的发展作为未来十年日本社会福利事业发展的战略目标之一。

医疗保健制度改革也是日本社会福利制度改革的重要内容。1982 年，日本制定《老年保健法》，将老年医疗保健划分为医疗和医疗外保健两个部分，医疗部分的主要对象是加入各种医疗保险制度的 70 岁以上的老人，他们将负担部分医疗费，其中门诊费每月 400 日元，住院以两个月为限，每天为 300 日元，其余医疗费由国家承担 20%，地方承担 10%，健康保险机构承担 70%。1986 年，日本修改《老年保健法》，患者所负担的门诊费增长到每月 800 日元，取消住院期限制度，但个人承担的住院费提高到每天 400 日元。1991 年，日本再次修改《老年保健法》，个人承担门诊治疗费用标准分阶段提高到每月 1 000 日元，住院费用分阶段提高到每天 700 日元，护理费的一半由国家承担，并增设老人访问看护制度。2006 年 10 月，日本政府改革原来的老人保健制度，新建以 75 岁以上的后期老年人为对象的后期高龄者医疗制度。新制度的资金来源有三部分：一是后期老年人

---

① 参见日本国立社会保障・人口问题研究所：《日本的社会保障制度简介（2007）》，见 http：//www.ipss.go.jp/site-ad/index _ english/security-e.html。

② 参见《儿童津贴能否有效刺激日本的生育率？》，载《社会福利》，2010（1）。

③ See Wikipedia，“Kodomo Teate Law，” http：//en.wikipedia.org/wiki/Kodomo _ Teate _ law.

④ 参见《日本儿童补贴特别措施法正式成立》，见 http：//www.517japan.com/viewnews-37009.html，2011-08-26。

⑤ 参见《日本推出新版儿童补贴政策》，见 http：//www.chinadaily.com.cn/hqgj/jryw/2012-03-31/content _ 5580527.html，2012-03-31。

缴纳的医疗保险费，二是在职职工（国民健康保险和受雇者保险）的支援金，三是来自中央和地方财政的公费负担。①

第三节　其他国家的社会保障制度改革实践

一、发展中国家的社会保障制度改革

（一）新加坡的强制公积金制度

随着新加坡经济和社会的不断发展，新加坡政府也开始逐步对作为社会保障制度核心内容的公积金制度进行改革，从而使公积金的使用范围逐步扩大。

首先，将公积金的使用范围扩大到住房领域。1968 年，公积金存款可以用于购买低价公房；1981 年，公积金可以用于购买私人住宅；1986 年，又规定可以用公积金购买和投资非住宅产业，如商店、货仓或者工厂。

其次，将公积金的使用范围扩大到医疗领域。1984 年，为了应付不断上涨的医疗费用，新加坡实施保健储蓄计划，公积金存款可以用于会员、配偶、子女、父母、祖父母的医疗和住院费支付，保健储蓄户头的存款比例为公积金的 6%左右，最高存款额为 15 000 新元，余额自动转入普通账户。如果现有公积金难以支付医疗费用，可以使用将来缴纳的公积金支付，公积金会员在 55 岁后可以提取其健康储蓄户头上的存款，但是必须留存至少 7 500 新元用于住院使用。1989 年，新加坡推行保健双全计划，加收一部分医疗储蓄，用于支付会员及其家属的医疗费用，以补充公积金保健储蓄的不足。

再次，将公积金的使用范围扩大到教育领域。1989 年，新加坡制订家属保障计划，允许从公积金中贷款以支付子女教育费用。1992 年，新加坡再次扩大公积金制度的适用范围，允许自我雇佣者加入公积金制度。这样，新加坡的公积金制度从最初的仅仅适用于养老保障，逐步扩大到住房、医疗保健、教育和其他领域，从受雇佣者逐步推广到其他劳动者，使公积金制度更好地发挥了新加坡社会保障制度的核心作用。

为了提高公积金投资的收益率，1986 年开始，新加坡对公积金投资机制进行改革，允许参加公积金制度的会员将其部分公积金存款用于自行投资，购买政府批准的股票证券，与此相关的费用也可以由公积金支付。为了防止公积金投资风险，新加坡政府作出明确规定：会员只能在指定银行开设公积金投资账户，所提取的用于投资的公积金不能挪作他用；所有股票和债券的买卖必须通过新加坡债券交易所进行，所有债券、股票和信托投

---

① 参见日本国立社会保障·人口问题研究所：《日本的社会保障制度简介（2007）》，见 http：//www. ipss. go. jp/site-ad/index _ english/security-e. html。

资都必须在经过批准的银行保存；所有投资储蓄所得收益都必须存入公积金的投资账户上。当公积金制度参加者年满 55 岁时，可以从银行提取其全部投资储蓄，由中央公积金局通知银行取消该会员的投资账户。公积金账户中的 6 万新元可以获得额外 1%的利率，为了使公积金会员可以得到额外的利率，只有普通账户超过 2 万新元的部分和特别账户超过 4 万新元的部分可以进行投资。中央公积金投资计划使公积金会员有机会用公积金储蓄额进行投资，进一步扩大退休基金的规模。从 2009 年 5 月起，特别账户的投资门槛从 2 万新元增加到 3 万新元，继而进一步增加到 2010 年 7 月 1 日以后的 4 万新元。保证留足普通账户的 2 万新元和特别账户的 3 万新元，成员可以将剩余的储蓄投资于固定存款、政府债券、法定机构债券、购买年金、购买保险和信托基金等。①

1987 年，新加坡又制定了最低存款计划，规定年满 55 岁的会员在提取公积金时，必须在自己账户上至少留下 3 万新元，以保障其退休后的基本生活。1993 年，新加坡又制定法律，推进公积金投资环境的改善。1995 年，新加坡政府修改了最低存款额度，调整为 4 万新元，其中现金最少为 4 000 新元，其余可以为财产抵押。之后最低存款额度不断提高，每年提高 5 000 新元，2003 年达到 8 万新元，其中现金最少为 4 万新元。从 2004 年开始，最低存款根据每年的通货膨胀情况进行调整，2013 年将达到 12 万新元。② 2014 年 5 月，新加坡中央公积金局宣布，新加坡公积金最低存款余额的下限将从 2014 年的 14.8 万新元调高至 15.5 万新元。③

新加坡政府还在逐步增加一些新的保障项目和保障内容，放宽对中央公积金投资领域的限制，创新投资方式。比如，2001 年实施的“新”新加坡股份计划、2002 年实施的老年保障盾牌计划和 2003 年实施的经济重组股份计划等都对中央公积金原有的保障项目、内容、投资领域和方式进行了补充和完善。④

随着人口平均寿命的延长和家庭规模缩小带来的人口与劳动队伍老化问题，2007 年，新加坡总理李显龙在该国的国庆演讲中提到了修改中央公积金制度，新加坡中央公积金制度实施了“三管齐下”的改革措施，如实行更高的回报率和利息，延后提取最低存款额的“D 红利”和“V 红利”，年长员工推迟退休，以及年长员工的就业入息补贴等措施。⑤

（二）智利社会保障私营化改革

20 世纪 60 年代，智利社会保障制度的一些问题开始表露，如社会保障计划繁多，各种社会保障计划存在较大的差异，使得社会保障应该发挥的作用不能充分发挥。智利政府

---

① 参见龙玉其、刘巧红：《新加坡中央公积金制度的改革及其启示》，载《改革与战略》，2013（11）。

② 参见龙玉其、刘巧红：《新加坡中央公积金制度的改革及其启示》，载《改革与战略》，2013（11）。

③ 参见《新加坡人反感“家长管账”的公积金制度》，见 http：//news.163.com/14/0716/10/A1947QOE00014JHT.html，2014－07－16。

④ 参见贾洪波、穆怀中：《新加坡中央公积金制度改革评析》，载《北京交通大学学报（社会科学版）》，2009（4）。

⑤ 参见杨伟、吕元礼：《新加坡中央公积金制度改革分析》，载《东南亚纵横》，2008（8）。

曾经试图通过改革，实现社会保障制度的统一化，但是，由于各种社会保障计划参加者之间存在利益冲突，政府社会保障改革意图难以实现。此外，智利人口老龄化开始出现，1960—1980年，智利社会保障缴费人口与养老金领取者的比例从11：1下降到了2.2：1，造成智利社会保障基金收支连年赤字，这使得智利以现收现付为基本特征的社会保障制度模式面临很大压力。

20世纪70年代初，智利军政府采取一系列政治经济措施，使得社会政治经济开始稳步发展。军政府也采取了一些社会保障制度改革的措施，例如：调整各种养老金计划的差异以逐步实现各种养老金计划的统一性；1974年，以统一的家庭补贴制度取代各种不同的家庭补贴计划，并建立起统一的失业救助制度；1975年，开始逐步减少雇主社会保险税，以促进经济发展；1979年，又实行统一的退休年龄和退休金标准。这些改革促进了智利社会保障制度规范化发展，同时也为随之而来的社会保障制度私营化改革奠定了基础。

1980年，智利政府颁布《养老金制度改革法》，开始实行社会保障制度改革。智利社会保障改革的主要内容可以概括为“个人基金积累、基金私人管理和自由选择管理公司”① 三大特点。法律规定，个人必须为自己的养老强制性储蓄，并在基金管理公司中建立个人账户，个人账户完全由个人缴纳，缴费率为月工资的13%，其中的10%作为个人养老金存入个人账户，其他3%中的一部分作为基金管理公司管理费用，另一部分作为参保人的人寿保险和意外事故保险费，由基金管理公司转交给指定的保险公司。个人账户是个人财产，参加者退休后可以根据个人账户缴费情况领取不同类型和标准的养老金，个人账户也可由参加者后人或指定的人继承。养老基金完全由私营养老基金管理公司管理，政府只对基金管理公司最低投资效益定期评估，并制定相关政策法规规范基金管理公司运营，但不干涉基金管理公司的业务活动，基金管理公司经营效益完全依靠市场竞争实现。个人不仅可以自由选择养老基金管理公司，而且可以自由地调换养老基金管理公司。

可见，智利社会保障制度改革的本质特点是建立一种以私营化养老金制度为主要内容的社会保障制度。但是，在改革后的智利养老金制度中，国家依然承担了部分养老责任，主要是为没有参加养老金制度的老年人提供养老救济金，还要为参加强制性个人储蓄养老金制度者提供最低养老金担保，如1998年，养老救济金为每月56美元或平均应纳税工资的12%，最低养老金为每月126美元或平均应纳税工资的26%。在养老基金管理公司停止支付或者破产的情况下，政府要保证残疾人和遗属的养老金。此外，当养老基金管理公司的最低收益率低于法律规定的最低收益率时，养老金管理总局将对该基金管理公司进行清算并负责保证基金持有人的权益。

尽管有关智利社会保障私营化改革还存在很大的争议，但是，智利的社会保障私营化改革确实为正处于社会保障改革十字路口的世界许多国家提供了改革思路。20世纪80年

① 刘纪新：《拉美国家养老金制度改革研究》，37页，北京，中国劳动社会保障出版社，2004。

代以来，已经有 30 多个国家借鉴智利社会保障制度改革模式对本国社会保障进行改革。

21 世纪初，智利社会保障制度进行了第二次改革。全球金融危机导致智利加快了社会保障制度，尤其是养老金制度的改革。2006 年 3 月 11 日，来自中左翼联盟的候选人巴切莱特上台，任命成立了一个“养老金改革总统咨询委员会”，负责对智利的养老金体系进行全面评估，并要求提出改革建议。[①] 2008 年 3 月，巴切莱特总统正式签署了改革法令，智利开始新的养老金制度改革。新的智利养老金模型将建立在三个支柱构架的基础上，保留基于个人资本化账户的缴费模型（第二支柱），并扩宽其覆盖范围，将被排除在外的工人包含进来。而重要的改革之处在于另外两个支柱：第一支柱为初级层面的由政府财政支持的社会安全网，即团结支柱；第三支柱为希望提升自己在强制限制之外养老金积累的缴费者提供的自愿储蓄。[②]

二、俄罗斯和东欧其他国家社会保障制度改革

（一）俄罗斯和东欧其他国家社会保障制度改革背景

20 世纪 90 年代以后，俄罗斯和东欧其他国家逐渐开始进入经济与社会转型时期，一系列经济社会问题开始明显表现出来，使得俄罗斯和东欧其他国家对社会保障制度表现出非常强烈的要求。

第一，社会经济发展缓慢。俄罗斯和东欧其他国家在从计划经济向市场经济转变的过程中，不同程度地发生社会经济发展缓慢，甚至出现严重的经济危机。在俄罗斯，1992—1996 年，出现了严重的经济危机，俄罗斯国内生产总值的指数从 100 下降到 50 以下，工业生产总值指数也从 100 下降到 51。通货膨胀率 1992 年为 2 500%，1993 年为 1 000%，1994 年为 300%，1995 年为 131%。联邦预算赤字占国内生产总值的比例 1992 年为 6%，1993 年为 6.1%，1994 年为 10.4%。1997 年，俄罗斯经济曾出现短暂的转机，1998 年以后开始进入持续的不稳定发展时期。[③] 东欧其他国家的社会经济发展也比较缓慢。1986—1996 年，捷克、匈牙利的国内生产总值下降 20%，阿尔巴尼亚、保加利亚和罗马尼亚的国内生产总值下降达 30%。

第二，失业问题成为严重的社会问题。1989—1991 年，阿尔巴尼亚的失业率从 7.3% 增加到 9.1%；1990—1995 年，保加利亚的失业率从 1.7%增加到 11.1%，捷克的失业率从 0.7%增加到 2.9%，波兰的失业率从 6.3%增加到 14.9%；1991—1995 年，罗马尼亚的失业率从 3.0%增加到 8.7%；1992—1995 年，俄罗斯的失业率从 4.7%增加到 8.3%。20 世纪 90 年代末期，俄罗斯和东欧其他国家的失业率又有提高。1998—2001 年，保加利亚的失业率从 11.4%增加到 15.8%，波兰的失业率从 10.5%提高到 18.2%，罗马尼亚的

---

① 参见房连泉：《智利养老保障改革新动向》，载《中国社会保障》，2007（3）。

② 参见孙树菡、闫蕊：《2008 年金融危机下智利养老金三支柱改革——政府责任的回归》，载《兰州学刊》，2010（1）。

③ 参见裴长洪：《世界问题报告》，90～101 页，北京，经济管理出版社，1999。

失业率超过13%，捷克的失业率在6%～8%，南斯拉夫的失业率曾达到18%～21%，俄罗斯的失业率也在13%。①

经济发展缓慢和严重的失业问题使得俄罗斯和东欧其他国家的社会保障制度面临巨大压力。为了保证失业者的生活，俄罗斯与东欧其他国家不得不加大失业救济发放。严重的失业问题还导致社会保障缴费人数的减少和领取社会保障津贴人数的增加。1990—1993年，阿尔巴尼亚养老金领取者和缴费者之间的比例从22%提高到97%，保加利亚从55%提高到80%，捷克从42%提高到51%，匈牙利从47%提高到66%，波兰从40%提高到53%，罗马尼亚从34%提高到49%。与此同时，俄罗斯和东欧其他国家养老金的替代率一直稳定在50%左右：1990—1995年，阿尔巴尼亚养老金平均替代率为54%～74%，保加利亚为47%～48%，捷克为47%～50%，匈牙利为57%～63%，波兰为65%～75%，罗马尼亚为47%～50%，俄罗斯为34%～35%。这使得俄罗斯和东欧其他国家养老金支出占国内生产总值的比例一直较高，1990—1995年，这一比例在波兰达到15%左右，在其他国家也在9%～11%。俄罗斯和东欧其他国家在现收现付制度下的养老金缴费率不得不保持较高水平，保加利亚和捷克在1992年的养老金缴费率分别为27%和23%，俄罗斯在1993年的养老金缴费率为21%。② 这样，为了适应经济转型的要求，20世纪90年代以来，俄罗斯和东欧其他国家开始进行社会保障制度的改革。

进入21世纪以后，俄罗斯和东欧其他国家仍然面临一系列经济社会问题。2004年，捷克、匈牙利、波兰等东欧国家加入欧盟后，随着资源的共享和产业的转移，各国经济发展稳定，人均GDP呈现明显的增长态势。2008年，金融危机对俄罗斯和东欧其他国家经济造成不同程度的打击，捷克、匈牙利的GDP增长下降率均超过欧盟平均水平，但波兰例外，2006年其GDP实际增长水平达到6.8%，当各国面临经济收缩、呈现负增长时，波兰在2009年仍呈现经济正增长，在OECD成员国中被记录为最好的经济增长体。③

（二）俄罗斯和东欧其他国家的社会保障改革

20世纪90年代初，俄罗斯和东欧其他国家为应对社会经济快速转型，曾经进行过一些社会保障制度改革，主要是建立失业保险和社会救助制度，及时调整各项社会保障津贴标准，以适应不断增长的通货膨胀率。20世纪90年代中期以后，俄罗斯和东欧其他国家的社会保障制度改革进入深化阶段，其主要改革目标是，改变传统的国家保障模式，建立充分体现国家、企业和个人相互责任的多支柱、多层次的社会保障制度。

阿尔巴尼亚建立起基本养老保险制度、职业养老金制度和自愿养老保险三个不同层次的养老金制度，并提高一些特殊职业就业者的退休年龄和养老金法定缴费年限，雇员开始

① 参见刘洪：《国际统计年鉴（1997）》，304～305页，北京，中国统计出版社，1997；《国际统计年鉴（2003）》，145～146页，北京，中国统计出版社，2003。

② 参见［美］科林·吉列恩等：《全球养老保障》，472～475页，北京，中国劳动社会保障出版社，2002。

③ 参见余南平、孔令兰萱：《后金融危机时代中东欧社会经济转型评估》，载《俄罗斯研究》，2013（4）。

缴纳每月工资的 10%作为养老保险费，领取疾病和残疾保险津贴的资格更加严格。

捷克建立起两支柱的养老保险制度。第一支柱是确定津贴型现收现付养老保险制度，这种养老保险津贴实行统一标准原则，将男子退休年龄提高到 62 岁，女子退休年龄为 57～61 岁，根据孩子数量而确定。第二支柱养老金是个人自愿养老金，政府对个人自愿养老金提供支持。

1994 年，保加利亚通过社会保障制度改革白皮书，提出以下社会保障改革建议：(1) 提高法定退休年龄，延长法定缴费年限，设计待遇与缴费相结合的养老金计算公式，在设计基本养老金待遇水平时为补充养老金和自愿养老储蓄的发展留下空间，并合理解决上述三个不同层次养老金的相互关系；(2) 降低生育保障和疾病保障津贴的替代率；(3) 建立统一的失业保险制度；(4) 建立有效的社会救助制度；(5) 实行混合型医疗保障制度；(6) 实行与收入相关联的家庭补贴制度；(7) 住房补贴仅适用于低收入家庭。此后，保加利亚将退休年龄提高到 63 岁，雇员个人开始缴纳相当于个人工资 2%的养老保险费，将养老保险管理从政府职能部门分离出来，由国家社会保障局负责管理。①

匈牙利社会保障制度改革步伐较快。1991 年，匈牙利建立了由雇主和工会共同监管的自治型国家养老基金。1995 年，匈牙利开始建立自愿补充养老保障共同基金。1997 年，匈牙利通过《养老金法》，正式建立两支柱的强制养老金制度。第一支柱是确定津贴型现收现付养老金制度，该种养老金制度完全与个人收入挂钩，缴费年限为 35 年，养老金替代率为 40%；第二支柱是完全积累的个人退休储蓄制度。这种新型两支柱养老金制度强制性要求劳动力市场上所有新增成员必须参加。

波兰的社会保障制度改革在 20 世纪 90 年代末加快步伐。1998 年，波兰通过《养老保障制度改革法案》，开始建立两支柱的强制性养老金制度。第一支柱是确定缴费型与现收现付相结合的养老金制度，第二支柱是完全积累和私人管理的确定缴费型养老金制度。所有已经参加养老保险制度的 50 岁以下的人，将进入名义确定缴费型养老金制度，30 岁以下者养老金缴费的 1/3 计入完全积累账户，30～50 岁之间者可以在名义确定缴费型养老金制度和完全个人账户养老金制度之间做出选择。

俄罗斯社会保障制度改革步伐缓慢。1990 年，俄罗斯联邦通过《国家养老金法案》，养老保险与国家预算脱钩，建立自治型养老基金，国家养老金实行强制性原则，自治养老基金不得挪作他用，国家养老金的给付依照参加养老金制度的年限和工资水平确定。俄罗斯虽然通过了《国民养老金法案》，但却并没有认真实施。1997 年，俄罗斯联邦提出多支柱社会保障改革计划，建立三支柱养老金制度。第一支柱是社会养老保险，只针对没有能力缴纳强制性养老保险者，所需费用全部由国家财政承担；第二支柱是强制性养老保险，要求所有具有缴费能力者必须参加；第三支柱是个人补充养老金，这是私人管理的退休金计划。

进入 21 世纪以后，俄罗斯对社会保障制度进行调整，主要是提高退休金和最低生活

---

① 参见［美］科林·吉列恩等：《全球养老保障》，479～482 页，北京，中国劳动社会保障出版社，2002。

费标准。2001 年,《俄罗斯联邦税法及关于税收和保险缴费规定的增补与修正》将企业缴纳社会保障工资税改为统一社会税,统一社会税率为工资的 28%。2002 年,俄罗斯政府对现收现付的养老保险制度进行了根本性变革,建立了三支柱型养老保险制度,该制度采用包含现收现付制和积累制二者特点的混合型财务模式。[①] 2003 年,俄罗斯政府决定改革退休金制度,逐步实现现收现付制向部分积累制或完全积累制转变,养老保障给付方式逐步从确定津贴制度向确定缴费制度或混合型制度过渡。受全球金融危机的影响,2008 年,俄罗斯政府开始对养老保障制度进行新一轮改革。2008 年修订后的《2020 年前俄罗斯联邦长期经济社会发展构想》确定了此次俄罗斯养老保障制度的改革目标:2009 年使平均养老金达到最低生活保障线水平,2010 年为最低生活保障线的 1.47 倍,2011 年达到 2 倍,2016 年为 2.6 倍,2020 年达到 3 倍;2030 年,使工龄不低于 30 年的退休人员的养老金替代率达到 40%,并最终使俄罗斯的养老保障水平达到欧洲标准。[②] 2010 年,俄罗斯对养老保障制度进行新的改革,其实质是向保险原则过渡,即公民所享受的养老金权利和养老金额度直接取决于每个人向国家养老基金的保险缴费,目的是使养老金收入由依靠税收收入向依靠保险收入转变。俄罗斯在经济转型过程中重视养老保障制度的改革,并不断提高养老金水平,2000—2007 年这 8 年间,养老金增加了 1.5 倍。2012 年俄罗斯月均养老金为 9 800 卢布。[③]

2014 年 1 月,俄罗斯实行新的养老保险制度,允许参保者自行选择适合自己的养老金模式。2014 年之前俄罗斯实行的是储蓄制养老金,在新制度下参保者可以在储蓄制养老金和分配制养老金之间进行选择。在养老保险制度方面,俄罗斯面对巨大压力:一方面是人口老龄化问题日趋严重,据预测俄罗斯每 100 名劳动年龄人口要负担的老年人数量将从 2010 年的 36 人提高到 2031 年的 53 人;另一方面是制度覆盖率低,参保积极性差,俄罗斯全国 8 700 万适龄劳动者中只有 4 800 万加入了养老保险制度,2013 年俄罗斯联邦退休基金的亏损达到 860 亿卢布。为此除了调整制度模式并增加个人选择权外,如何增加养老保险基金收入和逐步延迟退休年龄也是俄罗斯必须考虑的问题。[④] 但是整体上说,俄罗斯社会保障改革进展缓慢。

三、中国社会保障制度改革

(一) 中国社会保障改革的起步

1978 年以后,中国社会保障制度进入新的发展时期。1978 年,国务院颁布《关于安

① 参见高际香:《俄罗斯新一轮养老保障制度改革解析》,载《俄罗斯中亚东欧研究》,2010 (4)。

② 参见高际香:《俄罗斯新一轮养老保障制度改革解析》,载《俄罗斯中亚东欧研究》,2010 (4)。

③ 参见陆南泉:《转型以来俄罗斯的社保制度改革》,见 http://www.eeo.com.cn/2013/1213/253452.shtml,2013-12-13。

④ 参见中国社会保障学会:《2014 年国际社会保障十大事件》,见 http://intl.ce.cn/specials/zxgjzh/201502/28/t20150228_4683553.shtml,2015-02-28。

置老弱病残干部的暂行办法》和《关于工人退休、退职的暂行办法》。1980年，国务院发布《关于老干部离职休养的暂行规定》。1981年，国务院、中央军委颁布《关于军队干部退休的暂行规定》。1982年，国务院、中央军委发布《关于军队干部离职休养的暂行规定》；同年，中共中央发布《关于建立老干部退休制度的决定》。1983年，国务院发布《关于高级专家离休退休若干问题的暂行规定》和《关于延长部分骨干教师、医生、科技人员退休年龄的通知》。1985年，国务院发布《关于发给离休退休人员生活补贴费的通知》。这一系列政策及文件使得退休制度重新恢复并逐步完善起来。

随着我国开始实行经济体制改革，特别是随着从计划经济到建立社会主义市场经济的理论与实践不断发展，传统的单位养老制度不再适应中国社会发展的需要，养老金制度改革势在必行。1984年，全国各地开始实行退休费社会统筹改革试点。1986年，国务院公布《国营企业实行劳动合同制暂行规定》，国家对劳动合同制工人的退休养老实行社会统筹，退休养老金的来源由企业和劳动合同制工人共同缴纳，退休金收不抵支时，国家给予补贴。这标志着我国单位养老制度的结束，社会养老保障制度重新开始。

1991年，国务院发布《关于企业职工养老保险制度改革的决定》，明确规定养老金制度实行社会统筹，费用由国家、企业与个人共同负担，基金实行部分积累，并鼓励发展企业补充养老保险。1993年，国务院发布《关于企业职工养老保险统筹问题的批复》，肯定一些部门的职工养老保险实行行业统筹。至此，社会统筹养老保险制度模式的基本原则得以确定。

1986年，为了配合国营企业用工制度改革，国务院出台《国营企业职工待业保险暂行规定》，开始迈出企业职工失业保险的改革步伐。该规定用“待业”表述失业问题，待业保险仅适用于宣告破产企业的职工，面临破产企业法定整顿期间被精减的职工，企业终止、解除劳动合同的工人，企业辞退的职工。待业保险所需费用由企业按其职工总工资的1%缴纳，并接受财政补贴，职工个人不承担失业保险缴费义务。此后，有关部门发布一系列相关法令与法规，进一步探索建立完善的失业保险制度。这些法规主要有：1989年劳动部发布的《国营企业职工待业保险基金管理办法》，1990年劳动部发布的《关于使用职工待业保险基金解决部分关停企业职工生活问题的通知》，1991年劳动部与国务院联合发布的《关于对关停企业被精简职工实行待业保险的通知》。企业职工失业保险制度改革逐步向前发展。

从20世纪80年代开始，中国医疗保险制度改革经历了一条从改革传统医疗保险制度，到社会统筹与个人账户相结合的新型社会保险模式的试点，进而在全国推行统账结合医疗保险的发展道路。早在20世纪80年代初期，一些地区或企业为了缓解医疗费用的压力，便开始进行医疗保险改革的探索。80年代中后期，各地政府也开始医疗保险制度改革探索。在此基础上，中央政府开始探索改革传统医疗保险制度的有效途径。1984年，卫生部与财政部联合下发《进一步加强公费医疗管理的通知》，提出积极稳妥改革公费医疗制度的原则。1988年，经国务院批准，多部门参加的国家医疗制度改革研讨小组成立，并提出医疗保险制度改革的方向是：逐步建立适合中国国情，费用由国家、单位、个人合理负担，社会化程度较高的多形式、多层次职工医疗保险制度。

1989年，国务院决定在丹东、四平、黄石、株洲四城市进行医疗保险制度改革试点，试点的一项重要内容是尝试实行医疗保险社会统筹。1992年，劳动部拟定《关于企业职工医疗保险制度改革的设想》和《关于试行职工大病医疗费用社会统筹的意见的通知》，提出逐步扩大企业职工医疗保险的覆盖面，建立医疗保险基金，实行国家、企业、个人三方合理分担医疗保险费，并建立医疗费用控制机制等。同年，《国务院关于职工医疗制度改革的决定》（讨论稿）出台，其所确定的改革目标是建立医疗保险基金，实行医疗社会保险制度。

（二）中国社会保障制度改革的深化

20世纪90年代中期，中国社会保障制度改革开始进入深化阶段。

1. 养老金制度改革

中国养老金制度改革表现为基本养老保险制度改革。1995年3月，国务院发布《关于深化企业职工养老保险制度改革的通知》，决定实行社会统筹与个人账户相结合的养老保险模式，逐步形成基本养老保险、企业补充养老保险、个人储蓄性养老保险相结合的多层次养老保险制度，标志着统账结合的中国特色养老保险模式的出现。但是，各地在建立统账结合养老金制度试点的同时，也遇到一系列问题，如制度模式差别大，政策、标准和措施不一，统筹层次低使养老基金缺乏调剂性，企业负担重等。1997年，国务院发布《关于建立统一的企业职工基本养老保险制度的决定》，对企业职工养老保险实行统账结合的具体方式与比例、养老保险费的征集标准、养老保险待遇标准、养老保险基金的管理与监督、新旧制度的衔接等问题作出了统一规定：企业承担养老保险的缴费比例为工资总额的20%左右，个人承担的缴费比例为本人工资的8%。企业缴费的一部分用于建立社会统筹养老基金，一部分划入个人账户，个人缴纳的养老保险费全部计入个人账户。

1998年，国务院发布《关于实行企业职工基本养老保险省级统筹和行业统筹移交地方管理有关问题的通知》，通知要求基本养老保险实行省级统筹，行业统筹被取消，基本养老保险属地管理原则得以确认。2000年，国务院发出《关于印发完善城镇社会保障体系试点方案的通知》，决定在基本养老保险制度方面实行社会统筹账户与个人账户分户，社会统筹基金与个人账户基金分账，决定做实个人账户，养老保险基金与资本市场对接，企业缴纳的养老保险费全部计入统筹基金，个人缴纳的基本养老费全部计入个人账户，职工退休后所享有的基本养老金由两部分构成，即来自统筹基金的基础养老金和来自个人账户积累的个人账户养老金。2005年12月，《国务院关于完善企业职工基本养老保险制度的决定》发布，对个人账户的规模及其基本养老金的计发办法作出调整：从2006年1月1日起，个人账户规模统一由本人缴费工资的11%调整到8%，全部由个人缴费形成，单位缴费不再划入个人账户，基础养老金依据缴费每满1年发给1%计发。

2010年10月28日，中华人民共和国第十一届全国人民代表大会常务委员会第十七次会议通过《中华人民共和国社会保险法》，自 2011 年 7 月 1 日起施行，该法规定：省、自治区、直辖市人民政府根据实际情况，可以将城镇居民社会养老保险和新型农村社会养老保险合并实施。2011 年 7 月，第三批扩大新农保试点和首批城镇居民养老保险试点工作启动。同年 10 月，人力资源和社会保障部办公厅发布《关于做好当前新型农村和城镇居民社会养老保险试点工作的通知》，推进两试点工作，决定 2012 年全面启动两试点工作。2013 年 5 月，《人力资源社会保障部办公厅关于职工基本养老保险关系转移接续有关问题的函》就北京市人力资源和社会保障局关于跨省流动就业参保人员延长缴费问题、人事档案及视同缴费年限核查认定问题、核定缴费基数问题作出指示，这也为其他地区职工基本养老保险关系转移接续指明了方向。为了促进城乡养老保险制度衔接，2014 年 2 月，人力资源和社会保障部、财政部发布《城乡养老保险制度衔接暂行办法》。企业职工基本养老金制度趋于完善。

同时，事业单位基本养老金制度开始改革。2008 年 3 月，国务院发布《关于印发事业单位工作人员养老保险制度改革试点方案的通知》，要求山西、上海、浙江、广东、重庆五省市开展试点。试点的主要内容包括：养老保险费用由单位和个人共同负担，退休待遇与缴费相联系，基金逐步实行省级统筹，建立职业年金制度，实行社会化管理服务，等等。2011 年 3 月 23 日，中央下发了《分类推进事业单位改革的指导意见》，对机构改革、人事制度改革、收入分配改革、财政和养老保险制度改革提出了明确的改革方向；通过综合配合改革，深化推进机关事业单位养老保险改革。同年 7 月，国务院办公厅出台了《关于印发分类推进事业单位改革配套文件的通知》，印发了上述 5 号文件的 9 个配套文件。2015 年 1 月，国务院发布《机关事业单位工作人员养老保险制度改革的决定》，提出改革目标：改革现行机关事业单位工作人员退休保障制度，逐步建立独立于机关事业单位之外、资金来源多渠道、保障方式多层次、管理服务社会化的养老保险体系。

中国养老金制度改革也表现为补充养老保险制度改革，包括企业年金和职业年金制度的建立。1995 年 12 月，劳动部发布《关于建立企业补充养老保险制度的意见》，鼓励企业在按规定缴纳基本养老保险费后，根据本单位经济效益情况为职工建立补充养老保险，并由企业和个人自助选择经办机构。1997 年，国务院发布《关于建立统一的企业职工基本养老保险制度的决定》，明确各地区和有关部门要在国家政策指导下大力发展企业补充养老保险，同时发挥商业保险的补充作用。2000 年，国务院发出《关于印发完善城镇社会保障体系试点方案的通知》，正式将企业补充养老保险更名为“企业年金”，确定采取个人账户管理方式，东北三省试点地区和文化体制试点改革的单位企业缴费在职工工资总额 4%以内部分可以计入成本，在税前列支。2004 年，劳动和社会保障部发布《企业年金试行办法》和《企业年金基金管理试行办法》，对企业如何建立企业年金制度，对企业年金基金的管理和监督作出了规定。2005 年，劳动和社会保障部发布《企业年金基金管理机构资格认定暂行办法》、《企业年金基金管理运作流程》、《企业年金基金账户管理信息系统规范》、《企业年金基金管理机构资格认定专家评审规则》。2007 年 1 月，劳动和社会保障部发布《关于推进企业职工基本养老保险省级统筹有关问题的通知》，进一步明确省级企业职工基本养老保险统筹工作的重点。同年4月，劳动和社会保障部发布《关于做好原有企业年金移交工作的意见》，规定所有由社会保险经办机构、原行业管理的以及企业自行管理的原有企业年金，均应移交给具备资格的机构管理运营。2013年12月，财政部、人力资源和社会保障部、国家税务总局发布《关于企业年金 职业年金个人所得税有关问题的通知》，明确企业年金和职业年金缴费的个人所得税、年金基金投资运营收益的个人所得税、领取年金的个人所得税处理办法。企业年金制度粗具雏形。

伴随着事业单位养老保险制度改革，职业年金制度逐步建立。2008年3月，国务院发布《关于印发事业单位工作人员养老保险制度改革试点方案的通知》，试点的主要内容之一是建立职业年金制度。2011年7月，国务院办公厅出台了《关于印发分类推进事业单位改革配套文件的通知》，《事业单位职业年金试行办法》作为配套文件之一出台。2015年3月，《国务院办公厅关于印发机关事业单位职业年金办法的通知》对职业年金如何建立、管理、运营和监督等问题作出了规定。

2. 失业保险制度改革

1993年，国务院颁布《国有企业职工待业保险规定》，将失业保险的适用范围扩大到七类人群：依法宣告破产企业职工；濒临破产企业在法定整顿期间被精减的职工；按国家规定被撤销、解散企业的职工；按国家规定停产整顿企业被精减的职工；终止或解除劳动合同的职工；企业辞职、除名或开除的职工；依照法律、法规与省市自治区人民政府规定，享受待业保险的其他职工。待业保险缴费基数以职工工资总额而不是标准工资为准。个别地方开始尝试职工个人缴纳待业保险费。

为更好地解决国有企业下岗职工的生活保障问题，1998年，国务院颁发了《关于切实做好国有企业下岗职工基本生活保障和再就业工作的通知》，建立国有企业下岗职工基本生活保障制度。所有有下岗职工的国有企业必须建立再就业服务中心，按规定标准给下岗职工提供基本生活保障，并帮助下岗职工实现再就业。下岗职工由再就业服务中心管理并提供基本生活保障的最长时间为3年，期满后仍未实现再就业者，要依法解除与原单位劳动关系，转为正式失业。

1999年，国务院公布《失业保险条例》，正式使用失业保险取代待业保险。失业保险基金由单位与个人分担，单位所承担失业保险缴费率由原来相当于工资总额的1%提高到2%，个人所缴费用相当于工资的1%。失业保险适用于城镇各类企事业单位，包括国有企业、城镇集体企业、外商投资企业、城镇私营企业、城镇其他企业、非企业化管理的事业单位。失业保险金的标准基本上应低于当地最低工资、高于当地城镇居民最低生活保障线。累计缴纳失业保险费1～5年者，失业后领取失业保险津贴的最长期限为12个月；累计缴费5～10年者，最长领取期限为18个月；累计缴费10年以上者，最长领取期限为24个月。《失业保险条例》的颁布实施，标志着我国失业保险制度的最终建立。

同年，劳动和社会保障部发布《关于做好国有企业下岗职工基本生活保障失业保险和城市居民最低生活保障制度衔接工作的通知》，规定失业保险金的标准要低于基本生活保障标准，城市居民最低生活保障标准要低于失业保险金标准。国有企业下岗职工在再就业服务中心期满未实现再就业的，与企业解除劳动合同并可申领失业保险。失业人员享受失业保险待遇期满仍未实现再就业的，可申请城市居民最低生活保障金。

进入21世纪，国家加快了失业保险制度法制化建设的步伐。2000年，国务院发布《关于完善城镇社会保障体系的试点方案》，决定于2001年开始在老工业基地和国有企业集中的辽宁实行下岗职工基本生活保障、失业保险制度和城镇居民最低生活保障制度并轨试点。其后，国有企业下岗职工基本生活保障制度和失业保险制度、城镇居民最低生活保障制度并轨工作全面推进，失业保险制度开始进入规范化发展阶段。2001—2002年，湖南、天津、青海、河南、宁夏纷纷制定了保障失业人员的失业保险法律法规。[①] 2002年开始，与失业保险配套的政策法规相继发布，包括《关于建立失业保险个人缴费记录的通知》(2002年)、《关于建立失业登记和失业保险监测制度的通知》(2004年)、《关于印发优化失业保险经办业务流程指南的通知》(2006年)、《关于做好失业动态监测工作有关问题的通知》(2009年) 等。目前，失业保险制度改革的重点为失业保险基金支出、统筹层次、费率调整与制度衔接问题。在失业保险基金支出方面，2006年1月，《关于适当扩大失业保险基金支出范围试点有关问题的通知》决定，自2006年1月起在北京、上海、江苏、浙江、福建、山东、广东7省、直辖市开展适当扩大失业保险基金支出范围试点；2009年7月，《关于延长东部7省（市）扩大失业保险基金支出范围试点政策有关问题的通知》发布 。在失业保险统筹层次方面，2010年9月，《关于进一步提高失业保险统筹层次有关问题的通知》指出，提高失业保险统筹层次，当前工作重点是在设区的市实行基金全市统筹。在费率调整方面，2015年2月，人力资源和社会保障部、财政部发布《关于调整失业保险费率有关问题的通知》决定，从2015年3月1日起，失业保险费率暂由现行条例规定的3%降至2%，单位和个人缴费的具体比例由各省、自治区、直辖市人民政府确定。在省、自治区、直辖市行政区域内，单位及职工的费率应当统一。在制度衔接方面，2004年4月，《关于进一步做好失业调控工作的意见》决定，积极稳妥推进国有企业下岗职工基本生活保障向失业保险并轨；2005年7月，《关于进一步做好在国有企业重组改制和关闭破产中维护职工合法权益工作有关问题的通知》指出，对符合条件的职工，要及时提供失业保险待遇；2010年1月，《关于做好当前失业保险工作稳定就业岗位有关问题的通知》指出，失业保险基金结余较多、支撑能力较强的统筹地区，可全部实施“一缓一降两补贴”，同时要加大使用失业保险基金稳定就业岗位补贴政策的力度，工作重点向中小企业和民营企业倾斜；2011年4月，《关于做好淘汰落后产能和兼并重组企业职工安置工作的意见》指出，淘汰落后产能和兼并重组企业的失业人员，在领取失业保险金期间，可以按有关规定享受由失业保险基金支付的职工基本医疗保险待遇；同年7月，《关于领取失业保险金人员参加职工基本医疗保险有关问题的通知》规定，领取失业保险金人

① 参见邓大松、刘昌平等：《2011中国社会保障改革与发展报告》，7页，北京，人民出版社，2011。

员应按规定参加其失业前失业保险参保地的职工医保，由参保地失业保险经办机构统一办理职工医保参保缴费手续；2014 年 11 月，人力资源和社会保障部、财政部、国家发展和改革委员会、工业和信息化部联合发布《关于失业保险支持企业稳定岗位有关问题的通知》明确规定，对采取有效措施不裁员、少裁员，稳定就业岗位的企业，由失业保险基金给予稳定岗位补贴。

3. 医疗保险制度改革

1993 年以后，中国医疗保险制度改革也进入建立社会统筹和个人账户相结合的新型医疗保险制度阶段。1994 年年初，国务院选择职工大病统筹做得比较好的江苏镇江与江西九江进行统账结合的试点工作。1996 年，国务院批准下发了《关于职工医疗保障制度改革扩大试点的意见》，指出医疗保险改革目标是：适应建立社会主义市场经济体制和提高职工健康水平的要求，建立社会统筹医疗基金与个人医疗账户相结合的社会医疗保险制度，并使之逐步覆盖城镇全体劳动者。在试点过程中，各地创造了不同的模式，其中有代表性的模式有以下几种类型：两江（江苏镇江和江西九江）的三段通道模式、深圳的三板块模式、海南模式和青岛三金模式等。

1998 年年底，国务院颁布《关于建立城镇职工基本医疗保险制度的决定》，从 1999 年 1 月开始启动建立城镇职工基本医疗保险制度，到 1999 年年底基本完成任务，我国新型医疗保险制度正式在全国范围内开始建立。决定明确指出，基本医疗保险基金实行统账结合模式，由单位与个人共同负担，单位缴纳的医疗保险费相当于总工资的 6%左右，其中的 30%用于建立个人账户、70%用于建立社会统筹基金，个人缴费在起步阶段相当于工资的 2%，以后根据情况提高，个人缴费全部记入个人账户。城镇基本医疗保险的适用范围为各类企业、机关、事业单位、社会团体、民办非企业单位及其职工，城镇职工基本医疗保险起付标准原则上控制在当地职工年平均工资的 10%，最高支付额原则上控制在当地职工年平均工资的 4 倍，起付标准以下的医疗费由个人账户与个人支付承担，起付标准以上、封顶线以下部分主要由社会统筹基金支付，个人也要负担一定比例。超过封顶线的部分，可以通过商业医疗保险等补充形式解决。2003 年，国务院转发《关于建立新型农村合作医疗制度的意见》，提出从 2003 年开始新型农村合作医疗制度的试点工作，新型农村合作医疗制度的资金来源于财政与个人，其中中央财政每年对中西部地区除市区外参加新农合的农民按人均 10 元进行补助，地方财政提供不低于 10 元的补助，农民个人每年缴费不低于 10 元，农村合作医疗基金主要补助参加新型农村合作医疗农民的大额医疗费用或住院医疗费用。

2007 年，城镇居民医疗保险制度得以建立，国务院颁布《关于开展城镇居民基本医疗保险试点的指导意见》，指出城镇居民医疗保险制度的覆盖范围包括不属于城镇职工基本医疗保险制度覆盖范围的中小学阶段的学生（包括职业高中、中专、技校学生）、少年儿童和其他非从业城镇居民，缴费来源包括家庭缴费与政府补贴，费用支付范围为参保居民的住院和门诊大病医疗支出。2011 年 7 月实施的《中华人民共和国社会保险法》规定，参加职工基本医疗保险的个人，达到法定退休年龄时累计缴费达到国家规定年限的，退休后不再缴纳基本医疗保险费，按照国家规定享受基本医疗保险待遇，并规定国家建立和完善新型农村合作医疗制度和城镇居民基本医疗保险制度。2012 年，中国共产党第十八次全国代表大会提出，统筹推进城乡社会保障体系建设，整合城乡居民基本医疗保险制度。同年，国家发展改革委员会、卫生部、财政部等部门联合发布《关于开展城乡居民大病保险工作的指导意见》，确定大病保险保障对象为城镇居民医保、新农合的参保（合）人。大病保险采取向商业保险机构购买的方式运行，按照实际支付比例不低于 50%的标准对城镇居民医保、新农合补偿后需个人负担的合规医疗费用给予保障。[①]

4. 城乡最低生活保障制度建设

1997 年，国务院发出《关于在全国建立城市居民最低生活保障制度的通知》，决定在全国建立城市居民最低生活保障制度。要求在 1998 年年底以前，地级以上城市要建立起这项制度，1999 年年底以前，县级市和县政府所在地的镇要建立起这项制度。1999 年，国务院发布《城市居民最低生活保障条例》，正式建立规范的城市居民最低生活保障制度，使中国社会保障制度逐步得以完善。

农村最低生活保障制度得以建立。2005 年，《中共中央、国务院关于推进社会主义新农村建设的若干意见》提出，要在有条件的地方探索建立农村最低生活保障制度。2007 年，国务院颁布《关于在全国建立农村最低生活保障制度的通知》，确定农村最低生活保障制度的保障标准为维持当地农村居民全年基本生活所必需的吃饭、穿衣、用水、用电等费用，资金发放原则上按照申请人家庭年人均纯收入与保障标准的差额发放，也可以在核查申请人家庭收入的基础上，按照其家庭的困难程度和类别分档发放。

城乡最低生活保障制度不断完善。通过颁布一系列法律法规，积极促成城乡最低生活保障制度的完善。2001 年，《关于进一步加强城市居民最低生活保障工作的通知》颁布；2010 年，《关于进一步加强城市低保对象认定工作的通知》发布；2011 年，《关于进一步规范城乡居民最低生活保障标准制定和调整工作的指导意见》颁布；2012 年，《关于进一步加强和改进最低生活保障工作的意见》、《城乡最低生活保障资金管理办法》和《最低生活保障审核审批办法（试行）》颁布[②]；2014 年，《最低生活保障工作绩效评价办法》颁布，《关于居民家庭经济状况核对信息系统建设的指导意见》发布；2015 年，《中央财政困难群众基本生活救助补助资金管理办法》颁布，《关于加快推广应用全国最低生活保障信息系统的通知》发布。

5. 探索建立临时救助制度

2014 年 10 月，为解决城乡困难群众突发性、紧迫性、临时性生活困难，根据《社会

---

① 参见丁建定等：《中国社会保障制度体系完善研究》，17～19 页，北京，人民出版社，2013。

② 参见丁建定等：《中国社会保障制度体系完善研究》，21～22 页，北京，人民出版社，2013。

救助暂行办法》有关规定，国务院发布《关于全面建立临时救助制度的通知》，决定全面建立临时救助制度。该通知指出，临时救助是国家对遭遇突发事件、意外伤害、重大疾病或其他特殊原因导致基本生活陷入困境，其他社会救助制度暂时无法覆盖或救助之后基本生活暂时仍有严重困难的家庭或个人给予的应急性、过渡性的救助。2015 年 3 月，民政部和财政部发布《关于在全国开展“救急难”综合试点工作的通知》，进一步明确临时救助在“救急难”工作中的功能和作用，不断完善临时救助政策措施。

推荐阅读书目

世界银行．防止老龄危机．北京：中国财政经济出版社，1996.

［美］霍斯金斯等．21 世纪初的社会保障．北京：中国劳动社会保障出版社，2004.

［美］吉尔伯特．社会福利的目标定位．北京：中国劳动社会保障出版社，2004.

［德］考夫曼．社会福利国家面临的挑战．北京：商务印书馆，2004.

郑功成．中国社会保障 30 年．北京：人民出版社，2008.

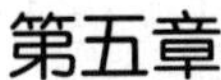

第五章 社会保障法制论

本章要点： 主要阐述社会保障法制的法律属性与基本原则，社会保障法制的演进特点与趋势，社会保障法律关系的内涵、类型与模式，社会保障法制的形式结构与内容结构及其完善，社会保障法制与社会保障制度的关系。

关键概念： 社会保障法制；社会保障关系；社会保障权益；社会保障责任

第一节　社会保障法制的基本理论

一、社会保障法制的重要意义

（一）对法治国家建设的重要意义

健全的法制体系是法治国家建设的基本前提，而在此过程中社会保障立法制度体系成为其中的重要组成部分。其直接意义在于，有利于促进法治国家核心目标即人权保障的实现，并进一步保障社会和谐、稳定与发展。党的十八届三中全会通过的《中共中央关于全面深化改革若干重大问题的决定》中已将“建立更加公平可持续的社会保障制度”作为全面深化改革的重要目标。2014 年《中共中央关于全面推进依法治国若干重大问题的决定》中也明确提出，全面推进依法治国的“总目标是建设中国特色社会主义法治体系”。立法方面提出，应加强重点领域立法，依法保障公民权利，加快完善体现权利公平、机会公平、规则公平的法律制度，保障公民人身权及经济、文化、社会等各方面权利得到落实，实现公民权利保障法治化。实际上也意味着要在已有立法制度的基础上，通过进一步在社会保障法制方面的完善，优化社会保障的顶层制度设计。国外经验也充分表明，社会保障的顶层设计都需要法制的保障。规范我国立法活动的《中华人民共和国立法法》在 2000 年通过实施后，2015 年进行了修正，其中特别强调要“科学合理地规定公民、法人和其他组织的权利与义务、国家机关的权力与责任”，这其中也包括社会保障中的公民与政府之间的各种权责关系制度。可见，完善我国社会保障法制是我国法治国家建设的内在要求，而目前我国加快法治建设的政策精神又为我国社会保障法制建设发展提供了良好的契机。

从法律部门体系的角度看，宪法、民法、劳动法及行政法等法律部门与保障民众福利权益都有一定的联系，虽然它们都能够起到一定的福利保障作用，但都存在一定的局限性。例如，宪法虽然是根本法，但还需要通过进一步立法加以具体化；民法主要调整私人权益关系，难以规范政府社会保障责任；劳动法侧重于调整劳动法律关系，保障人们的劳动权益；行政法虽然在给付行政中与民生联系较为密切，但该法律部门以控制行政权力为主要目的。社会保障法制与民生政策有着最为广泛而密切的联系，只有将其作为独立的法律部门发挥其作用，并不断加以健全，才能与我国逐步凸显的民生政策相适应，真正保障民众福利的公平和可持续发展，从而实现全面推进依法治国的目标。

（二）对社会保障发展的重要意义

作为制度的特殊形式，法律制度有着自己特有的品性或属性，从而使其能够在社会保障发展中发挥特殊作用。主要体现在：

法的价值特性能够对社会保障发展提供科学有效的指引。人类“任何自觉的活动都追求一定的价值，都受价值判断支配，都包含着相应的价值取向”①。立法及其实施活动也不例外，从法的价值属性看，其价值体系是由一组与法的创制和实施相关的价值所组成的系统。法的价值体系结构是由法的目的价值、评价标准和形式价值三种成分组成的价值系统。目的价值在整个法的价值体系中占据突出的基础地位，反映着法律创制和实施的宗旨。② 换言之，目的价值强调了法律在发挥其社会作用过程中能够保护和增加哪些价值，追求怎样的目标。通常来看，人权保障、社会公平、社会发展、社会福利、社会秩序，以及民主自由、效率等都是法的目的价值的主要内容。这些价值能够为社会保障发展中的制度建设提供科学的目标指引，使政府责任更加明确，如人权保障中生存权、发展权、健康权、平等权等为社会保障发展提供了直接价值基础，并以这些价值作为最终归宿。同时，效率、社会秩序和社会发展价值也具有不可忽视的意义。能否真正体现这些价值已成为评判社会保障发展正当性和制度优劣的基本依据。

法的形式特性有利于促进社会保障制度体系的健全。法律形式是指法的外在表现形态。在现代社会中，一个国家的法律形式通常由一个相互联系的系统体系构成。我国目前法律的主要形式包括宪法、法律、行政法规、地方性法规、自治法规、行政规章、国际条约及其他法的形式，如授权立法、军事法规、经济特区法规等，它们构成了我国现行整个国家和社会制度规范最为核心的部分，各个部分之间形成了相互联系的有机整体，并且存

---

① 刘永富：《价值哲学的新视野》，173页，北京，中国社会科学出版社，2002。

② 参见张文显：《法理学》，2版，363～364页，北京，高等教育出版社，2005。

在效力等级关系，如要求下位法与上位法不能存在冲突，只是对上位法的进一步具体化。法律形式的这些特性有利于形成系统一致的社会保障制度体系，避免制度之间的矛盾冲突，实现相互整合衔接，发挥制度的整体功能。

法的实施特性有利于促进社会保障的有效实践。法律制定的目的在于实施，法律的实施是指法在社会生活中的实际施行。法存在着一整套系统的实施机制，包括行政机关的执法活动、司法机关的司法活动以及公民、社会组织和国家机关的守法活动。法的这种实施特性有利于促进社会保障制度的有效实践，因为：第一，有利于规范和制约公共权力。社会保障与商业保险的一个重要区别是存在着政府公共权力的参与，直接与民众利益密切联系，政府保障行为具有能动性和强制性特点，这一特点能促进民众福利的有效保障，但也可能损害民众福利。法实施的强制性特点能够有效地保障政府在社会保障中尽可能地依法履行职责，避免或者减少违法失职行为的发生。第二，司法机关的司法活动有着较高的程序性及合法性要求，对于保障公民福利权具有特殊意义，由于各国体制的不同，福利权的司法保障途径也有差别，我国主要采取行政诉讼途径。2015 年修改实施的《中华人民共和国行政诉讼法》在第二章受案范围中，已经将社会保障类权利纳入受案范围，其中第十二条规定，人民法院受理公民、法人或者其他组织“认为行政机关没有依法支付抚恤金、最低生活保障待遇或者社会保险待遇的”诉讼案件。该条还规定：“除前款规定外，人民法院受理法律、法规规定可以提起诉讼的其他行政案件。”依据专门立法设定诉讼权利在我国已经存在，主要是在弱势人群的福利与保护方面，2008 年修订施行的《中华人民共和国残疾人保障法》第八章“法律责任”中第六十条规定，残疾人的合法权益受到侵害的，被侵害人或者其代理人“有权要求有关部门依法处理，或者依法向仲裁机构申请仲裁，或者依法向人民法院提起诉讼”。2013 年 7 月修订施行的《中华人民共和国老年人权益保障法》第七十二条也规定：“老年人合法权益受到侵害的，被侵害人或者其代理人有权要求有关部门处理，或者依法向人民法院提起诉讼。人民法院和有关部门，对侵犯老年人合法权益的申诉、控告和检举，应当依法及时受理，不得推诿、拖延。”该法首次将精神赡养写入条文并具有实际的司法实践。[①] 最低生活保障制度中也规定有公民可对民政部门提起司法诉讼。客观来看，因经济条件、法律观念及知识等原因，社会弱势人群的权利司法救济确实存在一定的困难，但可以通过配套制度加以解决，如法律援助和司法救助制度，因为“社会援助主张案例定义上，涉及大多数社会贫困阶层”[②]。

---

① 无锡市北塘区人民法院对一起赡养案件进行公开开庭审理，判决其女儿必须在传统节日看望其母，保障了老年人的合法权益。参见孙权：《女子被判“常回家看看”系国内首例判决》，见 http://news.qq.com/a/20130701/015631.htm，2013-07-01。

② J. Keene，“Claiming the Protection of the Court：Charter Litigation Arising from Government ‘Restrain’，” in *N. J. C. L.*，Vol. 9，1998，p. 97.

二、社会保障法制的法律属性

按照传统法律属性的划分，各种法律的属性大体可以分为公法与私法两种，前者强调了公共权力对法律关系的参与及公共秩序目标，而后者奉行私权自治和保护原则，二者体现着不同的法律价值目标和运作方式。但19世纪70年代，德国有学者提出在公法与私法之外还存在第三法域，即社会法。[①] 社会法是指公私法的融合或传统私法的公法化。[②] 关于社会法的范围与界定，人们持有不同的看法，广义的社会法包括为实现所有社会政策和社会安全、劳动关系、环境保护、促进大众福利的各种法律的总称。我国台湾学者陈国均等人采用此用看法。[③] 狭义社会法只包括劳动法与社会保障法，德国、日本及我国大部分学者倾向于"应当将社会法定位于劳动法和社会保障法"[④]。最狭义社会法仅指社会保障法，包括社会保险、社会救助及社会福利等。本书认为，广义社会法理解过于宽泛，不利于对社会法特性与范畴的把握，而最狭义的社会法理解不够全面，故宜采用狭义社会法，一方面应认识到社会保障法与劳动法存在的共性，如强调社会利益和社会公平、倾向于保护弱者利益等，从而将社会保障法视为社会法的一个基本组成部分。另一方面还应分析研究社会保障法制自身的特殊性，包括理念基础、立法宗旨、调整关系和发展规律等，探讨其如何"通过立法强制，对涉及的各种关系进行调整和规范，以使其符合大众的利益，实现社会保障制度所追求的目标"[⑤]。

三、社会保障法制的基本原则

法律原则作为法的基本要素之一，在法律制度的建构与发展中具有基础性和灵魂性意义。英国《布莱克法律词典》将其解释为"法律的基础性真理或原理，为其他规则提供基础性或本源的综合性规则或原理"[⑥]。本书大体认同这一解释。对于社会保障法的基本原则，人们有着不同的认识，根据社会保障法制共性及未来发展趋势，本书概括出如下原则。

(一) 福利权保障原则

保障公民权是现代立法的核心理念和原则，公民权是人权的法律化形式，福利权是公

---

① 参见郭明政：《社会法之概念、范畴与体系——以德国法制为例之比较观察》，载《政大法学评论》，1997(58)。

② 参见郑尚元：《社会法的存在与社会法理论探索》，载《法律科学（西北政法学院学院）》，2003（3）。

③ 参见陈国钧：《社会政策与社会立法》，12页，台北，三民书局，1984。

④ 林嘉：《社会保障法的理念、实践与创新》，26页，北京，中国人民大学出版社，2002。

⑤ 林嘉：《社会保障法的理念、实践与创新》，32页，北京，中国人民大学出版社，2002。

⑥ *Blak's Law Dictionary*，West Publishing Co.，1983，p. 2074.

民权的重要内容。"福利权"作为一种新型的人权，具有与传统公民权不同的特性。因为传统的自由、财产等权利主要关注的是如何避免来自国家或他人的侵犯，更多关注的是"过程"中的保障；而福利权更多关注"结果"，并与社会的再分配密切相关。① 从立法角度看，自从德国 1919 年《魏玛宪法》首次将保障公民生存权、劳动权、受教育权及健康权等多项福利权纳入根本法以来，不断加强公民福利权的保障已成为现代社会立法的基本特点，这具体体现在社会保障法制的发展与完善中。如我国 2008 年《残疾人保障法》第一条就规定："为了维护残疾人的合法权益，发展残疾人事业，保障残疾人平等地充分参与社会生活，共享社会物质文化成果，根据宪法，制定本法。"第三条规定："残疾人在政治、经济、文化、社会和家庭生活等方面享有同其他公民平等的权利。""禁止基于残疾的歧视。"2011 年 7 月施行的《中华人民共和国社会保险法》第二条规定："国家建立基本养老保险、基本医疗保险、工伤保险、失业保险、生育保险等社会保险制度，保障公民在年老、疾病、工伤、失业、生育等情况下依法从国家和社会获得物质帮助的权利。"我国自 2014 年 5 月起施行的《社会救助暂行办法》第一条更明确地规定，"加强社会救助，保障公民的基本生活"，此即保障公民的基本生存权。

公民的权利就意味着政府的法定责任，在公民福利权保障中，政府承担着重要责任。关于法律责任的内涵，人们有不同的理解，但通常分为广义法律责任与狭义法律责任。前者指一般的法律义务，包括依法积极作为义务和不作为义务，也包括违反法定义务应承担的不利后果；后者仅指因违反法律规定所承担的不利后果。从公民福利权实现方面看，宜采用广义责任，即依法确定政府承担全面的社会保障责任。权利性质不同，政府所承担责任的形式也不同，如在自由权的保障中，政府主要承担消极责任，不得以主动的行为侵犯公民自由权利。所以，近代自由资本主义时期政府责任主要表现为消极责任。而在福利权保障中，尤其是在社会弱势贫困群体的福利权保障中，政府需要更多地承担积极责任，即以积极的行为方式加以保障。以德国《魏玛宪法》为基本标志，这种责任得以初步地系统体现，目前已进入政府积极责任多样化阶段，以便使公民福利权的实现得到更有效的保障。联合国相关国际公约在关于政府在公民权实现上的义务中就规定了承认、尊重、保护和实现等多种形式。这些应在社会保障法制中得到全面体现。

（二）社会秩序保障原则

秩序"意指在自然进程和社会进程中都存在着的某种程度的一致性、连续性和确定性"②。社会秩序表示在社会中存在着某种程度的关系的稳定性、进程的连续性、行为的规则性，以及财产和心理的安全性。③ 社会秩序是经济正常运行和健康发展的社会基础，也

---

① See David Kelley, "A Life of One's Own: Individual Rights and the Welfare State," in Cato Institute Washington, D.C., 1998, p. 57.

② ［美］E. 博登海默：《法理学——法律哲学与法律方法》，219 页，北京，中国政法大学出版社，1999。

③ See P. S. Cohen, *The Modern Social Theory*, London, 1968, pp. 18 - 19.

是人们各种权利正常实现的保障。社会秩序要通过整个法律体系的共同作用来实现，如民商法所要实现的是交易秩序和经营秩序，经济法所要实现的是竞争秩序，这些都有利于社会稳定发展。但是，社会保障法所追求的社会稳定和秩序与民商法和经济法有所不同，它追求的是社会基本生活领域的稳定、社会秩序的底线，即通过保障社会成员基本权利来实现，这在我国不少社会保障法制中有着明确体现。如我国《社会保险法》第一条规定，“规范社会保险关系，维护公民参加社会保险和享受社会保险待遇的合法权益，使公民共享发展成果，促进社会和谐稳定”。如果不能保障社会成员生存、劳动就业等基本权利，就难以有起码的社会秩序。所以，社会保障法制所起到的社会秩序保障作用是其他法律所不能替代的。同时，社会保障法制也正是以此为原则之一建立和不断完善的。

（三）公平与效率有机结合原则

公平是法律价值的基本取向之一，也是其基本原则之一。社会保障法制同样将实现公平作为基本原则。这里的公平应包括两个方面：一是强调社会成员之间的形式平等，禁止任何歧视；二是通过具体的法律制度对弱者实行特别保护，确保处于困境的劳动者的生存权利和发展权利的实现。美国著名学者罗尔斯将后者称为实质公平或者差别公平原则，根据该原则，“它只有在这种期望的差别有利于那些处于较差状况的代表人时才是可辩护的”[①]。对此，我国《社会救助暂行办法》第二条明确规定了“社会救助工作应当遵循公开、公平、公正、及时的原则”。这里的公平既应包括形式公平也应包括实质公平，需要在救助实践中将二者统一起来，如不少地方逐步探索的分类救助就体现了这一原则。

社会保障法制追求公平，但并不抛弃效率，因为持久的社会保障来源于社会经济的持续而有效的发展，因此，须在公平与效率之间寻找最佳结合点：其一，将对公平的追求与市场效率相统一，如促进劳动者就业有利于市场效率；其二，社会保障法本身的制度建设兼具公平与效率，如社会保障基金的筹集与发放、社会保障基金的保值增值、社会保障组织体系的运作等都应同时符合公平与效率原则。

（四）与社会经济发展相适应原则

社会保障法的制定与实施须与社会经济发展水平和社会承受能力相适应。我国《社会保险法》第三条规定：“社会保险制度坚持广覆盖、保基本、多层次、可持续的方针，社会保险水平应当与经济社会发展水平相适应。”《社会救助暂行办法》第二条也规定：“社会救助制度坚持托底线、救急难、可持续，与其他社会保障制度相衔接，社会救助水平与经济社会发展水平相适应。”2015 年修正后的《立法法》中也明确规定，“立法应当从实际出发，适应经济社会发展和全面深化改革的要求，科学合理地规定公民、法人和其他组

---

① ［美］罗尔斯：《正义论》，78 页，北京，中国社会科学出版社，1988。

织的权利与义务、国家机关的权力与责任”；并增加了“应当制定地方性法规但条件尚不成熟的，因行政管理迫切需要，可以先制定地方政府规章”。在农村养老保险法制建设中，我国实行的是从农村实际出发，低水平起步，筹资标准和待遇标准要与经济发展及各方面承受能力相适应，个人（家庭）、集体、政府合理分担责任，权利与义务相对应；政府主导与农民自愿结合，引导农村居民普遍参保；中央确定基本原则和主要政策，地方制定具体办法，对参保居民实行属地管理。这也体现了社会保障立法制度与社会经济发展相适应原则。之所以要坚持这一原则，是因为立法滞后或者标准过低不利于保护社会成员的基本权利，过高又会加重国家财政负担，而且一旦提高保障标准就难以降低的刚性特点很容易使社会保障缺乏可持续性，进而损害或者影响社会经济的正常发展。对被保障者来说，社会保障法制应当既能保障他们的基本的物质生活条件，又能促使其参与就业竞争和自食其力，不断发挥个人潜能为社会经济发展做出贡献。

第二节　社会保障法制的演进特点与趋势

一、社会保障法制的演进特点

（一）法制演进与社会经济基础变化密切相关

美国著名法学家博登海默分析认为：“法律在一个孤立封闭的容器中不可能健康发展，而且我们也不可能将法律同其周围的并对它无害的非法律生活隔离开来。”① 社会保障法制的发展同样如此，财政经济情况是首要基础，因为福利权利的保障、福利性基础设施建设、其他社会福利事业发展等都需要相应的经济基础。2004 年我国宪法修改之所以增加了“国家尊重和保障人权”，“国家建立健全同经济发展水平相适应的社会保障制度”，其中的一个重要原因是改革开放以来，尤其是进入 21 世纪以来，我国经济的快速发展为公民社会保障权利的实现提供了可靠的物质保障。

除了财政经济基础外，影响社会保障法制演变的更为深层的原因是社会政治经济体制环境。以英国为例，英国济贫法制度的发展变化即与英国政治、经济和社会变迁具有直接联系，更对英国政治、经济与社会变化产生重要影响。② 早期济贫法是在封建制度瓦解、资本主义制度建立初期的巨大社会变革下产生的，表现出了明显的被动性适应和对贫困者权利的忽视。这种制度设计和保障水平是由当时的社会经济政治形态决定的。作为官方济

---

① ［美］E. 博登海默：《法理学——法律哲学与法律方法》，201 页，北京，中国政法大学出版社，1999。

② 参见丁建定：《英国济贫法制度史》，341 页，北京，人民出版社，2014。

贫制度，1601年的《伊丽莎白济贫法》正式颁布，此后英国政府根据现实需要又制定了多项济贫法制，包括1696年的《习艺所法案》、1722年的《定居就业与救济法》、1782年的《吉尔伯特法》、1795年的《斯宾汉姆兰德制》。通过这些立法，英国初步形成了征收济贫税、建立济贫院及实行教区安置等内容相结合的济贫制度模式，其典型特征是，对穷人进行救济，同时实行强制收容和强迫劳动，具有明显"惩贫"特点，这又体现了统治者以解决贫困等社会问题为手段进而达到维持统治者统治安全的目的，是与当时的社会政治经济体制环境相一致的。而到19世纪初，在英国产业革命进一步发展的情况下，英国济贫法制度发生了新变化，即1834年《新济贫法》的出台，其主要特点是防止游手好闲和提供人道主义救济，其救济方式虽然变化不大，但一个重要的进步是明确了政府的救济责任。所以，随着社会经济政治环境条件的变化，英国济贫制度性质才发生大的转变。随后，英国社会保险制度也开始形成，这与市场经济发展带来生活风险、需要制度性化解的需求有着密切联系。

（二）政府与公民责权分配是法制演进的核心内容

社会保障立法制度的演变很大程度上是围绕公民与政府在社会保障发展中的权责关系的合理分配及不断调适而进行的。因为过于强调政府在社会保障中的作用与责任，容易造成政府的福利开支过大、难以承受，对社会保障可持续发展会带来不利影响，同时也不利于发挥民众自身的福利创造作用，特别是在社会救助中，缺乏就业动力与压力，贫困者很容易形成"福利依赖"；但政府责任不足，很容易使部分贫困者无法脱离贫困，甚至难以维持基本生存，这也不符合国家文明发展的要求。因此，在理论逻辑上，社会保障法制化内在地要求政府既要保障必要的社会保障支出，同时也要有利于减少政府福利开支；既要通过相关制度的完善解决困难者目前或未来的生存问题，又要能够发挥劳动者的作用和个人潜能，从而兼顾公平与效率。在社会保障法制改革与演变过程中，各国根据本国现实需要，对政府与公民福利责任关系不断进行调适，力图实现二者关系的合理化。不同国家和不同项目的福利制度改革对此都有不同程度的体现，其中英美法制社会救助法制改革较为明显。20世纪60年代至90年代，英国及美国社会救助立法制度改革主要就是围绕着公民与政府的权责关系的合理分配而进行的，具体表现在将救助贫困者与促进其就业自立相互联动，以避免"贫困陷阱"和"福利依赖"。在美国，通过肯尼迪总统的"向贫困宣战"和约翰逊总统的"使人复兴"计划，美国推行了新的反贫困措施，1967年联邦政府以工作激励计划取代了《社会保障法》确定的贫困家庭救助项目，从而使贫困者不能再直接获得救助福利，政府救济的福利获得以贫困者参与劳动就业及相关项目作为前提条件，通过激励与惩罚相结合来促进贫困人群的就业，"通过给他们提供更好的机会而摆脱贫困……给予更多的刺激和更强硬的工作要求来减少对福利的依赖"①。有人将此比喻为"胡萝卜加

① ［美］迪尼托：《社会福利：政治与公共政策》，5版，192页，北京，中国人民大学出版社，2007。

大棒"[①] 的方法，具有"怀柔"与"威胁"双重性，以实现福利与就业促进的整合联动。这一政策设计被称为"工作福利模式"，英国也有类似做法，特别是进入21世纪后，英国政府实行了更为灵活的补贴制度，允许在领取补贴的同时从事工作。有学者将这种现象称为"工作与福利的混合体"[②]。这种做法使贫困者能够享有更多的就业福利权利，同时也增加了贫困者的就业义务和政府的相关责任。这种立法制度模式对其他国家也产生了一定的影响。我国社会救助立法制度演变亦呈现出了这种特点，对比1999年《城市居民最低生活保障条例》和2014年《社会救助暂行办法》关于最低生活保障的规定，可以发现，我国大体经历了一个从贫困者消极地接受救济到要求有劳动能力的贫困者承担参与劳动就业义务责任的演变过程。但是人们仍难以提出政府与公民责权分配具体清晰的合理标准，因为这要受到历史传统及现实国情等多种因素的影响，但在这方面不断的探索和实践已成为共同点。如韩国在当今福利改革中就强调了普遍主义与选择主义福利模式不是完全对立的，应注意权利与义务的平衡，注意福利的国民负担，建立衡量主义的福利模式。[③]

(三) 在法制形式上由分散立法到逐步法典化

法典化意味着某一领域的立法经过修改、补充和完善后最终形成集中系统的法律制度。相对于分散立法制度，法典化形式是较为理想的立法模式。因为它有利于避免分散立法容易形成的法律规定之间存在冲突或遗漏等情况。因此，是否法典化在一定程度上反映了一个国家立法的发展水平和发达程度。但法典化也需要具备一定条件，通常是该领域社会关系相对稳定，存在着一定的立法经验和实践。自社会保障法产生以来，其立法形式大体经历了由分散立法到逐步法典化的过程。这种法典化有两种基本形式。一是制定统一的社会保障法典，如美国在州和市先行分散立法的基础上，于1935年制定了《社会保障法》法典，确立了以养老保险、失业保险、社会救助为核心的社会保障体系。德国的社会保障体系在经历了扩展、调整、改革与补充后，于1975年颁布了系统的《社会法典》。二是在社会保障某一领域形成法典，如制定统一的社会保险法、老年人和儿童福利法等。在慈善事业立法方面，英国1601年制定了世界上第一部规范慈善事业的法律——《慈善用益法》，此后英国又出台多部慈善法规，到1960年最终形成综合性的法典《慈善法》。目前，我国将在以往分散立法基础上制定统一的《慈善法》列入正式立法议程，慈善法典有望不久后问世。需要说明的是，形成法典后并非意味着可以一直遵循不变，仍然需要结合现实需要加以修改完善。如美国1935年颁布《社会保障法》后，根据现实需要进行多次修订，因为1935年《社会保障法》存在只保障工业和商业领域从业人员，未覆盖农业相关从业

---

① ［美］迪尼托：《社会福利：政治与公共政策》，5版，193页，北京，中国人民大学出版社，2007。

② ［英］哈里斯：《社会保障法》，346页，北京，北京大学出版社，2006。

③ 参见［韩］安祥薰：《韩国资本主义的改革：雇用·福利策略》，载《社会保障研究（北京）》，2013（2）。

人员等缺陷。1950 年《社会保障法修正案》将农业工人和家庭佣工纳入养老保险覆盖范围。在德国，从 1995 年起德国将法定的护理保险并纳入《社会法典》，通过修改使之更加完备和适合现实的需要。英国《慈善法》实施后也于 1987 年、1993 年、2006 年和 2011 年进行了多次修改，反映了法典需要不断完善。

二、社会保障法制的演进趋势

（一）社会保障服务法制建设趋于强化

社会保障法制未来的演进过程，将是一个内容体系不断丰富完善的过程，因为正如日本学者桑原洋子分析指出的："现在的社会福利法制与其他领域相比较，其体系还未确立。"① 现实迫切需要而法制建设却十分薄弱的领域将会成为法制发展的重点领域。在当今世界各国，随着社会老龄化步伐的加快，老人福利服务需求更加迫切，贫困人群、残疾人、儿童等人群的社会服务需要也在逐步增长，尽管不少国家已经制定了一定的法律制度，但是，社会保障法制建设最为薄弱的领域，需要进一步完善和制度创新。例如，尽管日本 1963 年就推出了保障老年人整体生活利益的《老人福利法》，其后有过多次修订，但目前仍在加紧完善。1982 年，日本政府出台了《老人保健法》，规定 70 岁以上老人的医疗费由医疗保险的有关方共同负担，将医疗与保健相分离，并且强调老人居家养老、居家护理，但这些法制仍不能满足现实需要。1989 年，日本政府制定了《高龄者保健福利推进十年战略》，即著名的"黄金计划"，进一步推进立法及其实施。2000 年实行的《护理保险法》为老年人提供长期护理服务提供了社会保险形式的制度保障。目前这一制度在日本学者中尚有争议，但基本趋势是进一步完善这一制度而不是将其废除。在德国，20 世纪 90 年代中期政府为解决人口寿命增长、老年人生活照顾和护理等社会问题，打破了由家庭进行照顾和护理的传统方式，通过立法建立了老年人服务护理保险制度，并在 1993 年正式颁布实施了《护理保险法》。根据相关立法，老年人需要护理照料和康复服务时可以选择在家、社区或养老机构接受服务。由护理保险公司根据评估的情况支付大部分费用，个人支付小部分或不在保险范围的服务所产生的费用，无支付能力老人的费用由政府支付。② 这一制度同样在完善中，目前国外还有不少的专门社会服务法，如挪威 1991 年的《社会服务法》、丹麦 1998 年的《社会服务法》、捷克 2006 年的《社会服务法》等，尽管已经有一些立法规定，但相关具体制度实践仍然处于探索中，因此，可以预见，这些法律在未来的实施中将得到进一步完善。

（二）以法制建设进一步促进多主体的福利合作

加强多种主体的福利合作是福利多元主义观念在社会保障立法制度实践中的具体应

① ［日］桑原洋子：《日本社会福利法制概论》，4 页，北京，商务印书馆，2010。

② 参见孙惠忠：《荷兰、德国的老年服务》，载《社会福利》，2012（1）。

用，也是现实的迫切需要。因为仅仅依靠政府难以满足民众不断发展的社会保障需要。而要使多种主体的福利合作顺利有效进行，就需要立法制度的保障，在此方面已有不少国家进行立法尝试，以美国对无家可归者的救助为例，1987 年制定实施的《救助无家可归者法》和 1996 年制定实施的《联邦精神健康平等法》都体现了这种合作特点。依照以上法律，美国无家可归者人群主要有三种，一是有酒瘾或者毒瘾的人，二是严重精神病人，三是离异家庭的儿童。救助模式是政府与社会合作，并以立法保障。合作对象主要是慈善机构及社区，合作目标是提供多重性、专业化服务。服务包括提供紧急庇护所、临时住房、营养救助、健康与精神救助、职业培训、儿童教育、心理教育及其他社会服务。合作路径包括政府专项社会服务拨款等多种方式，如低收入家庭紧急救助款、发育性残疾救助金等，以及政府购买服务、对慈善组织支持性拨款。[①] 这对我国未来相关立法制度建设颇有借鉴意义。

（三）法制建设中的配套衔接将得到进一步重视

社会保障法典化需要一个逐步成熟的过程，而且即使实现了法典化，也难以涵盖所有的现实社会保障需要，这就有必要对某些社会保障问题进行立法规定，以补充法典不足，或者在法典化还不成熟时，先制定单行法律。无论哪种情况，立法制度配套衔接都必须加强，只有这样，才能发挥立法制度的整体功能。以英国社会救助立法为例，为促进政府救助与促进贫困者就业的结合联动，1995 年英国制定实施了《求职者法》，为配合这一立法的实施，有效解决劳动就业能力认定、就业激励、潜能激活及贫困者就业义务等问题，英国又制定了《1997 年社会保障（新体制）补充条例》、《1998 年新体制的一般规定》、《1998 年新体制令（其他规定之补充）》等系列立法制度。1998 年《从福利到就业法案》进一步完善了以上制度与实践思路。尽管人们对这种制度设计及价值取向存在不同认识，甚至激烈批评，如英国学者蒂特马斯认为这是一种福利扭曲，但实践表明，这一制度的发展趋势是，通过自身制度改革与配套制度建设使其不断完善。在完善立法方面，英国一方面修改慈善法典，另一方面又制定一些单行法，如英国 2005 年出台了《慈善和信托投资法》，2008 年制定了《慈善法（北爱尔兰）》等，这势必存在制度衔接问题。这种情况在其他国家及我国相关法制建设中也正逐步得到体现。例如，我国如果出台慈善法典，也需要协调好与现有相关立法制度的关系，这其中“涉及的不仅是新法与旧法的关系或者一般法与特别法的关系，也涉及立法权限的划分和国家法律体系的和谐统一，更关乎慈善事业立法的科学性和有效实施，需要引起立法机关的高度重视并妥善处理”[②]。处理其中关系的根本问题是法制的配套衔接，避免出现碎片化或者相互矛盾的现象。

---

① 参见［美］迪尼托：《社会福利：政治与公共政策》，5 版，91～93 页，北京，中国人民大学出版社，2007。

② 杨思斌：《〈慈善事业法〉及相关法律的关系处理》，载《教学与研究》，2014（12）。

第三节 社会保障法律关系模式及其完善

一、社会保障法律关系内涵与特征

每一法律规则（规范）的目的都是为法律关系的存在创造形式条件；没有对法律关系的操作，就不可能对法律问题作任何技术性分析；没有法律事实与法律关系的相互作用，就不可能科学地理解任何法律决定。① 法律关系一般指社会关系因受法律规范的调整而形成的权利义务关系。是否存在自身调整的法律关系是决定一种立法制度能否成为独立法律部门的关键因素。因为“法律部门就是以依法所调整的社会关系的内容作为依据来划分的，这种调整社会关系的内容决定着法律规范的性质”②。

在较长时期内，人们将社会保障法律关系视为劳动法律关系，而没有认识到其特殊性。我们认为，一方面，社会保障法律关系与一般法律关系存在共性，即必须以法律作为依据，存在着主体、内容与客体三要素。另一方面，社会保障法律关系也有着自身的特殊性，它是在社会保障活动中由社会保障法调整政府、社会组织及个人等相关主体的行为而形成的特定关系，其特征可以概括为：一是社会保险、社会救助、社会福利等各种社会保障法律关系的共有特性，包括社会保障关系广泛的社会性、主体利益的多元性、国家主导性和社会协作性并存。③ 二是每一种具体社会保障法律关系的独立特性，表现在以上三种法律关系都存在一定的差别和自身特点，社会救助法律关系体现了政府对弱势人群的保护，这种保护是国家对弱势贫困人群生存、健康等基本权利的应承担的法定责任。同时，作为一种福利给付行政，行政主体方面可增设或限制权利，采取制裁措施，享有一定特权，法律关系设立、变更、终止可由行政主体单方面决定，而社会保险法律关系更多地体现了一种协作关系。

二、社会保障法律关系的构成要素

（一）社会保障法律关系的主体

通常认为，法律关系的主体是指法律关系中权利的享有者和义务的承担者。社会保障关系主体也具有这一特点，但又具有一定的特殊性，表现为在主体上更加广泛，包括政

① See Albert Kocourek，*Jural Relaations*，1928，Indianapolis，Preface，V.

② 张文显：《法理学》，101页，北京，法律出版社，1997。

③ 参见曹燕：《社会保障法律关系模式初探》，载《云南大学学报（法学版）》，2004（4）。

府、社会保障实施机构、用人单位、社会成员及部分特殊人群等。

与一般的法律关系相比，社会保障法律关系主体的重要特性在于：不仅在一般情况下政府总是作为主体的一方存在，体现了政府对公民的法律责任，而且随着社会保障事业的发展，根据现实的需要，政府还可以以间接主体的身份出现，如对非政府组织依法进行授权或者委托，“特别是在具体事务的管理中，很多国家都不是由国家行政机关具体承担管理责任的，而是委托给非国家机构进行，试图在国家与个人之间找到更为适当的中介”①，这样更有利于社会保障项目的实际管理和运营。通常来看，在法律、法规明确规定可以授权的情况下，行政机关可以根据行政管理的实际需要，依照法定权限和程序，将自身职权的一部分或全部授权给有关的组织，后者可以以自己的名义行使该职权，但也要独立承担该职权行为的法律效果。如果没有法律规定，行政机关只能将其管辖权的一部分以委托形式交给组织或者个人行使，但行政机关自身要承担责任。为了便于实际管理，以上两种形式都可以纳入社会保障的制度规定，如 2004 年《厦门市最低生活保障办法》第十三条也规定：“镇（街道）应当对申请人的家庭收入、家庭财产和家庭人口情况进行调查核实，以居民委员会、村民委员会为单位对申请人家庭经济状况调查结果进行民主评议，并予以公示，公示期不少于七天。镇（街道）应当在收到申请之日起二十日内提出初审意见，并报区民政部门审批。”这样居民委员会或者村民委员会成为被委托主体，但责任主体仍然是政府。2012 年施行的《河南省人力资源社会保障部门行政执法程序规定》在其“行政执法主体”一章专门规定了授权和委托内容。

（二）社会保障法律关系的内容

法律关系内容通常由法律关系主体依法享有的权利和承担的义务构成。由于社会保障法律关系中政府主体一方参与的特点，将社会保障法律关系内容概括为由被保障主体享受的权利和承担的义务及政府相关权责规定内容构成更为妥当。在立法内容模式上，在不同社会保障立法制度模式下，社会保障法律关系的内容存在具体差异，即使在相同或者相似模式下也会存在实际的差异。以英国与美国就业保障法律关系的内容为例，加拿大学者 R. 米什拉分析指出，在“英国，失业津贴是全国统一的。而且，在资产调查的条件下，英国人有资格享受全国统一管理的社会援助福利金。相反，美国失业工人则处于州的掌握之中，享受福利金的资格和福利金的水平各州都不一样”②。还值得注意的是，在社会救助和社会福利法律关系中，通常认为被救助对象仅仅是福利权利的单方享有者，这是不全面的，他们仍然需要承担一定的义务，既包括必须遵守法律规定的消极义务，如虚构信息、获取非法利益、侵害福利设施等需要承担一定法律后果，也包括必须积极参与社会福利实践的积极义务，如有劳动能力的被救助者，也应积极参与劳动就业。有学者提出，必须建

① 周宝妹：《社会保障法主体研究——以利益平衡理论为视角》，42 页，北京，北京大学出版社，2005。

② ［加］米什拉：《资本主义社会的福利国家》，26 页，北京，法律出版社，2003。

构福利行政法体系、量化福利行政的各项指标、建立新型行政违法制裁机制。① 这虽然有一定道理，但如果从整个福利权责内容看，这是不全面的，因为除制裁违法者外，还应以激励措施促进被救助人承担积极义务，形成一种包含着积极责任的法律关系内容体系。

（三）社会保障法律关系的客体

一般来看，法律关系的客体指主体权利和义务所指向的对象。在类型上包括：（1）资金或财物，如资金、实物、土地、房屋、森林、交通工具等。（2）智力成果，如著作、专利、发明等。（3）行为，指行政法律关系主体为了一定目的而有意识的活动，包括作为和不作为。（4）人身，如行政处罚时对人身的限制等。社会保障法律关系的客体也主要指社会保障法律关系中权责关系内容所指向的对象。也有学者将这种客体界定为社会保障主体寻求得到满足和保护的权利请求和愿望。社会保障国家与公民之间所发生的权利义务关系同样是围绕社会保障利益进行的。② 这是对客体一种抽象的表达，它在实践中的实际形式通常是资金形式。因为无论是缴纳社会保险金还是支付社会保障待遇，通常都是以资金形式。但是，随着社会保障内容的丰富和发展，其他客体形式也不可忽视。事实上贫困者不仅需要资金帮助，还可能需要技能、机会、服务等帮助，这时，社会保障法律关系的客体就具有了行为等非资金特点。如在美国，20 世纪 70 年代有关社会服务的保障形式就已开始大量提供："第一批大规模的规划是由美国老人法 1973 年修正案提出的，建立由 600 个以上地区老人局构成的网络，负责制订老人服务的年度计划。一个更为重要的规划是由社会保障法 1974 年修正案的第二十项条款启动的。该条款要求各州每年大力推行综合年度服务计划。"③ 特别是对需要生活照料者和寻求脱贫发展的贫困者人群，这种带有行为特点的服务客体显得十分重要。

三、社会保障法律关系的基本类型

社会保障法律关系呈现出一种十分复杂的关系状态，既包括基本的法律关系，也包括十分具体的法律关系。人们从不同的角度做出了多种划分，如有学者提出："社会保障法律关系就是在社会保障实施过程中，国家、用人单位以及社会成员之间所发生的各种关系的总和。包括政府与社会保障实施机构之间的关系、国家与社会成员之间的关系、社会保障管理机构之间的关系及国家与用人单位之间的关系。"④ 除上述关系外，有的学者又增加了社会保障资金的运营关系、社会保障监督关系等。⑤ 实际上，随着社会保障形式的多样

---

① 参见关博豪：《福利行政中行政相对人违法研究》，载《河南财经政法大学学报》，2014（3）。

② 参见赵秀敏：《社会保障法律关系三要素新探》，载《行政与法》，2010（3）。

③ 参见 Neil Gilbert、Paul Terrell：《社会福利政策导论》，199～200 页，上海，华东理工大学出版社，2003。

④ 林嘉：《社会保障法的理念、实践与创新》，21 页，北京，中国人民大学出版社，2002。

⑤ 参见郭捷：《劳动法与社会保障法》，3 版，295 页，北京，中国政法大学出版社，2009。

化和社会福利多元化与社会化，社会保障关系主体呈现更加多样性的特点，从主体角度的划分有一定的合理性，但存在着对主体的涵盖可能不全面的局限性。所以，笔者更倾向于从内容角度理解和划分，其中最基本的实体法律关系应包括以下三种。

(一) 社会保险法律关系

社会保险法律关系创设的基本前提是国家通过立法设立社会保险基金，并要求用人单位与劳动者个人依法参与，旨在使劳动者在暂时或永久丧失劳动能力以及失业时获得物质帮助和补偿。我国《社会保险法》第一条规定，社会保险法目的是规范社会保险关系，维护公民参加社会保险和享受社会保险待遇的合法权益，使公民共享发展成果，促进社会和谐稳定。第二条更具体规定了国家建立基本养老保险、基本医疗保险、工伤保险、失业保险、生育保险等社会保险制度，保障公民在年老、疾病、工伤、失业、生育等情况下依法从国家和社会获得物质帮助的权利。社会保险法在调整上述行为和实现以上目标的过程中就形成了具体的保险型法律关系，这种关系可视为一种社会连带关系，即各主体为满足自身的需要而相互分工，共同承担不同的责任，为社会做出自身的贡献。

(二) 社会救助法律关系

按照通常对社会救助的理解，社会救助是现代国家中得到立法保障的基本公民权利之一，是当公民难以维持最低生活水平时，由国家和社会按照法定的程序和标准向其提供保证其最低生活需求的物资援助的社会保障制度。① 在这种体制下形成的社会救助法律关系，就是政府或社会与被救助者在救助进程中形成的权利责任关系。从政府救助主体看，必须履行对难以维持基本生存的贫困的相对人提供物质利益或与物质利益有关的权益的责任，可以认为，社会救助法律关系存在三个基本特性：一是政府责任的特殊性，即政府是法定的强制性责任主体；二是权利义务关系的特殊性，即权利义务具有不对等性甚至单方性；三是形成法律关系条件的特殊性，即社会贫困人群发生生存危机而且依靠自身难以摆脱这种危机和困境。

(三) 社会福利法律关系

对于社会福利的内容与范围，目前学者持有不同的看法，有的学者提出，社会福利制度主体框架包括“老年社会福利、残疾人社会福利、妇女儿童社会福利、公共社会福利”②，公共福利又包括“公共教育、社会福利、公共卫生社会福利、公共文化娱乐社会福利、公共住房福利”③。本书认为，“作为基本社会保障制度补充的社会福利，中国特殊福利制度发展应维持小福利概念，建立特殊人群津贴制度，将特殊人群服务纳入社会福利制

① 参见王卫平等：《社会救助学》，6 页，北京，群言出版社，2007。

② 郭捷：《劳动法与社会保障法》，3 版，387～388 页，北京，中国政法大学出版社，2009。

③ 钟仁耀：《社会救助与社会福利》，219 页，上海，上海财经大学出版社，2005。

度体系”[①]。这种法律关系主要体现为对弱势群体的权益保护关系。弱势群体权益保护对象与救助法律关系具有某种交叉性，但又不完全相同，社会救助法律关系主要是一种款物给付关系，而社会福利关系存在更广泛的权益保障关系。政府在弱势群体权益保护中承担广泛而特殊的责任。主要表现为形成一种全面的保护与被保护的法律关系。如我国《老年人权益保障法》第三条规定：“国家保障老年人依法享有的权益。老年人有从国家和社会获得物质帮助的权利，有享受社会服务和社会优待的权利，有参与社会发展和共享发展成果的权利。禁止歧视、侮辱、虐待或者遗弃老年人。”同时，为使社会福利法律关系得到有效发展，也规定了派生性的补救性法律关系，我国《残疾人就业条例》第五章法律责任第二十八条规定：“违反本条例规定，用人单位弄虚作假，虚报安排残疾人就业人数，骗取集中使用残疾人的用人单位享受的税收优惠待遇的，由税务机关依法处理。”这样，在对用人单位的处理过程中，形成了新的派生性法律关系。

四、社会保障法律关系模式完善

（一）完善公益事业活动法律关系

在不少学者关于社会保障法律关系的研究中，公益事业活动法律关系未被纳入其中。动员社会、组织与个人参与福利的提供已成为社会保障发展的必然趋势，政府也需要在其中发挥一定的主体作用，从而会形成特定的法律关系。有学者分析提出：“慈善事业起到了社会保障的作用，从而应当纳入现代社会保障体系进行研究。”[②] 如在捐赠活动中，存在作为法律关系主体的赠与人和作为受益人的受赠人，也存在受赠人享有对受赠财产充分的处分权、支配权等法律关系内容，还存在作为受赠财产的法律关系客体。其中还可以存在协议性质的法律关系，我国《公益事业捐赠法》第十二条规定：“捐赠人可以与受赠人就捐赠财产的种类、质量、数量和用途等内容订立捐赠协议。捐赠人有权决定捐赠的数量、用途和方式。捐赠人应当依法履行捐赠协议，按照捐赠协议约定的期限和方式将捐赠财产转移给受赠人。”需要指明的是，以上关系不完全是私人法律关系，因为该法第八条规定：“国家鼓励公益事业的发展，对公益性社会团体和公益性非营利的事业单位给予扶持和优待。国家鼓励自然人、法人或者其他组织对公益事业进行捐赠。”第十一条规定：“在发生自然灾害时或者境外捐赠人要求县级以上人民政府及其部门作为受赠人时，县级以上人民政府及其部门可以接受捐赠，并依照本法的有关规定对捐赠财产进行管理。”可见政府也是以法律关系主体身份出现的。但政府在其中的关系形式还需要进一步完善，例如，如何激励、如何有效地加以管理等。在自愿服务活动中，准确界定志愿者在大型公益活动中与

---

① 丁建定等：《中国社会保障制度体系完善研究》，317页，北京，人民出版社，2013。

② 郑功成：《社会保障学》，29页，北京，商务印书馆，2000。

相关方之间的法律关系是依法保护志愿者相关权益的重要前提，具有重要意义[①]，也应纳入社会保障法律关系加以研究。不少国家已制定了志愿服务法，例如，美国在1973年就制定了《志愿服务者保护法》，规定了志愿服务的四个关系特性，即自愿、有益、利他和无偿，还规定了对志愿者承担法律责任的限制等。西班牙1996年制定的《志愿服务法》要求，国家行政部门应鼓励制定办法，提供自愿服务工作技术援助、教育训练计划、信息服务、倡导及表彰运动，这些规定值得我们借鉴。我国可以以制定慈善法为契机，对公益事业活动中慈善关系、捐赠关系及自愿服务关系等通过法律加以全面完善。

(二) 完善程序性社会保障法律关系

程序性法律关系是依据程序法而建立的法律关系。实体法与程序法的划分是根据法律规定内容的不同来进行的。实体法是以规定和确认公民权利和义务以及政府权责为内容的法律规范，程序法是以保证权利和职权得以行使及义务责任得以履行的方式、步骤、顺序等为内容的法律，两种法律存在着十分密切的关系，程序法是实体法有效实施的保障，正如德国著名学者韦伯所说的："我们近代的西方法律理性化是两种相辅相成的力量的产物，一方面是法律程序，另一方面是系统性法典和受理性训练的职业官僚。"[②] 这种分析对近现代社会保障法也是适用的。

我国社会保障法律中不少是实体性规定与程序性规定并处于同一立法中，如我国《城市居民最低生活保障条例》第八条规定："对符合享受城市居民最低生活保障待遇条件的家庭，应当区分下列不同情况批准其享受城市居民最低生活保障待遇：（一）对无生活来源、无劳动能力又无法定赡养人、扶养人或者抚养人的城市居民，批准其按照当地城市居民最低生活保障标准全额享受；（二）对尚有一定收入的城市居民，批准其按照家庭人均收入低于当地城市居民最低生活保障标准的差额享受。"以上这些规定属于实体性规定。而"县级人民政府民政部门经审查，对不符合享受城市居民最低生活保障待遇条件的，应当书面通知申请人，并说明理由。管理审批机关应当自接到申请人提出申请之日起的30日内办结审批手续"，这些规定即为程序性规定。这种情况在我国《社会保险法》等社会保障立法中都有体现。

现实的问题是，我国社会保障法律中程序性规定不仅十分薄弱，数量少，而且不够全面，不便于操作运用。例如，我国最低生活保障中不少申请、审查、批准和申诉程序规定都比较简单，正如有学者分析指出的："在低保标准确定、低保对象界定、低保资金筹措和管理、组织机构和办公设施方面还存在一些亟待解决的问题。应尽快完善农村低保制度的操作程序及组织机构。"[③] 在权利救济程序方面，目前中国社会保障权的救济途径主要有

① 参见林兴乐：《志愿者相关法律关系界定及立法借鉴——以大型公益活动志愿者为考察对象》，载《经营管理者》，2011（1）。

② ［德］韦伯：《儒教与道教》，200页，北京，商务印书馆，1995。

③ 贺大姣：《农村低保制度的操作程序及组织机构探析》，载《求实》，2008（2）。

行政复议及行政诉讼两种。我国《城市居民最低生活保障条例》第十五条规定："城市居民对县级人民政府民政部门作出的不批准享受城市居民最低生活保障待遇或者减发、停发城市居民最低生活保障款物的决定或者给予的行政处罚不服的，可以依法申请行政复议；对复议决定仍不服的，可以依法提起行政诉讼。"但这些程序性规定都还不够具体，而且，目前社会保障权争议的救济途径与其他劳动或行政争议适用同样的程序，不利于社会保障权得到真正救济，以普通的行政程序或普通的行政诉讼方式解决其争议无论是在理论上还是在实践中都有捉襟见肘之虑。① 为解决以上问题，建议从社会保障管理程序、行政复议程序、行政诉讼程序三方面加以完善，细化其中的规定，注重制度衔接，必要时也可以考虑制定专门的社会保障程序法。

（三）创新完善社会保障法律关系中主体的责任形式

随着现代社会保障的发展，公民福利需求呈现多元化趋势，对政府社会保障责任方式也应进行相应创新，责任方式应当多样化，如目前欧美等国政府已开始以购买服务的形式承担福利保障责任。我国在这方面也在进行新探索，但尚未法律化。欧洲有的国家政府还尝试通过降低对灵活就业的管制、为贫困者创造更多就业机会的方式承担责任。② 英国政府在就业服务中以承担"组合型"福利责任的形式，促进弱势人群就业，1997—2001 年实施了从福利到工作措施与身体、精神健康疾病康复项目的"联动"，使残障男士和残障女士的就业率分别上升了 32% 和 23%，远超过同期非残障男士（3%）和非残障女士（4%）的就业率。③ 英国政府还通过整合个人顾问、儿童照料等支持服务责任促进贫困者就业，也取得了较好的效果，值得我们借鉴。我国也有关于残疾人预防、康复、就业促进等的政策规定，但缺乏系统的立法规定和有效的制度衔接整合，政府责任形式也不够明确，需要加以改进。

第四节　社会保障法制结构及其完善

一、社会保障法制形式结构及其完善

（一）社会保障法制的形式结构

社会保障法制的形式结构是社会保障法制的外在表现形式，每个国家的社会保障法制

① 参见薛小建：《论社会保障权》，279 页，北京，中国法制出版社，2007。

② See Michael Gebel, Johannes Giesecke, "Labor Market Flexibility and Inequality: The Changing Skill-Based Temporary Employment and Unemployment Risks in Europe," *Social Forces*, 90 (1), 2011, pp. 17 - 70.

③ 参见［英］米勒：《解析社会保障》，149 页，上海，格致出版社、上海人民出版社，2012。

通常都会由多种规范形式构成，从而形成一种系统的形式结构体系，由于不同国家法制建设的历史传统、实际需求、政策导向、体制制度等多方面不同，因而在具体形式上也存在着一定差别。就我国目前情况看，社会保障法制形式结构主要表现如下。

1. 宪法相关规定

我国现行宪法——1982 年《宪法》中的人权保障原则、法治原则、公平公正原则及社会保障与经济发展水平相适应原则等规定成为社会保障法制的最基本的原则。该法在公民的基本权利和义务一章中规定了公民多项劳动与社会保障权利，其中第四十五条规定："中华人民共和国公民在年老、疾病或者丧失劳动能力的情况下，有从国家和社会获得物质帮助的权利。国家发展为公民享受这些权利所需要的社会保险、社会救济和医疗卫生事业。国家和社会保障残疾军人的生活，抚恤烈士家属，优待军人家属。国家和社会帮助安排盲、聋、哑和其他有残疾的公民的劳动、生活和教育。"第四十六条规定了公民有受教育的权利和义务。并在规定上述权利的同时规定了政府相应的责任，如第四十二条中规定："国家通过各种途径，创造劳动就业条件，加强劳动保护，改善劳动条件，并在发展生产的基础上，提高劳动报酬和福利待遇。""国家对就业前的公民进行必要的劳动就业训练。"

2. 法律相关规定

法律的概念有两种使用方式：一是广义上的法律，指各种具有法律效力的立法制度；二是狭义上的法律，仅指全国人大及其常委会制定的规范性文件。这里使用后者，它们是我国基本的法律制度，其地位和效力仅次于《宪法》。与社会保障相关的典型立法包括我国《社会保险法》、《就业促进法》、《义务教育法》以及对弱势人群如老年人、残疾人及妇女儿童的权益保障等专项立法。我国《劳动法》等法律也有相关规定。

3. 行政法规相关规定

行政法规是指作为国家最高行政机关的国务院所制定的规范性文件，其法律地位和效力次于狭义上的法律。如 1999 年施行的《城市居民最低生活保障条例》、2010 年施行的《自然灾害救助条例》及 2014 年施行的《社会救助暂行办法》等。行政法规是福利行政的主要依据，福利行政又称给付行政或服务行政。它以各种福利形式的供给、保障以及资助为行为特征，使得行政相对人的某种利益得到保障和实现。

4. 地方性法规和民族自治法规

根据我国《立法法》等法律的规定，省、自治区、直辖市以及省级人民政府所在地的市、经国务院批准的较大的市的人民代表大会及其常委会有权制定地方性法规。民族自治地方的人民代表大会有权依照当地民族的政治、经济和文化的特点，制定自治条例和单行条例，但应报上一级人民代表大会常委会批准之后才生效。此外，经济特区的规范性文件是由全国人大及其常委会授权制定的，具有法律地位和效力。在社会保障立法实践中，不少地方都结合本地的情况，在与国家立法不相抵触的情况下制定了地方性法规，并成为社会保障法制体系的重要组织部分。如 2007 年沈阳市实施了《沈阳市对城市低保边缘群体实施专项救助的方案》，将城市低保边缘群体纳入社会救助范围。根据我国《就业促进法》，广东、湖北等不少地方都制定了具体实施办法。

5. 行政规章相关规定

规章是行政性规范文件，也具有一定的法律效力。政府规章有两种基本形式：一是国务院部委的规章，规定的事项应当属于执行法律或者国务院的行政法规、决定、命令的事项；二是地方政府规章，是自治区、直辖市人民政府以及省自治区人民政府所在地的市和经国务院批准的较大的市和人民政府依照法定程序制定的规范性文件。我国不少规章性的社会保障制度采取了多部委联合发布的形式，如 2005 年民政部、卫生部和财政部《关于加快推进农村医疗救助工作的通知》等。

6. 国际公约相关规定

我国已经签署了多项与社会保障密切相关的国际公约，如 1948 年的《世界人权宣言》、1957 年的《废除强迫劳动公约》、1958 年的《消除就业和职业歧视公约》、1964 年的《就业政策公约》、1966 年的《经济、社会及文化权利国际公约》、1986 年的《发展权利宣言》等。它们成为我国社会保障立法的重要依据，也对我国相关法制建设完善起着导引作用，如国际劳工组织 1952 年的《社会保障（最低标准）公约》中规定社会保障的项目包括：医疗护理、疾病和生育补贴、失业津贴、家庭补助、工伤保险，以及残疾和老年遗嘱保险。该公约还规定了为社会保障提供的 9 项津贴，即医疗津贴、疾病津贴、失业津贴、老龄津贴、工伤津贴、家庭津贴、生育津贴、残疾津贴、遗属津贴，并且规定了每一保障项目的最低津贴标准，这对我国社会保障中津贴制度的完善具有依据和指引作用。

（二）我国社会保障法制形式结构的完善

我国社会保障法制形式结构的建构取得了一定成效，但目前仍存在不少问题。主要体现在，正式的国家立法滞后，立法内容缺失，立法制度形式分散，缺乏有效的衔接和整合，许多立法规定不够具体而影响实际操作。以我国养老保障立法为例，与国外相比，我国立法制度建设起步很晚，而且十分分散。1991 年 6 月出台的《关于企业职工养老保险制度改革的决定》标志着养老保险被提上日程，1994 年颁布的《中华人民共和国劳动法》以劳动基本法的形式确立了养老保险制度的地位，1997 年实施的《关于建立统一的企业职工基本养老保险制度的决定》标志着企业养老保险制度的正式建立。2005 年，国务院又下发了《关于完善企业职工基本养老保险制度的决定》，2011 年施行的《中华人民共和国社会保险法》对社会养老保险制度作出了规定，但是这部法律的不少规定过于原则化和笼统化。作为该法的实施细则，2011 年 6 月，人力资源和社会保障部发布了《实施〈中华人民共和国社会保险法〉若干规定》，但其中的内容十分有限。我国目前正在积极推进养老保险并轨，但立法是最终保障，其他社会保障项目也同样如此。可见，完善我国社会保障法制形式结构还面临着加快立法、立法制度衔接整合及制度细化等多重任务。此外，我国对养老机构的规划及配套建设、对空巢失独孤寡等老年家庭的社会保障、对养老服务机构的规范化建设、对养老服务评估等问题均没有相应法律法规。基层政府制定的政策文件因缺乏法律的支持，导致实际效能不高，通过正式立法加以解决成为必然趋势。

二、社会保障法制内容结构及其完善

各国社会保障立法的内容结构存在一定共性，但又因国情等方面的不同而呈现一定差异性，并处于变动与发展之中。这里主要对中国社会保障法制的内容结构及发展完善进行论述。

(一) 社会救助法制内容结构及其完善

我国社会救助法制建设在新中国成立前就已经开始，1943 年国民政府颁布《社会救助法》，以解决当时的贫困人群生存问题，但该法律并未得到真正实施。新中国成立后，我国虽然未颁布正式的社会救助法，但已制定不少其他的立法制度形式，如 1994 年实施的《农村五保供养工作条例》、1999 年实施的《城市居民最低生活保障条例》、2003 年施行的《法律援助条例》、2014 年实施的《社会救助暂行办法》等。根据这些立法制度，我国已经形成了包括城乡最低生活救助、农村五保供养、灾害救助、医疗救助、教育救助、住房救助、司法救助与法律援助、临时救助、慈善救助及特殊人群（流浪乞讨人员等）帮助等在内的社会救助制度体系，初步实现了社会救助托底线、救急难、保障公民的基本生活、促进社会公平、维护社会和谐稳定的法制目标。

尽管目前我国社会救助法制建设取得了不小的成绩，但仍存在着不少现实问题。根据我国现实需要，借鉴国外的法制经验，建议从以下方面进一步完善：

第一，通过立法修改社会救助权规定，进一步拓展救助权内涵和范围。我国宪法仅规定了公民在年老、疾病或者丧失劳动能力的情况下有从国家和社会获得物质帮助的权利，这无论在救助的主体上还是救助的内容上都是不全面的。从贫困者自身来看，贫困者的需要往往是多方面的，公民获得帮助的权利不应局限于物质帮助，还应包括技能、机会、受教育、照料服务等多种帮助形式，这对于他们脱贫发展和提升生存质量具有重要意义。进入 20 世纪 90 年代后，国际组织已开始探索新的反贫困救助策略。如 1995 年 3 月联合国在丹麦首都哥本哈根召开了社会发展世界首脑会议，集中讨论通过社会融合、提高就业水平、实现性别平等途径的反贫困思路，并通过了《哥本哈根宣言和行动纲领》。联合国《2000/2001 年世界发展报告：与贫困作斗争》强调了为贫困者增权的新福利形式。有学者也提出，社会救助内容层级分为基本生活层面、综合层面、特殊层面、能力及服务层面，应据此进行相应的管理和行政变革。[①] 这不失为合理的建议。但从权利规定角度看，应借鉴国外做法，规定公民享有有质量的生存权。如日本 1946 年宪法第二十五条规定，一切国民都享有维持最低限度的健康和有文化的生活的权利。这也更符合国际公约关于生存权的规定。而社会救助权内涵和范围拓展需要以生存权规定为基础。

第二，不断扩大救助人群范围，并给予相应的救助内容。通过法制完善逐步实现对弱者及贫困人群的普惠型救助，并创新救助内容。如低收入家庭、单亲家庭儿童、留守儿童、流浪儿童、老人、残疾人、边缘贫困人群、流浪人员、大病造成的支出型贫困等人群都应该纳入救助法制体系，并根据需求选择合理救助内容，因为他们的劳动能力、心理特点、贫困特点不尽相同，救助需要也有差别，因此，需要将不同内容的社会救助内容纳入法律制度中。

第三，创新完善专项救助内容。我国目前已经形成了一些专项救助制度，如大病救助、教育救助、就业救助、法律援助和司法救助等，但在救助人群、内容、方式、条件、程序等方面都存在着制度缺陷，需要加以完善。例如，在就业援助中，为扩大对农村有劳动能力贫困群体的就业援助，提升其就业脱贫能力，可“将分类专项救助制度与基本生活救助制度脱离，发挥专项救助特定作用，加强农村专项救助制度建设”[②]。在教育救助方面，除了继续加大经济资助外，需要加强贫困大学生的心理或行为救助、教育师资援助、教学设施援助。从整体上看，教育福利内容的转型应当适应全面、可持续反贫困的现实需要，将各种教育福利内容密切结合，适应不同人群的脱贫发展需求，从而实现由补缺型、经济型教育福利向发展型教育福利转型，发挥综合性反贫困功能。[③]

（二）养老保障法制内容结构及其完善

养老保障法制内容结构大体由两部分构成：一是养老保险立法制度，二是养老服务立法制度。现分别加以论述。

在养老保险立法方面，从我国《社会保险法》关于养老保险立法规定的内容看，内容结构具有以下特点：第一，多层次结合。我国城镇养老保险制度主要由基本养老保险、企业补充养老保险和职工个人储蓄养老保险三个层次构成。第二，基金多种负担主体。该法第十一条规定：“基本养老保险实行社会统筹与个人账户相结合。基本养老保险基金由用人单位和个人缴费以及政府补贴等组成。”该法第十条规定：“职工应当参加基本养老保险，由用人单位和职工共同缴纳基本养老保险费。无雇工的个体工商户、未在用人单位参加基本养老保险的非全日制从业人员以及其他灵活就业人员可以参加基本养老保险，由个

① 参见周沛：《社会福利视野下的发展型社会救助体系及社会福利行政》，载《南京大学学报（哲学・人文科学・社会科学版）》，2012（6）。

② 王丽华：《农村反贫困与就业援助专项制度建设研究》，208 页，北京，民族出版社，2012。

③ 参见王三秀：《教育反贫困：中国教育福利转型研究》，108 页，北京，人民出版社，2014。

人缴纳基本养老保险费。公务员和参照公务员法管理的工作人员养老保险的办法由国务院规定。”第三，规定领取条件及待遇发放条件。《社会保险法》第十四条规定：“个人账户不得提前支取，记账利率不得低于银行定期存款利率，免征利息税。个人死亡的，个人账户余额可以继承。”第十六条规定：“参加基本养老保险的个人，达到法定退休年龄时累计缴费满十五年的，按月领取基本养老金。参加基本养老保险的个人，达到法定退休年龄时累计缴费不足十五年的，可以缴费至满十五年，按月领取基本养老金；也可以转入新型农村社会养老保险或者城镇居民社会养老保险，按照国务院规定享受相应的养老保险待遇。”第十七条规定：“参加基本养老保险的个人，因病或者非因工死亡的，其遗属可以领取丧葬补助金和抚恤金；在未达到法定退休年龄时因病或者非因工致残完全丧失劳动能力的，可以领取病残津贴。所需资金从基本养老保险基金中支付。”第四，方便异地转移与支付。《社会保险法》第十九条规定：“个人跨统筹地区就业的，其基本养老保险关系随本人转移，缴费年限累计计算。个人达到法定退休年龄时，基本养老金分段计算、统一支付。具体办法由国务院规定。”第五，单独规定农村社会养老保险事项。在2009年《国务院关于开展新型农村社会养老保险试点的指导意见》的基础上，《社会保险法》做出了进一步规定，其中第二十条规定：“国家建立和完善新型农村社会养老保险制度。新型农村社会养老保险实行个人缴费、集体补助和政府补贴相结合。”第二十一条规定：“新型农村社会养老保险待遇由基础养老金和个人账户养老金组成。参加新型农村社会养老保险的农村居民，符合国家规定条件的，按月领取新型农村社会养老保险待遇。”

在养老服务立法方面，我国《老年人权益保障法》已有不少相关规定，其中第三十七条规定：“地方各级人民政府和有关部门应当采取措施，发展城乡社区养老服务，鼓励、扶持专业服务机构及其他组织和个人，为居家的老年人提供生活照料、紧急救援、医疗护理、精神慰藉、心理咨询等多种形式的服务。对经济困难的老年人，地方各级人民政府应当逐步给予养老服务补贴。”第三十八条规定：“地方各级人民政府和有关部门、基层群众性自治组织，应当将养老服务设施纳入城乡社区配套设施建设规划，建立适应老年人需要的生活服务、文化体育活动、日间照料、疾病护理与康复等服务设施和网点，就近为老年人提供服务。发扬邻里互助的传统，提倡邻里间关心、帮助有困难的老年人。鼓励慈善组织、志愿者为老年人服务。倡导老年人互助服务。”第三十九条规定：“各级人民政府应当根据经济发展水平和老年人服务需求，逐步增加对养老服务的投入。各级人民政府和有关部门在财政、税费、土地、融资等方面采取措施，鼓励、扶持企业事业单位、社会组织或者个人兴办、运营养老、老年人日间照料、老年文化体育活动等设施。”第四十条规定：“地方各级人民政府和有关部门应当按照老年人口比例及分布情况，将养老服务设施建设纳入城乡规划和土地利用总体规划，统筹安排养老服务设施建设用地及所需物资。非营利性养老服务设施用地，可以依法使用国有划拨土地或者农民集体所有的土地。”第四十一条规定：“政府投资兴办的养老机构，应当优先保障经济困难的孤寡、失能、高龄等老年人的服务需求。”第四十二条规定：“国务院有关部门制定养老服务设施建设、养老服务质量和养老服务职业等标准，建立健全养老机构分类管理和养老服务评估制度。各级人民政府应当规范养老服务收费项目和标准，加强监督和管理。”其他还有多种政府责任规定，如在第五十、五十一条规定：“国家采取措施，加强老年医学的研究和人才培养，提高老年病的预防、治疗、科研水平，促进老年病的早期发现、诊断和治疗。国家和社会采取措施，开展各种形式的健康教育，普及老年保健知识，增强老年人自我保健意识。”“发展老龄产业，将老龄产业列入国家扶持行业目录。扶持和引导企业开发、生产、经营适应老年人需要的用品和提供相关的服务。”此外，该法还规定设立养老机构应当符合的条件、程序及运转要求。

在地方层面，海南省于2014年施行了《海南省养老机构管理条例》，第一条明确了立法宗旨与依据，即“为了规范养老机构管理，促进养老机构健康发展，维护入住老年人和养老机构的合法权益”，立法内容涉及养老机构的设立、变更与注销、服务管理、扶持与监管。其中第四章专门规定了对养老机构发展的扶持优惠措施。如第二十八条规定：“各级人民政府应当将符合养老机构发展规划的养老机构建设用地纳入城镇土地利用总体规划和年度用地计划，合理安排用地需求。”第二十九条规定：“养老机构依法享受税费优惠。对非营利性养老机构自用的房产、土地免征房产税、城镇土地使用税。对非营利性养老机构建设免征行政事业性收费，对营利性养老机构建设减半征收行政事业性收费。”第三十条规定：“设立非营利性养老机构的，可按相关规定申请小额担保贷款，并享受财政贴息。”2015年实施的《浙江省社会养老服务促进条例》首先界定了社会养老服务的概念，规定社会养老服务“是指在家庭成员承担赡养、扶养义务的基础上，由政府的基本公共服务、社会组织的公益性和互助性服务、企业的市场化服务共同组成的为老年人养老提供的社会化服务，包括居家养老服务、机构养老服务等”，明确了政府在社会养老服务中的职责。如政府投资设立的养老机构应当以护理型养老机构为主，并明确应当保障无劳动能力、无生活来源又无法定赡养、扶养义务人，或者其法定赡养、扶养义务人无赡养、扶养能力的老年人的养老服务需求；鼓励民间资本设立多种类型的养老机构，满足多样化、多层次的养老服务需求；在民间资本的激励保障和养老服务人员队伍建设等方面提出了明确的要求。

我国养老保障法制建设虽然取得了一定的成效，但仍存在不少缺失或者不完善的方面：一是在养老保险方面，正式制度的覆盖面有限。除了因地域差异所造成的部分偏远地区仍没有能够建立起有效的养老保险制度或养老保险水平不高外，我国的城镇养老保险本身的立法规定也有一定的欠缺。很多地区的城镇养老保险面临着缴费基数不实、统筹规定不足、基金收缴率不高等问题。管理和监督有待进一步完善。二是在养老服务方面，尽管这几年私营专业养老机构有着较快发展，各级政府也加大了对养老机构的建设力度，但养老服务仍不能满足现实需求，街道、社区居家养老服务中心等利用率不高，功能发挥不全，养老机构亟待规范化。目前的私营养老机构普遍存在规模小、功能弱、硬件建设落后、服务人员数量少且职业技能不高等问题。这就需要通过立法规定，保障足够的财政投入，针对性地解决以上问题。因为政府养老服务财政投入与人口老龄化、GDP及财政增长速度相比偏低，对社会力量投入养老服务发展的扶持资金不足，对空巢、失独、孤寡老人及农村家庭老人的社会保障服务缺失，对公共养老服务机构建设投入力度不大。我国《国家基本公共服务体系“十二五”规划》在第六章第二节的基本标准中虽然要求依据国家基本社会服务相关法律法规，制定“十二五”时期基本社会服务国家基本标准，但是，目前我国相关立法基本处于缺位状态，需要借鉴国外立法，结合我国现实需要尽快加以完善。基本完善路径为：

第一，在养老保障方面，进一步完善和细化我国《社会保险法》中关于养老保险的规定，按照公平、可持续原则加快城乡养老保险立法一体化进程。目前我国有的地方已在积极推进，但还未成为正式的法律性制度。如福建省 2013 年发布了《关于城乡居民社会养老保险制度一体化的实施意见》，决定将全省新型农村社会养老保险和城镇居民社会养老保险两项制度合并实施，建立一体化的城乡居民社会养老保险制度。为保障这种改革有效实施，还需要进一步法律化，至少先制定地方性法规加以系统规范。

第二，在养老服务立法方面，尽快将养老服务机构建设纳入立法规划中，明确各项建设标准；完善对困难家庭老人的社会服务制度；鼓励加快建设医养结合型、康复护理型、居家照料型养老服务机构；政府给予必要的政策支持以提高机构工作人员的福利待遇和社会地位，规范从业人员职业资格等。同时，加快养老服务队伍和职业技能培训立法的建设，规范完善服务网络，不仅为每一个需要服务的老年人提供平等服务，而且使他们获得优质服务；在政府对民间服务资源进行整合动员方面，也需要适当的法律规范。

(三) 就业保障法制内容结构及其完善

从国外法律制度规定看，就业保障通常由三部分内容组成，即失业保险、就业福利与就业稳定保障。目前我国主要进行了前两部分内容的法制建设。

我国 1957 年就宣布消灭了失业，但改革开放后，我国对失业问题进行了重新认识。1986 年发布的《国营企业职工实行待业保险暂行规定》，标志着失业保险制度正式开始建设。1999 年发布的《失业保险条例》和 2011 年 7 月施行的《社会保险法》都对失业保险做了专门规定，主要内容包括：

一是失业保险的覆盖范围。《失业保险条例》第二条规定：“城镇企业事业单位职工依照本条例的规定，缴纳失业保险费。城镇企业事业单位失业人员依照本条例的规定，享受失业保险待遇。本条所称城镇企业，是指国有企业、城镇集体企业、外商投资企业、城镇私营企业以及其他城镇企业。”

二是失业保险待遇的内容。共包括五个方面：失业保险金；领取失业保险金期间的医疗补助金；领取失业保险金期间死亡人员的丧葬补助金及其供养的配偶、直系亲属的抚恤金；领取失业保险金期间接受职业培训、职业介绍的补贴；国务院规定或者批准的与失业保险有关的其他费用。

三是失业保险支付条件期限和待遇标准。《社会保险法》第四十五条规定：“失业人员符合下列条件的，从失业保险基金中领取失业保险金：（一）失业前用人单位和本人已经缴纳失业保险费满一年的；（二）非因本人意愿中断就业的；（三）已经进行失业登记，并有求职要求的。”失业保险金按月发放，根据失业前缴费时间确定，领取期限为 12 个月到 24 个月，待遇标准按照低于最低工资标准、高于城市居民最低生活保障标准的原则确定。该法第五十一条专门规定了不得领取的情形，包括重新就业的、应征服兵役的、移居境外的、享受基本养老保险待遇的、无正当理由拒不接受当地人民政府指定部门或者机构介绍的适当工作或者提供的培训的等情况。

目前我国失业保险法制内容也存在一定的问题，需要进一步完善。针对我国现实问题，借鉴国外经验，我们提出以下完善建议：

第一，扩展与创新制度的功能目标。从国外经验看，失业保险除了重视救济外，还非常注重促进就业功能。而我国失业保险功能基本局限于救济，预防失业、抑制解雇和促进再就业的作用十分有限。主要原因是失业保险制度关于失业保险基金支出的规定制约了其促进再就业功能的发挥。应通过立法制度创新引入就业激励机制，以专门资金发挥就业促进作用。

第二，提高失业保险金待遇水平。国外失业保险金待遇水平普遍较高，数量高于最低生活保障和最低工资。我国失业保险金待遇水平始终处于最低工资标准和最低生活保障标准之间，失业保险金待遇水平过低。建议提高失业保险金待遇标准，将失业保险的收入维持和脱贫发展功能有机结合。

第三，注重特殊群体的失业保险立法。如农民工及其他灵活就业人群。目前各地已进行了一些新的探索，存在几种不同的制度模式，如江苏省将农民工统一纳入城市失业保险的并轨模式，福建省对农民工失业保险的灵活处理模式，沈阳市对农民工采取的缴费优惠的政策模式等。我们认为，从全国范围来看，在农民工失业保险发展中必须解决好以下三个现实问题：一是资金问题，因为充裕的保险资金是任何一种社会保险持续发展的基本前提；二是管理创新问题，与城市工人相比，农民工在工作特点、居住形式、生活方式等方面都存在自身特点；三是制度供给问题，无论是完善《社会保险法》与《失业保险条例》，还是制定失业保险法，都应明确农民工与城市职工享有同等失业保险待遇，以便为地方性立法政策提供基本依据。

第四，加强制度衔接。失业保险与社会救助相互衔接不仅有利于两种制度效益最大化，而且有利于发挥制度的积极功能。有学者也提出，社会救助法应在救助对象、权利救济、应急救助基金垫付及追偿等制度方面进一步予以完善，从而达到与社会保险法的有机衔接。① 这对失业保险与社会救助衔接也具有启示意义。例如，通过专项救助或者临时救助，在贫困人员的参保、就业促进等方面加以制度衔接，并逐步法律化。

在我国目前的立法制度中，关于就业保障的福利性制度已经拥有从根本法《宪法》到专门的《就业促进法》、《劳动法》、《残疾人保障法》、《妇女权益保障法》，再到地方性配套立法的法制体系，主要规定了以下就业福利内容：

---

① 参见蒋悟真、尹迪：《社会救助法与社会保险法的衔接与调适》，载《法学》，2014（4）。

第一，促进贫困者就业的就业服务福利规定。我国《宪法》第四十二条规定："国家通过各种途径，创造劳动就业条件……对就业前的公民进行必要的劳动就业训练。"我国《就业促进法》及地方性配套立法大体包含了以下规定。一是通过福利支持提高就业素质。就业专项资金用于职业介绍、职业培训、公益性岗位、职业技能鉴定、特定就业政策和社会保险等的补贴，小额贷款担保基金和微利项目的小额担保贷款贴息，以及扶持公共就业服务等。二是通过福利措施促进特殊人群就业。国家鼓励企业增加就业岗位，扶持失业人员和残疾人就业，对符合条件的企业、人员依法给予税收优惠。三是加强就业服务和管理。县级以上人民政府培育和完善统一开放、竞争有序的人力资源市场，为劳动者就业提供服务。用人单位通过职业中介机构招用人员，应当如实向职业中介机构提供岗位需求信息。第四，加强就业援助。各级人民政府应建立健全就业援助制度，采取税费减免、贷款贴息、社会保险补贴、岗位补贴等办法，通过公益性岗位安置等途径，对就业困难人员实行优先扶持和重点帮助。法定劳动年龄内的家庭人员均处于失业状况的城市居民家庭，可以向住所地街道、社区公共就业服务机构申请就业援助。街道、社区公共就业服务机构经确认属实的，应当为该家庭中至少一人提供适当的就业岗位。

第二，残疾人就业福利规定。我国《残疾人保障法》及《残疾人就业条例》主要规定内容包括：一是就业机会保障。残疾人在政治、经济、文化、社会和家庭生活等方面享有同其他公民平等的权利。《残疾人就业条例》第二条规定："国家对残疾人就业实行集中就业与分散就业相结合的方针，促进残疾人就业。县级以上人民政府应当将残疾人就业纳入国民经济和社会发展规划，并制定优惠政策和具体扶持保护措施，为残疾人就业创造条件。"二是残疾人就业扶持规定。国家采取辅助方法和扶持措施，对残疾人给予特别扶助，减轻或者消除残疾影响和外界障碍，保障残疾人权利的实现。三是残疾人就业服务福利。《残疾人就业条例》第四章就业服务中规定："各级人民政府和有关部门应当为就业困难的残疾人提供有针对性的就业援助服务，鼓励和扶持职业培训机构为残疾人提供职业培训，并组织残疾人定期开展职业技能竞赛。""中国残疾人联合会及其地方组织所属的残疾人就业服务机构应当免费为残疾人就业提供下列服务：（一）发布残疾人就业信息；（二）组织开展残疾人职业培训；（三）为残疾人提供职业心理咨询、职业适应评估、职业康复训练、求职定向指导、职业介绍等服务；（四）为残疾人自主择业提供必要的帮助；（五）为用人单位安排残疾人就业提供必要的支持。国家鼓励其他就业服务机构为残疾人就业提供免费服务。"一些地方性立法规定使以上内容更加具体化，如 2000 年《上海市残疾人分散安排就业办法实施细则》、2005 年《湖北省残疾人优惠待遇规定》和《武汉市扶助残疾人若干规定》等。

第三，促进低保对象就业的就业福利规定。我国 2014 年施行的《社会救助暂行办法》专门规定了就业救助制度，核心内容包括：一是就业援助措施。第四十二条规定："国家对最低生活保障家庭中有劳动能力并处于失业状态的成员，通过贷款贴息、社会保险补贴、岗位补贴、培训补贴、费用减免、公益性岗位安置等办法，给予就业救助。"第四十三条规定："最低生活保障家庭有劳动能力的成员均处于失业状态的，县级以上地方人民政府应当采取有针对性的措施，确保该家庭至少有一人就业。”第四十六条规定：“吸纳就业救助对象的用人单位，按照国家有关规定享受社会保险补贴、税收优惠、小额担保贷款等就业扶持政策。”二是福利获得程序规定。第四十四条规定：“申请就业救助的，应当向住所地街道、社区公共就业服务机构提出，公共就业服务机构核实后予以登记，并免费提供就业岗位信息、职业介绍、职业指导等就业服务。”三是被援助者的义务性规定。第四十五条规定：“最低生活保障家庭中有劳动能力但未就业的成员，应当接受人力资源社会保障等有关部门介绍的工作；无正当理由，连续3次拒绝接受介绍的与其健康状况、劳动能力等相适应的工作的，县级人民政府民政部门应当决定减发或者停发其本人的最低生活保障金。”在促进低保对象就业福利方面，有的地方制定了更详细的规定，如2004年北京市劳动和社会保障局等联合出台的《建立促进城市低保就业服务对象就业机制暂行办法》实施细则。

我国就业保障法制建设虽然取得了一定的成效，但也存在不少问题，如正式立法的政策性强，规定不具体，配套性制度不足、就业服务规定不具体、平等就业权难以保障、自主创业资金支持不足和缺乏保障、扩大就业机会福利途径不足等，因此，我国就业保障福利法制建设亟待进一步加强和完善，主要建议包括：

一是细化和落实弱势人群就业促进福利制度。我国《就业促进法》对有关就业扶持措施只作出了原则性规定，需要结合现实需要，明确细化其中的规定，包括就业补贴、资助、小额担保贷款和贷款贴息的基本标准，扶持对象的条件，期限，程序性规定等，使责任依据更加明确具体，从而确保责任的落实。要加强对行政机关的监督，确保政府就业扶持福利制度最终落实到每个需要的个体身上，使柔性的就业扶持转变成具有具体法定权责的刚性措施。

二是完善就业福利服务制度。规范公共就业服务行为是增强公共就业服务工作效果的基础性措施，在职业技能教育培训、就业信息发表、就业指导和政策咨询等方面形成相对完整的就业服务体系，使政府依法发挥就业服务资源有效整合作用。目前相关规定多是地方性文件，建议形成正式的法律制度或实施细则。我国台湾地区2002年专门制定实施了就业服务法规，国外也有类似做法，值得肯定和借鉴。

三是完善就业福利权益保障制度。“有权利必有救济”是法治社会的基本原则。应通过立法制度完善，将政府与保障公民就业福利权益有关的具体行政行为纳入行政复议和诉讼受案范围，公民一旦认为政府存在侵权行为，包括作为或者不作为，就可通过准司法或者司法途径加以救济。我国有的地方做出了这种规定，如2010年《广东省实施〈中华人民共和国就业促进法〉办法》第五十三条规定：“公民、法人或者其他组织对人力资源和社会保障、财政等部门作出的具体行政行为不服的，可以依法申请行政复议或者提起行政诉讼。”这一规定有助于解决《就业促进法》立法实际执行力较弱的问题，但其中的程序性规定还需要细化和完善。

四是尝试对特定群体就业福利做出立法规定。例如，为促进大学生就业，2009年教育部发布了《国家促进普通高校毕业生就业政策公告》，规定鼓励高校毕业生到基层、到中西部地区就业的福利措施：对到农村基层和城市社区公益性岗位就业的，给予社会保险补贴和公益性岗位补贴；对到农村基层和城市社区其他社会管理和公共服务岗位就业的，给予薪酬或生活补贴；对到中西部地区和艰苦边远地区县以下农村基层单位就业并履行一定服务期限的，由政府补偿学费，代偿助学贷款等。以上政策具有一定合理性和积极作用，但需要立法制度的保障，可通过我国《就业促进法》的修改将这些内容适当地体现在立法中，或制定专门性法制，这对促进大学生就业具有积极意义。

(四) 医疗保障法制内容结构及其完善

我国现行医疗保障制度大体由医疗保险和医疗救助两部分构成。我国医疗保险建立于20世纪50年代，主要分为三种：适用于企业职工的劳保医疗制度，适用于机关事业单位工作人员的公费医疗制度，适用于农村居民的合作医疗制度。20世纪90年代以后，国务院或卫生部等部门制定了多种相关制度，促进了这一制度的发展，但主要集中在城市职工基本医疗保险方面，其中比较重要的制度包括1998年12月国务院发布的《关于建立城镇职工基本医疗保险制度的决定》。我国《社会保险法》第三章基本医疗保险对此进行了专门规定。该法第二十三条规定："职工应当参加职工基本医疗保险，由用人单位和职工按照国家规定共同缴纳基本医疗保险费。"在我国，企业缴纳工资总额的6%，个人缴纳工资收入的2%。"无雇工的个体工商户、未在用人单位参加职工基本医疗保险的非全日制从业人员以及其他灵活就业人员可以参加职工基本医疗保险，由个人按照国家规定缴纳基本医疗保险费。"第二十五条规定："国家建立和完善城镇居民基本医疗保险制度。城镇居民基本医疗保险实行个人缴费和政府补贴相结合。享受最低生活保障的人、丧失劳动能力的残疾人、低收入家庭六十周岁以上的老年人和未成年人等所需个人缴费部分，由政府给予补贴。"我国城市医疗保险制度总体设计是，针对城市职工的不同特点，实行多层次医疗保险，包括基本医疗保险、公费医疗、企业补充医疗保险、公务员医疗补助等。在地方立法层面，2001年北京市施行了《企业补充医疗保险暂行办法》，明确规定参加了北京市基本医疗保险的企业可以为本单位职工和退休人员（外商投资企业限于中方职工）建立补充医疗保险。其他地方也有相关规定。

在农村，2002年公布的《中共中央、国务院关于进一步加强农村卫生工作的决定》提出："各级政府要积极组织引导农民建立以大病统筹为主的新型农村合作医疗制度，重点解决农民因患传染病、地方病等大病而出现的因病致贫、返贫问题。农村合作医疗制度应与当地经济社会发展水平、农民经济承受能力和医疗费用需要相适应，坚持自愿原则，反对强迫命令，实行农民个人缴费、集体扶持和政府资助相结合的筹资机制。……到2010年，新型农村合作医疗制度要基本覆盖农村居民。"同时还提出，对农村贫困家庭实行医疗救助，并且政府对农村合作医疗要给予支持。省、市（地）、县级财政都要根据实际需要和财力情况安排资金，对农村贫困家庭给予医疗救助资金支持，对实施合作医疗按实际参加人数和补助定额给予资助。中央财政通过专项转移支付对贫困地区农民贫困家庭医疗救助给予适当支持。从2003年起，中央财政对中西部地区除市区以外的参加新型合作医疗的农民每年按人均10元安排合作医疗补助资金，地方财政对参加新型合作医疗的农民补助每年不低于人均10元，具体补助标准由省级人民政府确定。《社会保险法》也对新型农村合作医疗进行了规定，其中第二十四条规定了“国家建立和完善新型农村合作医疗制度”。

虽然我国医疗保险立法制度取得了一定成效，但也存在不少现实问题。一是医保费用难控制。许多地方财政和企业负担过重，原因之一是费用开支不合理，对医院滥开药、滥检查等违规行为缺乏有效的监督措施。二是困难家庭仍然可能面临较大医疗费用负担。因为按相关规定，职工看病仍然要付相当数量费用，如门诊在用完个人账户后的全部费用、住院起付线以下的全部费用、住院起付线以上至大病封顶线以内按比例的个人付费、大病封顶线以上的部分费用、基本医疗保险病种范围以外的费用等，这些费用对一般家庭，特别是贫困家庭仍是不小的负担。三是城乡制度分设、管理分割、资源分散造成了福利欠公平和资源浪费等问题。鉴于以上情况，建议从以下方面完善我国医疗保险立法制度：

第一，扩大医疗保险范围，提高保障水平。2010年6月，卫生部就启动了对农村居民重大疾病的医疗保障，作为探索，会同民政部一起，先是以农村儿童的先心病和急性白血病这两个病种开始，逐步扩大试点。[①] 卫生部还提出确保在2013年2月底前基本完成三项任务：一是全面提高儿童白血病、先天性心脏病医疗保障水平工作；二是全面推开终末期肾病、妇女乳腺癌、宫颈癌、重性精神病、艾滋病机会性感染、耐多药肺结核等6个病种的医疗保障工作；三是全面开展肺癌、食道癌、胃癌、结肠癌、直肠癌、慢性粒细胞白血病、急性心肌梗死、脑梗死、血友病、I型糖尿病、甲亢、唇腭裂等12个病种的医疗保障试点工作。[②] 以上规定无疑具有积极意义，但并不具有法律效力，同时，重大疾病的范围仍然有限，许多慢性疾病也会造成较大开支。我国《社会保险法》第三章基本医疗保险中第二十八条只是规定：“符合基本医疗保险药品目录、诊疗项目、医疗服务设施标准以及急诊、抢救的医疗费用，按照国家规定从基本医疗保险基金中支付。”这种规定显然不具体也不全面，建议通过法规修改或者解释对此作出进一步规定，也为地方立法提供基本依据，以促进这一制度的尽快完善。

第二，尽快推进城乡统筹。2006年10月召开的中共十六届六中全会在《中共中央关于构建社会主义和谐社会若干重大问题的决定》中提出，坚持公共医疗卫生的公益性质，建设覆盖城乡居民的基本卫生保健制度。在中国城市化加快推进的过程中，建立城乡一致、全国统一的医保立法体系已成为迫切任务。当前，推进医疗保险城乡统筹的条件已经逐步具备，一些省市已经先行探索，并积累了经验，如重庆2012年在医保市级统筹后，重庆各区县居民参保缴费政策和待遇标准完全统一，医保待遇更加公平，管理上也实现了

---

① 参见《卫生部：农村大病医保试点范围已扩大到20种疾病》，见 http：//www.china.com.cn/news/2012-09/17/content_26544167.htm，2012-09-17。

② 参见《农民20种重大疾病医保水平提升，补偿标准内大病费用可报销七成》，见 http：//politics.people.com.cn/n/2012/1119/c1001-19615984.html，2012-11-19。

一体化。[①] 取得了值得肯定的效果，但还需要通过立法进一步加以规范和完善。

第三，完善对困难人群医疗保险的支持制度。如对有部分缴费能力的困难企业，可适当降低缴费要求，对建立个人账户一时困难的职工可灵活处理，对无力参保的困难企业职工要探索建立与医疗救助制度衔接的措施。可以借鉴韩国做法，即通过明确医疗给付制度，使生活困难人群成为医疗给付权益的享有人，地方政府承担完全责任，将他们与国民健康保险参保者区别开来。[②]

第四，适当提高医疗保险基金的统筹与管理层次。我国应建立起统一保障范围、统一缴费标准、统一待遇水平、统一经办流程、统一基金管理办法的地（市）级统筹（而不是简单的调剂金制度）。一是有利于资金筹集；二是有利于资金的统一使用，将医疗保险资金在各统筹地区之间重新进行内部再分配，从而获得更好的改革效果。[③]

第五，探索和完善大病保险制度。2012 年，卫生部等六部委《关于开展城乡居民大病保险工作的指导意见》规定："从城镇居民医保基金、新农合基金中划出一定比例或额度作为大病保险资金。城镇居民医保和新农合基金有结余的地区，利用结余筹集大病保险资金；结余不足或没有结余的地区，在城镇居民医保、新农合年度提高筹资时统筹解决资金来源，逐步完善城镇居民医保、新农合多渠道筹资机制。""大病保险保障对象为城镇居民医保、新农合的参保（合）人。"这种规定具有重要的实践意义，但尚不具有法律效力，需要进一步完善。

此外，还应当通过立法加强对医院医保费用的支出管理和控制，以节省开支，提升服务质量。在医疗服务内容、服务质量和使用费用等方面做出具体规定，健全相关的医保费用支出、控制、考核、违规处理等监督检查制度。

医疗救助对于贫困群体健康保障具有十分重要的意义。进入 21 世纪以来，我国医疗救助法制建设步伐逐步加快。民政部联合其他相关部委发布了多种政策文件，如 2003 年《关于实施农村医疗救助的意见》、2005 年《关于加强城市医疗救助基金管理的意见》和《关于建立城市医疗救助制度试点工作的意见》，2009 年民政部等四部委又颁发了《关于进一步完善城乡医疗救助制度的意见》。2014 年《社会救助暂行办法》也在第五章专门规定了医疗救助内容，包括救助对象为最低生活保障家庭成员、特困供养人员、县级以上人民政府规定的其他特殊困难人员，还规定了救助方式、程序、政府责任等内容。在第三十三条还特别规定了"国家建立疾病应急救助制度，对需要急救但身份不明或者无力支付急救费用的急重危伤病患者给予救助"。此外还存在一些地方性制度规章，如《北京市城市特困人员医疗救助暂行办法》等。

我国医疗救助法制建设在取得一定成效的同时，也存在不少亟待解决的问题。主要表现为，在制度内容设计上，医疗救助待遇偏低，医疗救助资金存在绝对不足与相对过剩的

---

① 参见朱丽亚等：《重庆实现城乡居民医保市级统筹》，载《中国青年报》，2013-01-07。

② 参见金钟范：《韩国社会保障制度》，87 页，上海，上海人民出版社，2011。

③ 参见徐宁等：《提高我国社会医疗保险基金统筹层次研究进展及述评》，载《中国卫生经济》，2014（6）。

矛盾，程序繁杂，以住院救助为主、兼顾门诊救助的救助模式往往使一些常见病得不到救助，救助方式比较被动，可获得救助的病种范围有限，贫困家庭所需要救助的一些常见病、多发病、慢性病难以获得医疗救助，医疗救助与基本医疗保险缺乏有效的制度衔接等。

基于以上问题，建议我国城乡医疗救助在以下方面做出进一步完善：

其一，发挥预防功能。同其他社会救助制度一样，目前我国城乡医疗救助也是一种被动的补救性制度。应以人人享有基本医疗卫生服务为根本出发点和落脚点，发挥制度预防功能，尽可能减少补救性医疗开支。

其二，以立法整合社会资源。采取以政府财政筹资为主、社会慈善和捐助为辅的原则。在提供医疗服务中，通过有效制度使医疗服务机构之间展开良性竞争，促进医疗质量和患者的满意度的提高，政府在其中发挥有效监管作用。

其三，以立法促进医疗救助与医疗保险制度的衔接。2002 年《中共中央、国务院关于进一步加强农村卫生工作的决定》就提出："医疗救助形式可以是对救助对象患大病给予一定的医疗费用补助，也可以是资助其参加当地合作医疗。"2009 年民政部《关于进一步完善城乡医疗救助制度的意见》进一步提出："加强医疗救助和城镇职工基本医疗保险、城镇居民基本医疗保险、新型农村合作医疗在经办管理方面的衔接，改进各项制度的结算办法，探索实行'一站式'管理服务，逐步实现不同医疗保障制度间人员信息、就医信息和医疗费用信息的共享，提高管理服务效率，方便困难群众。"可通过可操作性的立法规定对这些政策精神加以具体规定，使这种衔接更具有稳定性和确定性。

其四，建立健全应急机制。目的是预防低保和生活困难补助对象因遭遇突发性疾病、危重病无力支付住院押金而无法就医的情况的出现。此外还应逐步扩大救助病种范围，简化救助程序，方便救助的获得。

总之，应通过完善我国医疗保障法制，使其在保障公民健康权中发挥更全面的作用，更加符合相关国际公约精神，最终达到以下几个目标：其一，防范、消除与化解疾病风险，保障基本生活，并提升人们的生存质量，尤其能够使贫困者走出贫困与疾病的恶性循环状态。其二，促进城乡医疗保障一体化，实现健康公平，持续扩大政府健康保障财政支出，同时加大对困难人群的支持力度，以体现实质公平。其三，以立法促进对民间医疗服务资源的挖掘和整合利用，促进个体化诊疗、自助健康服务、生命全过程健康服务及慢性病早预防早干预等多样化健康保障服务形式的发展。

（五）公益事业立法制度内容结构及其完善

关于公益事业，我国目前尚未形成统一立法，内容相关的立法制度分散于《公益事业捐赠法》、《基金会管理条例》、《救灾捐赠管理办法》和《红十字会法》等法律制度中。其他立法也有一定规定，如我国 2008 年实施的《企业所得税法》规定："企业发生的公益性捐赠支出，在年度利润总额 12%以内的部分，准予在计算应纳税所得额时扣除。"在地方性立法方面，2005 年，深圳市人大常委会颁布了我国第一部义工法规——《深圳市义工服务条例》，定义了义工及其组织的概念，规范了登记程序、义工条件、权利责任、服务范围、行为规范、行为责任和服务申请等事项。

我国社会公益事业立法制度建设也存在不少亟待解决的问题，如未形成统一的慈善立法、对社会公益事业激励不够、税法相关规定存在着负激励等问题，此外还存在诸多管理不规范问题等，相关法制不能适应现实的需要，“无论是经济社会条件、政治背景，还是舆论氛围与慈善领域的生态，均表明我国慈善事业已进入一个全新的发展时期。慈善事业的大发展需要健全的法制”①。基于我国现实需要，借鉴国外法制经验，加快慈善及公益事业法制完善建设成为必然选择，我们建议：

第一，制定慈善基本法，对慈善组织及其行为的基本方面进行系统而合理的规范。系统的慈善法律制度应包括慈善概念、目标、慈善组织的法律地位、慈善组织的登记与管理、慈善活动中的权利与义务、政府管理责任、捐赠的激励机制及有效的监督体制等。建议我国通过制定慈善基本法，对以上方面进行合理系统的规范。目前制定慈善基本法已列入我国立法规划，期望能够尽快出台，并以此为基础，推进我国慈善法制的全面完善。

第二，通过法制建设实现慈善福利与政府福利有效衔接。目前我国在此方面的具体工作已逐步展开，但还缺乏有效的法制保障。从 2015 年起，民政部门开展了“救急难”工作综合试点，旨在建立政府和社会“救急难”信息共享平台，动员、引导慈善组织和社会力量参与社会救助，发挥专业社工和志愿者作用，为“救急难”对象提供生活帮扶、心理疏导、资源链接、能力提升等专业化、关爱型服务。在此之前，一些地方已开始了这方面的探索，如 2010 年《江苏省贫困家庭儿童重大疾病慈善救助实施意见》和 2011 年《徐州市贫困家庭儿童重大疾病慈善救助实施意见》等都包含有这种衔接性内容，其中后者提出，建立“政府支持、社会参与、慈善组织运作”的贫困家庭儿童重大疾病慈善救助制度的工作机制，并规定了贫困家庭儿童重大疾病慈善救助由省、市、县（市）、区慈善救助资金共同承担。市主城区慈善救助资金由财政预算、慈善募集款、福彩公益金按 5：3：2 比例投入。② 但要形成长效机制还有待于进一步法制化。应当及时总结这些好的经验，形成立法制度，明确权责关系，保障可操作性。我国 2015 年《立法法》修改的内容之一就是扩大地方立法权，在国家立法还不成熟的情况下，可以尝试制定地方性法律，为进一步的全国统一立法提供基础。

第三，完善配套法规，形成有效的制度机制。即使制定慈善基本法，仍难以满足现实的所有制度需求，需要制定和完善各种政策法规，并处理好与现有相关制度的关系。这也是目前各国基本法制建设的经验。制定配套法规的重点在于，对公益慈善行为的激励与权益保护更加细化，促进公益组织快速而健康地发展，使其能够在我国社会保障发展中发挥更大作用。例如，可通过修改税法的相关规定使慈善行为享有更多的税收优惠政策。因为

---

① 郑功成：《关于慈善事业立法的几个问题》，载《教学与研究》，2014（12）。

② 参见《贫困家庭儿童重大疾病慈善救助实施意见》，见 http：//www.xzmz.gov.cn/article/？id=1100，2011-12-18。

国外慈善立法的一个重要共性是不断健全以税收优惠为基本内容的各种激励措施，包括财政拨款、税收优惠、服务优先、技术保障、慈善金设立等，这些措施成为慈善事业大发展的助推器。① 例如，美国《国内税收法典》第501（c）（3）条中对慈善组织免税事项进行了详细规定，无论在形式上还是在内容上都值得我们借鉴。② 此外，作为公益活动的重要组成部分，应将志愿服务立法纳入立法规划，将志愿服务法的调整范围、志愿服务组织注册制度、志愿者权利与义务、志愿服务活动管理等作为基本立法内容。③ 同时应通过立法促进慈善事业与志愿服务相互配合，共同推进我国社会保障事业的创新和发展。

推荐阅读书目

陈国钧．社会政策与社会立法．台北：三民书局，1984.

林嘉．社会保障法的理念、实践与创新．北京：中国人民大学出版社，2002.

［英］哈里斯．社会保障法．北京：北京大学出版社，2006.

［日］桑原洋子．日本社会福利法制概论．北京：商务印书馆，2010.

① 参见谢琼：《国外慈善立法的规律、特点及启示》，载《教学与研究》，2014（12）。

② 参见李超民：《美国社会保障制度》，414～418页，上海，上海人民出版社，2009。

③ 国外较系统的志愿服务立法情况可参见莫于川：《中国志愿服务立法的新探索》，87～116页，北京，法律出版社，2009。

第六章

社会保障构成论

本章要点： 主要阐述社会保障制度构成的国别差异与多支柱的社会保障制度构成，社会保险制度原则及其内容构成，社会救助制度的特点及其主要内容，社会福利制度的内容以及其他社会保障制度的基本内涵及构成。

关键概念： 社会保险制度；社会救助制度；社会福利制度；社会保障制度构成

第一节 社会保障制度构成概论

一、社会保障制度构成的国别差异

社会保障制度构成可以反映一国社会保障事业发展的情况。由于受建制理念、文化背景、经济发展水平等因素的制约，世界各国社会保障制度的构成内容不尽相同。根据各成员国的社会保障政策和实际做法，国际劳工组织认为，社会保障主要对疾病、生育、老年、残疾、死亡、失业、工伤、职业病和家庭风险带来的损失提供物质帮助，保障目的是满足社会成员的基本需求，从而促进社会稳定和经济发展。1952 年国际劳工组织在《社会保障（最低标准）公约》中指出，社会保障制度构成内容有医疗护理，疾病和生育津贴，失业津贴，家庭补助，工伤保险，残疾，老年和遗属保险。到 20 世纪 80 年代，国际劳工组织所界定的社会保障制度构成内容包括：社会保险、社会援助、由国家财政收入资助的补助金、家属补助金、储备基金、企业补充年金以及围绕社会保障而发展的辅助性或补充性计划。[1] 目前，世界上绝大多数国家和地区都建立了社会保障制度，随着经济水平的不断提高，社会保障制度构成的内容不断增加，但各国国情不同，社会保障制度的构成也各具特色。

① 参见曾煜：《新编社会保障通论》，11 页，北京，中国建材工业出版社，2003。

（一）发达国家社会保障制度的全面性

发达国家在建立和实施社会保障制度过程中，对社会保障体系具体内容的规定不尽相同，但其社会保障体系构成具有稳定和共同的内容，主要是社会救助、社会保险和社会福利三大部分。社会救助是社会保障制度的最低层次，是国家通过国民收入的再分配，对因自然灾害或其他经济、社会原因而无法维持最低生活水平的社会成员给予救助，以保障其最低生活水平的制度；社会保险是社会保障制度的核心内容，是指以国家为主体，对有工资收入的劳动者在暂时或永久丧失劳动能力，或虽有劳动能力而无工作亦即丧失生活来源的情况下，通过立法手段，运用社会力量，给这些劳动者以一定程度的收入损失补偿，使他们能继续维持基本生活水平，从而保证劳动力再生产和扩大再生产的正常运行，保证社会安定的一种制度；社会福利是社会保障制度的高层次，是指国家和社会通过社会化的福利设施和有关福利津贴，满足社会成员的生活服务需要，并促使其生活质量不断得到改善的一种社会政策。社会保障制度构成的内容与社会保障制度发展阶段紧密联系，不同的国家对保障项目均有所侧重，如英国是以社会福利为主的保障体系，德国是以社会保险为主的保障体系。

发达国家社会保障制度的全面性具体表现如下。

1. 社会保障项目齐全

各发达国家结合自身经济发展水平建立了老年、残疾、遗属、工伤、生育、失业、家庭津贴、医疗和保健服务、教育等社会保障项目。以福利国家的典型代表英国为例，它的社会保障制度项目众多、体系庞大，对国民的社会保障非常全面，几乎涵盖了“从摇篮到坟墓”的全部人生过程。英国的社会保障制度由四个部分组成：（1）社会保险。这是英国社会保障体系中最大的系统，其宗旨是使国民在遭遇困难或不幸事故时能够获得基本生活保障。主要包括养老金、失业津贴、工伤津贴、疾病津贴、寡妇津贴。（2）社会救助。这是英国社会保障的基本系统，包括住房补助、低收入家庭补助、特殊困难补助、病弱者津贴、病弱者抚恤金、残疾及死亡津贴、孕产妇补贴、儿童津贴、幼儿津贴、儿童特别津贴、入学后的各种补贴、附加补助等。（3）国民保健服务。这是根据《国民保健事业法》建立起来并为英国公民提供免费或低价医疗服务的社会保障系统，其宗旨是改善国民的健康状况并提高其身体素质。（4）个人生活照料。这是为那些有特殊需要的个人提供个别服务的保障系统，其服务对象包括丧失生活能力者、老年人、儿童、精神失常者等。

德国社会保障体系以强制性社会保险制度为主体，其中又以养老保险与医疗保险为骨架，同时辅之以社会救助与社会福利。① 德国社会保险主要包括养老保险、医疗保险、促进就业与失业保险、意外事故保险和长期护理保险。社会救济制度的保障对象有遭灾居

① 参见郑功成：《社会保障学》，277～278页，北京，商务印书馆，2000。

民、贫困者、失业者、病人、残疾者、老年人和低收入家庭救济。德国的社会福利主要有家庭补助、住房补助、教育福利、老年福利、儿童福利等项目。

2. 社会保障范围广

发达国家社会保障制度的覆盖范围经历了从保障部分人群到广泛人群再到全体社会成员的过程，其主要内容有针对全体有收入者的社会保险制度、针对没有收入或低收入者的社会救助制度，以及针对全体公民的公共福利制度和社会保障服务，这三个组成部分共同构成西方国家社会保障制度内容体系。① 如英国和瑞典等国家，社会保障保险对象基本上包括所有公民。有的国家针对不同的社会成员建立不同的社会保障体系。如美国的社会保障体系分为公共项目和私人项目两大类。② 公共项目包括转移补偿项目、社会服务项目和特殊群体保障，其中转移补偿项目包括社会保险、税收转移补偿、公共援助、健康转移补偿、住房转移补偿、食品援助等，特殊群体保障包括退休军人、农民、印第安人等的保障。私人项目则包括私人保险、慈善性转移支付、私人社会服务等项目，其中私人保险主要包括人寿保险、健康保险、企业年金等。日本全面建立了包括社会保险、社会救济、社会福利、公共卫生及医疗、老人保健五大部分在内的社会保障制度。社会保险包括年金保险、医疗保险、工伤事故保险、失业保险等；社会救济包括生活救济、住宅救济、教育救济、医疗救济、职业救济等；社会福利包括老人福利、儿童福利、残疾人福利等。

3. 社会保障管理机构健全

发达国家十分重视对社会保障制度的监督和指导，在国家最高层通常设有社会保障或者社会保险总局，直接或间接地对社会保障制度运行进行宏观监督管理与控制。如德国社会保障实施分散管理的模式，社会保险的各项事务都由各个地区和行业建立的社会保险机构负责，社会保险机构有专门的管理委员会负责管理，管理委员会先由代表大会推选理事会成员，再由理事会提名确定会长。德国的社会救济由州和市政府负责管理。日本的社会保障管理模式是典型的集散结合管理，社会保障的管理机构主要有立法机构、行政管理机构、经办机构、营运机构以及监督机构，立法工作由参议院和众议院负责，行政管理机构分为中央和地方两级，保险机构主要负责厚生年金、健康保险和船员保险，同时指导和监督厚生年金。各保险组合以及医疗机构国民年金机构主要负责指导监督国民年金的具体运作，以及指导所属市县、区、村的社会保险事业。③

4. 社会保障法制完善

发达国家的社会保障制度之所以体系完善，是因为有一套完善的法律作为保证，并且

---

① 参见丁建定、杨泽：《论西欧社会保障制度的三个体系》，载《社会保障研究》，2013 (1)。

② 参见郑功成：《社会保障学》，287 页，北京，商务印书馆，2000。

③ 参见邓大松、丁怡：《国际社会保障管理模式比较及对中国的启示》，载《社会保障研究》，2012 (6)。

随着社会的发展，政府不断完善法律制度。如德国是社会保障法律制度较为完备的典范国家。早在19世纪晚期，俾斯麦政府就相继推出了《医疗保险法》、《工伤事故保险法》、《伤残和养老保险法》；在20世纪的社会经济发展中，对《养老保险法》、《事故保险法》、《失业保险法》、《医疗保险法》等进行了十余次较大规模的根本性改革和调整，直到1995年《社会护理保险法》颁布，形成了社会保险法律制度的五大支柱。目前德国社会保障立法由多法并立向法典化方向发展，完善的社会保障立法增强了社会保障制度的规范性和稳定性。①

5. 社会保障体系多层次

面对人口老龄化，发达国家受经济发展滞胀的影响，2000年，国际劳工组织主张扩大社会保障覆盖面，改善社会保障管理，促进民众的积极参与和缴费意愿。世界银行主张在公共管理的以税收筹资的养老计划与私人管理的完全积累制的养老金计划之外，实行一种自愿性养老金计划作为补充的老年保障三支柱方案。许多国家纷纷进行社会保障制度的改革，尤其是养老保险制度的改革将兼顾国家、企业和个人的责任。如瑞士养老保险建立了三支柱的保障体系。第一支柱是由国家提供的基本养老保险，其全称为“养老、遗属和伤残保险”。这是一种强制性保险，旨在保证退休老人、遗属和残疾人的基本生活费用。第二支柱是由企业提供的“职业养老保险”。这是对第一支柱中的“养老、遗属和伤残保险”的有力配合。第二支柱和第一支柱所提供的养老金总和可达到投保者退休前全部薪水的60%左右，足以使退休老人保持较高的生活水平。第三支柱是各种形式的个人养老保险，是对第一和第二支柱的补充，以满足个人的特殊需要。所有在瑞士居住的公民都可以自愿加入个人养老保险，政府还通过税收优惠政策鼓励个人投保。个人养老保险的投保方式比较灵活，可向保险公司投保，也可在银行开户。

(二) 发展中国家社会保障制度构成的差异性

20世纪80年代以来，基于经济结构的调整，发展中国家开始对本国的社会保障制度构成进行调整，以促进本国经济的发展，并满足国民生活的基本保障。由于各发展中国家经济发展水平存在差异，各国国内经济社会发展的区域差异以及民众对社会保障需求的客观差异，使得发展中国家按照选择性原则或普遍性与选择性相结合的原则，建立了具有差异性的社会保障制度。这种差异性的社会保障制度是发展中国家社会保障制度发展必须经历的重要阶段，它适应了各发展中国家的基本国情，在一定意义上是具有合理性的。②

发展中国家社会保障制度构成的差异性表现为如下几点。

① 参见林俏：《德国社会保障法律制度及对中国的借鉴》，载《天津行政学院学报》，2014 (2)。

② 参见郑功成：《社会保障学》，264页，北京，商务印书馆，2000。

1. 社会保障体系的多层次性

受国家经济发展水平的制约，不同发展中国家的社会保障关注的对象不同，早期社会保障对象是贫困人口和脆弱群体，如老年人、残疾人、贫困者、失业者等，后期伴随经济发展不断扩大社会保障覆盖范围，大部分发展中国家没有建立覆盖全体国民的统一社会保障制度，目前主要针对不同人群的收入水平，建立适应不同社会群体需求的社会保障制度，但为后期社会保障制度的整合带来了一定的影响。如东欧等发展中国家建立了多支柱社会保障模式，实现了社保基金筹资多元化，这样既保障了低收入人群的基本生活，又满足了高收入者的保障需求。[①] 又如印度社会保障体系从原有的单层次发展为多层次，包括低收入民众和弱势群体的基本生活保障、无工会组织部门工人保障、农村就业人口的基本医疗保障、儿童健康和义务教育保障等。[②]

2. 社会保障项目结构多元化

新加坡的社会保障制度以公积金制度及其扩展计划为主体，同时还有一些其他的制度安排来弥补公积金制度的不足。[③] 其体系框架构成如下：（1）公积金制度。它最初是为保障工人的老年生活而建立起来的，后来扩展到住房福利与健康保障等方面；每个受保者在中央公积金局均有三个账户，即可以用来购买保险、房屋和进行投资的普通账户，不能随便支用、只能用作养老金和紧急财务用途的特别账户，专门用于医疗住院的保健账户；公积金制度的保障范围是宽泛的，从而构成了新加坡社会保障体系的核心内容与主体骨架。（2）公务员社会保障。包括养老保险与福利待遇等。（3）雇主责任制。即国家强制雇主必须投保雇主责任保险，以便为劳动者提供工伤保障待遇，但该项业务须在劳工部监督下由私人保险公司负责经办。（4）其他保障计划。如保健双全计划、家庭保障保险计划等，前者是一项由公积金局操作的自愿性低价医疗保险，后者则是在受保者终身残疾或死亡时为其家属提供生活保障的一项福利型计划。

智利的社会保障制度体系由以下几个部分组成：（1）养老保险。军人以外的所有劳动者必须按其月工资收入的10%缴纳保险费，存入个人退休账户。对于分别在改革前后参加工作的“老人”和“新人”采取不同的缴费办法。个人退休账户积累的资金由养老保险基金管理公司管理运营，政府建立了较为规范化的投资管理体系，并制定出极严格的基金投资规则。（2）医疗保险。所有劳动者缴纳工资的7%作为医疗保险费用，由各类公立、私立或公私混合型医疗保险经办机构管理。（3）工伤保险。保险费主要由雇主缴纳，由养老金规范化协会组织和管理，政府基本上不负责任。（4）社会救助。包括家庭津贴和残疾津

---

① 参见穆怀中等：《发展中国家社会保障制度的建立和完善》，325页，北京，人民出版社，2008。

② 参见高静：《印度社会保障的政治理念及设计路径》，载《南亚研究》，2014（4）。

③ 参见郑功成：《社会保障学》，292页，北京，商务印书馆，2003。

贴，对象为人均收入低的贫困家庭和残疾人，资金主要由政府财政提供。[①]

(三) 中国社会保障制度构成的内容和特点

我国社会保障制度的发展经历了从计划经济体制时代的国家保障转为市场经济体制的社会保障制度。在改革开放前，强调国家、单位、个人利益高度一致的原则，国家和单位共同扮演着社会保障的供给者与实施者的角色。20世纪60年代中期，我国社会保障体系由国家保障制度、企业保障制度和农村集体保障制度构成。改革开放之后，在1985年9月制定的《关于制定国民经济和社会发展第七个五年计划的建议》，第一次明确提出了我国社会保障体系包括社会保险、社会救济、社会福利和优抚安置四部分内容。1993年11月，党的十四届三中全会通过的《关于建立社会主义市场经济体制若干问题的决定》强调，我国要建立多层次的社会保障体系，并将体系内容规定为社会保险、社会救济、社会福利、优抚安置、社会互助和个人储蓄积累保障六个部分，确立了国家、单位和个人三方承担社会保障责任的原则。2004年9月，党的十六届四中全会通过的《关于加强党的执政能力建设的决定》提出要健全社会保险、社会救助、社会福利和慈善事业相衔接的社会保障体系，第一次将"社会救济"表述改为"社会救助"。2006年10月，党的十六届六中全会提出，为适应人口老龄化、城镇化和就业方式多样化，逐步建立社会保险、社会救助、社会福利和慈善事业相衔接的覆盖城乡居民的社会保障体系，完善优抚安置政策，发挥商业保险在健全社会保障体系中的重要作用。2007年10月，党的十七大报告第一次完整提出"社会保障体系"，即要以社会保险、社会救助、社会福利为基础，以基本养老、基本医疗、最低生活保障制度为重点，以慈善事业、商业保险为补充，加快完善社会保障体系。党的十八大报告则明确提出要增强社会保障制度的公平性、适应流动性和保证可持续性，全面建成覆盖城乡居民的社会保障体系。

目前，我国社会保障制度构成的主要内容为：(1) 社会保险。包括企业职工基本养老保险、失业保险、医疗保险、工伤保险、生育保险，以及公务员养老保险、城乡居民养老保险和医疗保险。(2) 社会救助。包括生活救助（城市居民最低生活保障制度）、专项救助（医疗救助、住房救助、教育救助、失业救助、司法救助）、临时救助（城市流浪乞讨人员救助）、其他救助（农村五保户供养制度、扶贫开发、灾害紧急救助）。(3) 社会福利。包括残疾人福利、老年人福利、妇女儿童福利、教育福利、住房福利。(4) 社会优抚。包括军人社会保险、军人抚恤、退伍军人安置、军人福利、军人优待、军人救助等。(5) 补充保障。包括补充保险（企业年金、职业年金）、商业保险、慈善事业和互助保障（社会互助保障、职工互助保障和社区互助保障）。

我国社会保障制度构成具有如下特点：(1) 制度覆盖范围不断扩大。经过20多年的社会保障制度的改革探索，我国社会保障制度覆盖人群包括从公营单位职工到城镇各类用

---

① 参见宋晓梧：《中国社会保障体制改革与发展报告》，254页，北京，中国人民大学出版社，2001。

人单位和灵活就业人员，从职业人群到城乡居民，制度覆盖人群迅速扩大。在2020年建立覆盖城乡居民的社会保障体系，实现人人享有社保的目标。（2）制度体系框架基本形成。在20世纪50年代建立劳动保险的基础上，经过改革探索建立了城镇企业职工社会保险制度，实现了制度安排从城镇到农村，建立了新农合、城镇居民医保、新农保、城乡居民养老保险制度，建立和完善了以城乡最低生活保障制度为主的城乡社会救助制度。（3）多层次保障体系逐步建立。20世纪90年代末，我国社会保障制度建设的主要任务是建立国家、企业和个人三方筹资的基本保障制度，为了提高社会保障水平，满足社会发展中的民生需求，在近几年的社会保障制度发展中，基于国际经验，根据经济发展水平，从保障人群的基本生活开始注重住房保障和教育保障，从强调国家基本保障到企业补充保障和慈善及商业保险。

二、多支柱的社会保障制度构成

20世纪70年代以来，由于社会保障制度出现了诸多危机，面对人口老龄化的挑战，发达国家不同程度地对社会保障制度进行了调整和改革。大多数国家所实行的社会保障制度改革，主要是对原有模式进行局部调整和改革，重心是增收节支，也有一些国家对社会保障的制度结构进行了改革。在世界银行的倡导下，各国改变过去单一的社会保障制度构成，开始尝试建立国家基本保障、企业补充保障和个人储蓄性保障的三支柱社会保障体系。于是，建立多支柱的社会保障制度正逐渐成为各国社会保障制度改革和发展的重要道路选择。

（一）第一支柱——国家基本保障

国家基本保障是指法定的、基本的社会保障，包括社会保险、社会救助、社会福利、医疗保障、军人保障等。社会保障是政府的责任，只要没有外敌入侵或遭遇不可抗拒的严重自然灾害，一个尽职、合格的政府就应保障其公民的基本生活。当代社会保障的主要特征是强调政府或国家的责任。所谓政府或国家责任，既包括国家有责任建立起完善的社会保障制度，以保障公民享受社会保障的权利，也包括国家必须承担必要的财政支出，以及通过行政手段具体实现劳动者社会保障权利。

在现代社会保障制度出现以前，对社会各种弱势群体的救助往往靠慈善事业。现代社会保障制度出现以后，对社会弱势群体的救助成为政府必须履行的重要职责。对于受助者来讲，慈善恩赐和公民权利是不同的。可以说，当代社会保障从慈善事业发展到权利责任是人类文明的进步。现代社会保障不同于传统家庭保障和济贫保障的最明显标志，就是政府在社会保障中扮演着不可或缺的角色，尽管当代经济学家们受新自由主义理论的影响，注意到了与市场失灵相对应的政府失效的问题，并提出了一些不同于以往的社会保障模式和政策主张，但都不否认政府在社会保障中的积极作用，所争论的只是政府和市场如何在其中发挥作用。社会保障现在已成为政府降低劳动者和社会成员风险的一种有效机制，起着“安全网”、“减压阀”、“稳定器”的作用。

在三支柱社会保障制度即国家基本保障、企业补充保障和个人储蓄性保障中，政府都承担着相应的责任：基本保障是由政府主导的，政府承担着财政支持、监管、实施的责任；政府也应当通过税收优惠间接地向企业保障提供财政支持；政府还倡导社会保障制度与家庭保障相配合。①

(二) 第二支柱——企业补充保障

企业补充保障是指企业根据自己的经济效益情况，在参加社会保险的基础上，为进一步提高员工养老或防御疾病等对抗社会风险的能力，自行采取的一些具有保障作用的措施机制。企业补充保障是社会保障体系的重要组成部分，也是社会保障的第二道防线，对提高社会保障水平具有特别重要的意义。企业补充保障所需资金主要由企业负担，也可由企业和个人共同负担。补充保险费计入职工个人账户，职工退休后和失业时一次或分次领取，使职工的社会保障能在基本保障的基础上得到补充和提高。

在企业补充保障中，尤以企业年金制度影响最大，也得到了世界各国的普遍重视。以美国的退休金计划为例②，美国由雇主举办的年金计划产生于19世纪70年代，至今已有100多年的历史。美国有专门机构批准建立年金计划。政府一直通过立法手段来鼓励、调节、规范企业年金的发展。1978年，《美国国内税收法案》增加了第401条k款，对企业年金规定了新的税收优惠。在这一背景下，根据该条款建立了一种专门的退休养老计划——401（k）计划。其主要内容有：企业员工自愿参与、自定款额。企业则在员工供款的前提下按一定比例配套供款。法律规定雇主出资不得超过员工工资的15%。个人与企业供款当年不纳税，投资收益也不纳税。员工至59.5岁时允许提款，按提款当年税率纳税。提前取款除补缴所得税外另缴罚金。该计划一般由专业金融机构管理。

401（k）计划建立以来发展很快。它既是一种储蓄方式也是一种投资方式，该计划的优势在于它对政府、个人、企业三方都有利，具有激励机制，政府利用它可降低福利成本。过去，401（k）计划只在企业中推行，2003年，有些不堪财政重负的州政府已开始在政府雇员、教师中推行该计划。401（k）计划对参与者个人的积极作用在于，个人供款后能获得一笔可观的配套资金，财产积累又能以多种方式投资。2001年年底前，一般401（k)计划的投资者相当成功，在20世纪90年代，不少人甚至可取得两位数的收益率(最高可达30%)。企业通过401（k）计划能增加资金积累，提高员工的福利待遇，增强凝聚力与竞争力。2000年，美国401（k）计划发展处于高峰期，实施该计划的企业有30万家。

---

① 参见杨方方：《中国转型期社会保障中的政府责任》，载《中国软科学》，2004（8）。

② 参见林羿：《美国的私有退休金体制》，3页，北京，北京大学出版社，2002。

（三）第三支柱——个人储蓄性保障

个人储蓄性保障是以保障被保险人在发生各种风险后的生活为目的，以自愿参加为原则，以投保人与保险人的约定为基础，以保险合同为依据，由政府规范、保险人提供的特定保险。实施主体（即保险人）是人寿保险公司等商业性保险机构，对象主体（即被保险人）则包括已经参加基本社会保险而仍感到保障水平不足的人以及尚未参加基本社会保险、补充社会保险的人。①

个人储蓄性保障是社会保障体系的重要组成部分，它具有社会保障的属性，从其经营方式、方法来看，属于典型的商业性保险。政府对于个人储蓄性保障的发展一般都有相应的扶持、鼓励政策和措施，因此，个人储蓄性保障不是一般意义上的商业性保险。投保个人储蓄性保障可以为劳动者在其退休以后提供一定的生活保障，免除劳动者个人和家庭的后顾之忧。个人储蓄性保障同国家基本保障、企业补充保障相比，满足社会需要的方式更加灵活多样。通过发展个人储蓄性保障，既可以配合国家政策的实施，增进社会福利，扩大社会保障，又可以减轻国家和社会的负担，因此，个人储蓄性保障为许多国家所鼓励和支持。

瑞士在 1985 年开始实行多层次的社会保障制度，在由国家提供最低限度生活保障的基础上，突出强制性企业补充保障和个人储蓄性保障的作用，充分强调劳动者的自我积累和自我保险意识。匈牙利在 1991 年把原由国家统一管理的社会保险制度改为由两个独立的社会机构，即全国退休金公积金自我管理委员会和全国医疗公积金自我管理委员会管理。委员会的职责是管理公积金，提出调整和改进方案，经与政府协商、报国会审议后实施。公积金的主要来源为用人单位缴纳的社会保险费和劳动者个人按月工资的 5%缴费。国家一方面拨给两个委员会一部分不动产，用以开展经营活动，收入纳入公积金；另一方面从财政中拨款，对其予以资助。②

第二节　社会保险制度

一、社会保险制度的原则

（一）社会保险制度的定义

关于社会保险的定义，国内外有很多种表述。国内具有代表性的表述主要有：王友等

① 参见宋晓梧：《中国社会保障体制改革与发展报告》，124 页，北京，中国人民大学出版社，2001。
② 参见孙光德、董克用：《社会保障概论》，92 页，北京，中国人民大学出版社，2000。

认为，社会保险就是国家通过立法的形式，统一组织社会力量，对因年老、疾病、生育、伤残以及失业等因素暂时或永久丧失劳动能力、失去工作机会以致没有生活来源或收入不能维持必要生活水平的劳动者，提供物质帮助和生活保障，使其至少达到最低生活水平，以安定社会的一种保障制度。[①] 成思危认为，社会保险是政府依据一定的法律和法规，对具有一定参保年限或缴费金额的劳动者在发生年老、疾病、失业等风险而且暂时或永久失去工作能力、丧失收入或收入减少时，通过向雇主和雇员筹集资金来给予补偿，以至少满足他们基本生活需求的一种社会制度。[②] 孙光德、董克用认为，所谓社会保险，就是以国家为主体，对有工资收入的劳动者，在暂时或永久丧失劳动能力，或虽有劳动能力而无工作、亦丧失生活来源的情况下，通过立法手段，运用社会力量，给这些劳动者以一定的收入损失补偿，使之能继续享受基本生活水平，从而保证劳动力再生产和扩大再生产的正常进行，保证社会安定的一种制度。[③] 申曙光认为，社会保险是国家在既定的社会政策下，通过立法手段建立社会保险基金，在劳动者因年老、疾病、伤残、失业、生育及死亡等原因，暂时或永久失去劳动能力或劳动机会从而失去全部或部分生活来源的时候，由国家或社会对其本人或家庭给予一定物质帮助的社会保障制度。[④]

美国危险及保险学会社会保险术语委员会将社会保险界定为："通常由政府采用危险集中管理方式，对于可能发生预期损失的被保险人，提供现金给付或医疗服务。"[⑤] 1953 年在维也纳召开的社会保险会议把社会保险定义为："社会保险是以法律为保证的一种基本社会权利，其职能主要是以劳动为生的人，在暂时或永久丧失劳动能力时，能够利用这种权利来维持劳动者及其家属的生活。"[⑥] 2011 年 7 月 1 日我国实施的《中华人民共和国社会保险法》第二条明确规定："国家建立基本养老保险、基本医疗保险、工伤保险、失业保险、生育保险等社会保险制度，保障公民在年老、疾病、工伤、失业、生育等情况下依法从国家和社会获得物质帮助的权利。"

尽管各国学者对社会保险的定义表述不一，但从中我们可以看出，社会保险主要包含以下要素：(1) 它是为了解决劳动者因劳动风险带来的后顾之忧，确保社会安定和家庭稳定；(2) 它是通过国家立法形式，强制实施的保险制度；(3) 保障的对象是劳动者，享受待遇的前提条件是缴纳社会保险费，并已丧失或暂时丧失劳动能力或者收入来源；(4) 保障的水平是维持丧失劳动能力者及其家属的基本生活水平。综上所述，并结合我国社会保险的实践，我们认为，社会保险是国家通过立法强制实施，并运用大数法则建立社会保险基金，当劳动者面临年老、疾病、失业、工伤或生育等特定风险而使生活陷入困境时，对其提供物质帮助，从而保证其基本生活的一种社会保障制度。

---

① 参见王友等：《中国保险实务全书》，1279 页，北京，中国物价出版社，1993。

② 参见成思危：《中国社会保障体系的改革与完善》，86 页，北京，民主与建设出版社，2000。

③ 参见孙光德、董克用：《社会保障概论》，26 页，北京，中国人民大学出版社，2000。

④ 参见申曙光：《社会保险学》，46 页，广州，中山大学出版社，1998。

⑤ 转引自《中国社会保障制度总览》，244 页，北京，中国民主法制出版社，1995。

⑥ 转引自林义：《社会保险》，20 页，北京，中国金融出版社，1998。

（二）社会保险制度的基本原则

社会保险制度自 1883 年在德国首创以来，经历了百余年的发展，在这个过程当中，形成了一系列的基本原则，这些原则既是社会保险历史发展的经验总结，又是一个国家建立和发展社会保障事业的基础。社会保险制度的基本原则如下。

1. 强制性原则

强制性原则是指凡属于法律规定范围内的劳动者都必须无条件地参加社会保险，并按规定履行缴纳社会保险费的义务，这是社会保险的首要原则。[①] 强制劳动者参加社会保险是社会化大生产的客观要求，生产的高度社会化促进了劳动力再生产的社会化，人作为社会劳动力而存在，物质资料的再生产与劳动力的再生产是相互结合的；而家庭作为社会的基本组成单位，其抚养、赡养功能逐渐削弱。面临这两个趋势，国家和社会为了保证社会劳动力的供应，使社会化大生产得以顺利进行，必须对劳动者实施人身性质的强制保险。社会保险的强制性特点，一般是通过国家立法和国家强制征收社会保险费来具体体现的。社会保险的缴费标准和待遇项目、保险金的给付标准等均按国家和地方政府的法律、法令统一确定，劳动者对于是否参加社会保险和投保的项目以及待遇标准等均无权任意选择和更改。

2. 满足基本生活需要原则

基本生活需要，一是按照一个国家的不同气候和其他自然特点，确定不同的衣、食、住、行等自然需要，二是根据一个国家的经济、文化发展水平，确定需要的范围和需要的方式。如前所述，将社会保险定位于满足基本生活需要是《贝弗利奇报告》所提出的概念，这一概念为许多国家所接受并采用。社会保险实行满足基本生活需要的原则，是同社会保险的性质相适应的。在劳动者部分或全部丧失劳动能力或失业时，由国家通过法律保证而使劳动者获得物质生活权利，提供切实可靠的基本生活保障。

3. 社会公平原则

社会公平原则是指当风险出现时，对所有被保险人提供维持特定生活标准的给付，以满足他们的基本生活需要。[②] 这一原则与个人酬报对等原则是相对的，所谓个人酬报对等原则，是指投保人所得到的津贴直接取决于他所缴纳的保险费，津贴的精算标准完全等于缴费的精算标准。社会保险在充分的社会公平性和充分的个人酬报对等性之间选择一个作为提供津贴的基础时，明显地偏重前者。社会保险的基本目标决定了它必须选择社会公平原则，如果社会保险采用个人酬报对等原则，个人所得到的保险津贴实际上等于他们缴纳的保险费，那么低收入群体所能领得的津贴不足以维持他们的基本生活，社会保险的基本

---

① 参见张洪涛、郑功成：《保险学》，206 页，北京，中国人民大学出版社，2004。

② 参见林义：《社会保险》，25 页，北京，中国金融出版社，1998。

目标就无法实现。相反，私营保险则必须选择个人酬报对等原则，它采用共同承担风险的方式，将风险大小相同的被保险人归作一类，缴纳相同的保险费，获得相同的津贴。所以，私营保险的“人人公平”实质上是指同类被保险人之间的公平。

4. 法制原则

法制原则是指政府利用法律手段建立和管理社会保险事业。主要包括下述几个方面：首先，用法律确定社会保险资格条件、缴费义务与津贴权利。在社会保险中，将领取社会保险津贴视作一种法定的权利，不需要像社会救助那样，申请救助者必须证明其收入与资产无法维持本人及其家庭的生活，亦即不需要作家庭财产状况调查。其次，用法律确定管理机构及主要管理办法。由于社会保险涉及面广、标准化要求高、管理难度大，为保证该项事业的顺利发展，国家一般要对有关的管理事项用法律的形式明确规定。

有些国家还对社会保险制定了自给自足原则（即社会保险费完全由企业和劳动者负担，政府不负担任何费用）、不必完全提存基金准备原则等，以上这些原则虽具有普遍意义，是社会保险的重要原则，但并不是各国社会保险制度所遵循的普遍原则。此外，上述社会保险的普遍原则本身并不是固定不变的，随着时间的推移和需要而修正。例如，西欧许多国家的社会保险制度都经历了从自愿性参加原则到强制性参加原则的转变，英国养老金制度还经历了从免费性原则到缴费性原则的转变。因此，对这些原则不能盲目照搬，而须视具体情况进行具体分析。

二、社会保险制度关系

社会保险制度关系有狭义和广义之分。从狭义上说，社会保险关系是指社会保险主体在社会保险活动中所形成的权利义务关系，包括政府与劳动者之间、社会保险经办机构与用人单位和个人之间、用人单位和职工之间、社会保险经办机构与参保人员之间的关系。从广义上讲，社会保险关系除了上述含义之外，还包括社会保险同商业保险之间的关系。

（一）保险人和被保险人

从社会保险行为产生的过程和结果看，社会保险机构与劳动者的关系类似于保险合同关系中的保险人和被保险人之间的关系。[①] 社会保险机构是受国家政府委托，代表国家专门负责社会保险税（费）征缴、分配和管理的机关或单位。社会保险机构作为社会保险关系一方的当事人，享有受政府委托从事社会保险业的权利和履行社会保险职责的义务。（1）社会保险机构根据授权，依法按照政策设计和推出社会保险产品，如社会统筹的国家

① 参见邓大松：《社会保险》，48页，北京，中国劳动社会保障出版社，2002。

基本保障产品、企业补充保障产品和个人储蓄性保障产品等供广大劳动者选择；(2) 按规定负责向参保者收缴社会保险税（费），建立社会保险基金；(3) 根据安全性和收益性原则，有效运营筹集的社会保险基金，确保社会保险基金安全，争取社会保险基金增值，增大社会保险偿付能力；(4) 社会保险事件发生后，根据权利与义务对等的原则，按照规定的时间、条件和标准给付基本保险金、补充保险金和个人储蓄保险金；(5) 采取坚决措施，规避社会保险道德风险，对有意制造道德风险者，根据情节轻重和风险损失情况，分别给予经济处罚或追究刑事责任；(6) 代表国家各级政府对社会保险活动进行管理，并依照规定，有权从社会保险收入中按比例提取一定的管理费，确保社会保险事业繁荣与发展。

在社会保险关系中，劳动者是社会保险保障权利所指向的对象，根据《中华人民共和国社会保险法》第四条规定，个人在社会保险关系中具有以下权利：(1) 依法享受社会保险待遇；(2) 有权监督本单位为其缴费情况，个人可以向社会保险经办机构查询、核对其缴费和享受社会保险待遇记录，要求社会保险经办机构提供社会保险咨询等相关服务。同时，个人具有缴费义务和登记义务。用人单位在社会保险关系中的权利是可以向社会保险经办机构查询、核对其缴费记录，要求社会保险经办机构提供社会保险咨询等相关服务。同时用人单位主要具有缴费义务和登记义务及申报和代扣代缴义务。社会保险经办机构在社会保险关系中的职责是提供社会保险服务，负责社会保险登记、个人权益记录、社会保险待遇支付等工作。

政府用于社会保险支出的那部分收入，是劳动者为社会提供的部分剩余劳动的积累和劳动者一部分必要劳动的集中，国家对社会保险事业提供的资金和物质支持，是对“取之于民，用之于民”的剩余劳动的再分配。参保劳动者应根据参保项目按时足额缴纳社会保险税（费），有义务遵守社会保险法规和政策，自觉抵制和防范道德风险，维护社会保险的整体利益。

（二）社会保险与商业保险

社会保险与商业保险具有密切的联系。社会保险与商业保险都是随着社会的发展以及各种风险的社会化而出现并发展起来的；两者都具有互助互济、分担风险、保障人民生活安定的功能，有利于经济社会的稳定发展。社会保险的产生晚于商业保险，在社会保险出现以前，商业保险发挥着重要的保障作用，在社会保险出现以后，社会保险运用商业保险的原理如大数法则管理业务。当代各国在社会保障制度的改革中，越来越关注商业保险对社会保险制度的补充作用，并将鼓励社会成员参加以自愿性储蓄为特点的商业保险作为社会保障制度改革的重要内容。

社会保险与商业保险作为两种不同性质的保障制度，在本质上存在着很大的区别，具体表现在以下几个方面：

(1) 经营目的不同。经营目的不同是构成社会保险与商业保险两者差异的基础。社会保险注重保障低收入阶层的基本生活，作为一种社会福利事业，具有非营利性质；而商业保险是市场经济的一个重要组成部分，是一种强调盈利目的的经济行为，利润指标是商业保险公司非常重要的经营目的。

(2) 权利与义务的对等关系不同。社会保险强调社会公平，只要劳动者履行为社会贡献劳动的义务并依法缴费，就能获得享受社会保险的权利；而商业保险强调个人公平，投保人缴纳保险费的多少决定了保险金的多少，即体现了“多投多保，少投少保，不投不保”的等价交换原则。

(3) 资金来源不同。社会保险资金来源于政府财政拨款、企业缴费和劳动者个人缴费等多种渠道；而商业保险的资金来源只能是投保人缴纳的保险费。

(4) 保险的实施方式不同。社会保险由国家立法强制实施，属于政府行为；商业保险则是一种商业行为，保险人与被保险人之间完全是一种自愿的契约关系。

(5) 经营主体和管理特征不同。社会保险由中央政府或地方政府直接领导，实行行政管理，待遇基本统一，属行政领导体制；商业保险由各类保险公司作为相对独立的经济实体，自主灵活经营，属金融体制。

(6) 给付标准的依据和保障水平不同。社会保险基本保障水平依据国家财政的承受能力，满足人们的基本生活需要，保障水平会随着社会生产力水平的提高而提高；商业保险给付水平的确定，只考虑被保险人缴费的多少，而不考虑投保人的工作年限、工资收入、生活水平、物价上升等因素。

(7) 保险关系建立依据不同。社会保险以有关的社会保险法律法规和社会保障政策为依据；商业保险以保险合同为依据。

(8) 所处的财税关系不同。国家财政有对社会保险拨款的义务或向社会保险提供优惠政策；商业保险企业则要依法向国家缴纳税收。

(9) 保障对象不同。社会保险的保障对象是人（所有劳动者及家属），使他们在生、老、病、死、伤、残和失业时，得到基本生活保障；商业保险的保障对象既有人也有物，其业务有以人的生命和健康为保险标的的人寿保险，也有以单位或个人、家庭财产为保险标的的财产保险。

虽然社会保险和商业保险有着较大的区别，但是两者在防范和化解风险中，具有同样的保障功能，两者的作用在任何时候都不能互相代替，它们是相辅相成和共同发展的关系。尤其是在经济落后、社会保险保障范围窄、保障程度低的国家，应更加重视商业保险的发展，充分发挥其对社会保险的拾遗补缺作用。

三、社会保险制度的构成

由于各国经济发展的水平不同，每个国家在一定时期所能提供的经济保障水平存在着较大的差别，因此，各国社会保险实施的范围、内容是不一样的。但就基本的方面看，社会保险制度主要包括养老保险、医疗保险、失业保险、工伤保险和生育保险。

(一) 养老保险制度

养老保险又称老年社会保险或退休收入计划，是国家通过立法，对达到国家法定的退休年龄或缴费满一定年限的劳动者，由国家或用人单位为其提供社会保险金，以保障其基本生活需要的一项社会制度。养老保险由于适用人数多，基金数额庞大，因此构成了社会保险制度中的核心组成部分。德国是最早建立养老保险制度的国家，随后养老保险制度为许多国家所效仿和采纳，迄今已有160多个国家和地区建立了养老保险制度。

由于世界各国社会经济发展水平的不同，各国养老金发展水平也不一致。但是世界社会养老金制度的发展表现出两个基本的进程：一是从最初的国家养老金制度即国家基本养老金制度，发展到建立国家补充养老金制度，进而发展到建立各种职业养老金制度，从而使得养老金津贴水平和养老保险的保证水平不断提高；二是养老金制度从最初仅仅针对城市工业劳动者，发展到政府公务员、商业服务人员、林业工人、农业工人，最后发展到各种手工业者、自雇佣者等，从而使得养老保险的覆盖水平不断提高。

养老保险制度具有以下特点：一是由国家立法，强制实行，企业单位和个人都必须参加；二是养老保险费用由国家、单位和个人三方或单位和个人双方共同负担。养老保险模式的分类若根据养老基金的筹资方式进行，则可分为现收现付制、完全积累制和部分积累制。现行养老保险体系一般由三个层次构成：国家基本养老保险、企业年金和个人储蓄性养老保险，其中国家基本养老保险是最重要，也是最高层次的养老保障，一般由国家强制实施；第二和第三层次作为企业或职工自愿参加的养老保险形式，对一个国家的养老保险制度起着重要的补充作用。

从世界各国目前推行养老保险制度的实践看，养老保险制度的模式有四种基本类型：(1) 国家统筹型。这种养老保险所需要的全部资金都来源于国家的财政拨款，劳动者个人不需缴纳任何保险费，苏联和东欧其他社会主义国家，以及我国在计划经济体制下实行的退休金制度就是这种模式。(2) 投保资助型。这是世界上大多数国家实行的养老保险方式，它的保险资金来源丰富，由国家、企业和劳动者共同负担，美国就实行了比较典型的投保资助型养老保险模式。(3) 强制储蓄型。以新加坡为代表的一些东南亚国家实行该模式，其特点是国家立法强制性要求雇主和雇员缴费，以职工个人名义进行储蓄，这种保障模式要求企业和劳动者的投保费率较高，因此一些经济发展较快而且水平较高的国家实行此模式。(4) 福利国家型。这种养老保险制度是以国家为主的全民保障模式，其特点是强调全民性和公平性原则，统一缴费，统一给付，基金主要由国家承担。西欧和北欧的一些国家实行这一模式。

我国养老保险制度始建于20世纪50年代初期，建立了由国家统一管理并保证养老金发放的养老保险体系，保障范围是城镇机关、事业单位和企业的职工。自20世纪80年代以来，随着经济体制的不断深化、国有企业改革的推进，部分省市开始探索养老保险社会统筹的试点经验，1997年全国推行“社会统筹与个人账户”相结合的企业职工养老保险制度，从此各省市都相应地制定了养老保险制度改革方案，为国有企业的深化改革和保障职工基本生活发挥了重要的保障作用。伴随养老保险制度运行出现空账的问题，2001年在东北三省相继开始了完善城镇社会保障体系的试点，进一步完善养老保险制度。2008年在八个省市推行事业单位养老保险制度的改革试点。2009年实行新型农村社会养老保险制度。2011年出台城镇居民社会养老保险制度。2014年实现城乡居民统一的社会养老保险制度。为了实现更加公平的社会养老保险制度，国务院要求从2014年10月1日起启动实施机关事业单位养老保险制度改革，这对统筹推进城乡养老保障体系建设、促进机关事业单位深化改革、逐步化解待遇差距过大的矛盾、促进社会公平正义，都具有十分重要的意义。

十八大提出“坚持全覆盖、保基本、多层次、可持续方针，以增强公平性、适应流动性、保证可持续性为重点，全面建成覆盖城乡居民的社会保障体系”。目前我国城乡基本社会养老保障体系基本形成，主要包括城镇企业职工基本养老保险制度、机关事业单位养老保险制度、城乡居民社会养老保险制度和城乡老年津贴制度。为了进一步完善我国城乡居民社会养老保险体系，今后改革与发展的宏观思路是将“公平、正义、共享”作为制度建设的核心价值理念和改革的重要标准，将免除所有老年国民后顾之忧、确保老年人生活质量作为制度建设的基本目标，以“统筹兼顾、循序渐进、增量改革、新老分开”为改革的基本策略，逐步建立起以缴费型养老保险制度为核心的、具有中国特色的多层次养老保障体系。①

（二）医疗保险制度

医疗保险是国家和企业对职工因患病（含非因工负伤）而暂时丧失劳动能力时的治疗与生活给予物质帮助的一种社会保险制度。② 最早建立医疗保险制度的国家是德国，其后，许多国家纷纷建立了适合本国情况的医疗保险制度。目前全世界大部分国家不同程度地建立了医疗社会保险制度。医疗保险是社会保险的重要组成部分，也是社会保障制度中运行十分复杂的社会保障项目。

目前医疗保险采取的是现收现付制，因此为了保证医疗社会保险的顺利运行，其基金的筹资遵循“以支定收，收支平衡，略有节余”的原则。医疗保险基金的筹集由国家、企业和个人三方共同承担。各国医疗保险制度主要有国家医疗保险模式、社会医疗保险模式和个人储蓄医疗保险模式。其中社会医疗保险模式是目前世界上大多数国家所采用的一种模式。这种模式大都以立法的形式对医疗保险的各项内容做出规定，雇主和雇员均需缴纳医疗保险费，建立医疗社会保险基金并用于雇员及其家庭成员的医疗保障。苏联等社会主义国家大多实行国家医疗保险模式，而美国等国则是个人储蓄医疗保险模式的典型国家。

我国医疗保险制度经过不断改革和完善，目前的构成内容主要包括三险一助，其中三险分别为职工基本医疗保险、城镇居民基本医疗保险和新农合，一助为医疗救助制度。现

---

① 参见郑功成：《中国社会保障改革与发展战略——理念、目标与行动方案》，124页，北京，人民出版社，2008。

② 参见荆涛：《保险学》，658页，北京，对外经济贸易大学出版社，2003。

有制度体系基本实现了城乡基本医疗保险制度，但“看病难，看病贵”的问题依然存在，具体表现为保障水平低、医疗保险基金结存量过大、个人账户作用有限，难以从根本上抑制医疗费用上涨、医疗资源配置不均衡、保障待遇不平等和异地报销结算困难等问题。2009年，国务院在《关于深化医药卫生体制改革的意见》中明确提出“建立健全覆盖城乡居民的基本医疗卫生制度，为群众提供安全、有效、方便、价廉的医疗卫生服务”的近期目标；同时提出“到2020年……普遍建立比较完善的公共卫生服务体系和医疗服务体系，比较健全的医疗保障体系，比较规范的药品供应保障体系，比较科学的医疗卫生机构管理体制和运行机制，形成多元办医格局，人人享有基本医疗卫生服务，基本适应人民群众多层次的医疗卫生需求，人民群众健康水平进一步提高”的长远目标。为了实现此目标，我国要整合城乡居民基本医疗保险制度，实现“三保合一”，通过整合城乡基本养老保险制度，实现城乡居民人人享有医保，逐步推动“大病医保”政策的实施，建立重特大疾病保障和救助机制，尽快优化医疗资源的配置，使优质的医疗服务惠及全民。

（三）失业保险制度

失业保险制度是劳动者在由于非本人原因失去工作、中断收入时，由国家和社会依法保证其基本生活需要的一种社会保险制度。[①] 其核心内容是通过集中建立失业保险基金，分散失业风险，使暂时处于失业状态的劳动者得到最基本的生活保障，并通过就业培训，使失业者尽快就业。1905年，法国最早建立非强制性失业保险制度；1911年，英国成为世界首个建立强制性失业保险制度的国家。此后，许多国家纷纷建立失业保险制度。目前全世界有69个国家建立了失业保险制度，其中大部分国家实施强制性保险制度。由于世界各国的社会、经济、政治和文化发展水平不同，各国所实施的失业保险制度的类型有：（1）强制性失业保险制度。是由国家通过立法强制实施的失业保险制度，这是目前大部分国家采取的失业保险形式，包括美国、日本、英国、加拿大等30多个国家。（2）非强制性失业保险制度。这种类型的失业保险制度不是由政府管理，而是由工会组织建立，政府提供大量的资金，劳动者自愿参加，代表国家有法国、挪威、丹麦等。（3）双重失业保险制度。既有国家强制性失业保险，又有由国家提供资金、以经济状况调查为发放失业救济金依据的失业补贴制度，典型的国家是德国。

失业保险资金的筹集一般也是采取现收现付的方式，基金的来源一般包括雇主、雇员缴纳的失业保险费和政府的财政补贴。雇主按雇员工资总额的一定比例缴纳失业保险费，雇员按自己工资的一定比例缴纳失业保险费；当雇主与雇员的失业保险费收入不能抵消支出时，政府财政给予补贴。失业保险制度是社会保险制度的重要内容。由于失业问题已经成为世界大多数国家的主要社会问题，并具有持续性和广泛性的社会影响，失业保险制度的作用和影响也就越来越明显。同时，失业保险制度理念与目标的转变也越来越受到各国

① 参见孙光德、董克用：《社会保障概论》，175页，北京，中国人民大学出版社，2000。

的关注，改变传统失业保险制度注重消极性提供失业津贴的做法，转而推行以促进就业为目的的积极性失业保险制度，从20世纪中期以来已经成为西方各国失业保险制度改革和发展的道路选择。

我国失业保险制度始建于1986年，为配合国营企业用工劳动合同制的实施，国务院颁发了《国营企业职工待业保险暂行规定》，对失业保险的覆盖范围、筹资和组织管理等都作了原则性的规定，为后期失业保险制度的建立奠定了基本框架，这是我国建立失业保险制度的初期试验。伴随我国市场经济体制的建立，为了配合国企改革，建立统一的劳动力市场、实现劳动力资源的优化配置，国务院于1999年正式颁布《失业保险条例》，这标志着我国失业保险制度的发展进入规范化和法制化的发展阶段。从此，参加失业保险的人数大幅度增加，失业保险金征缴规模扩大，失业人员的基本生活因失业保险制度而得到了基本保障，同时，失业保险提供就业培训和服务的作用得到逐步发挥，促进再就业的功能逐步显现。经过十几年的探索和发展，我国失业保险制度在保障失业人员基本生活、促进再就业、维护经济和社会的稳定方面发挥了重要作用。随着我国社会主义市场经济体制的逐步建立和完善，失业保险制度也暴露出许多问题，如覆盖面过窄、基金滚存结余过多、统筹层次较低、促进就业功能较弱、管理体制不健全、缺乏监管机制等。

随着经济的深入发展，根据我国当前的就业情况和发展趋势，失业保险未来改革的主要目标是变消极的生活保障为积极的就业保障。① 即在保障失业人员基本生活的基础上，更主动、更积极地促进就业，使失业保险制度“保障生活、预防失业、促进就业”三位一体的功能真正得以发挥。依据此目标，今后我国失业保险要健全失业保险制度的促进就业创业体制机制，以高校毕业生作为就业工作的重点，保持大学生就业的总体平稳；积极面对产业结构调整，落实已经出台的失业保险“援企稳岗”政策，做好失业人员的再就业工作；要进一步加强公共就业服务和职业培训，促进就业保障立法，提高失业保险统筹层次。

(四) 工伤保险制度

工伤保险也称职业伤害保险，是指劳动者在生产劳动或其他工作过程中遭受意外伤害或因长期接触有毒有害因素引起职业病伤害后，由国家或社会向其个人或其所供养的亲属提供必要的物质保障的制度。② 工伤保险是世界范围内实施最广泛、立法最早的社会保险制度。德国是世界上最早建立工伤保险制度的国家，其后，许多国家也都建立了工伤保险制度。据国际社会保障协会的数据资料，在全球建立社会保障制度的200个国家和地区中，建立工伤保险制度的国家有164个。工伤保险实行的是“无责任补偿原则”，即无论事故责任是否属于劳动者本人，受害者均应无条件地得到一定的经济补偿。另外在工伤保险中，劳动者个人不缴纳保险费，工伤保险费由企业或雇主按照国家规定的费率缴纳，这

① 参见林闽钢：《现代社会保障通论》，221页，北京，中国社会科学出版社，2014。

② 参见尹成远、闫屹：《保险学》，214页，北京，人民邮电出版社，2003。

是工伤保险与养老、医疗、失业等其他社会保险项目的不同之处。

世界上现行的工伤保险制度有三种类型：(1) 工伤保险制度独立于其他社会保障制度，工伤保险经办机构对工伤保险管理和工伤保险基金均有自主权，如比利时、德国、意大利、日本和泰国等。(2) 工伤保险虽然独立于其他社会保障制度，但是在行政管理方面由同一个机构负责，如奥地利、法国和菲律宾等。(3) 工伤保险及其他意外伤害事故包括在整个社会保障制度之中，如阿尔及利亚、巴哈马、缅甸、哥伦比亚等。在经济全球化的今天，工伤保险制度与经济贸易有着更为密切的联系，不少国家将产品生产地建立了工伤保险制度，作为进行贸易的先决条件。[①] 根据 1964 年国际劳工组织《工伤事故和职业病津贴公约》，政府应当重视职业康复工作，提供充足的财政援助，以满足残疾人对职业康复的需要。职业康复作为现代工伤保险制度的重要目标之一，其目的是使因工伤残的劳动者尽可能地恢复重新就业的能力，这不仅有利于提高他们的生活适应能力，而且有利于扩大他们的就业机会。目前世界上大多数国家实行的工伤保险制度是工伤预防、工伤补偿和职业康复三位一体的结合，这成为工伤保险制度发展的必然趋势。

我国工伤保险制度建立于 20 世纪 50 年代。1951 年政务院公布了《中华人民共和国劳动保险条例》，随后颁发《劳动保险条例实施细则》，建立了企业职工工伤保险制度。1957 年卫生部制定的《职业病范围和职业病患者处理办法的规定》将职业病纳入工伤保险的范围。改革开放以来，由于企业经营机制发生了根本的转变，原有的保险制度已经不能适应新形势的要求，1996 年 10 月 1 日实施的《企业职工工伤保险试行办法》，表明我国工伤保险制度建设由企业保险转变为社会保险。2003 年国务院正式颁布《工伤保险条例》，标志着我国的工伤保险制度走上了法制化和规范化的道路。2011 年 1 月 1 日，国务院施行修改后的《工伤保险条例》。我国工伤保险制度经过 60 多年的发展取得了显著成就，工伤保险待遇给付本着损害赔偿、促进工伤职工的救治和康复、维持工伤职工生活水平不降低、保持政策的连续性等宗旨和原则确定，给予工伤职工更为优厚的保险保障待遇，为保证企业生产的正常秩序、稳定社会和家庭发挥了重要作用。

我国的工伤保险待遇大致包括工伤医疗待遇、伤残待遇、一次性待遇和工亡待遇四个内容。在工伤保险制度的发展中，其覆盖范围不断扩大，待遇水平逐步提高，管理规范化不断加强，目前工伤预防、工伤保险和工伤康复三位一体的体系已经初步形成。但是，实践中的工伤保险制度仍然存在一些亟待解决的问题，如参保率较低、费率机制缺乏科学设计、工伤认定难、基金管理不规范以及预防和康复功能不足等。我国《工伤保险条例》明确提出，我国工伤保险制度的最终目标是建立统一、健全的工伤保险体系。为达成这一目标，我国将进一步扩大覆盖面，健全和完善工伤保险的费率机制，强化工伤预防和工伤康复的作用，不断完善法律法规，提高服务水平，加强安全监管，确立雇主对雇员安全保障的法律责任。

---

① 参见《对新修订〈工伤保险条例〉的理解与适用》，见 http://www.jsjthrss.gov.cn/gov_affairs/gov_show/245，2011-12-10。

（五）生育保险制度

生育保险是指当女职工因怀孕、分娩而无法从事正常的生产劳动，中断经济来源时，由国家和社会给予医疗保健服务和物质帮助的一种社会保险制度。① 其最早也是在德国建立的，目前已有105个国家实行这种社会保险制度。生育保险制度包括生育津贴、医疗护理、生育补贴和生育休假四个内容。生育保险与医疗保险、工伤保险等同属于劳动者健康保障范围，但不同的是生育保险的对象是已婚的女职工，范围有限。国外生育保险制度的指导思想是立足国情，依法保护妇女权益，全面提高妇女素质，促进妇女积极参与经济建设和社会发展，进一步提高妇女地位。国外生育保险制度具有覆盖范围广泛、立法具有非独立性（生育保险与医疗保险合并立法）、待遇的项目较多且水平较高、法律法规体系较为完善等特点。国外生育保险制度在实施中坚持以下三个原则：（1）生育保险发展目标与国家总体目标的协调统一；（2）现实和未来、必要性和可行性的协调统一；（3）宏观指导与可操作性、经济发展与待遇水平的协调统一。

我国早在1951年颁布的《中华人民共和国劳动保险条例》中就对生育保障问题作出了规定，女职工生育费用由企业或资方负担，规定了相应的产假待遇。只有在城镇国营和集体企业、国家机关和事业单位工作的女职工才能享受到较为优厚的生育保障待遇，农村妇女生育没有保险保障。改革开放后，随着社会主义市场经济体制的逐步建立，由于非公有制经济组织不愿意承担生育保险的责任，拒绝女性劳动者就业，或者限制女性结婚和生育，所以生育保险制度的改革势在必行，劳动部于1994年颁布了《企业职工生育保险试行办法》，为我国新型生育保险制度的建立奠定了基础。为贯彻落实党的十七大提出的加快建立统筹城乡社会保障制度的要求，解决城镇居民生育保障问题，2009年9月人社部决定开展城镇居民生育保障试点工作。目前我国生育保险制度主要包括企业职工生育保险制度、城镇居民生育保险制度和计划生育保障制度。生育保险制度的实施对于确保妇女儿童的生育健康、当代妇女的自我实现和人口与经济的协调发展具有重要作用，但是生育保险制度在立法、制度覆盖面、权益保障水平和责任承担等方面尚存在一些问题，面对人口老龄化、城镇化、劳动人口流动性的不断增强，构建我国城乡一体的生育保险制度的任务较为艰巨。

党的十八大首次将“坚持男女平等基本国策，保障妇女儿童合法权益”写入报告，从国家层面对维护和促进妇女及其子女的发展作出指示。从该要求出发，我国的生育保险应将发展全民生育保险作为制度发展的长远目标②，因此为了缓解我国未来老龄化的压力，借鉴国外失业保险制度的经验，我国生育保险制度的改革与人口政策的调整要衔接，进一步扩大生育保险的覆盖面和受益面，将男性生育陪护假及其津贴纳入生育保险待遇，强化政府在生育保险制度中的基本责任，做好生育保险法规与相关法律法规的衔接。

---

① 参见尹成远、闫屹：《保险学》，217页，北京，人民邮电出版社，2003。

② 参见潘锦棠：《社会保障通论》，269页，济南，山东人民出版社，2012。

第三节　社会救助制度

一、社会救助制度的特点

随着社会的进步和经济的发展，人们的生活水平越来越高。但是，在现代社会中，社会救助的存在仍然是不可替代的，因为贫困是一种不可避免的社会现象。由于一些不可抗拒的社会因素和自然因素，总有一部分人不能满足自身最基本的生活需求，在这种情况下，就有可能出现贫困。如果贫困问题不能得到稳妥解决，不仅将会给个人生活带来困难，也将给国家和社会的发展带来一些不利因素，所以各个国家都比较重视社会救助制度的建立和完善。

（一）社会救助制度的定义

对于社会救助，不同学者有不同的解释：郭士征认为，社会救助是现代国家中受到保护的基本公民权利之一，是当公民难以维持最低生活水平时，由国家和社会按照法定的程序和标准向其提供最低生活需要的物质援助的社会保障制度。[①] 孙光德和董克用认为，社会救助是国家通过国民收入的再分配，对因自然灾害或其他经济、社会原因而无法维持最低生活水平的社会成员给予救助，以保障其最低生活水平的制度。[②] 郑功成认为，社会救助是指国家与社会向由贫困人口与不幸者组成的社会脆弱群体提供款物接济和扶助的一种生活保障政策，它通常被视为政府的当然责任或义务，采取的也是非供款制与无偿救助的方式，目标是帮助社会脆弱群体摆脱生存危机，维护社会秩序的稳定。[③] 综上所述，社会救助可以被定义为：国家通过立法，对于因为自然和社会等不可抗拒因素造成生活困难、难以维持最低生活保障的社会成员，按照法定程序，以货币或者实物的形式对其进行救助，以满足其最基本的生活需求的社会保障制度。

现代社会救助有别于传统社会救济。传统社会救济是工业化社会以前的产物，是国家救济、教会慈善救济、个人慈善救济的总称。传统社会救济的接受者对救济者怀着感恩戴德之心，处于被动状态；救济者则把救济视为自己的恩赐、施舍、怜悯，居高临下，处于主动状态。传统社会救济的标准往往以施舍者的主观意向来决定，其实施范围只是绝对贫困者中的少数人；传统社会救济是消极性、急救性救济，其管理也是时有时无，没有专门

---

① 参见郭士征：《社会保障学》，229 页，上海，上海财经大学出版社，2004。

② 参见孙光德、董克用：《社会保障概论》，28 页，北京，中国人民大学出版社，2000。

③ 参见郑功成：《社会保障学》，13 页，北京，商务印书馆，2000。

的管理机构和法定的管理程序。

现代社会救助是社会保障制度的重要内容，是社会保险制度的必要补充。国家有责任为社会弱势群体提供社会救助，个人有权享受社会救助，强烈的公民权利色彩构成现代社会救助的显著特征。现代社会救助不仅提供必要的现金和物质等直接救助，而且还采取相关措施帮助受助者摆脱贫困。此外，现代社会救助在适用范围、财政来源以及管理体制等方面，也都与传统社会救济存在根本不同。但是，两者之间也有一定联系，社会救助和社会救济有着历史的继承关系，现代社会救助是在传统社会救济的基础上发展起来的；传统社会救济中的一些做法如对受助者实施的收入调查规定等，也在现代社会救助制度中被沿用下来。

（二）社会救助制度的特点

1. 义务和权利的非对等性

社会救助是现代国家和社会的一项义不容辞的职责，获取最低生活保障或社会救助是公民的一项基本权利。在现代社会中，人们不仅认识到导致贫困的主要原因是社会因素，而且也意识到拥有起码的生存条件是每个公民的权利。所以当社会成员陷入贫困时，国家和社会有责任和义务为他们提供援助，这种援助既不是带有怜悯性的恩赐，也不是需要先尽义务的补偿，而是法律所赋予的权利。所以在整个社会救助实施活动中，绝大多数项目不强调权利与义务的相对应，而是注重国家和社会对救助对象的责任和义务的特性。

2. 社会救助对象的选择性

社会救助的对象是由法律规范决定的，只有符合条件的社会成员才有资格享受社会救助。在我国，城市社会救助、农村社会救助、自然灾害社会救助分别有着各自特定的救助对象。每一种社会救助的对象都有其特定的内涵和特征，任何一种社会救助形式对救助对象的限制都极为严格。我国社会救助的对象大体包括：（1）“三无人员”，即无生活来源、无劳动能力、无法定赡养人或抚养人的居民；（2）有劳动能力，也有收入，但意外灾害降临，遭受沉重的财产甚至人身损失，一时生活陷入困境的人；（3）有收入来源，但生活水平低于或仅相当于国家法定最低标准的国民及其家庭，包括工资收入过少，不能使每个家庭成员达到法定最低生活标准者；（4）有失业津贴的失业者，在享受津贴期满后仍未找到工作者；（5）有退休养老金，但要供养配偶和未成年子女或是因为长期患病而支出沉重的老人，不少残疾人也属于这类救助对象。

3. 保障最低生活水平

社会救助向救助对象提供最低生活保障和简单再生产的资金或物资，而非改善和提高福利，从而处于当代社会保障体系的最低或最基本层次。相对于社会保险和社会福利而言，社会救助的待遇标准比较低。如果社会救助提供的资金或物资超过一般人的生活水平，很容易影响包括救助对象在内的社会成员的生产积极性，从而有悖于社会救助的初衷。所以，社会救助的标准应该依据最低生活标准线或贫困线来决定，在一定区域内应该有明确统一的最低生活标准线。现代社会救助标准的确定还应该考虑到使受助者有尊严地生活，此外，还应该考虑到如何帮助受助者摆脱贫困等因素。

4. 有期限性和无期限性相结合

社会保险制度建立在明确规定的缴费资格条件上，因此享受社会保险津贴具有强烈的期限性。社会救助制度则不同，它更多地承载着国家对贫困民众的政府责任，因此，享受社会救助一般没有明确的有限期限，而是以受助者是否已经摆脱贫困为标准，如果受助者通过接受社会救助已经摆脱贫困，一般就会停止对其提供的救助；而对于永久性贫困群体，社会救助则对他们提供无期限性的长期救助，以保证他们的基本生活。

5. 社会救助资金主要来源于国家财政拨款

社会救助的资金主要来源于国家财政拨款和社会筹集。国家财政拨款是社会救助资金的主要来源，包括中央财政拨款和地方各级财政拨款，另外，还包括向社会各界筹集的社会救助基金。在我国，社会筹集社会救助基金的形式主要有募捐、乡镇统筹、扶贫经济实体和社会福利企业利润分成、救灾扶贫互助基金会的储金等。此外，还可通过政策性贷款在资金上支持贫困地区的发展。作为社会救助享受者，个人没有承担社会救助资金的义务。

6. 法定性

社会救助对象必须履行一系列法定的程序，方能获得社会救助的待遇。我国社会救助程序是在经过家庭经济状况调查的前提条件下，通过个人申请、社区证明、基层审核、上级批准几个步骤。通过这一法定的程序，确认社会救助对象并保证其准确性，达到准确地将社会救助款或物资提供给真正最迫切需要者，从而使有限的社会救助资源得到最好最符合目标的利用。

二、社会救助制度的主要内容

（一）城市社会救助制度

城市社会救助是指国家和社会为了帮助城市中由于各种原因而不能维持其最基本生活的居民而设立的一种社会救助。对贫困群体进行的救济早已有之，中世纪教会在提供救济方面发挥重要作用，社会组织与个人慈善所提供的救助具有重要影响，以济贫法为主要形式的政府性救济是早期社会救济的重要内容。可以说，在以社会保险制度为核心内容的现代社会保障制度出现以前，许多国家已经程度不同地建立起社会救助，这种社会救助主要以对城镇居民提供救济为主。社会保险制度的出现为大部分民众提供了重要的社会保障，但是，对于那些没有条件参加社会保险者以及社会保险津贴无法满足其基本生活需要者而言，社会保险制度无法对他们提供帮助，于是，在社会保险制度出现以后，针对上述人群的现代社会救助制度也开始出现。最初，西欧许多国家将改革后的济贫法制度作为社会救助的政策体系，到第二次世界大战后，各国逐步建立起体现基本公民权利的现代社会救助制度。

我国的城市社会救助最先开始是在计划经济体制下形成的。1965 年，国务院发出了《关于精减退职的老职工生活困难救济问题的通知》，救助的对象主要是“三无人员”。20 世纪 90 年代后，城市的社会救助发生了很大变化。从 1993 年开始，以上海为代表的一些城市陆续制定了城镇居民最低生活保障制度。在经历试点和推广阶段后，1997 年国务院发布了《关于在全国范围内建立城市居民最低生活保障制度的通知》，正式开始在全国范围内建立城镇居民最低生活保障制度。该通知规定：持有非农业户口的城市居民，凡共同生活的家庭成员人均收入低于当地城市居民最低生活保障标准的，均有从当地人民政府获得基本生活物质帮助的权利。享受最低生活保障的城市贫困人口有：第一，“三无人员”；第二，贫困的失业人员；第三，贫困的在职职工、下岗人员和退休人员；第四，有残疾、疾病或其他原因造成生活困难的居民。1999 年《城市居民最低生活保障条例》颁布实施，2000 年全国全面普及城市最低生活保障制度，教育救助、住房救助、就业救助等救助制度有序推进，救助水平和覆盖面稳步提高，实现了应保尽保的目标。

当前我国城市居民最低生活保障制度的发展面对社会环境变化的挑战，为了提高城市低保制度的科学性和执行力，维护困难群众的基本生活权益，要进一步完善城市低保对象认定制度，加强救助申请家庭经济核对机制，加快完善城市低保工作管理机制，完善城市低保监管及处罚机制，建立低保备案制度，对已经纳入城市低保范围的救助对象，定期跟踪保障对象家庭变化情况，同时完善城市低保与就业联动机制。

（二）农村社会救助制度

目前，大部分西方国家已经建立和实施了统一的社会救助制度，由于经济和社会发展的特殊原因，包括中国在内的一些发展中国家尚未建立和实施城镇与农村统一的社会救助，而是实施城镇与农村分离的社会救助制度。我国农村社会救助主要包括贫困户的救助、五保户救助、灾民救助、特殊对象救助和农村扶贫工作。

1. 农村五保制度

始于农业生产合作社时期的中国农村五保供养工作，经过几十年的不断发展和完善，逐渐成为一项具有中国特色的保障鳏寡孤独残疾人基本生活权益的制度。1956 年的《高级农业生产合作社示范章程》规定：“农业生产合作社对于缺乏劳动力或者完全丧失劳动力，生活没有依靠的老、弱、孤、寡、残疾的社员，在生产上和生活上给以适当的安排和照顾，保证他们的吃、穿和柴火的供应，保证年幼的受到教育和年老的死后安葬”。1960年又规定，农业生产合作社对无依无靠的鳏寡孤独者要做到保吃、保穿、保烧（燃料）、保教（儿童和少年的教育）、保葬，使他们的生养死葬都有依靠。1994年，国务院颁布并实施《农村五保供养工作条例》，农村五保制度作为中国农村救助的主题走上了与时代相适应的规范化道路。

享受五保救助待遇应当由本人申请或由村民小组提名，经村民委员会审核，报乡级政府批准，并发放由民政部门统一制定的《农村五保供养证书》。五保供养的实际标准不低于当地村民的一般生活水平，具体标准由乡村政府规定，其救助经费和救助实物从村提留或乡统筹费中列支，或从集体经营的收入、集体企业上交的利润中列支。五保供养的方式以分散供养为主，实行集中与分散供养相结合的方式，五保对象是否入敬老院等社会福利设施中生活，由自己决定，不得强迫。

2. 农村贫困户救助

除了农村的五保救助对象之外，那些不够五保救助条件的农村社会成员，也有很多人由于各种各样的原因陷入贫困，不能保证最基本的生活条件，这些成员也需要国家和社会的救助。农村贫困户救助的方式主要是暂时救助，程序类似五保救助制度，但是国家给予财政拨款和集体提供有关补贴补助；还有面向贫困地区并专门用于扶助生产的扶贫贴息贷款等。总的来讲，由于国家和地方的支持有限，对于农村贫困人口实施的社会救助的受益人数很有限，救助水平也比较低。

农村居民最低生活保障制度是社会救助体系的一个重要组成部分，是国家保障农村困难群众基本生活、缓解农村贫困问题的重要制度。自2007年农村最低生活保障制度全面推广以来，社会救助事业发展很快，初步构建了以最低生活保障、特困人员（农村五保供养对象和城市“三无”人员）供养、受灾人员救助以及医疗救助、教育救助、住房救助、就业救助和临时救助为主体，以社会力量参与为补充的社会救助制度体系，基本实现了救助范围覆盖城乡、操作程序明确规范、困难群众应保尽保、救助水平逐步提高的制度目标。[①] 截止到2013年年底，救助2 931万户农村居民、覆盖5 388万人。为解决农村低保工作中存在的核查内容不具体、核查方法不科学、操作流程不规范等问题，提升农村低保对象认定的准确率，有效遏制骗保、错保、关系保、人情保等违规现象，2015年3月，民政部、国家统计局联合印发《关于进一步加强农村最低生活保障申请家庭经济状况核查工作的意见》，对农村低保核查工作提出要求。因此，要做到健全农村低保申请家庭经济状况核查指标体系，完善核查认定方法，规范认定程序，做到核查办法科学、对象认定准确、管理运行高效，加强农村低保信息化建设，注重专业管理人员培养，规范审核调查执行过程，以确保农村低保制度健康可持续运行。

---

① 参见民政部：《2013年我国城市1096万户》，见http：//finance.sina.com.cn/china/20140228/105718366072.shtml，2014-02-28。

第四节 社会福利制度

一、社会福利制度的定义

社会福利制度是现代社会保障体系的有机组成部分。西方国家的社会福利有着宽泛的含义，属于“大福利论”所包含的范畴，是国家和社会为提高全体国民生活质量而实行的一种经济和社会保障制度。这一概念包括以下三个层次：一是社会福利制度是通过立法和政策向全体国民提供的福利保障，具有普遍性的原则；二是社会福利制度具有经济福利性特征，但其本身难以通过市场调节，而是依靠政府政策扶持和财政支撑；三是从保障水平来看，社会福利制度的目标是提高全体国民的生活质量，在社会保障体系中处于最高层次。

联合国有关机构给社会福利所下的定义为：“社会福利是社会服务与机构间的有组织联系，在于协助个人和团体，在契合其家庭和社区需求的原则下，获取生活、健康及人际关系各方面的满足，使其能充分发挥潜能并增进福祉。”第二次世界大战后，以英国为首的主要资本主义国家，开始进入“福利国家”时代。这里的“福利”是“大福利论”，包括全部公共文化、教育、卫生设施和社会救济以及社会保障。我国学者郑功成认为：“社会福利其实是专指国家和社会通过社会化的福利设施和有关福利津贴，以满足社会成员的生活服务需要并促使其生活质量不断得到改善的一种社会政策。”①

综上所述，我们可以把社会福利定义为：社会福利是指国家和社会为保障社会成员的基本生活，提高社会成员的物质文化生活水平而采取的措施和举办的保险事业的统称。

二、社会福利制度的特点

（一）普遍性

社会福利属于国民收入再分配的范畴，是国家对财富分配的一种补充形式。社会福利的对象为全体国民，没有阶层、职业、年龄等方面的限制，即任何人都有享有社会福利的权利。如英国在第二次世界大战后，对全体国民实行“从摇篮到坟墓”的门类齐全的社会保险和福利项目。相对其他社会保障项目，社会福利的对象是普遍、广泛的。

① 郑功成：《社会保障学》，20页，北京，商务印书馆，2000。

（二）服务性

社会福利的目的是改善社会成员的生活，提高国民素质，因此，社会福利一般通过设立各种福利设施为国民提供广泛的社会福利服务，如在生、老、病、残、医等方面，国家和社会都为国民提供各种福利性服务，改善国民的生活水平。针对老年人、残疾人、儿童的福利，不但体现了国家、社会对国民的关心和照顾，也体现了物质保障和精神慰藉的结合，起到了稳定社会的作用。

（三）多样性

社会福利制度以国家作为福利举办的主体，同时依靠社会力量，依靠社区、群众的互助，建立起包括国家投资的高层次福利、依靠集体力量举办的集体福利和社会服务体系。社会福利支付形式除了向国民发放津贴，还提供各种社会福利设施和相应的服务。

（四）高层次性

社会福利对每个国民给予公平的福利待遇，不分贫富，均为同一标准。为国民提供的津贴、社会福利设施和服务是在国民个人收入之外的，目的是改善国民的生活质量，提高其自身素质，它的保障目标是高层次性的。

三、社会福利制度的内容

西方国家的社会福利制度在内容方面包括社会保险、社会救助和狭义的社会福利及服务体系，也涉及教育、住宅、卫生、环境以及社会服务等各个方面。但在具体福利项目上，主要集中于儿童和青少年福利、妇女福利、残疾人福利、医疗保健以及家庭福利，这是西方国家社会福利制度长期发展演变的结果，而且随着经济和社会的快速发展以及人们对生活质量要求的不断提高，西方社会福利制度必将进一步发展和完善。我国社会福利制度由于经济与历史原因，其所包含的内容比较窄，属于社会保障制度中的一个子系统。目前，我国在对传统社会福利制度进行重大改革的基础上，正在建立起一套社会福利制度，其涵盖的内容包括老年人福利、残疾人福利、妇幼福利、青少年福利、住房福利和教育福利。尽管本书采用广义的社会福利概念，但在阐述中国社会福利制度内容时沿用中国传统的狭义社会福利概念。

按照社会福利享受对象，可以将我国社会福利划分为未成年人福利、老年人福利、残疾人福利、劳动者福利。未成年人福利指未达到劳动年龄或学校毕业年龄的人员享有的福利，包括教育福利、健康福利和生活福利；老年人福利指达到法定年龄的老年人或者长寿年龄的老人享有的福利，包括老人免费检查健康状况、敬老院和托老所、老人家庭服务等；残疾人福利包括提供医疗康复设施、就业生产训练和学校教育等福利项目；劳动者福利指社会劳动者所享有的除去工资以外的津贴和福利服务等，包括住房补贴、冬季取暖补贴、交通费补贴等。

按照社会福利支付的方式，可以把我国社会福利划分为货币性福利、实物性福利、服务性福利和教育性福利。货币性福利包括生活困难补贴、取暖补贴、住房补贴等；实物性福利有免费午餐、免费提供的文化娱乐设施等；服务性福利如老人家庭服务、卫生医疗福利、对失业工人实行免费咨询等；教育性福利包括义务教育、残疾人教育等。

按照社会福利提供者，可以将我国社会福利划分为国家福利、地方福利和行业福利。国家福利是指在全国范围内由国家向全体国民提供的社会福利；地方福利是以一定区域内的社会成员为对象，中央或地方政府为其提供的社会福利项目；行业福利指在行业系统内，由本行业为该行业劳动者提供的福利项目。

我国社会福利制度建立于20世纪50年代，由民政福利、企业职工福利和国家机关、事业单位职工福利三部分组成。从1949年至今，我国福利制度随着社会经济发展的不断变化，经历了从萌芽阶段到初步发展的计划经济阶段，再到快速发展的改革开放阶段。目前，我国社会福利制度已经进入了较为成熟的发展阶段，形成了以民政部门为主管机构，以国家财政作为支付主体的社会化、规范化的制度体系。社会福利法制化初步形成，依法管理社会福利提上日程，行政命令式管理社会福利的局面得以改变。狭义的“民政福利”向广义的“社会福利”转变，“政府”与“社会”在社会福利中的地位、作用及其关系得到初步界定，家庭、社区、福利机构相结合的社会福利服务体系基本建立。尽管在经济体制转轨过程中我国社会福利改革和转型取得了一定成就，但与建立比较完善的社会福利体系的目标还有相当大的距离。2007年，民政部提出了由补缺型向适度普惠型转型的新的社会福利改革目标，同时提出了要建立有中国特色、融洽式、开放式的完整福利体系，用以不断改善和提高社会成员的生活质量，建立健全社会福利制度是时代和社会的客观要求。未来在构建社会福利的目标选择上应注重经济与社会之间、城乡之间、地区之间的平衡发展，注重社会公平；在受益人群上以社会弱势群体为重点，逐步让全体国民共享改革发展成果；在福利体系建设上从城乡分割走向城乡一体化；在福利服务管理和提供手段上实现法制化、专业化、标准化和信息化。①

第五节　其他保障制度

一、军人保障制度

军人保障制度是社会保障制度的一个特殊方面。它是指国家通过立法的形式，筹集社

① 参见成海军：《三十年来中国社会福利改革与转型》，载《马克思主义与现实》，2011 (1)。

会保障基金，对年老、疾病、伤残、病故、牺牲以及退役安置等因素所导致的损失，给军人及其家属经济补偿的一种社会保障制度。西方发达国家早在 19 世纪末期就已经出现军人保障制度，第一次世界大战推动了西方军人保障制度的建立，第二次世界大战促进了西方军人社会保障制度的发展，战后西方发达国家建立起了系统完善的军人社会保障制度。

军人保障制度具有责任主体的特定性、保障对象的特殊性、保障待遇的褒扬性、保障功效的激励性和保障管理的相对独立性五大特点。① 主要内容包括军人保险制度、军人优抚安置制度与军人薪金福利制度等。

我国现行的军人保障制度是在计划经济时期建立和发展起来的，这就使得我国传统的军人保障制度带有明显的时代特征。计划经济时期，我国军人保障制度是完全可以保障军人的基本权益的。我国军人保障制度的对象包括军人以及军属和烈属，其主要内容包括：

(1) 军人伤亡保险。1988 年，国务院颁布《军人抚恤优待条例》，标志着我国初步建立起军人伤亡保险制度。保险金由伤亡军人所在部队的军人保险机构提供。

(2) 军人死亡抚恤。现役军人死亡，根据死亡性质分为革命烈士、因公牺牲军人和病故军人，由民政部门发给其家属一次性抚恤金。革命烈士、因公牺牲军人、病故军人的家属，按照规定条件享受定期抚恤金，若军人的家属是孤老或者孤儿，定期抚恤金适当增发。义务兵和月工资低于正排职军官工资标准的其他军人死亡时，按正排职军官的工资标准发给其家属一次性抚恤金，立功和获得荣誉称号的现役军人死亡，一次性抚恤金按比例增加。

(3) 军人伤残抚恤。现役军人伤残的，根据伤残性质确定为因战、因公、因病伤残三种情况，并根据其丧失劳动能力及影响生活能力的程度确定伤残等级。伤残性质和等级不同的人员享受不同的抚恤标准。此外，国家对部分在乡退伍老红军、失散老红军及在乡复员退伍军人，给予定期定量的生活补助和医疗照顾。

(4) 退役安置。我国对于退出现役的军人进行安置，其方式可分为下列三种形式。首先，就业安置：转业干部、复员干部、退伍志愿兵和持城镇户口的义务兵，由国家统一分配工作、保证就业。其次，回原籍安置：农村籍义务兵退役后，回原籍安置。再次，离退休安置：现役军官离退休后，移交地方政府安置，由国家供养。

(5) 军人优待。军人优待是指从政治上和物质上给予军人及其家属良好的待遇。其优待对象为义务兵及其家属、死亡军人家属和伤残军人及其家属、复员军人等。优待内容包括物质优待、优先照顾以及举办优抚事业单位等。

但是随着我国社会主义市场经济的不断发展和各项社会事业的不断改革，具有计划经济特点的军人社会保障制度已经不能适应国内外的形势变化。它既不能体现新时期军人应享有的基本权益，也不能满足其提高生活水平的需求，更不符合国家建设一流军队的要求。因此，改革与完善我国军人保障制度势在必行。

---

① 参见杨翠迎：《社会保障学》，401～402 页，上海，复旦大学出版社，2015。

二、住房保障制度

住房保障制度是社会为弱势群体提供满足其基本生活所需住房的保障制度。住房问题是世界各国普遍面临的难题。联合国人居署报告显示，2010年世界贫民窟人口达8.276亿人，约占全球城市人口的1/4。在发达国家，对住房保障制度的探索已有上百年历史。1919年，英国颁布了《住房和城镇规划法》，规定居民住房问题为公共事务，政府对此履行义务。1937年，美国第一部住房法案《瓦格纳住房法》出台，之后其住房制度经历了政府建设公共住房、政府补贴住房建设、实行房租补贴等发展阶段。① 西方国家的住房保障制度经历了从政府建造住房和提供实物住房模式，到逐步实行提供实物住房与提供住房补贴、住房贷款担保或补贴相结合模式的过程，从而有效解决了住房困难群体的住房问题。如新加坡通过扩大强制公积金的使用范围的途径，取得了解决居民住房问题的成功经验。

国外住房保障制度有三种类型，具体为：(1) 以廉租为主的类型。实行此制度的有德国、荷兰、韩国等国家。如德国形成了以公共福利住房和房租补贴为主的住房保障体系，公共福利住房由各级政府投资建造，为低收入的家庭和多子女、残疾、失业者和退休人员提供住房保障，同时政府对非廉租房的对象（中低收入家庭）发放租房补贴。韩国构建了以廉租房、公租房为主，结合租金补贴、租房低息押金贷款等财税援助的多层次住房保障体系。(2) 租售并举的类型。实行此制度的有美国、日本、俄罗斯等国家。如美国建成了多层次的由廉租房、补贴、减税、住宅金融支援组成的住房保障体系。日本为中低收入者采取"公营住宅"、"公社住宅"和"公团住宅"的三位一体的住房保障模式。(3) 以出售为主的类型。实行此制度的有新加坡、英国等国家。新加坡通过公积金制度的实施，由政府主建和出售公共组房，为中低收入的家庭提供住房保障。低收入家庭可租赁组房，中等收入家庭可购买组房。②

我国住房保障制度经历了福利分房制度、住房分配货币化制度、住房保障制度、保障房建设跨越式发展四个阶段，到2012年，国家财政用于保障性住房的资金达到3 800多亿元，比2007年增长近38倍。目前，我国初步建立起包括廉租住房、公共租赁住房、经济适用住房、限价商品住房、各类棚户区改造，以及农村危房改造、游牧民定居工程的7大类、11个品种的保障性住房体系。③

目前，我国住房保障制度包括以下三方面内容：

(1) 住房公积金制度。住房公积金制度是我国政府解决职工家庭住房问题的政策性融资渠道。住房公积金由国家机关、事业单位、各种类型企业、社会团体和民办非企业单位

① 参见王保安：《走中国特色住房保障道路》，载《人民日报》，2013-04-10。
② 参见杨翠迎：《社会保障学》，462～463页，上海，复旦大学出版社，2015。
③ 参见王保安：《走中国特色住房保障道路》，载《人民日报》，2013-04-10。

及其在职职工各按职工工资的一定比例逐月缴存，归职工个人所有，实行专户存储，专项用于职工购买、建造、大修自住住房，并可以用于偿还职工个人住房贷款，具有义务性、互助性和保障性特点。住房公积金按规定可以享受列入企业成本、免交个人所得税等税收政策，存贷款利率实行低进低出原则，体现政策优惠。住房公积金制度为改善居民家庭住房条件发挥了重要作用。

（2）经济适用住房制度。经济适用住房是由政府提供政策优惠，限定建设标准、供应对象和销售价格，具有保障性质的政策性商品住房。符合下列条件的家庭可以申请购买或承租一套经济适用住房：有当地城镇户口（含符合当地安置条件的军队人员）或市、县人民政府确定的供应对象；无房或现住房面积低于市、县人民政府规定标准的住房困难家庭；家庭收入符合市、县人民政府划定的收入线标准；市、县人民政府规定的其他条件。经济适用住房的租售价格以保本微利为原则，购买经济适用住房满一定年限后，方可上市出售，且须将收益按一定比例向政府交纳。经济适用住房实行申请、审核和公示制度，强调公开透明，严格监督管理。

（3）廉租住房制度。我国政府积极推进廉租住房制度建设，不断完善廉租住房保障政策。对按政府规定价格出租的公有住房和廉租住房，暂免征收房产税、营业税。各地政府在国家统一政策指导下，结合当地经济社会发展的实际情况，因地制宜地建立城镇最低收入家庭廉租住房制度。廉租住房制度以财政预算安排为主、多渠道筹措廉租住房资金，实行以住房租赁补贴为主，实物配租、租金核减为辅的多种保障方式。对住房面积和家庭收入在当地政府规定标准之下的家庭，当地政府按申请、登记、轮候程序给予安排，保障其基本要求。

三、慈善事业

慈善事业是指民众在自愿基础上对社会弱势群体的无偿救助行为。它通过合法的组织形式，根据特定的弱势群体需要，集聚并配置资源。它是社会保障体系和社会公益事业的重要组成部分，是通过慈善组织的专业化、制度化运作实现社会第三次分配的方式。在现代社会保障制度出现以前，慈善事业在向贫困群体提供救助方面发挥了长期而又重要的作用，慈善事业的发展与慈善传统的延续，成为现代社会事业与社会道德发展的重要内容。它具有以下特征：（1）以慈善爱心为道德基础；（2）以物资捐献为经济基础；（3）以社会性的民间公益团体或公益组织为组织基础；（4）以捐助者的自觉自愿为实施操作基础。

慈善事业是一项建立在社会捐赠基础上的社会救济事业，是一种有组织的民间群众性互助活动。西方发达国家十分重视慈善事业的发展，并各自形成了独具特色的实践模式。英国是世界上第一个对慈善事业立法的国家，也是慈善法律体系较为完善的国家。早在1860年，英国政府就专门成立了“慈善委员会”来监督管理慈善组织的行为，2006年颁布的《慈善法》从立法的角度推进了慈善事业的监管。经过数百年的发展，英国形成了以政府资助为主、民间组织为辅的慈善模式。美国的慈善事业已经形成完整的产业链：政府通过立法和税收政策鼓励社会办慈善；专业的评估机构对各类慈善组织进行评估并公报；企业和个人向满意的慈善组织捐款；媒体、公民对慈善机构的善款使用情况享有知情权和监督义务。政府、企业和慈善机构、社会组织相互协调，彼此合作，形成良性循环，共同满足社会需要，解决社会问题。

目前最有效的配置慈善资源的方式是通过社会化的慈善团体来实现。现代慈善事业不能简单地等同于捐款，尽管捐款是常见的参与慈善事业的方式，诸如捐赠有价值的实物和提供义务服务都是参与现代慈善事业的重要方式。另外，现代慈善事业所涉及的领域广泛，不再局限于传统的救灾济贫领域，而是涉及文化、教育、环境保护等诸多公益领域。

我国的慈善思想源远流长，早在古代魏晋时期就有“慈善”一词。我国现代慈善事业于20世纪80年代初复兴并逐渐发展，20世纪90年代国内相继成立了一些非营利性的慈善机构，这些机构的成立，在一定程度上填补了国内的空缺。随着我国市场经济体制的深入运行和经济社会的快速发展，政府相应出台了《公益事业捐赠法》、《社会团体登记管理条例》、《基金会管理条例》等法律和条例，各类公益慈善组织如雨后春笋般涌现，它们以多种公益模式，积极参与青少年教育、科技、文化、体育、卫生、社会福利事业和环境保护等公益事业，在我国的社会转型期、面对利益诉求多元和矛盾凸显的特殊时期，公益慈善组织发挥着其保障的作用。

和西方发达国家相比，我国慈善事业虽然起步晚、底子薄、基础弱，但近年来我国慈善事业取得了长足的进步，慈善事业在组织体系、服务能力、发展环境方面得到了进一步提高和改善，社会公众的慈善意识不断增强，目前中国特色慈善事业发展格局初步形成。改革开放30多年以来，中国慈善事业蓬勃发展，在扶贫赈灾、扶老助残、恤幼济困、助学助医、生活帮扶、环境保护等领域发挥了积极作用，成为改善民生不可或缺的重要补充力量。然而，我国慈善事业受各方面条件的制约，存在着许多问题，如慈善机构的数量少、慈善机构动员资源的能力差、社会公众的慈善观念落后、慈善意识普及率低、慈善组织和活动缺乏法律规范、公益组织不发达、公信力缺乏等。

《慈善蓝皮书：中国慈善发展报告（2014）》指出，2013年是中国公益组织转型启动年，全国社会捐助总量、慈善组织的数量和规模继续扩大，志愿服务广泛发展，慈善事业法制建设提上议程，民间化、问责化和专业化初见成效。该报告显示：2013年年底，全国共有社会组织54.1万个，比2012年增长了8.4%。其中，基金会有3 496个，是各类社会组织中增长最高的，比2012年增长了15.4%。民办非企业单位增长了11.56%，社团增长了5.5%。2013年，全国政府购买社会组织服务的资金达到150多亿元，比2012年有大幅度增长。而在广东等地，政府购买服务已经覆盖到整个社会组织领域。为了进一步促进我国慈善事业的发展，2014年国务院发布《关于促进慈善事业健康发展的指导意见》，这是我国国家层面首个专门规范慈善事业的文件，对于当前和今后一个时期慈善事业健康发展具有重大意义。其目的是实现我国慈善事业制度的不断完善和健康有序发展，增强我国慈善事业在改善民生、促进社会和谐、推动社会文明进步方面的作用，进一步推动慈善事业逐步与国家经济社会发展水平相一致、与人民群众需要相适应。[①] 因此，必须进一步完善慈善事业法规政策体系，促进公益慈善组织发展，加强慈善事业人才和志愿者队伍建设，不断拓展慈善资源，完善慈善事业监管体系，加强慈善文化建设。

推荐阅读书目

郑功成．社会保障学．北京：商务印书馆，2000.

林义．社会保险．北京：中国金融出版社，1998.

邓大松．社会保险．北京：中国劳动社会保障出版社，2002.

郑功成．中国社会保障改革与发展战略——理念、目标与行动方案．北京：人民出版社，2008.

林闽钢．现代社会保障通论．北京：中国社会科学出版社，2014.

杨翠迎．社会保障学．上海：复旦大学出版社，2015.

① 参见民政部《中国慈善事业发展指导纲要（2011—2015年）》。

第七章 社会保障模式论

本章要点：主要阐述社会保障模式的内涵与国别特色，社会保险型社会保障模式、福利国家型社会保障模式、强制储蓄型社会保障模式、国家保险型社会保障模式等主要社会保障制度模式的形成因素、基本特点、实施效果及其代表性国家制度安排。

关键概念：社会保险型社会保障模式；福利国家型社会保障模式；强制储蓄型社会保障模式；国家保险型社会保障模式

第一节　社会保障模式概论

一、社会保障模式的形成

（一）社会保障模式的内涵

社会保障模式是指在不同的社会保障理念影响下，各国社会保障制度内容、水平、运行机制的不同特点。由于社会保障理念受到各国社会、经济、政治、历史文化的影响，因此，社会保障模式事实上是由社会、经济、政治、历史文化发展决定的。但是，一般意义上的社会保障模式，在关注各国社会保障制度国别特色的同时，比较强调不同类型国家社会保障制度内容、水平与运行机制方面的共同特征，因此，社会保障模式并不等同于社会保障制度的国别特色。

社会保障模式是一个历史发展的产物。当19世纪末以社会保险制度为核心内容的现代社会保障制度出现时，尽管各国的社会保障制度存在一些不同特点，如一些国家实行强制性社会保险，一些国家实行自愿性社会保险，社会保险项目在各个国家存在一定差别，但是，各国在社会保障理念及其影响下所形成的社会保障制度的内容构成、给付水平与运行机制方面的差别，尚未体现出明显的类型性。第二次世界大战后，社会保障制度无论在广度上还是在深度上，都取得了很大的进展。西方发达国家普遍把恢复、重建和发展社会保障制度作为缓解战后社会危机、促进国民经济恢复和发展的重要手段，亚洲、非洲、拉丁美洲国家也都广泛地建立了社会保障制度。随着社会保障制度进入全面发展阶段，基于不同社会、经济、政治、历史文化背景的社会保障理念差别的类型性逐渐明显，在此基础上，社会保障制度逐步形成了不同的发展模式。

按照政府、企业和个人在社会保障制度中承担的不同责任，按照社会保障权利与义务的对等关系，按照社会保障给付水平的高低，按照财务制度的形式等标准，可以将世界上曾经产生过的社会保障模式划分为四类：社会保险型社会保障模式、福利国家型社会保障模式、强制储蓄型社会保障模式和国家保险型社会保障模式。这四类社会保障模式的内涵各不相同，其制度重点也各不相同：社会保险型模式强调保险的机制，福利国家型模式强调国家的义务，强制储蓄型模式强调个人的责任，国家保险型模式强调国家的责任。

（二）社会保障模式形成因素

每一种社会保障模式都是在一定的社会、经济、文化、历史背景下形成的，每种社会保障模式的存在都有其客观性。

社会保险型社会保障模式最早起源于德国，后为其他西欧国家、美国、日本所仿效。实行社会保险型社会保障制度的前提条件必须是工业化已经取得一定的成就。工业化使人们面对更多和更大的风险，单靠个人和家庭已经无法预防和抵抗这些风险，需要借助外界的力量来化解风险。同时，工业化使社会积累了大量的财富，社会具有一定的经济实力。这时，国家有能力也有条件为其社会成员统筹安排防范风险的各种保障措施，于是，产生了社会保险型社会保障制度。社会保险型模式的根本目标是国家为社会成员提供基本的经济安全保障，以维持公民必要的生活条件。社会保险型社会保障制度实施初期，其所提供的保障水平不会太高，个人与国家共同承担防范风险的责任，因此，这种模式强调个人、企业和国家三方面在社会保障制度中共担责任。

福利国家型社会保障模式是在旧福利经济学收入均等化思想和《贝弗利奇报告》的基础上形成的。因此，这种模式更注重政府的责任，认为每个人都有享受社会保障的权利，国家有义务为其国民提供各种保障和各种福利。实施福利国家型社会保障制度的国家的保障项目齐全，并具有普遍性和统一性，政府对其国民的社会保障负有无限的责任。国家要担负起如此的重任，因此，实行福利国家型社会保障制度的国家必须具有雄厚的经济实力。英国和瑞典两个国家都具有实行福利国家的经济条件，同时，这两个国家的社会民主主义社会福利思想为福利国家的建立添砖加瓦，这种社会福利思想极力倡导国家对经济与社会生活实施强有力的干预，主张应该由国家出面为其国民建立全方位的社会福利。因此，英国和瑞典成为福利国家型社会保障制度的典型国家。

20世纪70年代兴起的强制储蓄型社会保障模式是在经济滞胀和经济自由化思潮影响下产生的。长期以来，凯恩斯主义在西方经济领域占据统治地位，国家干预思潮盛行，社会保险型模式和福利国家型模式风靡一时。但是，随着70年代经济滞胀的出现，凯恩斯主义无法阐释现实，它的统治地位逐渐为新保守主义所取代。随后，人口老龄化危机出现，社会保险型和福利国家型两种模式缺乏基金积累的弊端日渐凸现，于是，80年代掀起了一场社会保障制度私有化、私营化的改革浪潮，以智利为代表的拉美国家走在了改革的前列。

国家保险型社会保障模式是在计划经济体制下产生的社会保障制度模式，它是历史的产物，并随着历史的发展而逐渐退出历史舞台。在计划经济体制下，国家决定一切社会经济活动，社会保障自然而然也由国家来决定，由国家来保证。该模式是与计划经济相适应的，充分就业的政策取向使社会保障项目缺乏失业保险，配给制使社会成员无需承担任何社会保障责任。但是，随着原来实行计划经济国家的经济体制改革，计划经济逐步转向市场经济，国家保险型社会保障模式也逐步转向其他社会保障模式。

二、社会保障模式与国别特色

（一）社会保障基本模式的相对性

社会保障基本模式的相对性是指不同社会保障模式的不同国家之间的社会保障制度的差别。依据社会保障模式划分的标准，社会保险型、福利国家型、强制储蓄型和国家保险型等四种社会保障模式具有不同的特点与内涵。

首先，从社会保障责任来看，这四种社会保障模式中，无论采取哪种模式，政府总是承担最后兜底的责任，当社保资金收不抵支时，政府作为最后责任人要负责到底。但是，在不同的社会保障模式中，政府所承担的责任大小不同。按照政府承担的责任由小到大，四种社会保障模式的排序依次为：强制储蓄型模式、社会保险型模式、福利国家型模式、国家保险型模式。强制储蓄型社会保障模式十分强调个人的责任，缴费完全由个人承担，每个人为自己的保障承担全部责任。社会保险型社会保障模式中，缴费大部分由雇主和雇员承担，一般各缴纳50%。福利国家型社会保障模式中，个人缴费较少，相应所承担的责任也小。国家保险型社会保障模式中，缴费由企业承担，企业的负担重，但实质上是由国家完全负担，该模式中个人根本不承担任何缴费责任。

其次，从权利与义务的关系来看，这四种社会保障模式中，强制储蓄型社会保障模式完全强调个人权利与义务的对等，个人享有保障的多少完全取决于个人缴费的多少。社会保险型社会保障模式也强调权利与义务的对等性，但弱于强制储蓄型社会保障模式，在该模式中，个人保障给付水平的高低与个人缴费有关，但不是完全对等。福利国家型社会保障模式和国家保险型社会保障模式所提供的社会保障具有普遍性，完全不强调权利与义务的统一性，社会成员只要被社会保障制度覆盖就能够享有一份保障，而且社会保障制度内个体间的保障差异不大，个人享有的社会保障与个人贡献关联不大。

再次，从社会保障给付水平的高低来看，福利国家型社会保障模式给社会成员提供的保障给付水平较高，而且成员之间的保障差异不大，该模式提供保障的目的不仅仅是缓解和预防贫困，更多的是提高全体国民的生活质量。国家保险型社会保障模式给该制度内社会成员所提供的保障水平较高，且超出当地当时的经济发展水平，然而该制度外公民的社会保障水平很低或者几乎没有保障。因此，整个社会成员之间的社会保障水平差异极大。社会保险型社会保障模式的保障给付水平高低与个人和企业的缴费有很大的关系，各国所提供的保障水平高低不等。上述三种模式的给付方式一般采取既定给付制度（defined benefit，DB），保障给付水平是事前确定的。而强制储蓄型社会保障模式的给付方式采取既定供款制度（defined contribution，DC），保障给付水平完全取决于个人的缴费和个人账户的积累，因此，实行这种模式的国家，社会贫富差距很大。

最后，从财务制度所采取的形式来看，强制储蓄型社会保障模式的社保基金筹集方式采用完全基金积累制（funded plan），由供款和投资收益的积累决定给付水平。这种社会保障基金筹资方式，能够形成庞大的基金积累，缴费率相对比较稳定。社会保险型、福利国家型和国家保险型三种社会保障模式在筹集社会保障资金时一般采取现收现付制度（pay as you go），由当年的支出需求决定缴费率，基金没有或者很少盈余，难以应对人口的变动与突发事件。

（二）社会保障国别特色的绝对性

社会保障国别特色的绝对性是指采用同一社会保障模式的不同国家之间的社会保障制度的差别。这种国别特色既与各国社会经济和历史文化传统密切相关，也与各国社会保障制度自身的发展演变直接相关。

德国与美国都是实行社会保险型社会保障制度的国家，但是这两个国家的社会保障制度存在一定的差异：第一，德国最初建立社会保障制度的目的是缓和阶级矛盾，调节劳资关系，其政策中极力主张劳资合作，带有明显的政治色彩；而美国社会保障制度的建立是为了缓和经济危机，是作为政府干预经济、调节经济的有力手段之一。第二，德国社会保障的给付水平较高，尽管是在个人自助的基础上，但是该国社会保障制度却为民众提供了较高的保障水平，贫富差距较小，社会较为公平；而美国社会保障的给付水平较低，特别强调商业保险的作用，是西方国家中的唯一一个没有社会医疗保险的国家，因此，社会保障的再分配力度较小，社会贫富差距较大。

英国与瑞典都是实行福利国家型社会保障制度的国家，但是这两个国家的社会保障制度也存在一定的差异：第一，英国经历了两次世界大战，许多战争遗留问题急需解决，英国政府对国民的数量和质量更加关注，英国人民更加团结，当时具备了建立福利国家的社会条件；而瑞典几乎没有遭受到战争的破坏，经济实力更为强大，具备建立福利国家的经济条件。第二，英国社会保障制度的再分配力度相对较弱，社会贫富差距相对较大；而瑞典社会保障制度的再分配力度相对较强，社会贫富差距相对较小，社会更显公平。此外，英国虽最早建立福利国家，但瑞典福利国家的建立更为彻底与完善。

新加坡与智利都是实行强制储蓄型社会保障制度的国家，但是这两个国家的社会保障制度同样存在一定的差异：第一，新加坡的中央公积金制度是多功能的，不仅具有养老功能，还具有医疗、教育、住房等功能；而智利的强制储蓄制度仅仅是一个养老保险制度，其功能比较单一。第二，新加坡中央公积金制度要求企业和个人一起供款；而智利强制储蓄型社会保障模式只要求个人供款，企业不需要供款。第三，新加坡是国营强制性储蓄积累型社会保障模式，会员缴纳的基金统一由中央公积金局集中管理与经营；而智利是私营强制性储蓄积累型社会保障模式，实行分散管理，个人账户基金交给各个基金管理公司分散管理与经营。

原先实行国家保险型社会保障制度的社会主义国家，其社会保障制度是模仿苏联的社会保障制度建立的，这些国家的经济体制与政治体制基本相同，因此，它们所实施的社会保障模式也相差不大。

第二节 社会保险型社会保障模式

一、社会保险型社会保障模式的特点与效果

（一）社会保险型社会保障模式的特点

社会保险型社会保障模式是最早出现的社会保障模式，因此又被称为“传统型社会保障模式”，包括美国、德国、日本在内的许多发达资本主义国家都采用这种模式。社会保险型社会保障模式具有如下特点。

1. 社会保障对象的“有选择性”

社会保险型社会保障模式的保障对象是“有选择”的，而非“全民”的，并不是所有的社会成员都被纳入社会保障对象范围。该模式对不同的社会成员选用不同的保险标准，并以劳动者为核心建立社会保险制度；不同人群、不同地区实行差别保障，社会保障缴费标准、给付水平都存在一定的差异性，不具有“统一性”与“普遍性”。

2. 社会保障基金来源的多样性

社会保险型社会保障模式强调劳动者个人在社会保险方面的责任，社会保险费由国家、雇主和劳动者三方负担，以劳动者和雇主的社会保险缴费为主，国家财政给予适当支持，即个人和雇主投保，国家资助。在这种社会保障模式中，企业、个人和政府都是责任主体，但在不同的社会保障项目中各有不同的角色：在社会保险中，企业和个人是主要缴税（费）者，政府只扮演最后责任人的角色；在社会救济、社会福利制度中，政府则是最主要的责任人。

3. 社会保障权利与义务的相对统一性

社会保险型社会保障模式比较重视社会保险中权利与义务的关系，强化自我保障意

识，在一定程度上体现了效率原则。劳动者享受社会保险的权利与社会保险缴费的义务相联系，享有的社会保险待遇水平与社会保险缴费的多少和个人收入情况相联系，权利与义务比较对等。

4. 社会保险基金的互济性

社会保险型社会保障模式的社会保险基金筹集模式采取现收现付制度，雇主和雇员的社会保险缴费只记录个人缴费情况，不建立以给付为目的的个人账户。社会保险基金在被保险人之间统筹使用，特别是在代际之间转移支付，既符合社会保险的大数法则原理，又体现社会保险的互助互济宗旨。

（二）社会保险型社会保障模式效果分析

社会保险型社会保障模式与福利国家型社会保障模式和强制储蓄型社会保障模式相比，更好地体现了公平目标与效率目标的统一。该种社会保障模式强调自我保障，强调社会保险资金的“自助性”，几乎所有的社会保险待遇的获得都是以个人缴费为前提的，强调权利与义务的相对统一。这种制度内在的激励机制促进了社会保障制度效率目标的实现。

同时，社会保险型社会保障模式一般采取现收现付制筹集保险基金，一代人的社会保障待遇（主要指养老金）由同时期正在工作的下一代人缴费支付，以支定收，实现当年收支平衡。这种社会保障模式实际上就是代际转移支付。老年人一般为社会的弱势群体，占贫困人口的较大比例。通过这种代际转移支付可以使老年贫困现象得到一定的缓解，有助于社会公平目标的实现。这种现收现付制筹资模式在社会保障制度建立初期，因支出规模小而负担较轻，但是，随着社会保障制度的逐渐成熟、覆盖面的扩大以及人口老龄化的加剧等，该模式的缴费率不断上升，缴费负担不断加重，其弊端逐步显现出来。

首先，社会保险型社会保障模式易受人口结构变化的影响，社会保险缴费率不断调整。现收现付制下的社会保险缴费率容易受到人口年龄结构和人口就业比例的影响，养老保险基金收支常常失衡，需要经常调整缴费率。在人口老龄化加剧与就业比例下降时，缴费率过高会使企业和个人难以承受，因此，在人口年龄结构不平衡、人口迅速老化的国家或地区，实行该模式会使社会保障缴费率不断上升。由于该制度模式遵循当期收支平衡，缺乏必要的基金积累，因此，它难以适应人口老龄化来临时养老保险费用日益膨胀的需要，使未来的社会养老负担加重。

其次，社会保险型社会保障模式容易产生代际矛盾。社会保险型社会保障模式的长期项目是以代际转移方式运行的，即长期项目当期所需资金主要由在职职工和雇主分摊保险费。随着人口老龄化的加剧，在职职工的工资收入上缴社会保障税（费）的比例越来越大，缴费压力越来越大，缴费负担越来越重。如果不提高缴费率，虽可减轻在职职工的负担，却可能降低退休职工的福利待遇水平。因此，过重的社会保障缴费负担必将产生和激化代际之间的冲突。

正是由于上述原因，20世纪80年代世界范围内掀起了一场社会保障制度改革的浪潮，人们在努力寻找更能适应社会需求的社会保障制度。

二、社会保险型社会保障模式的典型国家

（一）德国社会保障的基本内容

德国是实行社会保险型社会保障模式的典型国家，其社会保障制度建立的基本原则是：充分发挥市场机制的调节作用，保证社会正义与公平，维持社会公正与经济效率的内在统一性。德国社会保障制度的主要内容包括：

（1）养老、残疾和遗属保险。德国的养老社会保险制度包括法定养老保险制度和特殊养老保险制度。法定养老保险制度强制要求所有雇员参保，独立经营者自愿参保。法定养老保险的资金主要来源于社会保险费。2007年，德国法定养老保险的缴费率为雇员毛收入的19.9%[①]，雇主和雇员各付一半，并且缴费有上、下限限制，低于下限的保险费完全由雇主承担。另外，政府还对养老保险基金进行适当补贴，2006年国家补贴占养老保险总支出的24.3%。公务员养老金列入财政预算，由国家提供养老保障。法定养老保险制度参加者只要缴费满5年，达到退休年龄，就可以领取养老金，残疾人年龄可适当缩短。根据《社会法典》的规定，到2029年正常退休领取养老金的年龄将达到67岁，严重残疾人员则为65周岁。养老保险待遇还发放遗属养老金，配偶可得60%的养老金，孤儿可得20%的养老金，失去父母一方的子女可得10%的养老金。退休雇员领取的法定养老金占工资的比例平均为53%，最高限额为退休时工资的75%。[②] 农场主养老保险也实行强制性，未参加法定养老保险的农民必须投保，凡年满65岁、缴费15年的农民就可以领取正常退休金。[③] 自由职业者可自愿选择是否参加养老保险。

（2）医疗保险。德国是世界第一个建立医疗保险制度的国家，法定医疗保险覆盖了德国约88%的人口[④]，独立经营者、自由职业者、国家官员和高收入者（工资收入超过法定医疗保险缴费范围的雇员）可自愿参加法定医疗保险。医疗保险基金主要来源于投保者缴纳的保险费，1949—2004年，法定医疗保险费用一直是雇主与雇员各分摊50%；2005年7月开始，雇员分摊比例提高到54%，雇主分摊比例下降到46%。与养老保险一样，医疗保险也有缴费上、下限限制，低于下限的保险费完全由雇主负担。医疗保险按照一人投保、全家受惠的原则，只要被保险人月收入未超过收入上限，其配偶和子女可以作为连带参保人，无需再另外支付保险费就被纳入家庭联保。被保险人生病或者残疾，雇主支付前6周工资，此后医疗保险机构按被保险人工资收入的80%支付病期津贴，医疗保险津贴领

---

① 参见姚玲珍：《德国社会保障制度》，9页，上海，上海人民出版社，2011。

② 参见姚玲珍：《德国社会保障制度》，51～64页，上海，上海人民出版社，2011。

③ 参见姚玲珍：《德国社会保障制度》，65～66页，上海，上海人民出版社，2011。

④ 参见姚玲珍：《德国社会保障制度》，137页，上海，上海人民出版社，2011。

取的最长期限为 78 周。政府对生育补助和残疾补助实行补贴，对矿工、农民和学生提供保健补助金。① 1995 年，德国开始实行社会护理保险，这是一项专门为老年人、病人和残疾人提供护理的强制保险，所有参加社会医疗保险的人都必须参加社会护理保险，社会护理保险的费用也由雇主和雇员各承担一半。

(3) 失业保险。德国失业保险对雇员来说属强制性保险（包括农民在内），但每周工作时间不足 18 小时的雇员以及月收入低于平均收入 1/7 的养老者除外。失业保险基金主要来源于失业保险费，一般情况下，德国失业保险费率为被保险人工资收入的 3.3%，雇主和雇员各承担一半。失业者必须在失业前 2 年内缴纳了 1 年以上的失业保险费才有资格领取失业金。失业保险金给付水平为被保险人失业前净工资收入的 60%，抚养有 18 岁以下孩子的为 79%。②

(4) 工伤保险。德国工伤保险按行业划分为工业、农业和公共事业部门保险，由各行业保险协会承担保险。工伤保险费完全由雇主承担，采取差别费率和浮动费率相结合的缴费制度，根据被保险人的工资收入和企业工伤事故风险的级别决定企业缴费率的高低。工伤事故后的前 6 周由雇主支付全部工资，随后由工伤保险联合会发给伤残者事故之前个人净收入的 80%，直至身体康复或领取养老金为止。领取最长期限为 78 周。③

(5) 社会救助。德国还为有特殊困难的人群提供社会救助，社会救助标准由各州自行确定，社会救助资金完全由政府财政提供，75%来自市、县，25%来自州政府。失业者领取失业金期限满后仍未就业，可领取失业救济金。2008 年单身和单亲者每月可领取失业救济金 347 欧元，配偶领取 80%的失业救济金，不超过 14 周岁的子女领取 60%的失业救济金，15～17 周岁的子女领取 80%的失业救济金，超过 18 周岁的子女领取 90%的失业救济金。④ 同时，德国还为有小孩的家庭提供家庭补贴，前 3 个孩子，每人每月补贴 154 欧元，再增加的孩子，每人每月补贴 179 欧元。⑤ 从 2007 年开始，孩子年龄不超过 14 个月的父母还可以领取联邦父母津贴，额度为申请时个人税后收入的 67%。⑥

德国社会保障制度具有以下特点：

第一，社会保障资金自助原则。德国的社会保障项目除工伤保险费由雇主单方面负担外，养老保险、医疗保险、失业保险的费用均由雇主和雇员共同负担，政府只对各种社会保险项目的亏空给予部分补贴，并承担社会救助的资金。德国社会保险制度完全体现了权利与义务对等的原则，这有助于培养投保人的责任心与积极性。

第二，社会保障水平较高。德国虽然实行的是社会保险型社会保障制度，社会保障资金自助，但是，它却为其公民提供了一个较高的社会保障水平。德国公共社会保障支出大

---

① 参见姚玲珍：《德国社会保障制度》，140～143 页，上海，上海人民出版社，2011。
② 参见姚玲珍：《德国社会保障制度》，264～266 页，上海，上海人民出版社，2011。
③ 参见姚玲珍：《德国社会保障制度》，298 页，上海，上海人民出版社，2011。
④ 参见姚玲珍：《德国社会保障制度》，269 页，上海，上海人民出版社，2011。
⑤ 参见姚玲珍：《德国社会保障制度》，338 页，上海，上海人民出版社，2011。
⑥ 参见姚玲珍：《德国社会保障制度》，340 页，上海，上海人民出版社，2011。

约占 GDP 的 30%，占中央财政支出的 50%，这种高水平的保障支出甚至高于某些实行福利国家型社会保障模式的国家的保障水平。如此高的保障支出水平是在投保人自助的原则下提供的，德国政府并没有像英国、瑞典等国那样背上沉重的财政负担。

第三，兼顾公平与效率。德国社会保障资金自助的原则很好地调动了人们投保的积极性，社会保障权利与义务的对等，使每个人的福利待遇水平与缴费的多少密切相关，在法律的约束下，人们积极投保。同时，政府将高水平的社会保障与市场效率联系在一起，实行“社会市场经济”，公民无论什么原因陷入困境，都会得到国家的关照和社会的帮助，国家为特殊贫困人口提供了一定的社会救助与社会补贴。因此，德国社会的贫富差距较小，社会分配较为公平。

第四，社会保障管理高度自治。德国社会保障总监督部门为联邦劳工与社会事务部，政府只对社会保障相关个人与机构是否守法、经营管理和会计工作等方面进行监督，德国一切社会保险事务（失业保险除外）均由劳资双方共同参与管理与决策，实行高度自治管理。

(二) 美国社会保障的基本内容

美国是实行社会保险型社会保障制度模式的又一个典型国家。其社会保障制度内容大致可以分为以下几个方面：

(1) 养老、残疾和遗属保险。美国养老、残疾和遗属社会保险制度一般涵盖雇员和独立劳动者，政府雇员、矿工有专门的养老保险制度，农民和其他人可选择自愿加入私营养老保险制度。公共养老保障基金的筹资采取现收现付制模式，基金来源于社会保障税或称为工薪税（payroll tax），实行全国统筹。社会保障税由雇员和雇主共同缴纳，以雇员工资为纳税基数，应税工薪设有上限，2012 年为 11.01 万美元。2010 年法定税率为 12.4%，由雇主和雇员分别缴纳 6.2%；2011 年雇员税率下调至 4.2%，而雇主税率仍维持 6.2%。个体经营者税率为 10.4%，全部由个人承担。领取基本养老金的资格包括年龄条件和纳税贡献条件。领取基本养老金的最低年龄为 62 岁，1937 年及以前出生的职工领取全额基本养老金的退休年龄为 65 岁，1960 年及以后出生的职工领取全额基本养老金的退休年龄为 67 岁。纳税贡献条件采取计点方式（积分制）计算，每年最多计 4 个点，领取基本养老金的最少点数为 40，即至少要有 10 年的缴费才能够在达到退休年龄后领取基本养老金。基本养老金给付水平，2008 年最高档为每人每月 1 536 美元，最低档为每人每月 636 美元。从替代率情况看，最低档为 56%，最高档为 26%，平均约为 30%。[①]

(2) 医疗保险。迄今为止，美国没有建立普遍性社会医疗保险制度，政府仅负担老人和穷人等特殊群体的医疗保障，官方提供的公共医疗保险很少，绝大多数为私人团体提供的各种私营商业医疗保险。美国医疗社会保险制度主要分为两类：一类是专门为老年人提

① 参见财政部：《美国养老保险制度的基本情况介绍》，见 http：//www.mof.gov.cn/mofhome/guojisi/pindaoliebiao/cjgj/201308/t20130823_981229.html。

供的医疗照顾，分为“住院保险”和“辅助医疗保险”两种。住院保险属强制保险，所有养老金领取者都必须参加；辅助医疗保险属自愿保险，65岁以上的公民都可以参加。“住院保险”和“辅助医疗保险”均实行定额缴费制，联邦政府不对住院保险提供任何财政援助，仅对辅助医疗保险提供财政补助。另一类是专门向穷人提供的医疗补助，该制度由联邦政府和州政府联合开办，经费主要来自各州财政，因此，贫困患者得到的医疗补助差异较大。

(3) 失业保险。美国失业保险制度实行强制性原则，绝大多数劳动者（包括国家公务员）都能受到失业保险法的保障。失业保险费由国家和企业分担。联邦法律规定，各州都应建立失业保险，否则，该州必须按雇员工资的6.2%向联邦政府缴纳失业保险费。联邦政府通过征收联邦失业保险税，为各州政府举办的失业保险提供补助财源。失业保险税全部由雇主缴纳，雇主支付给州政府的失业保险税可以从向联邦缴纳的失业保险税中抵免，最高抵扣率为5.4%，因而联邦失业保险税的实际税率只有0.8%。

(4) 工伤保险。美国没有全国统一的工伤保险法，联邦政府只负责造船工人、港口工人、公务员和矽肺病人的工伤补偿，各州对工伤补偿自行立法，实施强制保险制度。目前美国50个州中有3个州采用社会保险模式，4个州采用社会保险与失业保险并存的模式，其余都采用商业保险模式。

(5) 社会救助。美国社会救助方案较为复杂，公共救助（public assistance）体系包括补充保障收入（supplemental security income，SSI）、有需家庭临时援助（temporary assistance for needy families，TANF）、医疗补助（medicaid）、一般公共救助（general assistance，GA）、食品券（food stamp，FS）、住房补助（house relief）等。社会救助项目资金来源于联邦政府与州政府，但是州政府有较大的自主权，能够自行决定补助金额的多少，各州社会救助的标准相差较大。

美国的社会保障制度具有如下特点：

第一，社会保障制度充分强调“自助”。美国社会保障制度十分强调“财务自理”原则，其社会保障资金主要来源于个人在职期间的缴费，实行专款专用，社会保障税全部进入OASDI信托基金（OASDI Trust Fund），基金收支与政府其他方面的税收和预算完全分离。个人社会保障待遇的高低与个人缴费贡献大小的关联度较高，具有商业保险下的权利与义务对等的特性。

第二，社会保障基金来源多样化。美国社会保障基金由各级政府（联邦政府、州和地方政府）、企业和个人共同提供，养老金制度的资金主要来源于雇主和雇员缴纳的社会保障税，联邦政府主要提供退伍军人津贴和低收入家庭的补充保障收入以及食品券，州和地方政府主要支付一般公共救助、医疗补助、有需家庭临时援助，企业主要支付失业救济金和补充养老金。

第三，社会保障管理多层次。美国社会保障制度实行以州政府管理为主、联邦政府支持的管理方式，管理权限尽可能下放到州和地方。一方面，权力下放提高了社会保障管理效率，另一方面，多层次管理带来了庞大的管理机构和高额的管理费用。

第四，社会保障水平差异较大。美国社会保障管理权力的下放，使州和地方政府拥有更多的自主权，但是，自主权使各州和地方政府负责提供经费的保障项目的待遇水平与该地区经济发展水平和税收水平相关，因此，美国各州公民所享有的社会保障待遇相差甚远。另外，美国社会保障制度的重点是老人和儿童，而对劳动力人口的某些需求没有考虑或考虑很少。美国的社会保障制度与其他发达国家最大的区别在于它没有社会医疗保险。这种制度安排不可避免地拉大了人们的保障水平差距，成为造成贫富差距较大的原因之一。

第三节　福利国家型社会保障模式

一、福利国家型社会保障模式的特点与效果

（一）福利国家型社会保障模式的特点

以瑞典和英国为代表的国家实行的是福利国家型社会保障模式。这种模式是按照“普遍性”原则，实行“收入均等、福利普遍化、福利设施体系化”及包括“从摇篮到坟墓”的各种生活需要在内的社会保障制度。福利国家型社会保障模式具有如下特点。

1. 社会保障项目的“齐全性”

福利国家型社会保障模式的保障项目齐全，实行全方位社会保障。它涉及“从摇篮到坟墓”的一切福利保障项目，社会保障的目标不仅是使公民免遭贫困、疾病、愚昧、肮脏和失业之苦，而且在于维护社会成员一定标准的生活质量，加强个人安全感。

2. 社会保障对象的“全民性”与“普遍性”

福利国家型社会保障制度为全体社会成员提供保障，“全民性”与“普遍性”是这种社会保障制度模式的基本原则。这种模式下的各种社会保险制度，不仅关涉被保险人本人，而且涉及被保险人的家属；不仅为被保险人提供一系列免费福利，也为其家属提供一定的免费福利。例如，福利国家的公民只要达到法定的退休年龄就可以领取基本养老金；在瑞典，只要有一人参加医疗保险，全家都可以享受免费医疗服务。

3. 社会保障权利与保障义务的“不对等性”

个人不缴纳或低标准缴纳社会保障费，社会保障开支基本上由企业和政府负担。这种社会保障模式按照统一标准缴费，统一标准给付，社会保障支出主要由国家税收解决。这种社会保障模式强调国家的主体地位，强调企业的社会责任，而忽略个人享有社会保障权

利与应尽社会保障义务的对等性。在福利国家的公民看来，提供保障是国家的基本义务，而享有社会保障是公民的基本权利。

4. 社会保障标准的“高水平性”

福利国家型社会保障模式以政府负责、全民高福利为主要特征。该模式为社会成员提供了宽范围、高水平的社会保障，全面性社会保险制度和广泛而优厚的社会福利制度使其社会保障支出占国内生产总值的比例比较大，社会保障水平在世界属最高。养老金、医疗保障和失业保障等项目支出的增长速度一直快于GDP的增长速度，20世纪70年代中期以后失业保障支出增长更快。

（二）福利国家型社会保障模式效果分析

第二次世界大战以后建立起的福利国家型社会保障模式取得了一些令人瞩目的成就。

第一，促进了经济的稳定与发展。瑞典20世纪50—60年代的公共福利支出扩张，带动了瑞典经济的增长，创造了瑞典经济的“黄金时代”，促成了为世人所瞩目的“瑞典模式”的出现。在战后到1975年，英国的经济、穷人的绝对生活水准、健康标准、教育质量、住房质量以及残疾人群体的照顾等方面，都有了持续的提高，这些成就远远超过20世纪30年代的英国在这些方面所取得的成就，也超过1975年以后所取得的成就，这说明该时期英国福利国家政策的实施对社会经济有很大的促进作用。

第二，缓解了贫困，稳定了社会。福利国家型社会保障制度以各种转移支付的形式直接向低收入阶层提供生活补贴，使这些国家的社会贫困问题有了较大的缓解。老人与儿童多为贫困人口，而瑞典养老金覆盖率为100%，老年贫困人口不到0.5%。贫困人口的减少有助于缓解社会矛盾、维持社会稳定。

第三，缩小了贫富差距，促进了社会公平。高福利政策通过各种社会保险和社会救济政策使低收入阶层得到了一定的补偿，从短期看，解决了贫困人口的社会问题，从长期看，改变了社会结构，使贫困家庭的子女也有条件受到较好的教育，从根本上改变了贫困问题。同时，福利国家型社会保障模式的运行需要政府的大量财力支持，而政府财力主要来自税收，高累进税率制度具有很大的再分配性，使社会贫富差距缩小，社会更趋于公平。

但是，从20世纪70年代末开始，实行福利国家型社会保障制度的国家先后面临了一些问题。

首先，孳生了“福利病”。高福利政策促进了社会公平，但却损害了效率，挫伤了人们工作的积极性。福利待遇的普遍性与统一性，使人们努力工作与消极工作和不工作之间没有多大的区别，人们请假和缺勤所蒙受的收入损失很小，“大锅饭”现象相当严重。瑞典1989年的出勤率只有78%，英国略强一些，但1980年人均有效工作时间仍比日本少200小时。

其次，企业竞争能力削弱。福利国家型社会保障模式国家的企业的工资和为福利开支所支付的税收上升过快，产品成本迅速提高，企业的国际竞争能力受损。1974—1982 年，瑞典的工资水平比欧洲其他国家高出 30%以上。企业竞争力的削弱使总储蓄、总投资规模和技术进步严重受损，出现大量的逃税、资本和人才外流，经济资源和人力资源浪费严重，成为福利国家经济增长减慢的内在因素。

最后，国家财政不堪重负。长期以来，实行福利国家型社会保障模式的国家的公共支出一直呈直线上升趋势，公共支出增长率远远高于同期国民收入增长率。为支撑高福利支出，这些国家税收的边际税率很高，但仍然满足不了迅速增长的公共支出需求。这些国家的财政状况日益恶化，导致财政赤字长期化。1951—1986 年，英国财政有 32 年出现赤字。1950—1980 年的 30 年间，瑞典财政赤字增长了 137 倍，财政赤字占到 GDP 的 12%。为了弥补巨额财政赤字，这些国家不得不大量举债，甚至不得不扩大货币发行，直接导致物价急剧上涨。过高的通货膨胀又降低了人们的实际收入，使其高福利政策大打折扣。

二、福利国家型社会保障模式的典型国家

（一）英国福利国家的基本内容

英国是实行福利国家型社会保障制度模式的典型国家。自 1948 年第一个宣布建立福利国家以来，英国已经建立起一套“从摇篮到坟墓”的社会保障体系。英国的社会保障制度主要包括以下内容：

（1）老年、残疾和遗属保险。英国国家养老保险制度涵盖全体公民的养老、残疾和遗属年金，包括基本养老金和补充养老金两种。国家养老保险制度的资金筹集采取现收现付模式，除来源于雇员和雇主缴费外，英国政府还对其提供了大量资金。凡是年满 65 岁（女 60 岁）的英国公民，按照收入总额不低于最低收入限额 52 倍的相关等级进行缴费，且缴费记录达到合格年限的受保人都可领取全额国家基本养老金。若没有缴纳足够合格年限的费用，基本养老金按合格年限的相应比率进行支付。被保险人有权推迟领取养老金 5 年，每推迟一周退休，基本养老金相应增加 1/7 的 1%（相当于每推迟一年退休，养老金增加 7.5%）。在足额缴纳基本养老费用之后，又缴纳了第一类国民保险税[①]的人，还有资格获取与收入关联的国家补充养老金计划（the state earnings related pension scheme，SERPS)。历年“剩余收入”[②] 之和的 1/80 为 SERPS 年支付数额，再除以 52 为每周支付数额。雇员可以选择退出 SERPS，参加职业养老金计划或私人养老金计划，雇员和雇主

① 英国的国民保险税是由四大类社会保险税组成的税收体系。第一类是对一般雇员征收的国民保险税；第二类是对全体自营者征收的国民保险税；第三类是对自愿投保者征收的，希望享受失业保险金权利者以及希望增加保险金权益的雇主、雇员和自营者都可缴纳；第四类是对营业利润达到一定水平以上的自营者征收的国民保险税。第一类税费由工薪收入者和其雇主共同缴纳，缴费以雇员为主、雇主为辅。

② “剩余收入”是指该年缴费收入总额乘以收入乘数，再减去达到养老金领取年龄前一个完整纳税年度的最低收入限额的 52 倍。

仅需缴纳国民保险税的最低限额。在英国，伤残者在享受 52 周病假工资后，就可以长期领取残疾年金。按照受保人的缴费记录，其遗孀可以享受终身遗属年金，子女也相应获得津贴。

(2) 医疗保险。英国的国民保健服务（national health service）是政府通过税收筹措经费，按区域人口结合其他因素给国立医疗机构直接拨款，向全国所有的居民提供免费或价格极为低廉的医疗预防保健服务，门诊、住院以及妇女的分娩基本上都是免费的。国立医疗机构的经费 95%来自政府拨款，仅有 5%来自服务收费。[①] 英国医疗保险还提供疾病津贴，雇员连续生病 4 天，就可从雇主处得到病期津贴；其他被保险人必须受保 26 周以上，才能从国民保险得到病期津贴。津贴标准取决于被保险人的工资收入，领取医疗保险津贴的最长期限为 28 周（168 天），在领取医疗保险津贴期间，受益人还可从事有收入的工作。

(3) 失业保险。英国失业保险是国民保险的一部分，实行国家强制保险，费用由雇主和雇员共同负担，但是，对被保险人的收入有一定规定，如 1997 年规定，每周收入 62 英镑以上的雇员才能参加保险。失业者只要在最近 2 个纳税年度中的 1 年足额缴纳国民保险费（且缴费收入基数不低于应税周收入下限的 25 倍），或者最近 2 个纳税年度中每年的社会保障缴费的收入基数不低于应税周收入下限的 50 倍，就可领取最长期限为 52 周的失业保险津贴。没有资格获得或者超过领取缴费型失业保险待遇期限的失业者，还可享受收入调查型失业保险待遇，但最长享受期限为 26 周。

(4) 工伤保险。工伤保险也是英国国民保险的一部分，除独立劳动者被排除在外，所有雇员均享受工伤保险。工伤保险基金来源于雇主和被保险人缴纳的保费，工伤保险津贴分为暂时伤残待遇和永久伤残待遇。1995 年，暂时伤残待遇每周为 52.5 英镑，享受 28 周后仍未恢复劳动能力的，转入永久伤残待遇。

(5) 社会救助。英国社会救助主要包括儿童津贴、求职者津贴、住房补贴、财产税补贴和社会基金。儿童津贴是一项免税、非缴费型、无需财产状况调查的补贴，任何在英国居住半年以上的居民（包括外国人），如果家中有 16 岁以下的孩子，就可得到国家补贴。求职者津贴是在 1996 年 10 月 6 日开始实施的，是支付给那些失业者或者每周工作时间少于 16 小时并且正在寻找工作的人的津贴。住房补贴和财产税补贴都是免税、无需缴费的补贴，但要进行财产状况调查。社会基金提供给那些申请求职者津贴的人，以满足被认为超过日常生活的正常开支的“一次性”需要。

英国福利国家型社会保障制度具有如下特点：

(1) 社会保障项目的完整性。英国的社会保障制度涉及老年、疾病、生育、工伤、失业、残疾、贫困等各项社会问题，完整的社会保障项目使英国发展起“从摇篮到坟墓”的社会福利，人们在整个生命期间都可以从社会保障制度中受益，尤其是老年人、残疾人和

---

① 参见穆怀中：《社会保障国际比较》，195 页，北京，中国劳动社会保障出版社，2002。

儿童。

(2) 社会保障的普遍性取向。英国的社会保障待遇更多地与公民权利联系在一起，体现着国家与公民之间的直接关系。国民保险待遇与收入无关，无论被保险人缴费多少，都同样地享受定额待遇，在被保险人之间存在着明显的再分配。由于国民保险还提供受赡养人待遇，几乎覆盖了全体公民，其再分配性进一步延续到全社会。

(3) 社会保障承担家庭赡养责任。英国国民保险在待遇设计上的指导原则不是工资丧失的补偿，不是按照工资的一定比例支付待遇，而是考虑到劳动者的家庭赡养情况。国民保险待遇为受保人承担了赡养家庭的责任，支付的保险待遇一部分是维持受保人本人的生活，另一部分是维持受赡养人的生活。在英国，无论家长的收入如何，未成年的子女都可以享受各种福利待遇。

(4) 政府的主体作用。英国的国民保险比较强调政府的责任，政府为社会保险提供了一定的补贴，国民保健服务、社会服务以及非缴费性收入支持保障项目的经费，基本都是由国家通过一般税收承担的。国民保险直接由政府管理，成为政府一个庞大的部门。国民保健服务不仅在行政上由政府管理，医院也由政府举办，业务人员属公共雇员。

(二) 瑞典福利国家的基本内容

瑞典建立福利国家比英国晚，但它后来居上，以完整的社会保障制度和最高的社会保障水平取得了“福利国家典范”的称号。瑞典社会保障制度的建立完全遵循普遍原则和平等原则，不仅为贫困者提供社会保障，而且为每位公民提供与收入、职业、阶层关联不大的，包含生、老、病、死在内的各种社会保障项目，瑞典福利国家社会保障制度主要包括以下内容：

(1) 老年、残疾和遗属保险。瑞典的国家公共养老保险包括基本养老保险、附加养老保险和部分养老金三部分。首先，凡是16～65岁在瑞典居住满3年的居民（无论其国籍），65岁后都可领取基本养老保险，提前或推迟退休（60～70岁），基本养老金相应增减（每月减少0.5%或增加0.7%）。在瑞典居住40年以上的居民可获得全额基本养老金，其余每居住1年获得全额基本养老金的1/40。单身老人可领取基本养老金额的96%，夫妇俩人共同领取基本养老金额的157%。[①] 基本养老金待遇除退休养老金外，还有丧失能力养老金、遗属养老金等多项。基本养老金基金主要来源于基本养老保险缴费、国家财政补贴和地方财政拨款补贴。基本养老保险缴费为职工工资的13.35%，其中雇主缴纳6.4%，雇员缴纳6.95%。其次，至少有3年的收入超过一个基本养老金额的雇员有权领取附加养老金，工作30年以上者可领取全额附加养老金，其余每工作1年领取全额附加养老金的1/30。附加养老金基金全部来自雇主和独立经营者按职工工资总额（无最高限额）的13%缴纳的社会保险费。另外，瑞典的投保职工由于工作时间的减少（每周减少5～10小时，但仍工作17～35小时）导致收入减少，可向社会保障机构申请部分养老金。部分养老金基金来源于雇主和独立经营者

① 参见孙炳耀：《当代英国瑞典社会保障制度》，185页，北京，法律出版社，2000。

的缴款。16～64 岁的投保人、丧失劳动能力在 25%以上者，可以享受永久或暂时丧失能力养老金。投保人去世后，其已结婚 5 年的遗孀和 12 岁以下子女可以享受遗属抚恤金。

(2) 医疗保险。瑞典法律规定，一家人只要有正式收入的家庭成员缴纳医疗保险税，全家均可在被指定的公立医院享受免费或者补贴性的医疗保健待遇，包括医生为门诊病人所开的药品和住院费用两种。瑞典医疗保障制度还提供病假津贴、生育补助、子女病期津贴等多种津贴。瑞典医疗保障基金主要来自地方政府，中央政府只管制定规则，不提供资金。地方政府的资金主要来自当地居民缴纳的地方税。2007 年，雇主按工薪总额的 8.78%缴纳医疗保险费，雇员和独立经营者按工资收入的 2.95%缴纳保险费。①

(3) 失业保险。瑞典有特种失业保险和国家失业保险两种失业保险，由各行业工会组织建立的特种失业保险属自愿性失业保险。国家对未参加特种失业保险的劳动者提供"劳动力市场援助"性的国家失业保险，该种失业保险制度建立于 1974 年，大部分是国家财政资助的，其实质为失业补贴。2008 年雇主参加国家失业保险的缴费率为工资总额的 4.45%，雇员无须缴费。②

(4) 工伤保险。瑞典的工伤保险是补充性保险，发生工伤事故后，首先享受养老保险待遇，不足部分再从工伤保险得到补偿。工伤保险费仅由雇主和独立经营者按企业工资总额的 1.38%缴纳。缴纳保险费和享受伤残补助的最高金额不得超过国家基本工伤保险金额的 7.5 倍。工伤保险津贴领取者达到退休年龄后改为领取养老金。

(5) 社会救济。瑞典的社会救济主要包括家庭津贴、残疾补贴、住房补贴等项目。在瑞典，国家对有 16 岁以下子女的家庭给予定期的家庭津贴补助；残疾人的就业工资由政府负担 75%，雇主负担 25%；低收入者还享受与收入和抚养孩子多少有关的住房补贴。

瑞典社会保障制度的最大特点在于它既照顾了穷人利益，又考虑了全民利益，社会财富分配较为公平。

第一，享受社会保障是公民的普遍权利。瑞典的社会保障制度侧重于公民福利分配、全民一律享受。年满 65 岁的公民，不论其经济地位和职业状况，都可以获得相同金额的基本养老金和与退休前收入相关的附加养老金。如果退休前收入较低或者工龄较短，影响附加养老金的数额，政府给予补贴。所以，雇员退休以后的退休金收入与他退休前相差不大。

第二，个人一般不需要直接缴纳社会保险费用。作为福利国家的典范，瑞典人一般不需要直接缴纳较多的社会保障费用，就可以享受比较全面的各项社会保障。社会保障费用部分由政府负担，个人缴费很少，最大缴费者是雇主，他们大约需要将雇员工资总额的 33%作为社会保险费上缴。

第三，失业保险具有非强制性。瑞典的失业保险不是由政府直接管理，而是由工会和劳动力市场委员会两个部门负责。各个行业工会负责的特种失业保险采取雇员自愿参加的原则，政府给予大量补贴，这是瑞典失业保险制度的主要内容；国家失业保险制度专门为

---

① 参见栗芳、魏陆等：《瑞典社会保障制度》，137 页，上海，上海人民出版社，2010。

② 参见栗芳、魏陆等：《瑞典社会保障制度》，194 页，上海，上海人民出版社，2010。

未参加特种失业保险制度者设计，由各地劳动委员会或就业办事机构管理和具体实施。

第四，高税收维持了高福利。瑞典 GDP 的一半以上来自税收，个人与企业的税收负担重，尤其是高收入者的大部分收入须上交国库，社会成员收入差距不大。瑞典政府以高税收为支撑，将 GNP 的 70％以上用于公共开支，来实现各种社会福利。瑞典社会保障基金的主要来源为累进所得税和其他税收。这一方面使得财富在社会家庭间的分配以及个人在整个生命周期中的消费大体趋于平等；另一方面，维持了较为广泛和优厚的公共补贴制度和标准较高的社会保险制度，即维持了瑞典的高福利支出。

第四节　强制储蓄型社会保障模式

一、强制储蓄型社会保障模式的特点与效果

（一）强制储蓄型社会保障模式的特点

强制储蓄型社会保障模式是一种由国家强制推行的自我储蓄的社会保障制度。一些新兴工业化国家和发展中国家采用了这种自我积累型的社会保障制度，尤其以新加坡的中央公积金制度和智利的储蓄积累制度最具有代表性，其区别在于新加坡是“国营强制性储蓄积累型”社会保障模式，而智利是“私营强制性储蓄积累型”社会保障模式。两种强制储蓄型社会保障模式具有如下特点：

第一，实行强制储蓄。所有公民只要拥有薪金收入，就必须依法按工资收入的一定比例缴纳社会保障费，并自动成为该制度所覆盖的会员。各国具体实施时有所不同。例如，新加坡强调劳资双方共同缴费，企业负担较重；而智利则实行个人负担，雇主不需要缴费，企业负担较轻。

第二，采取基金积累制度，而不是现收现付制度。无论是雇主缴纳的保险费，还是雇员缴纳的保险费，均完全计入相应的个人账户，实行完全积累。每个人为自己未来的保障需求自我储蓄，个人账户间的资金不可转移支付，某些国家允许家庭成员之间相互填补账户缺口。

第三，给付方式采取既定供款制度，而不是既定给付制度。给付水平的高低取决于个人账户的积累，即取决于供款和投资收益，而不是社会保障制度对社会成员的承诺。会员所享受的待遇，只能在其个人账户总金额以内支付，因此，会员有可能面临保障水平不足的风险。

第四，强调效率，忽视公平。强制储蓄型模式把个人享受的待遇与自己的努力和存款的多少紧密地联系在一起，具有很强的激励作用。然而，不具有代际和代内的再分配性。政府通常很少提供财政补贴，这在一定程度上推卸了政府在社会保障中应尽的责任。

（二）强制储蓄型社会保障模式效果分析

强制储蓄型社会保障制度的实施取得了显著的成就。

首先，它有效地解决了社会保险基金保值增值问题，减轻了国家的财政负担。新加坡等国公积金的国营化管理，把资金引导到政府控股公司的股票、政府债券及政府批准的其他投资工具上来，保证了公积金的安全性和保值性；而智利等拉美国家的社保基金实行私营化管理，获得了较高的投资回报率，降低了会员的缴费率。

其次，社会保障制度的发展带动了国内市场的发展。新加坡中央公积金是基础设施投资的主要来源，该制度很好地解决了国民的住房问题，实现了建国初提出的“居者有其屋”的理想；而智利社会保障基金由私营机构运营，促进了国内储蓄率的提高和资本市场的发育，较高的投资回报率使该制度在世界上掀起了一场社会保障私营化的浪潮。

最后，强化了公民的自我保障意识，减轻了国家的财政负担。无论是国营化管理还是私营化管理，社会保险基金完全来源于个人的储蓄，给付水平的高低完全取决于个人以往的劳动报酬和劳动贡献，对个人具有很强的激励作用，很好地调动了劳动者的工作积极性和储蓄积极性。政府通过强制社会成员为自己未来的保障需求进行储蓄，减轻了国家财政负担，同时还使个人克服了短视行为，每个人都为自己的未来需求提前进行准备，积累了大量的资金以满足自身的需求。

但是，强制储蓄型社会保障模式拉大了社会成员之间的福利差距。强制储蓄型社会保障模式在强化储蓄积累功能的同时，弱化了再分配功能，使社会保障制度偏离了“社会共济”方向。在这种社会保障模式下，个人账户以雇员工资收入为基数计算缴费比例，工资基数越高，缴费越多，投资后获取的利润也相应越高。因此，低收入者最终所能获取的福利水平相对降低，高收入者的福利水平相对提高。该模式不仅不具有再分配性，而且还拉大了社会成员之间的福利差距。

二、强制储蓄型社会保障模式的典型国家

（一）新加坡的强制公积金制度

新加坡的中央公积金制度建于1955年，是通过政府立法强制个人储蓄，采取完全积累模式的一种社会保障制度。该制度由建立初期的单一退休储蓄计划发展为一个包含养老、医疗、住房与教育等多功能的综合性社会保障计划。

新加坡法律规定，所有公共部门和私人部门的雇员强制性参加中央公积金制度，由雇主和雇员共同缴纳公积金，政府几乎不承担补贴责任。中央公积金的缴费率不断提高，由1955年的10%，提高到1992年的40%，之后稳定下来。[①] 55岁以下投保人的公积金缴费

① 参见李健、兰莹：《新加坡社会保障制度》，27页，上海，上海人民出版社，2011。

率为月工资的40%，其中雇员负担20%，雇主负担20%（公共部门雇员由政府负担）；55～60岁者（含55岁）的缴费率为20%，其中雇员负担12.5%，雇主负担7.5%（公共部门雇员由政府负担）；60～65岁者（含60岁）的缴费率为15%，雇员和雇主各负担7.5%；65岁以上者的缴费率为10%，雇员和雇主各负担5%。[①] 新加坡的公积金个人账户分为普通账户（ordinary account）、医疗储蓄账户（medisave account，又称为健保账户）和特别账户（special account）三类。公积金缴费的75%存入普通账户，15%存入医疗储蓄账户(其中34～44岁者为17.5%，45岁以上者为20%)，10%存入特别账户。会员年满55岁后，个人账户结构发生变化，由三个账户转为退休账户（retirement account）和医疗储蓄账户两个账户。雇主本人和自雇佣者自1992年起也被强制性要求参加公积金制度，公积金缴费全部由个人负担。同时，在新加坡领取薪金的外国雇员也必须参加公积金计划。

新加坡中央公积金制度具有多种社会保障功能。

首先，养老保障功能。中央公积金设置特别账户的目的就是通过强制储蓄，在会员年老退休或完全丧失工作能力之后为其提供生活保障，退休账户用于支付养老金。当会员年满55岁时，在保留退休账户法定最低存款（2009年为10.6万新元）的前提下，就可从公积金中一次性提取现金；年满60岁时，就可按月从退休账户中领取养老金。若退休账户存款达不到法定最低标准，有三种方案可供会员选择：一是推迟退休，继续增加公积金账户积累；二是用现金直接填补退休账户最低标准差额；三是由其配偶、子女从各自的公积金普通账户中转拨填补。

其次，医疗保障功能。新加坡政府设置医疗储蓄账户的目的就是强制会员为自己和家人的医疗费用进行储蓄。会员55岁从公积金中提取现金时，医疗储蓄账户也必须达到法定的最低限额，2008年为2.95万新元。[②] 会员可以用该账户的存款支付本人及其家属的门诊、住院费用，支付前3个孩子的分娩医疗费及本人和家属的健保双全保费。

再次，住房保障功能。新加坡的住房分为廉租房、廉价房和入息公寓三种，前两者由建屋发展局负责，可以无偿获得土地；后者由私人发展商投资建设，必须购买土地。中央公积金会员可以用普通账户的存款购买政府建造的廉价房和私人建造的入息公寓，或者用普通账户的存款偿还购房贷款。

此外，新加坡的公积金制度还具有其他社会保障功能。中央公积金制度为会员提供家庭保障、产业和教育投资计划，给予新加坡人更全面的保障。

新加坡的中央公积金制度具有如下特点：

(1) 强制性个人储蓄，资金集中管理与投资。按照《中央公积金法》的规定，每个有工资收入的公民都有义务参加中央公积金储蓄，任何一个为政府、公司或私人工作并领取月工资、周工资或日工资的雇员，都自动加入中央公积金计划，成为公积金会员。雇主与

---

① 参见郑秉文、方定友、史寒冰：《当代东亚国家、地区社会保障制度》，227～228页，北京，法律出版社，2002。

② 参见李健、兰莹：《新加坡社会保障制度》，37页，上海，上海人民出版社，2011。

雇员缴纳的公积金全部由中央公积金局统一管理与投资。中央公积金结余的99%用于购买政府发行的债券，这一方面保证了资金的安全性与完整性，另一方面政府利用这部分资金改善了人们的住房和从事其他公益事业。

(2) 以家庭为主，政府发挥引导作用。中央公积金制度的设计充分强调公民的自我保障作用，政府从中主要发挥引导作用。在个人公积金储蓄无法满足自身需求时，可由家庭其他成员（如配偶、子女等）从普通账户中转拨填补不足部分。这种填补制度使子女提高了家庭意识，增强了子女对父母的责任感，从而密切了家庭成员之间的关系。政府在公积金制度中承担的是管理者和维护者的作用。

(3) 激励功能强，再分配功能弱。雇主和雇员缴纳的公积金完全计入个人账户，养老保障和医疗保障的支付与个人劳动贡献或劳动报酬完全挂钩，不具有再分配性。但是，政府对公共住房计划提供免税土地，一般穷人多购买廉价房或租廉租房，富人购买私人开发的入息公寓，需要支付土地费。因此，新加坡住房政策具有一定的再分配性。

(二) 智利的储蓄积累制度

20 世纪 80 年代初，智利对社会保障制度进行了改革，其核心部分是改革原有的养老保险制度，建立个人账户制，将私营部门引入养老保险基金的运作管理当中。智利现行的个人账户制可以概述为：个人账户强制储蓄、私营机构具体操作、政府实施立法和监管，并承担最终风险。

智利养老保险的缴费完全由个人承担，雇主不缴纳任何费用。每个投保人每月将工资的13%交给自己选择的一家养老基金管理公司，养老基金管理公司则为投保人设立一个个人账户，并负责将个人账户中的资金投资于资本市场。投保人缴费中的10%作为个人的养老金存入个人账户，另外3%由养老基金管理公司根据规定作为投保人的人寿保险和意外事故保险金，转交给指定的保险公司。

投保人凡达到法定退休年龄（男 65 岁，女 60 岁），缴费年限达到 20 年，都可以根据个人账户的储蓄积累总额领取养老金。个人在领取养老金时，可以选择三种支付方式：一是计划支取，投保人继续将养老金储蓄留在养老基金管理公司，按月领取养老金，而且储蓄具有继承权；二是终身年金，从人寿保险公司购买终身年金，超额部分可以一次性提现，但是年金不具有继承性；三是计划支取加终身年金，投保人将一部分储蓄留在养老基金管理公司，其余资金转入一家人寿保险公司。投保人先在养老基金管理公司每月领取一份养老金，到期后，再从保险公司领取年金。

凡是缴费年限满 10 年的投保人，国家财政保证其最低法定养老金。如果个人账户中积累的养老金金额等于和高于本人最近 10 年平均收入的 50%，或者等于或高于领取最低养老金应存款额的 110%，投保人可以提前退休。[①] 投保人还可以将个人账户中高于本人

① 参见周弘：《国外社会福利制度》，312 页，北京，中国社会出版社，2004。

退休前 10 年平均工资的 70%的账户余额资金用于担保申请住房贷款或提现。

养老储蓄计划的收缴、支付、投资等具体工作由养老基金管理公司统一进行管理。养老基金管理公司是专门从事养老金运作的私营机构，其他任何机构均不能从事养老金的投资管理业务。按照规定，只要拥有 12 万美元的资本金、能够吸收 4 000 人以上者就可成立一家养老基金管理公司。投保人可以自由选择任何一家养老基金管理公司托管自己的养老金个人账户，并且每年可以转换一次基金管理公司。

养老基金管理公司运用会员的养老金个人账户资金进行投资，政府对养老金投资实行严格的监管。通过政府养老金投资风险委员会的认定以后，个人账户上的养老金可选择政府债券、金融机构及公司债券、可转换公司债券、公司股票等作为投资工具。除政府债券以外的各项投资不得超过养老金总投资额的 30%，若某种证券的 90%资金来源于养老金，则该债券必须保留在中央银行或证券存款公司。养老基金管理公司必须保证养老金的最低收益，每月养老金的投资收益不得低于过去 12 个月全部养老金平均收益率 2 个百分点。如果低于最低收益要求则必须动用收益波动准备金和现金准备金予以弥补，仍然无法弥补的养老基金管理公司将被宣布破产，政府财政承担最后责任予以弥补。

智利在改革养老保险制度的同时，也进行医疗保险制度的改革，国家与私营机构共同分担医疗保险的责任与风险，实行医疗保险基金的部分私营化。与养老保险制度一样，雇主不缴纳医疗保险费，费用完全由个人承担，每月缴纳工资收入的 7%。医疗保险投保人可以自由选择公共计划和私营计划，选择公共计划者的缴费进入政府管理的医疗基金，选择私营计划者的缴费交给自己选择的医疗保险公司。然而，智利的失业保险目前还是由国家财政资助，雇主和雇员均不需要缴费，今后将改为个人、雇主和政府三方面共担失业保险基金。

从上面的分析，可以看出智利现行的社会保障制度具有三大特征：

（1）强制储蓄性。智利的养老保险和医疗保险制度实行完全积累制，每个社会成员为自己的养老、医疗进行个人自我储蓄。企业不缴费，个人缴纳全部的费用。这种储蓄不是自愿性而是强制性的，每个人每月必须为养老保险缴纳个人工资收入的 10%，为医疗保险缴纳个人工资收入的 7%，分别计入养老保险个人账户和医疗保险个人账户，以满足个人的养老和医疗需求。

（2）社会保险私营化。养老保险个人账户和医疗保险个人账户完全归个人所用，社会保障给付水平的高低完全决定于个人工作期间的缴费积累。所有的社会成员将养老储蓄交由私营机构养老基金管理公司经营与管理，社会成员可选择将医疗储蓄交给医疗保险进行经营与管理。这些私营机构自负盈亏，实行市场化运作。

（3）政府承担最后责任。智利养老金、医疗保险基金私营化的结果，必然造成社会成员的社会保障基金积累金额差距过大。由于各种原因，必然会有一部分人的养老金达不到国家规定的最低养老金要求，这时，国家财政会承担最后责任，保证缴费 10 年以上的投保人退休时都能享有最低养老水平。国家对所有医疗保险的投保人提供一定的补贴。而且，智利政府还完全承担了由旧制度转向新制度的转制成本。当在职者由旧制度转入新制度时，政府发给“认可债券”，作为旧制度下养老金积累的凭证。“认可债券”以年利率4%计入个人账户，退休时由国家以现金的形式将“认可债券”兑回，并且一次性付清。

第五节　国家保险型社会保障模式

一、国家保险型社会保障模式的特点与效果

(一) 国家保险型社会保障模式的特点

苏联是世界上第一个建立社会主义的国家，并逐步形成了国家保险型社会保障模式。随后，东欧其他社会主义国家和包括我国在内的亚洲社会主义国家，仿效苏联的做法，纷纷建立了国家保险型社会保障制度。实际上，这类社会保障模式是就业保障型或单位保障型模式，其宗旨是“最充分地满足有劳动能力者的需要，保护劳动者的健康并维持其工作能力”。国际保险型社会保障模式的特点表现为：

第一，强调国家和企业的责任，被保险人不承担任何责任与义务。这种模式的社会保险费完全由单位缴纳，个人不需要缴纳任何费用。但是过高的支付水平使得企业无法担负起所有的给付水平，出现收不抵支时，由国家完全兜底。因此，保险费虽由单位缴纳，但最终的责任人仍然是国家，该模式特别强调的是国家的责任。

第二，社会保险待遇偏高，一般替代率为原工资的70%左右。个人虽不需缴纳任何社会保险费，但却可以享受较高的给付水平。制度内成员与制度外成员之间的福利待遇相差甚远，制度内的社会成员及其家属享有一切保障，而制度外的社会成员一无所有。

第三，保险待遇与就业高度相关，与缴费完全无关。社会成员无需缴费，只要是在国有经济部门就业，就可免费享受社会保障待遇，其直接赡养的直系亲属也可享受一定的免费待遇。投保人及其家属所能够享受待遇的高低与其工龄长短有关，与其所在的行业发展水平有关，而与个人缴费无关，与单位缴费多少无关。

第四，社会保障部门发展不平衡，社会保障资源“浪费”与“稀缺”并存。国家保险型社会保障模式在国有经济部门发展比较成熟，提供的社会保障项目繁多、保障水平很高；而在非国有部门一片空白。社会成员的社会保障待遇差异极大，一部分人享受过度的社会保障，保障资源浪费严重；另一部分人严重缺乏保障，保障资源匮乏。

(二) 国家保险型社会保障模式效果分析

国家保险型社会保障模式是计划经济体制下的产物。该模式对各个国家的社会主义建设与发展起到了积极的作用，保证了劳动力再生产的顺利进行。实行国家保险型社会保障制度的国家，普遍推行充分就业的政策，而且国有经济在国民经济中占有绝对统治地位，

因此，这些国家的公民在国有经济的就业比例极高。社会成员一旦就业，就会自动加入被保障者的行列，本人及其家属可以享受到各种社会保障待遇。例如，生病可以享受免费医疗，伤残可以领取抚恤金，年老可以领取退休金。这些待遇的享受，个人无需事先缴纳任何费用，保险费由单位负责，国家对社会成员的保障待遇承担完全责任。这种社会保障模式很好地解决了劳动者的后顾之忧，为维持劳动力再生产的顺利进行提供了充分保证。但是，这种模式实际上是一种就业保障，拥有工作就等于拥有一切，失去工作就等于失去一切。

计划经济下的充分就业政策，使国家保险型社会保障模式缺乏失业保险项目。这种模式在计划经济体制与充分就业的政策下有其生存空间，但是，在实行国家保险型社会保障模式的国家中，伴随着经济体制改革的步伐，市场经济逐步取代计划经济，失业政策逐步取代充分就业政策，隐性失业逐步转化为显形失业，失业问题凸显，原有的社会保障制度缺乏失业保险，就难以满足社会的需要。

国家保险型社会保障模式完全遵照“按需分配”的原则分配社会保障资源，注重了公平，而损失了效率。这种模式按照社会成员的需求设立项目，按照社会成员的需要分配社会保障基金，而忽略了社会保障机构的供给能力，忽略了被保障者个人的贡献大小。毫无疑问，这种模式增进了劳动者的福利，解除了劳动者的后顾之忧，很好地维护了社会公平，国有经济部门的每个就业者都享有平等的、无需缴费的社会保障权益。但是，过分强调公平权益一方面容易造成制度内成员对保障资源的严重浪费，另一方面又不利于激发劳动者的工作积极性，社会经济效率极低。

国家保险型社会保障模式的覆盖面比较小，仅限于就业劳动者，保障对象主要是国有经济部门的雇员。经济体制的改革使这些国家的非国有经济在国民经济中所占的比重逐步增加，非国有经济的地位逐步提升，越来越多的社会成员在非国有经济部门就业，国家保险型社会保障模式的覆盖面较窄的问题日趋严峻。继续采取这种模式，既不符合社会保障的普遍性原则，又加重了国家的财政负担，降低了企业的竞争力，因此，凡是实行国家保险型社会保障模式的国家都先后开始改革社会保障制度，使其更加适应社会经济的发展需要，更加适应社会成员的生活需求。

二、国家保险型社会保障模式的典型国家

（一）苏联的国家保障制度

十月革命胜利后，经过几十年的努力，苏联的国家保险型社会保障制度逐步趋于完善和成熟，并为其他社会主义国家所仿效。苏联的国家保险型社会保障制度主要包括以下内容：

（1）养老金。苏联劳动者只要工作一定年限（男性 25 年以上、女性 20 年以上），到一定的年龄（男性 60 岁、女性 55 岁）就可以领取养老金。从事特殊工作的工人与职员，

退休年龄和工龄可分别下调10岁和5岁；在边远地区工作的人员和一些特殊人员可提前5年退休；此外，拥有5个孩子的母亲以及盲人，也可降低享受养老金的条件。养老金的替代率与退休前的工资呈反向关系，一般介于50%～100%，平均水平为65%。退休人员每延长工作1年，加发10卢布的养老金，最高限额为40卢布；在同一部门连续工作15年以上者，加发10%的养老金，连续工作25年以上者，加发20%的养老金。

（2）伤残、遗属抚恤金。苏联为永久或长期丧失劳动能力者发放伤残抚恤金。达到养老金最低领取工龄的人，按100%的养老金发放伤残抚恤金；没有达到养老金最低领取工龄的人，按90%的养老金发放伤残抚恤金。对伤残者所供养的家属发给家属补助，其中供养2人者每月补助10卢布，供养2人以上者每月另加10卢布。对需长期护理的伤残者，每月发放15卢布的护理补助。苏联还为死者的直系赡养人提供遗属抚恤金。其中，遗属为1人者，每月可领取相当于供养人工资65%的遗属抚恤金，2人者为100%，3人以上者为110%。若被保险人连续工龄满10年，这项津贴可加发10%，满15年者可加发15%。

（3）各类补助。主要包括疾病补助、医疗补助、生育补助和贫困家庭补助。国家职工和集体农庄庄员在生病时可领取相当于工资的50%～100%的疾病补助。医疗补助是由政府卫生机构直接向被保险人及其供养的家属提供的各项医疗服务。生育补助是向产妇提供的现金补助，补助标准为产妇工资的100%，发放期限为产前8周和产后8～10周。贫困家庭补助是对人均收入不足50卢布的家庭提供的现金补助，每个孩子每月可获得12卢布的补助。此外，苏联政府还提供母亲补助、照料婴儿补助、军人子女补助和先天性残疾补助等社会保障项目。

综上所述，苏联国家保险型社会保障制度具有如下几个特点：

（1）城市覆盖面广，农村人口被边缘化。在计划经济体制下，苏联国有和集体所有制在经济成分中占据绝对主导地位，因此，与之相对应的社会保障制度覆盖所有在国有制企业和集体农庄工作的职工和他们的家属。但是，农村人口被排除在社会保障覆盖范围之外，城市与农村人口享受的社会保障待遇悬殊。

（2）个人不承担任何社会保障责任和费用，所有费用由国家和企业负担。社会保障基金来源于国家预算（占93%）和集体农庄集资（占7%）两部分。其中，国家预算部分又包括全苏联国家预算（占10%）、国家社会保险基金预算（占37%）和各加盟共和国预算（近50%）。国家社会保险基金来源于企业、机关的社会保险费和国家预算拨款，主要用于支付养老金、各项抚恤金和补助金；全苏国家预算和各加盟共和国预算，主要用于支付现役军人、残疾人抚恤金、全苏功勋优抚金、残疾军人抚恤金、残疾人教育支出、养老院、残疾人优惠服务等项目的开支。各项社会保障费用分别列入国家财政预算和企业成本，这种由国家和企业包揽一切的社会保障体制，导致国家和企业负担过重。

（3）社会保障给付水平较高，且与缴费无关。凡是工作5年以上、达到退休年龄的职工，就可领取低额养老金。对永久性或长期性失去劳动能力的职工除支付伤残抚恤金（最高可达到养老金的100%）外，还向其供养的家属支付家属补助。遗属抚恤金的支付甚至可超过供养人工资的100%。养老金的工资替代率较高，平均为65%，与退休前的工资水平成反比，退休前工资越高，养老金的替代率越低，退休前工资越低，养老金的替代率越高。

(4) 在充分就业政策取向下缺乏失业保险。长期以来，以苏联为代表的社会主义国家普遍认为失业问题是市场经济的特有现象，计划经济实行劳动者充分就业的政策，因此，苏联的社会保障制度根本没有涉及失业保险问题。

(二) 改革前中国的国家保障制度

1949—1986年，中国一直实行国家保险型社会保障制度，其主要由国家保障、城镇单位保障和农村集体保障三大块组成，其中城镇单位保障是社会保障制度的主体，国家保障和集体保障起辅助作用。

国家保障是在国家政策统一管理下，资金主要来源于政府财政拨款，由政府部门直接管理的社会保障项目。具体包括以下项目：(1) 机关事业单位工作人员的养老、医疗和住房保障，覆盖所有的国家机关事业单位从业者及其家属。机关事业单位人员年老可以领取退休金，生病可以享受公费医疗，退休养老经费和公费医疗经费来源于国家财政拨款。(2) 城镇居民价格补贴，覆盖所有城镇居民。(3) 军人养老、医疗保障，覆盖所有现役军人，并为军烈属提供抚恤金。(4) 由民政部门向无依无靠的城镇孤老残幼提供救助。(5) 农村救灾和贫困救济，原则上覆盖所有农村居民，实际上仅有不到5%的农村居民获得救助。

单位保障一直是改革前中国社会保障制度的主体，各单位在国家政策的规范下，自行组织实施，覆盖所有城镇劳动者及其家属，大约90%以上的城镇居民直接从中受益。企业社会保障基金收不抵支时，国家财政最后兜底。单位保障项目主要包括：(1) 职工劳动保险。20世纪50年代，政务院颁布的《劳动保险条例》规定，职工在疾病、伤残、生育及年老时可以获得必要的物质帮助，其供养家属也可享受一定的保障。保障对象为国有企业和集体企业的职工，城镇居民一旦拥有了工作，本人及其家属的生、老、病、残、死各项事宜均有保障。企业职工的退休养老经费来源于企业生产收益，并在企业营业外列支。职工达到一定的年龄和工龄（男性60岁、25年工龄，女性50岁、20年工龄）就可退休养老，按企业工龄的长短领取退休养老金，退休金的工资替代率为50%～70%。职工生病期间可以享受劳保医疗，半年内按工龄的长短领取相当于个人工资的60%～100%的病假工资，半年以上者领取相当于个人工资的40%～60%的救济金。职工供养的直系家属生病治疗时，手术费和药费由企业和个人各负担一半。(2) 职工集体福利。包括福利设施、职工住房、福利补贴、文化体育设施等，其中住房福利是城镇职工最大的福利待遇。每个企业都为自己的职工提供低租金的住房福利，许多企业都有自己的幼儿园、小学和中学。

集体保障是为农村居民提供的社会保障，经费来源于社队的统一提留。集体保障主要包括两项：(1) 合作医疗。合作医疗采取社员出“保健费”和生产合作社提供“公益金”补助相结合的办法。合作医疗曾经覆盖了95%以上的农村人口，对改善农村缺医少药的状况、提高农民的健康与生活水平做出了突出的贡献。但是，随着20世纪80年代初人民公社的取消，传统合作医疗制度逐渐衰落。（2）五保户供养。五保户制度是专门为农村无依无靠的鳏寡孤独者提供吃、穿、烧、住、葬5方面的社会救助制度。对五保对象，采取集中供养（敬老院）与分散供养（专户赡养）两种形式，经费主要由乡镇统筹解决。

改革前的中国国家保险型社会保障制度具有以下几个特点：

（1）国家负责，单位包办，个人不承担任何责任与义务。各单位直接承担着本单位职工的各项社会保障费用，导致企业负担沉重，国家只好通过财政补贴的形式，直接向国有企业输血，可见，国家才是该制度的最后责任人。同时，无论是城镇还是农村，居民所有的生活保障事宜都必须通过单位组织获得，各项社会保障的事务由单位包办。国家和单位承担了社会保障的全部费用和责任，而个人无需缴纳任何费用，无需承担任何直接的责任与义务。

（2）城乡社会保障制度差异较大。在城镇，从退休金到疾病医疗，从住房福利到教育福利，从就业安置到贫困救助，从价格补贴到职工食堂，等等，社会保障项目无所不包，给城镇劳动者及其家属提供了一种高福利保障。而农村社会保障项目较少，主要保障项目——合作医疗制度与五保户供养制度随着生产经营体制的转变，也逐渐衰退下来。

（3）社会保障与就业紧密相关。在计划经济体制下，中国长期奉行的是“高就业、低工资、高福利”的政策。因此，真正体现城镇居民生活水平的不是工资收入，而是福利待遇。在城镇，可以说拥有了工作就拥有了一切生活保障。

（4）社会福利“早熟”与“缺位”并存。机关事业单位的“单位福利”和国有企业的“企业福利”远远超出了当时中国经济的发展水平，呈现出福利“早熟”；镇集体企业和农村社会保障项目极少，“缺位”现象严重，社会保障水平极低，远远滞后于经济的发展水平。

推荐阅读书目

［丹麦］艾斯平-安德森．福利资本主义的三个世界．北京：法律出版社，2003.

［英］金斯伯格．福利分化：比较社会政策批判导论．杭州：浙江大学出版社，2010.

李健，兰莹．新加坡社会保障制度．上海：上海人民出版社，2011.

周弘．国外社会福利制度．北京：中国社会出版社，2004.

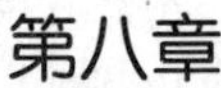

第八章 社会保障基金论

本章要点： 主要阐述社会保障基金的特点、功能及其分类，社会保障基金筹资原则、渠道及其模式，社会保障基金投资原则、组合决策，社会保障基金管理模式及其趋势。

关键概念： 社会保障基金；社会保障基金筹资；社会保障基金投资；社会保障基金管理

第一节 社会保障基金概述

一、社会保障基金的特点

社会保障基金是依照法律法规建立、用于社会保障给付需要的专项基金。在现代社会中，社会保障基金是社会后备基金的重要组成部分。在许多国家，社会保障支出作为财政预算中的重要支出项目，占有很大的比重；在许多国家的金融市场中，社会保障基金是其重要的资金来源，占有很大的份额。社会保障基金的特点，是由社会保障制度的性质所决定的。与其他基金相比，社会保障基金具有以下特点。

（一）强制性

社会保障制度的实施，以国家法律法规为依据，采用强制手段加以推行。尤其是社会保险的各个项目，政策实施范围内的任何用人单位和个人都必须依法参加，并按规定履行缴纳社会保险费的义务。而且，社会保险的项目、费率和给付标准等均由法律法规或有关政策统一规定。社会保障基金的这一特征明显地区别于其他基金。例如，社会成员有权自主决定是否购买商业保险、是否参加互助合作保险、是否购买投资基金或信托基金，因此这类基金的筹集是自愿的、非强制的。

为了防止逆选择，保证社会保障制度的实施，只有通过强制手段，才能征集足够的社会保障基金，使社会保障制度具有稳定可靠的资金来源，从而实现保障社会成员基本生活、改善国民收入分配状况的社会政策目标。同时，为了保障基金的安全，社会保障基金管理机构对社会保障基金的投资营运、投资组合与投资数额的确定均须依法进行，而社会保障基金的给付也须遵循严格的法律规范。

(二) 储备性

社会保障是一种财务型风险处理机制，国家通过这种机制，建立社会保障基金，对付未来不测之风险，为社会成员提供基本的经济保障。从其来源和使用方向看，社会保障基金是从国家财政收入、用人单位收入和参保者收入中分解出来，用于社会保障给付的一种消费性社会后备基金。从参保者的生命历程来看，在其具有劳动能力的时候，社会以一定的方式将其所创造的一部分价值强行扣除，经过长期储存积累，在其丧失劳动能力或劳动机会、收入减少或中断时，从社会积累的基金中为其提供补偿。从这个意义上说，社会保障基金取之于民、用之于民，这种资金最终要返还给参保者，具有鲜明的储备性。

(三) 非营利性

与其他基金一样，社会保障基金也具有投资运营和增值的要求，但社会保障制度以实现公共政策目标为己任，旨在促进社会公平和社会成员生活稳定。建立社会保障基金并参与投资运营，实现保值增值，是为了增强社会保障制度的物质基础，更好地发挥其社会保障功能。因此，社会保障基金是社会消费基金的组成部分，不同于追求经济效益的生产发展基金和一般金融基金。世界各国政府对社会保障基金这样一种非营利基金的筹集、运营和给付都有优惠政策。

(四) 互助共济性

作为一种国民收入再分配机制，社会保障是一种互助共济制度，因而社会保障基金必然具有互助共济性。对于生、老、病、死、伤、残、失业等风险，国家通过立法，采用强制手段，建立起专项消费基金，统筹使用，为社会成员提供基本的经济保障，体现着社会成员之间互助共济的精神。通常情况下，收入较高的社会成员对于社会保障基金的贡献较多，而收入较低的社会成员对于社会保障基金的贡献较少。在社会保障基金给付时，一般是按需分配，与社会成员对于社会保障基金的贡献度联系不密切，也就是说，社会保障基金的收与支并不是完全贯彻权利义务绝对相一致的原则。此外，在现代社会中，社会保险基金在社会保障基金中所占比重最大，而社会保险基金是根据保险原理建立的一种保险基金，其互助共济性是最为显著的，因为互助共济是保险机制最核心的特征。

二、社会保障基金的功能

社会保障基金是社会保障制度实现其社会政策目标的物质基础，因此，社会保障基金的功能是由社会保障制度的社会目标所决定的。社会保障基金具有以下功能。

(一) 稳定社会

在任何国度、任何现实社会，都有自然灾害和意外事故，都有老、弱、病、残，都有贫困，都有弱势群体，如果社会制度安排有缺陷，问题解决不及时、不妥当，就会成为社会的一种不安定因素。社会保障则正是降低社会风险的一种制度安排。因此，社会保障基金具有稳定社会的功能。由于社会保障基金的存在，国家和社会得以向社会保障受益人给付相应的款项，帮助他们渡过难关，使他们有基本的生活保障，从而减少社会不稳定因素，实现社会安定。

(二) 调节收入差距

在市场经济社会中，社会财富初次分配讲效率，二次分配讲公平。由于在能力、机遇等方面的差异，社会成员间的收入可能有较大的差距。一部分社会成员生活比较困难，一部分社会成员遭遇风险事故，其个人和家庭生活就可能陷入困境。对这种分配差距如不加以适时调节，就可能激化社会矛盾。因此，现代社会需要有社会公平的调节器，社会保障正是这种调节器之一。国家和社会依据法律法规，征集社会保障基金，再按照社会公平原则分配给收入较低或遭遇风险事故的社会成员，这就能够在一定程度上调节社会成员之间的收入差距，有利于实现社会公平，促进社会和谐。

(三) 保障劳动力再生产

劳动创造财富。在促进经济发展和社会进步的各种要素中，劳动力是最重要的要素。因此，劳动力再生产是人类文明进步的关键环节。社会保障制度是社会劳动力再生产顺利进行的重要保证，而社会保障基金则使这种保障得以落实。社会成员因疾病、伤残、失业而失去正常的劳动收入，会使劳动力再生产过程陷入不正常状态。由于社会保障基金的存在，社会成员在遇到上述风险事故时，可获得必要的经济帮助，使劳动力得以恢复，使劳动力再生产得以正常进行。例如，社会医疗保险基金所提供的医药费补贴和医疗服务，有助于患病和受伤的参保者早日恢复健康，重返工作岗位。

(四) 促进经济发展

社会保障基金不仅具有稳定社会的功能，而且具有促进经济发展的功能。首先，社会保障基金通过稳定社会促进经济发展。社会保障基金的筹集和给付，能够缩小社会成员的收入差距，保障社会成员的基本生活，避免一部分社会成员因生活陷入困境而产生社会对抗的现象，降低社会风险，缓和社会矛盾，从而为经济发展创造稳定的社会环境。其次，社会保障基金对经济发展具有调节作用。利用社会保障杠杆，可以把一部分消费基金转化为社会保障基金，从而推迟消费要求对市场的压力，抑制消费基金的膨胀；而在经济萧条时，社会保障基金转化为消费基金，有利于增加消费，促进经济发展。再次，社会保障基金中的一部分转化为生产建设资金，进入资本市场，促进经济发展。此外，社会保障机制有利于劳动力资源的优化配置，促进劳动者身心健康，帮助劳动者提高劳动技能，从而促进经济发展。

（五）促进社会文明

社会保障是一种社会互助机制，通过国民收入再分配筹集社会保障基金，体现社会成员互相帮助的精神。无论是社会救助、社会福利还是社会保险，都体现敬老爱幼、扶贫济困、友爱互助的精神，体现个人利益与社会利益、眼前利益与长远利益之间的协调关系，这对于增强社会成员的责任感具有积极的意义。因此，社会保障基金具有促进社会文明进步的功能。

三、社会保障基金的分类

对社会保障基金的分类，可以从多角度切入，比较常见的分类有以下几种。

（一）依照社会保障基金来源分类

以基金来源为依据，社会保障基金可以分为财政性社会保障基金、社会保险基金和社会福利基金。[①] 财政性社会保障基金来源于国家税收，通过经常性预算和财政拨款等方式形成，直接体现国家在社会保障方面的责任。社会救助基金、社会优抚基金和财政对于社会保险的补助等属于财政性社会保障基金。

社会保险基金是否属于财政性社会保障基金，要看社会保险制度与财政关系的密切程度。有的国家如美国、西欧国家、北欧国家等，社会保险基金是属于财政性的，而现阶段中国大陆社会保险各类基金情况不同：与职工有关的社会保险项目，其基金主体来源于社会保险费，尽管部分地区由税务部门负责征收，但其并不进入财政预算，财政只是对其进行部分补助；与城乡居民有关的社会保险项目，其基金多数来源于财政；与公职人员有关的社会保险项目，其基金实际上主要来源于财政。

社会保险基金主要来源于社会，即由用人单位和参保者个人缴纳的社会保险费构成，社会保险费通常以工资（或收入）为基础，根据一定的费率或税率计算确定。国家财政对于社会保险基金也有少量投入，以体现国家、用人单位和参保者个人三方对社会保险成本的分摊。此外，社会保险基金投资运作所得也进入社会保险基金。有的国家将社会保险基金纳入国家财政范畴，按照财政资金的管理模式进行管理；有些国家则让社会保险基金独立运行，即社会保险基金独立成系统，由政府社会保险部门管理，或者建立专门的基金组织或委托金融保险机构负责管理，如新加坡专门建立中央公积金局，负责公积金的管理和

---

① 参见郑功成：《社会保障学》，331页，北京，商务印书馆，2000。

运营，我国台湾地区由“中央”信托局负责管理社会保险基金，智利则将养老保险基金交给符合一定条件的私营养老基金管理公司管理。

社会福利基金通常情况下是一种混合型社会保障基金，其中既有财政拨款，又有服务收费，还可能有民间捐款。正因为这种混合性，对社会福利基金的管理就不像财政性社会保障基金和社会保险基金那样单纯。多数情况下，由社会福利机构负责管理基金并实施福利项目，但政府对于某些福利项目也可能直接管理并负责实施，一些民办福利机构虽然可以接受政府财政拨款补助，但却往往实行自我管理。[①]

（二）依照社会保障基金功能分类

以社会保障基金的功能为依据，社会保障基金可以分为社会救助基金、社会保险基金、社会福利基金、社会优抚基金和慈善基金等。其中，社会救助基金可以分为救灾基金、基本生活保障基金、医疗救助基金、就业救助基金、住房救助基金、司法救助基金等；社会保险基金可以细分为社会养老保险基金、社会医疗保险基金、工伤保险基金、失业保险基金和生育保险基金；社会福利基金可以细分为住房保障基金、教育保障基金、老年福利基金、残疾人福利基金、儿童福利基金等。

（三）依照社会保障基金所有权分类

以社会保障基金的所有权为依据，社会保障基金可以分为公共基金、个人基金和机构基金。公共基金为公共所有，其来源有财政拨款、按法律规定由用人单位和参保者缴纳的社会保险费（税）、社会捐赠等。例如，中国大陆现行基本养老保险基金中的社会“统筹”基金即属于公共基金。个人基金是归个人所有的非财政性社会资金，但它不同于银行存款和各种有价证券，它是按法律、法规、规章缴纳，记在个人账户上，有专门用途的基金，如中国大陆现行基本养老保险基金和基本医疗保险基金中的个人账户基金即属此类。机构基金是用人单位为其职工建立的福利性保障基金，所有权全部或部分地归集体，按照国家的政策和单位的规章对符合条件的职工给予补贴，如用人单位的福利基金、补充性保险基金等都属于机构基金。

（四）依照基金积累与否分类

根据基金是否积累，社会保障基金可以分为积累性基金和非积累性基金。前者如社会养老保险基金、失业保险基金，后者如救灾基金、济贫基金等。积累性基金对基金投资运营的要求较高，非积累性基金对投资运营的要求相对较低。就社会保险基金而言，基金的积累性与非积累性与其技术基础有关。从精算学的角度看，社会养老保险以寿险精算理论

---

① 参见郑功成：《社会保障学》，334页，北京，商务印书馆，2000。

为技术基础，工伤保险、生育保险则以非寿险精算理论为技术基础。[①] 因此，社会养老保险属于长期性险种，其基金属于积累性基金，基金投资运营的回报率对基金安全及其功能的发挥至为关键。此外，社会医疗保险基金与商业性医疗保险基金不同，后者一般属于短期的非寿险险种，但社会医疗保险通常具有终身保障的特点，而且有的项目规定退休以后不缴费，如中国大陆现行职工基本医疗保险，因而不能简单地将社会医疗保险基金理解为短期的非积累性基金。[②]

第二节　社会保障基金筹集

一、社会保障基金筹资原则

社会保障制度的运行需要有足够的社会保障资金，否则社会保障制度的目标就无法实现。因此，社会保障基金筹集是社会保障制度运行的第一步，在社会保障基金管理诸环节中占有重要位置。社会保障基金的筹集应该遵循一些普遍性原则。

（一）公平原则

社会保障制度是一种国民收入再分配的机制，其目的是实现社会公平。因此，社会保障基金的筹集和给付两个环节都要贯彻公平原则，否则社会公平就无从谈起。在社会保障基金筹资环节，公平原则主要体现在以下几个方面。

1. 不同收入群体之间的公平

通过社会保障基金的筹集，高收入人群的生活资料向低收入人群转移，有利于实现社会公平。这就意味着高收入人群对于社会保障基金要有更大的贡献。由于机会和个人能力等方面的差异，一部分社会成员进入高收入阶层，而另一部分社会成员则由于失业、疾病、年老等原因成为低收入者甚至陷入贫困。国家和社会通过税收、社会保险费和其他途径筹集社会保障基金，形成收入的转移，确保低收入人群基本生活水平的维持。这一原则在筹集社会救助基金和社会福利基金时体现得十分明显，在筹集社会保险基金时也有所

---

① 精算有寿险精算与非寿险精算之分。前者所研究的损失随机变量 $X=0$ 或 1，后者所研究的损失随机变量 $Y\in[0, M]$，$M>0$。前者考虑利息因素，后者不考虑利息因素。与之相应，保险有寿险与非寿险之分，寿险即人寿保险，适用寿险精算理论；非寿险包括财产损失保险、责任保险、信用保证保险和人身保险中的健康保险、人身意外伤害保险，适用非寿险精算理论。在商业保险中，非寿险属于短期险，寿险一般属于长期险。在社会保险中，养老保险属于长期险，医疗保险、工伤保险、生育保险属于短期险，失业保险比较特殊，虽然不适用寿险精算理论，但属于长期性险种。

② 参见何文炯等：《基本医疗保险“系统老龄化”及其对策研究》，载《中国人口科学》，2009（2）。

体现。

2. 同一收入水平群体之间的公平

社会保障制度使同一收入层面的社会成员风险共担、互助共济，从而实现社会公平。如果说不同收入群体间的公平原则有扶贫帮困的作用，那么同一收入水平群体间的公平原则具有防范贫困的效果。本条原则在社会保险中体现得很明显。按社会保险的原则，同一收入层面的社会成员向社会保险机构缴纳保险费（税）后，便取得了向社会保险机构领取社会保险金的权利，当其遭遇约定的风险事故时，很快能够得到保险金的给付。于是，不同地区、不同行业、不同职业的人员之间，在岗人员与失业人员之间、健康者与伤病者之间、在职人员与退休人员之间形成互助共济关系。这种机制，避免或减少了其成员陷入困境的可能性。为体现同一收入水平群体之间的公平，社会保险费（税）的征收，必须设计合理的费（税）率和费（税）基数确定办法，否则，用人单位之间、参保者之间负担不公平，社会保险费（税）的征收就会出现困难。

3. 代际之间的公平

由于社会保障制度是依据法律法规由政府强制推行的，因此必然涉及一代人与另一代人或各代之间的利益关系。在社会保障制度最初建立时，在不同的社会保障基金管理模式下，各代人之间的利益关系不同。例如，现收现付制的社会养老保险基金，第一代"老人"就不需要承担缴费义务。在社会保障制度转轨时期，代际利益关系如何相应调整，往往是新制度设计时必须慎重考虑的事情，否则会诱发代际之间的矛盾，甚至影响社会稳定。关于代际之间的公平问题，筹集社会养老保险和社会医疗保险基金时应予特别重视。

（二）效率原则

社会保障制度以实现社会公平为目标，但绝不以严重损害效率为代价。没有效率就没有经济发展，社会保障就会丧失物质基础。因此，要正确处理好经济发展与社会保障之间的关系。社会保障基金的筹集，既要保证社会经济运行的效率，又不能对社会经济发展造成障碍。所以，社会保障基金的筹集决策，要兼顾社会公平和生产效率两个方面，实现收入和财富分配的更加平等。

为此，要合理安排政府财政、用人单位和参保者个人负担社会保障基金的比例关系。政府负担过多，会导致财政负担过重，还会助长国民的依赖思想，降低参保者的生产积极性；用人单位负担过多，则会增加劳动力成本，降低企业经济活动能力和产品的国际竞争力；参保者个人的负担过重，国民可供支配的现金就会减少，从而减少对金融市场的参与，进一步影响宏观的投资和生产过程。因此，在社会保障基金筹集中要统筹兼顾国家、用人单位和参保者个人三者的关系。

社会保障基金筹集的效率原则还体现在社会保障水平上。虽然社会保障只提供基本的经济保障，但是，人们对于"基本"一词的理解是有差异的，不同的国家、不同的时期、不同的人有不同的理解。因此，社会保障水平的适度性研究，成为一个重要的研究课题，而判断社会保障水平适度性的标准，主要是对基本生活保障的足够性和对全社会效率的影响程度。

此外，对于积累性的社会保障基金，要充分重视基金的保值增值，将积累的基金用于投资，获得相应的投资回报。这种投资的回报率越高，则缴费筹资的负担就越轻，也说明包括筹资在内的制度运行效率越高。

（三）平衡与稳定原则

平衡原则是指在一定的社会保障水平下，社会保障基金能够保持收支平衡。如果社会保障基金结余过多，则会造成社会资源浪费；如果社会保障基金收不抵支，则国民的基本生活得不到保障，社会保障的目标不能实现。因此，社会保障基金必须收支平衡，在实践中往往要遵循“收支平衡，略有结余”的基本原则。这条原则适用于社会保障的所有项目，在社会保险方面则体现得尤为明显。

在社会保险中，“收支平衡”有短期平衡和长期平衡两种情况。短期平衡是指当年或近年征集社会保险基金的总额，以同期所需支付的社会保险金总额为依据，并在收支过程中保持平衡。例如，工伤保险、生育保险基金即属此类。长期平衡是指在整个社会保险期间（或在一个相当长的计划期内），社会保险费收入连同其投资回报的总和，与参保者在整个保险期间（或计划期内）所享受待遇的总和，二者始终保持平衡关系。采用积累制的社会养老保险基金的筹集需要贯彻这项原则，社会医疗保险基金也在一定程度上注意这一原则。[①]

作为社会公共政策的重要组成部分，社会保障制度应当具有公开性和透明性；作为一项长期持续实施的制度，要有法律法规作保障取信于民。尤其是在社会保障基金的结构，政府、用人单位与参保者个人负担的比例关系，社会保障基金筹集模式，基金的管理运营等方面，要建立起相对稳定的制度。对于社会保险基金的筹集，其费（税）基数及其上下限和费（税）率，都应当相对稳定，否则会诱发道德风险和投机行为。

二、社会保障基金筹资渠道

从世界各国的实践看，社会保障基金主要来源于政府财政、社会保险费（税）、民间募集和投资收益四个方面，分别采用征税、收费和自由筹资等方式。[②] 当然，社会保障项目不同，其基金来源也有所区别。一般情况下，社会保险基金主要来源于社会保险费（税）收入及其投资收益，也有部分财政投入；社会救助基金主要来源于政府财政，少量来源于社会募集；社会福利基金既来源于政府财政，又来源于民间募集；社会优抚基金主

① 参见何文炯等：《社会医疗保险纵向平衡费率及其计算方法》，载《中国人口科学》，2010（3）。

② 参见郑功成：《社会保障学》，336～337页，北京，商务印书馆，2000。

要来源于政府财政。

(一) 政府财政

无论从历史还是从现实看，政府财政与社会保障基金都有密切关系。在现代社会保障制度中，政府财政应承担社会保障基金的最终责任，可以说，没有政府财政作为社会保障基金的后盾，就不能建立起健全的社会保障制度，不能完全实现保障社会成员基本生活的目标。由于各国社会保障具体制度不同，财政与社会保障基金的联系和结合方式有所不同。对社会救助、社会福利事业等，各国政府一般采用直接拨款方式。但社会保险基金与财政的关系有多种形式：有的国家把包括社会保险基金在内的整个社会保障基金直接纳入国家财政预算统一管理；有的国家社会保险基金在经常性预算系统之外运行，但通过财政专户进行密切监控；有的国家虽然在财政体系之外建立完全独立的社会保险基金运行系统，但仍需对预算系统之外的社会保险基金给予适当补贴。

政府财政对于社会保障基金的支持，通常有以下三种方式：(1) 直接拨款。如社会救助、社会福利、优抚安置项目以及对社会保险基金缺口的补助。(2) 承担社会保障运行费用。社会保障制度的实施，需要大量人力物力财力，这笔运行费用，绝大多数国家的财政都予以全额承担，这部分款项虽然并不直接用于保障对象，但却维护了社会保障基金的安全与完整，而且为社会保障制度的实施创造了条件。(3) 税收优惠。各国都规定社会保险费（税）甚至一定范围内的补充性社会保险费用可以享受税前列支的优惠，同时都有鼓励企业和个人从事或参与慈善公益事业的税收优惠政策，这是国家减少财政收入、支持社会保障事业的具体体现。

国家对于社会保障基金的直接财政拨款，从总体上说来源于税收，但从社会保障作为一种收入分配机制这一原理和社会保障基金筹集的公平原则出发，我们可以找出与之对应的特定税收来源，这就是个人所得税、遗产税、捐赠税、利息税等。这些税种面向个人征收，起着调节收入分配差距的作用，无论其是否专项用于社会保障基金，都是财政收入的重要来源，可以看作是财政性社会保障基金的税收基础。

(二) 社会保险费（税）

在现代社会保障体系中，社会保险的惠及面最广、所占资金量最大，因而社会保险基金构成社会保障基金的主要部分。无论社会保险基金的管理体制如何，社会保险费（税）在社会保险基金甚至是社会保障基金来源各渠道中都居十分重要的地位。

社会保险基金的筹集与其他社会保障项目基金的筹集有显著区别：(1) 除个别国家、个别项目实行社会保险费用由国家统包或用人单位统包或参保者个人统包外，大多数国家的社会保险费用由政府、用人单位和参保者个人三方共担，或用人单位与参保者个人两方分担；(2) 社会保险费（税）的征收具有强制性，因而社会保险基金来源具有稳定性；(3) 缴纳社会保险费（税）是享受社会保险待遇的前提条件，贯彻了权利与义务相结合的原则；(4) 尽管政府财政有“兜底”的承诺，有时还有直接的补贴，但根据社会保险制度的设计，社会保险基金应当收支自我平衡，即社会保险费（税）的收入加上其投资收益，必须能够满足基金给付的要求。显然，在提供社会保险基金来源的所有主体中，企业是最主要的供款主体。

社会保险基金的筹集，可以用征税的方式，也可以用征费的方式。至于哪种方式更为优越，理论上没有统一的结论。目前，大多数发达国家采用征税的方式，中国大陆采用征费的方式。近几年，中国学界对是否改社会保险费为社会保险税有不少讨论，但还没有形成一致的观点，因此，目前还不能就此问题作出简单的结论。

社会保险基金无论是征税还是征费，都需要一个筹资比率，或称为费率，或称为税率，这相当于商业保险中的保险费率。社会保险费（税）征收的基数通常是工资，即社会保险费（税）是工资与社会保险费（税）率之乘积。常见的社会保险费（税）率有两种方式：(1) 工资比例制，即根据参保者的工资按比例向用人单位和参保者个人征收，对不同的人可能适用不同的费（税）率；(2) 均一制，即不论工资多少、职位高低，对任何人适用相同的社会保险费（税）率。社会保险费（税）率的高低，与社会保险的保障水平、社会保险所保障风险的大小等因素相关，需要通过精算方法来确定。

社会保险费（税）率还可以分为以下三种形式：(1) 综合费（税）率，即不分社会保险具体险种，采用一个综合的、统一的费（税）率，由此征收的社会保险基金也是统一的基金；(2) 综合分类费（税）率，即对若干险种采用一个费（税）率，而对个别险种则适用单独的费（税）率，征收的社会保险基金分别相应使用；(3) 分险种费（税）率，即按照社会保险险种确定费（税）率，各险种分别征收，所征收的基金各自使用。从国际经验看，社会保险制度初建时，往往采用分险种费（税）率；在发达国家或社会保险项目比较齐全的国家或地区，较多采用综合费（税）率或综合分类费（税）率两种形式。

(三) 民间募集

从民间以非强制、非固定的方式筹集社会保障基金，也是社会保障基金筹集的一条重要渠道。这条渠道的存在，源自公众的自愿参与，它与通过征税、征费方式的社会保障基金筹资渠道不同，即以个人自愿为基础，而不具有强制性。民间募集社会保障基金比较常见的方式有：

(1) 发行福利彩票。这是完全由公众自主决定参与的筹资渠道，所募集的资金一般用于兴办各种社会福利事业，包括老年人、儿童、残疾人及其他困难群体的帮扶事业。

(2) 募捐。它以慈爱之心为道德基础，以自愿捐献为基本特征，由民间慈善机构负责征集并用于社会救助和社会福利事业。社会成员收入差距的存在和爱心与人道主义道德规范，使通过募捐筹集社会保障资金成为又一重要渠道，这在许多国家都很流行。

(3) 建立补充性保险。在国家政策引导下，用人单位与劳动者往往通过订立协议，自愿建立各种补充性保险基金（含商业保险）。从发展趋势看，补充性保险在社会保障体系中的地位和影响越来越重要。

(4) 服务收费。基于服务范围、对象的不同和接受服务者的经济承受能力，部分社会福利机构在坚持非营利性的原则之下，通过服务收费的方式筹集部分资金，弥补社会福利基金的不足或扩大福利事业规模。

（5）国际援助。某些较大规模的不幸事件，其影响超越国界，则可以寻求国际人道主义援助。

此外，社会保障基金，尤其是社会养老保险基金，经过投入资本市场，进行商业化运营，可以达到保值增值之效果。关于这一点，我们在后面还会有专门的讨论。

三、社会保障基金筹资模式

由前面的讨论，我们可以看出，社会保障基金的筹资模式主要涉及社会保险基金。事实上，社会救助基金、社会福利基金和社会优抚基金的主体是财政资金，必须按照财政预算的规范加以管理，而作为辅助的民间救助基金和福利基金，通常是按照以收定支的原则管理。无论是财政资金还是民间资金，社会救助基金、社会福利基金和社会优抚基金的收入与对受益人的给付之间一般没有直接联系。因此，我们这里主要讨论社会保险基金的筹资模式。

常见的社会保险基金筹资模式有现收现付制、基金制以及将两者结合起来的部分基金制三种。①

（一）现收现付制筹资模式

现收现付制是世界上大多数国家社会保险制度所采取的基金筹资模式。这种筹资模式是按照一个较短的时期（通常为一年）内收支平衡的原则确定费率，筹集社会保险基金，即本预算期内社会保险费收入仅仅满足本预算期内的社会保险金给付需要。当然，为了避免费率调整过于频繁，防止短期内经济或其他突发事件可能导致的收支波动，一般保留有小额的流动储备基金，即实行所谓“以支定收，略有结余”的原则。

现收现付制筹资模式一般实行政府集中管理，国家（政府）是社会保险基金的管理者。国家按“社会统筹”的方式筹集社会保险基金，按“社会互济”的原则在社会成员之间进行再分配。在这种模式下，社会保险基金的来源为税收或由用人单位、参保者以工资为基础的缴费和国家财政的补贴。其中税收一般为收入税，通常从用人单位的总收入中扣除，相当于用人单位支付了一笔净税收。此外，由于基金积累很少甚至没有积累，社会保险金水平不可能根据参保者的缴费及其投资收益确定。事实上，现收现付制一般采取确定给付方式。

就社会养老保险而言，现收现付制的本质是“代际赡养”，即把正在工作的一代人收入的一部分用于当年已退休的一代人的养老金支出，收入从工作的一代人向退休的一代人

---

① 参见林义：《社会保险基金管理》，北京，中国劳动社会保障出版社，2002。

分配，当目前正在工作的一代人退休后，其养老金来源于与其同处一个时期的正在工作的下一代人的收入。因此，这种制度是下一代人供款养活上一代人的制度，属代际收入再分配。显然，养老保险费率越高，代际再分配的程度越高。

这种制度与传统的家庭养老方式中子女扶养老年父母类似。在家庭养老方式下，在父母年老失去工作能力后，将家庭中正在工作的子女收入的一部分用于老人的消费，收入从子女一代向父母一代转移，转移的程度取决于家庭收入水平和老人的消费水平、父母一代与子女一代人数的比率、父母一代的退休年龄和寿命等。当扶养父母一代的年轻子女年老时，他们的子女将接替扶养老人的义务，家庭代际转换，收入不断地从下一代转向上一代。在家庭扶养关系中，在子女成长为劳动力前，父母承担着扶养他们的责任，收入从父母向子女分配，这两种方向的再分配，保证了家庭乃至整个人类社会的不断繁衍和延续。

工业革命和社会经济的发展，使传统的大家庭解体，家庭养老的功能退化，取而代之的是社会化的养老保险，由全社会正在工作的一代人扶养已经退休的失去工作能力的一代人，收入从年轻的正在工作的一代向已经退休的一代分配，其再分配的程度取决于平均给付水平、工作一代与退休一代人口的比率、平均退休年龄和退休后平均生存年数等因素。当然，现收现付制也存在代内再分配，即同代人不同收入阶段之间收入的转移。高收入者一般就业晚，退休后生存年数长，因而缴费少，但一生中领取的年金比低收入者多。人类生生不息，世代交替，不断延续，保证了现收现付制的不断延续。

现收现付制筹资模式具有以下优点：

(1) 制度易建，给付及时。现收现付的社会保险制度一经建立，可以立即用参保者所缴纳的社会保险费去支付社会保险金，而无需经过长期的基金积累过程。

(2) 无通货膨胀之忧。现收现付制一般以年度平衡为基准，有助于实施随物价及工资增长幅度而调整的保险金指数调节机制，从而有助于处理通货膨胀风险，保证社会保险目标的实现。

(3) 再分配功能较强。现收现付制下，社会保险给付水平一般采用确定给付方式，有助于体现和强化社会保险的收入再分配职能，进而体现社会公平和社会福利的原则。

但是，现收现付制筹资模式也具有明显的局限性。

首先，现收现付制难以应付人口老龄化的挑战。以养老保险为例，现收现付制是一代人供养上一代人的制度，其供养水平直接受两代人人口比例关系的影响，如果供款的一代人规模相对缩小，领款的一代人规模相对扩大，就会使供款人的平均负担加重。如果不降低退休金水平，则需要增加缴费，缴费增加到一定程度，将使供款的一代人不堪重负，进而不能保证制度的顺利融资，使制度面临支付困难，进而难以为继。供款的一代人与领款的一代人的比率称为抚养比，表明每个供款人平均负担领款人的个数，抚养比提高，使正在工作的一代人的负担加重。抚养比的变动受人口年龄结构变动的影响。随着人口出生率下降，人口出生数减少，老年人口比例相对增加，同时随着经济发展水平和医疗保险水平的提高，老年人口寿命不断延长，使老年人口绝对数增加，老年人口在总人口中的比率增加，人口开始老龄化。由于出生率下降和人口寿命延长是人口发展的必然规律，因而人口老龄化成为人口发展的必然过程。人口老龄化使人口抚养比提高，使现收现付制的负担加重。如果没有其他资金供给渠道，则必然出现社会保险财务危机乃至制度运行的危机。全球社会保险制度正是在日益严重的人口老龄化压力下走上了改革的道路。

其次，现收现付制筹资模式的收入替代率具有刚性。前面已指出，现收现付制下的社会保险给付一般采用确定给付方式，因此其收入替代具有刚性，即社会保险制度提供的退休收入与在职期间收入的比率具有调高不调低的特点。以社会养老保险为例，在参保者工作期间，社会保险制度预先做出给付承诺，退休后其养老金水平不能低于承诺的水平，而且随着经济的发展，为保证退休后的一定生活水平，给付水平必然随之提高，同时使退休年龄推迟变得困难。这种刚性使现收现付制的给付水平居高不下，从而使社会保险制度背负越来越重的支付负担，对经济发展产生不利影响。

最后，现收现付制筹资模式可能诱发代际之间的矛盾。现收现付制在其经济内涵上表现出参保者代际间的收入再分配特性，但这一机制往往存在如下现象：制度建立时最早享受待遇的那一代人，在职时不缴纳或仅缴纳少量保险费，即在机制上表现出明显的付出少而获益大的再分配特征。而当制度运行几代人之后，尤其是在人口结构失衡的条件下，将表现出严重的不平等、不合理格局，即某一代参保者难以实现以下一代人代际间交换为先决条件的、理应获得的经济效益。这在特定背景下容易引发代际之间的矛盾，并有可能使整个养老金制度面临解体危机。

（二）基金制筹资模式

基金制（funding scheme）又称基金积累制、完全积累制，是指在任何时点上积累的社会保险费总和连同其投资收益，能够以现值清偿未来的社会保险金给付需要。从基金收支平衡的角度看，基金制是根据一个充分长的时期内收支平衡的原则来筹集社会保险基金。社会保险基金管理实行基金制时，既可以采取政府集中管理方式，也可以采取私营竞争管理方式。

基金制的制度安排可以采用确定缴费方式，也可以采用确定给付方式。当采取确定缴费方式时，雇主和雇员通常以工资的一定比率或固定数额定期缴费，计入个人账户，并交基金管理机构，缴费和基金投资收益计入个人账户，给付期开始后通过领取社会保险金达成保障的目标。当采取确定给付方式时，通常根据预先承诺水平，由精算原理确定缴费的多少。

就社会养老保险而言，从本质上说基金制是“同代自养”，即参保者以年轻时的储蓄积累支付年老后养老金的制度，因而实际上是在生命周期内的收入再分配，是对退出劳动力市场前后储蓄和消费行为的一种跨时安排。如果采取缴费预定的个人账户方式，收入在个人生命周期内的再分配是显而易见的。人们在年轻时，把收入的一部分积蓄起来，包括用人单位以各种方式为他们的个人账户缴费。为了保持这些资金的购买力，个人账户形成基金，并在资本市场上投资获得收益，个人年老时将获得全部个人账户累积额，用于老年的生活开支。退休后生存年数相对于工作年数越长，由在职工作期间的收入向退休后再分配的程度就越高。采取个人账户的方式，只存在个人生命周期收入再分配，没有代际收入再分配和收入水平不同的人之间的收入再分配。

如果采取确定给付方式，则社会养老保险制度的缴费需要与所有未来给付承诺相对应，从个人生命周期看，在工作期间的缴费积累不一定与退休后的享受完全对应，因而不同收入水平的职工之间存在收入再分配。例如，以固定数额规定养老金水平，而以工资的比率缴费，则收入从高工资者向低工资者再分配，但从整个社会保险制度看，缴费积累与承诺的给付相对应，收入由在职期间向退休期间再分配。

与现收现付制筹资模式相比，基金制具有以下优点：

(1) 运行机制简便，易被理解和接受。基金制的运行机制简明，便于实际操作，并易得到人们的理解与支持，而公众信任对社会保险机制的正常稳定运行具有重要意义。再从技术角度分析，基金制与历史悠久的商业保险的原理接近，这既有利于人们的认同，又有助于制度稳定运行。

(2) 缴费与待遇关联，形成激励机制。基金制通过积累的保险基金，将雇员在就业期间的部分收入以延期支付的形式表现为退休时领取的社会保险金，有助于增强社会保险的内在激励机制，增强雇员缴费与社会保险待遇之间的经济联系，从而促进社会保险制度的稳定运行。基金制还鼓励人们延长工作年限，有利于减弱提前退休倾向。

(3) 增加社会储蓄，促进经济发展。基金制有助于增加储蓄和资金积累，使社会保险与经济发展联系更为紧密，如通过储蓄、资金积累、利率及资本市场等经济变量和经济机制，直接联系投资、产量，进而促进经济发展。目前，在人口老龄化加剧的背景下，社会保险制度与经济发展的内在机制引起了广泛的重视，基金制筹资模式越来越受到各国的关注。

(4) 预筹养老金，抵御老龄化。以社会养老保险为例，由于提前预筹了养老金，基金制可以在一定程度上解决人口老龄化带来的养老危机。采用基金制，从一个较长的时期看，供款水平是相对均衡的，即实现了资金供求在纵向（从人口年轻阶段到老龄阶段）上的平衡，因此一般不必担心人口老龄化的影响。

然而，基金制筹资模式也存在以下缺点：

(1) 基金贬值风险较大。作为一项长期的货币收支计划，基金制下积累的巨额社会保险资金容易受通货膨胀的影响，导致社会保险基金的贬值，从而影响社会保险目标的实现。

(2) 存在基金营运风险。除了通货膨胀影响之外，基金制下积累的巨额社会保险资金常常受制于特定的经济条件、资本市场条件和政府干预程度，社会保险基金的营运面临较大的不确定性，这对基金管理者提出了较高的要求。

(3) 互济性较弱。基金制注重效率而难以体现社会公平的目标。在以缴费数额决定给付水平的基金制社会保障基金筹资模式下，低收入者或负担较重的雇员往往难以通过自身预提积累的保险金给付，来实现维持最基本生活水平的目标。事实上，这也是国际上普遍存在的一个现实问题。

(三) 部分基金制筹资模式

部分基金制又称部分积累制，是基金制与现收现付制相结合的一种社会保险基金筹资模式。这种模式根据两方面收支平衡的原则确定社会保险费率，即当期筹集的社会保险基金的一部分用于支付当期社会保险金，另一部分留给以后若干期的社会保险金支出，在满足一定时期（通常为5～10年）支出的前提下，留有一定的积累金。因此，可以说现收现付制是社会保险基金的短期平衡，基金制是长期平衡，而部分基金制则是兼顾长期和短期平衡。

部分基金制既不像现收现付制那样不留积累基金，也不像基金制那样预留供长期使用的基金，它的储备基金规模比现收现付制大，比基金制小。这种筹资模式兼具前两种模式的特点。就社会养老保险而言，这种模式力图在资金的横向平衡（工作的一代与退休的一代）和纵向平衡（人口年轻阶段与老年阶段）之间寻求结合点。同时，由于预留了一部分积累资金，使现收现付制模式今后将遭遇的人口老龄化带来的沉重资金负担减轻；又由于积累的资金规模比基金制小，在通货膨胀中基金损失的风险也低。

在实践中，由现收现付制向基金制转轨时，由于一次性填补过去现收现付制积累的债务非常困难，通常选择保留一部分现收现付制，同时建立个人账户，这便是部分基金制。

第三节　社会保障基金投资

一、社会保障基金投资原则

社会保障基金兼有动态和静态双重特征。所谓动态，是指在基金收入的同时伴有基金给付；所谓静态，则是指一部分基金暂时闲置作为后备基金。在现收现付制之下，基金是大进大出的，但也可能有少量闲置资金。在基金制和部分基金制之下，必有闲置资金，而且有时数额巨大。例如，按照基金制筹资模式建立的社会养老保险基金，其规模往往是很大的。这种闲置资金本质上是一种责任准备金，是社会保障基金管理者对于受保障者的一种债务。这笔资金的存在，是社会保障制度设计的要求，是由社会保障基金征集与给付的时间差引起的。

于是，社会保障基金就有了投资问题。通过投资，社会保障基金可能降低贬值风险，实现保值增值，提高保障能力，但也可能因为投资而产生新的风险。因此，趋利避害，保障基金安全，并争取更高的投资收益，是社会保障基金管理中的重要课题。

(一) 社会保障基金风险分析

社会保障基金有积累性基金与非积累性基金之分。显然，积累性基金征集与给付的时间差较长，而非积累性基金征集与给付的时间差较短，有时甚至没有什么时间差可言。因此，社会保障基金投资问题主要针对积累性社会保障基金而言。

社会保障基金有现收现付制、基金制和部分基金制三种筹资模式。按照现收现付制模式建立的社会保障基金，可以被认为是非积累性的基金。从这个角度看，社会保障基金投资问题主要针对按照基金制和部分基金制筹资模式建立的社会保险基金而言。例如，我国过去的社会养老保险制度（即退休保障制度）采用现收现付制筹资模式，我们不需要研究其投资问题。1998 年起，企业职工退休金制度经过改革后转换为职工基本养老保险制度，实行社会统筹与个人账户相结合的部分基金制，投资问题自然就出现了，而且成为一个很重要的问题。所以，社会保障基金投资，主要是指按照基金制和部分基金制筹资模式建立的积累性社会保险基金的投资，尤以社会养老保险基金投资为典型。

从投资的角度分析，积累性社会保障基金具有以下风险。

1. 利率风险

在形成积累性基金的社会保障制度中，都有基金投资及其回报率的设计，一般有预定利率即预定投资回报率，也就是说，社会保障制度设计要求投资回报率达到一定的水平，否则不能实现制度的目标。例如，我国现行职工基本养老保险制度中，个人账户基金有记账利率之说，这就要求这类基金的投资回报率不能低于记账利率，否则个人账户基金就不足以给付个人账户养老金，从而无法实现制度设计的养老金替代水平。利率风险是指社会保障基金投资回报率的不确定性。利率风险的大小与资本市场的发育程度、投资工具、市场运作的规范程度有关，也与社会保障制度设计及其基金管理机构的投资和管理水平相关。例如，我国职工基本养老保险基金，由于基本养老保险制度设计缺陷，个人账户空账运行，因而基本上无可投资的基金。① 偶有少量基金积累，因为国家政策之严格限制②，只能存银行、买国债，投资回报率不高。因此，从制度设计要求看，现行职工基本养老保险制度的实际投资回报率极低，长此以往，则无法实现承担起为退休职工提供足够养老金的职责。③

2. 通货膨胀风险

通货膨胀是指物价总水平的上升，货币流通量的增长是导致通货膨胀的根本原因，因此，通货膨胀必然导致货币贬值。在现代经济社会中，通货膨胀是一种客观现象，往往随经济的周期性波动而呈现出周期性变化的特点。积累性社会保障基金是为社会成员未来的经济需要而准备的，如果遭遇通货膨胀，则社会保障给付金的实际购买力下降，从而使社

---

① 参见何文炯：《关于进一步完善基本养老保险制度的若干思考》，载《中国社会保险学会会刊》，2003（10）。

② 国家政策限制如此之严格，正是考虑到当前资本市场不成熟、投资工具少、运作不规范、有关部门投资与管理能力不强等因素。

③ 参见张畅玲、吴可昊：《基本养老保险个人账户能否应对老龄化》，载《中国人口科学》，2003（2）。

会保障制度的保障能力下降，这就是通货膨胀风险事故。因此，社会保障基金管理必须考虑这一重要因素，尤其是社会保障基金的投资，要充分运用金融市场中的抗通货膨胀风险的金融工具。

3. 替代率风险

替代率是社会养老保险制度中的概念，替代率风险是指养老金实际替代率的不确定性。如果基金的最终积累额（基金缴费加投资收益）达不到预定的替代率，则会影响退休人员的生活水平。替代率风险主要来自利率风险、缴费风险与工资变化等。利率风险前面已经讨论。经济形势不佳、失业、收入水平降低等都可能导致养老保险缴费不足。投资的实际回报率相对于实际工资增长率的变化，也会影响替代率。如果其他假设不变，当实际利率从原来的高水平趋低接近于实际工资增长率时，替代率就会下降。有学者做过分析，假定一个人缴费年限为40年，受益年限为20年，养老金对通货膨胀进行指数化调整，当实际利率超过实际工资增长率3个百分点时，10％的缴费率将使养老金达到55％～60％的最终收入替代率；而如果实际利率等于或接近于实际工资增长率，则同样的缴费率只能达到20％～30％的替代率。① 为了降低替代率风险，可以通过政府提供最低受益担保等方式保证人们退休后的基本生活水平。同时，要通过有效的投资组合提高社会保障基金投资的实际回报率。

4. 基金管理风险

基金管理制度缺陷、管理人员素质不能适应基金管理的要求、决策失误、受托的基金管理公司经营不善等都是基金管理中的风险因素。例如，在社会保险基金的营运管理中，如果将基金的投资营运委托给基金管理公司等金融机构，社会保险基金就有一定的风险。

（二）社会保障基金投资原则

一般地说，投资必须遵循安全性、流动性和收益性三大原则。所谓安全性就是低风险，指投资能足额收回并取得预期收益；所谓流动性是指投资回收的及时性和融通、变现、周转以及应付支付需要的能力；所谓收益性是指投资能有回报并取得较高的收益。任何投资都必须兼顾以上三大原则，但投资要求不同，三者的次序就有所不同。凡投资者都希望有高回报，社会保障基金投资也不例外。但是，社会保障基金的投资需要把安全性放在最重要的位置。一般认为，社会保障基金投资原则的排列顺序是安全性、收益性和流动性，即在保证基金安全的基础上提高基金的收益率，保证其流动性的需要。

1. 安全性原则

这是社会保障基金投资的首要原则。社会保障基金是老百姓的“保命钱”，它的安全

---

① 参见林义：《社会保险基金管理》，66页，北京，中国劳动社会保障出版社，2002。

与完整关系到社会成员的基本生活，直接影响到社会的稳定和谐与经济发展。因此，社会保障基金不能在风险较大的领域投资，否则不仅无法得到预期的收益，而且还会危及社会保障制度的经济基础。安全性原则为各国对社会保障基金投资实施较其他投资更为严格的监管措施提供了理论依据。各国普遍制定社会保障基金管理和投资的法规，加强社会保障基金管理，杜绝非法投资行为，同时积极寻求安全的投资渠道与投资方式。一般地说，分散投资、选择适当的投资组合有利于降低投资风险，其中包括对风险程度较高的金融工具的投资比例的控制。

2. 收益性原则

收益性原则要求社会保障基金投资能够产生较高的收益，取得良好的回报。从这一点出发，社会保障基金要向收益高的领域投资。高收益的投资，能够壮大社会保障基金规模，提高社会保障制度的保障能力，进而从根本上保障基金的安全性，同时能够减轻国家、用人单位和参保者个人的负担，在更高层次上实现对经济增长的推进。但高收益往往伴随着高风险，因而较高的安全性（低风险）就要以较低的收益率为代价。这就意味着，收益性原则有时会与安全性原则发生冲突，在此情况下，需要有科学的投资决策与高超的投资艺术进行处理。因此，收益性原则就是在符合安全性原则的前提下追求社会保障基金投资收益最大化。

由于替代率风险和通货膨胀风险的存在，社会保障基金投资的实际收益率必须达到设定的实际利率水平，并与实际工资增长率保持预定的差幅，即实际工资增长率提高，要求有更高的社会保障基金收益率。同时，为了抵御通货膨胀风险，社会保障基金投资的名义收益率必须剔除价格上涨的因素，即以实际收益率衡量其投资效益。此外，由于利率风险的存在，实际上要求社会保险基金的投资收益还要高于考虑了替代率风险和通货膨胀风险的收益率水平。

3. 流动性原则

流动性原则是指社会保障基金能够保持正常的融通、变现和周转，投资及时回收，并满足支付需要。这里有一个资产负债匹配问题。不同的投资对流动性的要求是不同的。基金制下的养老保险基金投资对流动性的要求相对较低，由于基金在到期（退休）前不能提取，因此不具有流动性，可以投资与期限相匹配的长期投资工具以获取较高收益；在到期后，如果个人选择按月定期支取，那么仍会有一个相对稳定的余额可以投资于长期金融工具。对于基金公司所管理的整个基金而言，在保证支付的流动性需要的基础上，也会有一个相对稳定的余额可以进行长期投资。

社会保障投资的流动性与收益性有关系。投资于流动性差的投资工具，可以获得更高的收益率。社会保障投资的流动性与安全性也有联系。基金资产的流动性可以促成基金资产的优化组合，进而降低基金风险。通常，我们可以借助精算技术对社会保障基金收支进行预测，留足现金和一定的短期投资基金以备近期支付之用，同时对中长期投资的期限进行统筹安排，使社会保障基金在满足日常支付的前提下取得最大的投资收益。

二、社会保障基金投资组合

按照投资学的理论，现代经济社会中的投资必定是组合式的。根据前面的讨论，社会保障基金投资要同时遵循安全性、收益性、流动性三大原则，而良好的投资组合能够具体体现这三大原则，可以降低风险、提高收益、实现基金收入与给付的最佳匹配。

(一) 社会保障基金投资工具

可供社会保障基金投资选择的投资工具主要有以下几类。

1. 银行存款

银行存款具有较高的安全性，但收益率较低。银行存款一般用于日常给付（额度根据现金流量估测确定），或作为短期投资工具，以满足流动性需要。除此之外，一般不留过多的金额。因此，许多投资者并不把银行存款当作一种投资工具。当然，在社会保障基金刚刚进入资本市场时，银行存款可能占较大比重，随着投资工具的增加，其所占的比重会逐步降低。银行存款还有另外一种形式，即大额定期存单，在二级市场比较完善、易于转让的条件下，其安全性、收益性和流动性都优于其他银行存款，常被选作社会保障基金的主要投资工具。

2. 信托存款

信托存款是指委托人将资金存入受托人的信托银行，并对其运作方法做出具体指定的信托方式。投资人将资金存入信托银行，受托人在该银行向证券公司订购股票、债券等有价证券，指示信托银行依照买卖内容运作所存的资金，而信托银行则按照指示将委托人所投入资金加以运用。资金运用所得收益于一年一度的信托终止日，以信托收益的形式返回给委托人。在这种方式下，投资人通过信托合同而对存款资金运作的风险有一定程度的控制力。信托存款的收益率大小根据存款资金运作的效果确定，但一般情况下会高于银行存款。

3. 政府债券

政府债券即国债，由政府发行，其信用等级是最高的。一般情况下，即使旧政府被推翻，新政府也会承认旧政府所发行的债券，因而购买政府债券没有违约风险，安全性最高，所以政府债券是最安全的一种投资工具。根据风险与收益对应的原则，政府债券的收益率不会很高，往往高于银行存款利率但低于其他债券的收益率。实践中，购买政府债券是社会保障基金投资的重要渠道。

4. 企业债券

企业债券是企业为了筹措资金而发行的债券凭证。企业债券因有一定的违约风险，其信用度低于政府债券，但收益率高于政府债券。与股票相比，其风险较低，因而其收益率一般也低于股票。企业债券也是社会保障基金的重要投资工具，特别是实力雄厚、信誉良好的大企业发行的债券，在社会保障基金的投资组合中占有重要位置。企业的资信程度不同，企业债券的风险等级就不同，因此各国政府通常对社会保障基金投资的企业债券等级有所限制，以预防过高的投资风险。

5. 金融债券

金融债券通常是指由信用度较高的金融机构发行的债券。一般情况下，其信用度介于企业债券与政府债券之间，因此其收益率也在这两者之间。由于有金融机构的信用担保，金融债券的安全性较好，因而适合作为社会保障基金的投资工具。

6. 贷款合同

贷款合同通常主要是住房抵押贷款及基础设施贷款，该种贷款风险较小，收益稳定。在某些国家，社会保障基金投资于政府的住房计划，往往还有政府作担保。基础设施的项目融资一般有项目建成后的收益现金流及政府税收作担保，因而风险也较小。

7. 股票

股票是股份制企业为筹集资金而发给投资者的凭证，持有股票意味着既有权利分享企业的收益，同时也有义务承担企业的责任与风险。股票本身没有价值，股票的价格是由市场利率和股票的预期收益率之比确定的。股票投资的收益来自股票买卖的价差和持股期间的股息收入。股票投机注重的是前者，而作为长期投资的社会保险基金投资应该更注重后者，即企业的成长性带来的长期回报率。作为股权投资工具，社会保障基金投资于股票的风险高于固定收益证券，因而也具有更高的收益率。为了保证社会保障基金的收益率，许多国家允许社会保障基金投资于股票市场，但往往限制其投资比例。

8. 债券投资基金

债券投资基金是指通过发行基金证券集中投资者的资金，交由专家从事股票、债券等金融工具投资，投资者按投资比例分享其收益并承担相应风险的一种投资方式。投资者购买债券投资基金实际上是一种委托投资行为。

9. 不动产

不动产投资是指将资金用于购买土地、建筑物、基础设施等。不动产投资具有投资期长、流动性差等特点，但能够在一定程度上抵御通货膨胀风险，因而是社会保障基金投资的可选工具。一般情况下，房地产市场受经济周期波动影响较大，并且由于专业性较强，投资的管理成本较高，许多国家对社会保障基金投资房地产的资金比例有严格的限制。至于对基础设施投资，前面已经提到，一般采用贷款形式。

此外，各种创新型金融工具包括以资产为基础发行的证券和衍生证券等，都可以作为社会保障基金投资的选择。

（二）社会保障基金投资组合的一般规则

从社会保障基金投资的三大原则出发，社会保障基金的投资组合一般需要遵循以下规则：

（1）分散投资。所谓分散投资，是指社会保障基金的投资，要同时运用性质不同、期限不同、地区不同的投资工具，以取得风险与收益的最佳组合。在社会保障基金的投资组合中，既有固定收益金融工具，又有权益工具；既有低风险低收益的投资工具，又有高风险高收益的投资工具；既有中长期投资工具，又有短期投资工具；如果条件允许，在国内投资的同时，还可以投资于其他国家或地区的投资工具。根据风险管理理论，分散投资可以规避非系统性风险，而且根据统计研究，当社会保障基金在股票市场投资的股票数量在20～30只时，可以分散大部分非系统性风险。①

（2）着眼长远。鉴于参与投资的社会保障基金有相当比例属于长期性资金，因此，社会保障基金投资要着眼长远，注重投资的长期性，即在投资组合中要较多地运用中长期投资工具，如政府发行的长期债券、公司发行的长期债券等，同时在债券、股票等的投资中，要注重利息和股息收入，而不是注重证券买卖价差所体现的资本利得收入。

（3）慎用高风险投资工具。尽管高风险的投资工具可能带来高收益，但毕竟具有较大的不确定性，因此运用高风险的投资工具要慎重。一方面，在社会保障基金投资时，对所用的投资工具的风险等级要有所控制。例如，企业债券是有信用等级的，按照国际通行的评级标准，信用等级在BBB以上的债券为投资级债券，信用等级在BB以下者为投机级债券，又称“垃圾债券”。一般情况下，社会保障基金不得投资于投机级债券。对于股票投资，也要类似地进行分类并做出限制。另一方面，要在投资组合中控制高风险投资工具所占的比例。许多国家对于社会保障基金投资于股票、不动产等有严格的比例上限，对于将社会保障基金用于国外投资，同样也有明确的比例上限规定。

当分析各国社会保障基金投资组合时可以发现，投资组合中大多包括政府债券、企业债券、公司债券、股票、投资基金、抵押贷款、房地产等多种投资工具，但各种投资工具在投资组合中的具体比例，各国差异很大。这种差异不仅与该国的资本市场发育程度有关，而且与本国政府的监管力度有关。各国社会保障基金投资组合可以给我们提供有益的经验②：

---

① 参见林义：《社会保险基金管理》，71页，北京，中国劳动社会保障出版社，2002。

② 参见林义：《社会保险基金管理》，73～74页，北京，中国劳动社会保障出版社，2002。

(1) 政府债券是普遍运用的投资工具。从各国的经验看，政府债券是社会保障基金投资普遍运用的重要工具。投资于政府债券的比例，在发展中国家很高，有的高达 75%以上；在欧美发达国家，由于资本市场比较发达和成熟，第二、三层次补充养老保险基金参与金融市场，投资于政府债券的比重下降，但仍然不低，如加拿大等国达到 40%左右，较低的英国也有 11%。

(2) 股票的投资比例与资本市场的发达程度有关。资本市场比较发达的国家，股票在社会保障基金投资组合中的比例较高；资本市场不够发达的国家，股票在社会保障基金投资组合中的比例相对较低。例如，美国、英国、加拿大、澳大利亚等国社会保障基金中股票投资的比例明显高于新西兰、丹麦、智利等国家。而且，从马来西亚、智利的经验看，随着资本市场的发展，社会保障基金投资组合中股票的比例随之提高。

(3) 政府对社会保障基金投资进行监管。基于对社会保障基金安全性的考虑，各国政府对社会保障基金投资都有不同程度的监管。有的国家管制较少，有的国家管制较多。前者如英国、加拿大、澳大利亚、荷兰等国家，在较为完善的法律基础上，政府对社会保障基金的投资组合没有太多的限制；在美国，联邦政府对此没有什么限制，但某些州对于社会保障基金投资组合有一定要求。而欧洲大陆和北欧的许多国家，对于社会保障基金的投资组合是有规定的。例如，德国规定，养老基金的资产组合中，证券、房地产和外国资产的比例分别不能超过 20%、5%和 4%；法国规定，补充性养老保险基金的资产中必须有 50%投资于政府债券；瑞士规定，国内股票、房地产和外国资产的最高比例分别为 50%、50%和 20%。

此外，在有些国家，政府通过运用巨额社会保障基金以加快国家的工业化和现代化进程，帮助促进资本市场的完善和支持某些关系国计民生的企业和行业的发展。但在某些国家也存在着政府逆向干预的情况，例如，用社会保障基金弥补政府赤字，造成了社会保障基金被挪用和流失现象。

(三) 中国社会保障基金投资组合

随着社会保障制度改革的深入，尤其是职工基本养老保险制度的逐步完善、城乡居民基本养老保险制度的实施、机关事业单位养老保险制度改革和企业年金制度的推行，我国社会保障基金投资问题逐渐突出，变得越来越重要。长期以来，国家对于社会保障基金的投资有严格的规定，例如，对于职工基本养老保险基金，规定基金结余额除预留相当于 2 个月的给付需要外，应全部购买国家债券和存入银行专户，严格禁止投资其他金融和经营性事业。

近年来，我国在社会保障基金投资方面出现了逐渐放宽的趋势。2000 年，全国社会保障基金理事会成立后，国家对该基金会的投资政策有所放宽，规定：投资“限于银行存款、买卖国债和其他具有良好流动性的金融工具，包括上市流通的证券投资基金、股票、信用等级在投资级以上的企业债、金融债等有价证券。理事会直接运作的社保基金的投资范围限于银行存款、在一级市场购买国债，其他投资需委托社保基金投资管理人管理和运作并委托社保基金托管人托管”。但是，这样的政策仅限于全国社会保障基金理事会所管理的那部分资金。进入21世纪以来，对于社会保险基金并没有新的投资政策。

2004年5月1日，《企业年金试行办法》开始实施。根据《企业年金基金管理试行办法》，企业年金基金财产的投资范围，限于银行存款、国债和其他具有良好流动性的金融产品，包括短期债券回购、信用等级在投资级以上的金融债和企业债、可转换债、投资性保险产品、证券投资基金、股票等。该办法同时还规定了有关投资工具的投资比例上限或下限：“企业年金基金财产的投资，按市场价计算应当符合下列规定：（1）投资银行活期存款、中央银行票据、短期债券回购等流动性产品及货币市场基金的比例，不低于基金净资产的20%；（2）投资银行定期存款、协议存款、国债、金融债、企业债等固定收益类产品及可转换债、债券基金的比例，不高于基金净资产的50%。其中，投资国债的比例不低于基金净资产的20%；（3）投资股票等权益类产品及投资性保险产品、股票基金的比例，不高于基金净资产的30%。其中，投资股票的比例不高于基金净资产的20%。”

2015年修订后的《企业年金基金管理办法》指出，企业年金基金财产以投资组合为单位按照公允价值计算应当符合下列规定：（1）投资银行活期存款、中央银行票据、债券回购等流动性产品以及货币市场基金的比例，不得低于投资组合企业年金基金财产净值的5%；（2）投资银行定期存款、协议存款、国债、金融债、企业（公司）债、短期融资券、中期票据、万能保险产品等固定收益类产品以及可转换债（含分离交易可转换债）、债券基金、投资连结保险产品（股票投资比例不高于30%）的比例，不得高于投资组合企业年金基金财产净值的95%；（3）投资股票等权益类产品以及股票基金、混合基金、投资连结保险产品（股票投资比例高于或者等于30%）的比例，不得高于投资组合企业年金基金财产净值的30%。

随着社会保险基金规模的日益扩大，社会保险基金投资变得越来越重要。社会保险基金贬值已经成为社会保障制度深化改革所必须解决的一个重大问题，尤其是基本养老保险各项基金，呼唤新的政策尽快出台。

三、社会保障基金投资决策

社会保障基金投资决策就是在若干投资组合中选择一个最佳的投资组合，其核心是风险管理，即通过各种风险管理手段实现特定的风险—收益目标。从所用工具看，往往要借助复杂的数学模型，由熟悉金融工程理论和金融工具的资产配置专业人员进行操作，因此，社会保障基金投资决策具有很强的技术性。这里只对投资策略和决策程序作概要介绍。

（一）社会保障基金投资策略

投资策略是投资决策的基础，随着金融市场投资工具的增加和投资技术的不断发展，社会保障基金投资策略也有新的发展。一般说来，社会保障基金投资策略与基金给付方式、投资期限、流动性要求和监管规则等有关，对完全积累制的补充性保险基金，还要考虑税收政策等因素。社会保障基金的主要投资策略有以下几个方面。

1. 缺口管理策略

资金的缺口管理策略是资产负债管理[①]中比较传统的一种利率风险管理方法。所谓资金缺口管理，就是根据对未来一定期限内的利率水平的预测，调整相应期限内资金缺口的状态和大小，从而规避利率风险，维持或提高收益水平。

资金缺口是指利率敏感型资产与负债的差额。其中利率敏感型资产（rate-sensitive assets，RSA）是指在一定期限内到期的或需要根据最新市场利率重新确定利率的资产，与之相应，利率敏感型负债（rate-sensitive liabilities，RSL）是指在一定期限内到期的或需要根据最新市场利率重新确定利率的负债。如果用 GAP 表示资金缺口，则有：

$$GAP = RSA - RSL$$

资金缺口 GAP 反映基金的资产负债价值对于利率的敏感程度。当 $RSA > RSL$ 时，必有 $GAP > 0$，称为资金的正缺口；当 $RSA < RSL$ 时，必有 $GAP < 0$，称为资金的负缺口。显然，缺口的状态与考察的期限长短相关，资金缺口越大，则基金的利率风险就越大。

进行资金缺口管理，判断利率变动趋势是基础。当然，正确判断利率变动趋势并非一件容易的事，因为利率变动的影响因素较多。在对利率变动趋势做出判断后，就要调整缺口状态及其大小。如果判定利率将要上升，就应当尽量减少负缺口，并力争实现正缺口。这样做，不仅可以避免因利率上升带来的风险，还可以从利率上升中获得收益。如果判定利率将要下降，就应当尽量减少正缺口，并设法实现资金的负缺口，从而既可以避免因利率下降带来的风险，还可以从中获益。实现这一步的条件是资产负债结构能够被调整。在现实中，由于投资工具品种的限制和业务特点等，许多金融机构不能完全按照自己的意愿调整资产负债结构，从而影响到缺口调整的效果。

2. 免疫策略

免疫策略是指通过将资产组合与负债组合在期限上加以匹配，降低资产负债组合对利率变动的敏感程度，从而使社会保障基金规避利率波动造成偿付能力不足的风险。这一策略的关键是实现资产负债的期限匹配以降低利率敏感度。为了解决期限匹配问题，需要引进持续期这一概念。持续期是固定收入金融工具发生现金流的平均期限，根据债券等固定收入金融工具每次现金流支付时间的加权平均计算而得。持续期这一概念，解决了债券多次支付“期限”不清的问题，还能较好地测量固定收入金融工具对利率变化

---

① 资产负债管理是指通过资产负债的恰当组合，在降低风险的同时实现特定的收益目标。资产负债管理技术可以用来管理利率风险、汇率风险、股票价格风险等。

的敏感性。

对于资产或负债的组合，我们同样可以计算持续期，只要将单个资产或负债的市场价值在资产组合总市场价值中的比例作为权重，对单个资产或负债的持续期加权平均即可，在此基础上，即可实施免疫策略。根据负债组合的持续期，确定资产组合中具有不同持续期的资产各自所占比例，使资产组合的持续期与负债组合的持续期相匹配，从而使资产组合与负债组合对利率波动具有相同的敏感性，这就免除了利率风险。

3. 证券组合保险策略

证券组合保险策略是一种动态的资产配置策略，最初是专为养老基金管理而开发的。这种策略通常由专业的金融工程师操作，以养老金承诺的收益率为目标收益率，以此为下限，力争高回报。当投资于某种股票但又不愿承担超过一定水平的风险时，可以利用看跌期权，即在持有股票的同时，购买该股票的看跌期权（即卖权）。如果股票价格下跌，就有权以执行价格出售股票，股票投资的最小收益额定在执行价格上；如果股票价格上涨，则可以放弃执行期权，而以上涨后的市价抛售股票。这是股票和看跌期权的一个组合，却能有效地保护因股价下跌而造成的损失，同时又能得到股价上涨后的好处。这项策略被称为保护性看跌期权策略，其成本仅仅是购买期权的费用。

从保护性看跌期权策略进一步发展，就有更为一般的资产组合保险策略。即对于股票和短期国债，可以在股票市场下跌时转到短期国债市场，从而至少获得无风险利率，而当股市上扬时再进入股票市场，从而获得超过无风险利率的回报率。这是一种动态资产配置策略，前面的保护性看跌期权策略可以看成其简单形式。需要说明的是，在实际操作中，由于证券的频繁买卖导致很高的交易费用，基金管理人可以通过出售股指期货和约对股票组合进行套期保值。

（二）社会保障基金投资决策程序

社会保障基金投资决策有三道程序。

首先，确定投资目标。然而，不同的投资者有不同的投资目标。投资组合目标的核心是风险与收益的权衡，即投资者希望得到的预期收益和愿意为此承担的风险。通常情况下，投资者会把假定的实际利率作为收益目标。

其次，分析制约因素。在确定投资目标后，就要考虑和分析制约因素，包括基金给付方式、投资期限、流动性要求、监管规则和税收政策等。

最后，进行投资决策。确定投资政策包括确定资产配置、分散经营、风险与税收定位、收益生成等。其中资产配置又包括明确参与组合的资产及有效资产组合边界、确定预期收益率、确定寻找最佳资产组合等工作。

任何一个投资者都希望寻找最佳的投资组合，这就需要在风险成本与收益之间进行权衡。在构建投资组合时，投资者谋求的是在其愿意接受的风险水平下预期投资收益的最大化，或者是在既定的投资收益水平下风险的最小化，满足这种要求的投资组合被称为有效组合。通常，对于单项资产，可以用概率分布来量化风险和预期收益，而一个资产组合的预期收益则通过分布的平均数和标准差来确定。

寻找有效组合的投资组合最优化过程通常有以下两个步骤：第一步，找到风险资产的组合。第二步，把最优风险资产组合与无风险资产相结合。在实际投资中，如果存在多种风险资产，则可借助于计算机先找出风险资产的有效投资组合，再将其与无风险资产进行组合，得到一条连接无风险资产与风险资产最优组合点的直线，在这条直线上，对于任意给定的收益或风险水平，都能找到相应的投资组合。

第四节　社会保障基金管理

一、社会保障基金管理的特点

从广义上说，社会保障基金管理是指为实现社会保障目标和保证制度稳定运行，对社会保障基金的运行条件、管理模式、基金收入、基金支付、投资营运、监督途径等进行全面规划和系统管理的总称。为避免与本教材其他章节的内容重复，这里所说的社会保障基金管理是一种狭义的理解，即主要讨论社会保障基金的行政管理。

与一般基金管理相比，社会保障基金管理具有以下特点。

（一）社会政策性

作为一项社会政策，社会保障制度的实施以实现既定的政策目标为己任，无论是基金管理模式的选择、运行机制的确定，还是监督管理的实施，都要围绕实现国家社会政策目标这一核心来进行。一般的基金管理，多数以实现经济目标为宗旨，即围绕促进经济增长来实施基金管理。虽然社会保障基金管理也需要考虑促进经济增长，但与实现国家的社会政策相比，这是第二位的。所以，社会保障基金管理要始终把服从于、服务于社会政策目标放在首位，绝不可将其混同于一般基金的管理。

（二）法律规范性

社会保障制度的实施必须以法律为依据。这就决定了社会保障基金管理的全过程，都应当被置于国家法律法规的保护和监控之下，体现出鲜明的依法管理特征。无论采用怎样的管理模式，社会保障基金都要依法征集、依法给付、依法进行投资活动，对于社会保障基金的监管，也必须依法进行。因此，社会保障基金管理有一系列法律规范，基金管理者的任务就是执行和不断完善这些法律规范。只有这样，社会保障基金才能担当起保障社会成员基本生活的社会责任，才能实现国家的社会政策目标。

（三）长期性

区别于一般的社会政策，社会保障制度具有长期性，因此，社会保障基金管理要把基金的长期安全、制度的永久持续运行放在极其重要的地位。从国际国内的经验看，社会保障制度来之不易，持续健康发展更不容易，核心就是社会保障基金管理问题。如果基金管理不善，则社会保障制度难以为继，社会成员的基本生活得不到保障，社会政策目标无法实现，甚至影响社会稳定。因此，安全与可持续的观念要贯穿于社会保障基金管理的每一个细节。

（四）综合性

社会保障基金管理具有很强的综合性，这是区别于一般基金管理的又一重要特点。虽然所有的基金管理工作都有一定的综合性，但社会保障基金管理的综合性更强。这种综合性不仅体现在社会保障基金管理所运用的知识和技术方面，更多地体现于社会保障基金管理所处的地位。社会保障基金管理既体现经济政策，又体现社会政策，既联系企事业单位、千家万户，又与政府财政密切关联，还与资本市场、国债市场和金融市场直接相连。所以，有关社会保障基金管理的法规政策的制定与修改，都要与方方面面加以协调，综合配套，形成合力。在基金管理实施过程中，要与有关部门相互配合、相互支持。

二、社会保障基金管理模式

按照社会保障基金管理机构的所有制性质，或者说按照政府与社会保障基金管理机构的关系来区分，社会保障基金管理模式可以分为政府集中型和私营竞争型两大管理类型。

（一）政府集中型管理模式

政府集中型管理模式即由政府部门或其委托的公共管理部门负责社会保障基金的管理。一般说来，依照国家立法推行的社会保障项目（如公共养老保险计划）的基金，以采用政府集中型管理模式为多，如经济合作与发展组织中的各国、东欧各国以及亚洲的中国、新加坡、印度、马来西亚等都是如此。

社会保障基金的政府集中管理具有规模经济效应，从而可以降低成本。同时政府集中管理可以兼顾社会公平，有利于实现社会保障制度的生活保障和收入替代双重目的，但政府集中管理容易引起渎职和效率低下，也易受制于政治压力。政府集中管理的社会保障基金可能因为公共经营者——政府的要求而将基金投资于政府债券，甚至向正在衰落的国有企业提供贷款，其收益率通常低于市场，在通货膨胀期间则实际收益率可能出现负值。这时，社会保障基金比投资于开放的市场时的获利要小，因此常常需要通过提高费率或减少给付来解决基金危机。能否提高政府集中管理的社会保障基金的收益率，关键是看政府能否有效地利用好相关的资源。

新加坡的中央公积金制度是政府集中型社会保障基金管理模式的典型代表。中央公积金由政府的中央公积金局直接进行全面管理，是一个基金制的强制储蓄计划。中央公积金面向所有公共和私人部门及其雇员。中央公积金提供退休养老保障、医疗保障、住房保障、家庭（意外事故）保障。公积金存款利率由政府决定。中央公积金局通过基本投资计划、增进投资计划、新加坡巴士（1978）有限公司股票计划、非住宅房地产计划、教育计划及填补购股计划筹投资计划，以实现公积金资产的增值。新加坡政府利用其高度的社会控制能力，要求其社会成员为自己的种种保障进行预防性储蓄。这一制度使政府节省了社会福利开支，又为政府的公共设施建设提供了一个重要的基金来源。中央公积金局的全部职员不足千人，他们负责整个公积金的全面管理，政府不承担他们的工资。公积金的管理费用并不来自会员的缴费，而是公积金积累余额的利息。

(二) 私营竞争型管理模式

私营竞争型即由私营的基金管理机构运用市场机制管理社会保障基金，同时接受政府的监管。通常，补充保险项目如企业年金计划、个人储蓄计划等以采用私营竞争型管理模式为多。当然，社会保障项目也有采用私营竞争型管理模式进行管理的。

社会保障基金管理采用私营竞争型管理模式，可以通过市场竞争带来效益。一般说来，私营基金管理机构能使投资决策由经济原因而非政治原因做出，从而产生最佳的资金配置和最高的投资收益，并有助于发展金融市场。当然，市场竞争也使管理更加复杂，管理成本增大。同时，分散化的私营投资管理使基金的规模效应消失。此外，社会保险计划的参加者很难做出有远见的投资选择，从而给未来带来更大的不确定性。

智利的养老保险基金管理模式是典型的私营竞争型管理模式。智利模式产生于 20 世纪 80 年代，是对过去公共养老金制度的改革。改革之后，智利的养老保险基金投资曾经获得了较高的收益率，反映出养老保险基金的分散管理能比集中管理得到更高的收益率，从而引起了世界各国的广泛重视。养老保险基金管理公司负责托管养老保险基金，并把基金投资于资本市场。最初，养老保险基金只被允许投资于政府公债，随着智利股票市场的繁荣和投资的自由化，养老保险基金的投资逐步扩大到公司证券，后来又转向公共设施。事实上，私营养老保险基金已经成为智利资本市场的一个重要角色。当然，养老保险基金管理公司的行为要受养老保险基金监管局等政府部门的监管。

(三) 政府集中型与私营竞争型管理模式的比较

社会保障基金管理的效能在很大程度上取决于管理成本。如果其他因素不变，则基金管理的高成本意味着给付待遇的降低或缴费的提高。但管理成本的测算并不容易。事实上不同国家和不同类型养老金制度的目标、规模、融资方式、再分配等存在差异，比如，美国主要是对老年、遗属和伤残者提供福利和收入替代，而欧洲很多国家还包括医疗和失业保障，同时社会保障的覆盖范围、给付水平在不同国家也存在很大差异，因此很难直接比较其养老金制度的管理成本。一般说来，社会保障基金的管理成本可以分成两个部分：一是基金运行所需要的成本，二是在管理组织机构内部产生的成本。

关于政府集中型与私营竞争型的社会保障基金管理成本，在社会保险私有化的讨论中有所涉及。其中世界银行从保护老年人和促进经济发展的角度出发，主张采取以私营竞争型为主的多支柱管理模式，认为政府集中管理的社会保障制度使管理成本持续上升，管理效率低下，而私营竞争型的基金在市场机制的作用下，能提高效率，促进经济的发展。国际劳工组织从全面保护老年人的角度出发，主张建立国家强制实施的保护老年丧失劳动能力者及其遗属的社会保障制度，认为政府集中管理可以带来规模效益，克服私营分散管理带来的效率损失，更好地为老年人提供生活保障。

世界银行、国际劳工组织和养老保险研究专家的研究成果表明：社会保障基金管理成本在不同国家和不同规模下存在较大差异；政府集中型的管理成本比私营竞争型的管理成本低，但考虑到政府集中型管理成本的低估因素，私营竞争型的管理成本可能更低；同样是确定缴费制计划，采用政府集中管理，成本低、投资收益率也低，而私营分散管理的成本高、投资收益率也高。①

事实上，政府集中型与私营竞争型社会保障基金管理的成本，往往由于在费用支出上的区别而不能直接比较。例如，政府集中型的基金管理，其办公设施、土地、计算机设备、邮政和电信等方面的开支可能低于市场价格，或者通过行政手段得到分配，不需要实际成本支出；在费用收缴方面的管理成本，比如社会保障税或缴费可能由国家税务部门征收；此外，某些必要的成本支出，比如财产折旧等通常不会包括在被公布的管理成本之内。而私营竞争型的基金在市场竞争下，通常具有详细的成本开支会计记录。因此，政府集中管理的基金管理成本数据比其实际水平可能要低一些。

另一方面，大多数私营竞争型管理的社会保障基金，通常以公共部门和私营部门、债权和产权资本相结合的方式进行投资，以积累社会保障基金，这就提高了管理成本。而大多数政府集中管理的社会保障基金则没有大量的基金储备，即使建立了这种储备，也不承担对投资选择进行评价的责任，因为基金主要被投资于政府债券。此外，为了吸引储蓄，私营基金之间的竞争要发生市场费用。当然，为平衡这些高额费用，私营基金不得不提高效率。

三、社会保障基金管理的发展趋势

（一）社会保障基金管理面临的问题

现代社会保障制度在经历长期发展后，目前已经面临一系列新的问题，其中的核心问题就是社会保障基金危机，或者说是社会保障基金的安全性与可持续性存在严重问题。社

① 参见王晓军：《中国养老金制度及其精算评价》，68～69页，北京，经济科学出版社，2000。

会保障基金支出急剧膨胀，财政难以承受，社会保障基金风险显现。这些问题影响着社会保障基金管理的模式、制度和手段。

首先，人口老龄化是社会保障基金面临的重要问题。人口老龄化是指一个国家或地区的老龄人口比重逐步提高的人口结构状态。根据国际通用的标准，如果某一个国家或地区60岁以上人口达到总人口的10%，或者65岁以上人口达到总人口的7%，则表明该国或该地区进入了老年型社会。目前，世界上多数国家（包括中国）已经进入老年型社会。根据预测，未来社会老龄化程度将越来越高，而未来中国的老龄化进程将比其他国家更快、问题更为严重。导致人口老龄化的原因主要是预期寿命延长和出生率下降。

人口老龄化对于社会保障基金尤其是社会养老保险基金、社会医疗保险基金、福利基金有重要影响。多数老年人的生活需要不能通过当前的经济产出来满足，而需要通过其他方式分享经济产出，如储蓄、投资、家庭转移支付、社会保障等。他们的生活水平取决于他们在社会财富中的分享比例，因此，制定老年人的福利与保障政策，需要同时考虑老年人的生活需要和国家的财政能力。随着老龄化的趋势，全社会老年人口赡养率提高，领取养老金的人数增加，而缴纳养老保险费的人数相对减少，缴费者的负担便加重。这就使得现收现付制的社会养老保险基金陷于危机。由此引出的是对单一支柱社会保障体系和现收现付制筹资模式的反思。

其次，通货膨胀使得社会保障基金面临贬值风险。考虑到人口老龄化的趋势，许多国家探索了基金制和部分基金制的筹资模式，但又受到通货膨胀的困扰，社会保障基金面临通货膨胀风险的侵蚀。通货膨胀使得货币资金的购买力下降，并抵减了社会保障基金的投资收益，从而导致社会保障基金保障能力下降。这就引起了人们对社会保障基金管理模式的重新思考，一些曾经实行基金制的国家，因基金投资收益远远不能弥补通货膨胀的影响，于20世纪90年代重新回到现收现付制社会保障基金筹资模式。

再次，投资绩效是社会保障基金所面临的又一严重问题。对于社会保障基金尤其是积累性的社会保障基金而言，投资运营是十分重要的。但从各国的实践看，社会保障基金投资绩效都不够理想，尤其是由政府组织或干预的社会保障基金投资绩效普遍较低。在一些发达国家，社会保障基金管理缺乏动力机制和竞争机制，摩擦成本上升，投资效益低下。在一些发展中国家，社会保障基金管理法规不健全，专业人才短缺，投资效益更低。社会保障基金投资绩效不佳，还与资本市场的制度环境有关。在许多发展中国家，由于缺乏健全的资本市场，法规体系和运作规则存在严重缺陷，使得社会保障基金面临巨大的投资风险。尽管发达国家资本市场比较成熟，但在全球金融自由化浪潮下，各国对社会保障基金投资组合的限制不断放松，社会保障基金的投资风险又出现新的特点。

（二）社会保障基金管理的发展趋势

1. 基金管理主体多元化

随着社会保障制度改革的深入，多支柱、多层次社会保障体系的观念逐步为人们所接受，与之相适应，社会保障基金管理主体就出现了多元化的趋势。以养老保障为例，由政府直接办理的社会养老保险属于第一支柱，其基金由政府管理；补充性养老保险如职业年金（含企业年金）属于第二支柱，其基金由独立的基金管理机构管理；商业保险公司开设的养老保险属于第三支柱，其基金由保险公司管理。

2. 社会保障基金管理市场化

随着多支柱、多层次社会保障体系的构建和基金管理主体的多元化趋势，第一支柱的基金管理主要还是采取政府管理方法，但第二、第三支柱的基金管理普遍出现市场化的倾向。在欧美发达国家，20 世纪 90 年代开始实施以结构调整为最重要特征的社会保障制度改革思路，通过构建多层次社会保障体系，鼓励发展补充养老保险，采用部分基金制筹资模式，引入个人账户，社会保障基金管理朝着市场化方向发展。步伐更快的是拉美和东欧国家，它们走上了社会保障基金管理私营化的道路。受智利模式的影响，阿根廷、秘鲁、墨西哥、乌拉圭等拉美国家和波兰、匈牙利、捷克等东欧国家采用私营竞争型的社会保障基金管理模式，组建养老保险基金管理公司，同时严格立法，严格规范，实施市场化的运作，呈现出远比欧美国家更快的市场化发展走势。

3. 放松社会保障基金投资限制

受经济全球化和金融自由化趋势的影响，欧美国家、拉美国家和一些东欧国家，均不同程度地放松了对社会保障基金投资项目的限制。在基本养老保险基金投资方面，虽然购买国债或定期存款仍占主要份额，但各国要求放松社会保障基金投资管制的呼声越来越高，有的改革方案提出允许30%的社会保障基金购买股票。英国、荷兰等国的补充养老基金进入资本市场的比例不断上升，而拉美和东欧国家的养老保险基金投资于资本市场的限额又有进一步松动，预计这一趋势仍将持续。

4. 重视社会保障基金监管

在放松投资限制的同时，各国普遍开始重视社会保险基金监管问题，主要原因是第二、第三支柱社会保障基金比重的大幅度增加、投资环境的变化与投资风险的增加。世界银行和许多国家的社会保障研究机构，加强了对社会保障基金管理、保值增值、经济影响及若干配套政策的全面系统研究，欧盟还在社会保障基金监管方面迈出了实质性的步伐。

5. 加强社会保障基金与金融市场互动

近 10 年来，社会保障基金管理与金融市场尤其是资本市场的互动发展受到重视。社会保障基金规模扩大，增加了资本市场的供给，与金融市场的联系程度提高，对金融市场的影响力不断加大。同时，稳健有序的金融市场是社会保障基金投资营运、保值增值的基本条件。因此，政府和社会保障基金管理机构对于金融市场及其制度条件倍加关注。

6. 社会保障基金寻求海外投资

长期以来，多数国家限制社会保障基金向国外投资。但由于社会保障基金规模的日益扩大和国内金融市场的压力，一些国家开始谋求社会保障基金向海外投资的发展策略。根据风险组合理论，通过基金投资的国际化趋势分散投资风险，在不牺牲投资收益的条件下，可以最大限度地降低非系统风险。可以预见，在全球化趋势加剧的背景下，社会保障基金的海外投资将会增加。

推荐阅读书目

林义．社会保险基金管理．北京：中国劳动社会保障出版社，2002.

王晓军．中国养老金制度及其精算评价．北京：经济科学出版社，2000.

李珍等．中国社会养老保险基金管理体制选择．北京：人民出版社，2005.

周咏梅．社会保险基金会计研究．大连：东北财经大学出版社，2001.

第九章

社会保障管理论

本章要点：主要阐述社会保障管理的内涵、原则与特点，社会保障管理的内容、模式与发展趋势，社会保障监管的原则、内容与实施，社会保障政策的评估与调整。

关键概念：社会保障管理；社会保障监管；社会保障政策评估；社会保障政策调整

第一节　社会保障管理概述

一、社会保障管理的内涵

(一) 社会保障管理的内涵

社会保障管理是将社会保障制度落实为社会保障行动的重要枢纽，不仅受到社会保障制度本身的影响，也受到一国政治体制、行政体制以及财税体制等多方面因素的影响。不同学者对社会保障管理内涵的理解不尽相同，代表性的观点如下：

社会保障管理是由国家或政府制定并实施有关社会保障的法律、政策，以及实现社会保障任务目标的行政工作过程。①

社会保障管理是为了确保社会保障制度顺利运行，由政府机构或其他相关机构与组织采取一定的程序与方法，对各种社会保障事务进行决策、计划、组织、协调、控制和监督的过程。②

社会保障管理是指为了保证社会保障事业的发展和各项社会保障政策的实施，建立一定的组织机构，配备一定素质的工作人员，对社会保障事业进行决策、计划、指挥、监督、调节、控制的过程。③

---

① 参见孙光德、董克用：《社会保障概论》，4 版，56 页，北京，中国人民大学出版社，2012。

② 参见林闽钢：《现代社会保障通论》，91 页，北京，中国社会科学出版社，2014。

③ 参见周沛等：《社会保障概论》，173 页，武汉，武汉大学出版社，2010。

社会保障管理是指通过一定的机构与程序，采取一定的方式、方法和手段，对各种社会保障事务进行计划、组织和控制的过程，是社会保障管理主体对管理客体发生作用的活动过程，由社会保障计划、社会保障组织和社会保障控制等阶段构成。①

综上所述，本书将社会保障管理的内涵界定为：社会保障管理是指为了保证社会保障法律法规、政策制度的顺利实施，由以政府为主的管理主体通过建立组织机构、配备人员队伍、采取合理程序方法，对社会保障事业进行决策计划、组织协调、指挥调节、监督控制的一个完整的动态过程。

（二）社会保障管理的功能②

社会保障管理的功能，可以概括为规划、组织、指挥、调节和控制五项。

社会保障管理的规划功能，是指从事社会保障活动之前，需要先拟定具体内容和行动步骤，它反映社会保障事业发展的方向和可能发展的规模。社会保障管理规划的制定，必须通过周密的调查研究，运用科学的手段进行预测和决策，才能使确定的规划充分体现国家有关社会保障的方针、政策和规章制度。社会保障规划是社会保障工作者从事管理活动的行动指南，因此，规划功能是社会保障管理最基本的功能。

社会保障管理的组织功能，是指为实现社会保障活动的规划目标和方案，合理设置经办和管理机构，建立管理体制和制定规章制度，明确社会保障职能机构的分工和职责，将社会保障活动中的各要素、各部门、各环节、各方面在纵向和横向的联系上，在劳动的分工和协作上，在对外往来的关系上，以及在空间和时间的联系上合理地组织起来，使之形成一个有机的整体，充分发挥社会保障人力、财力和物力应有的作用。

社会保障管理的指挥功能，是指各级管理者或领导机构为保证社会保障活动连续地、均衡地、协调地进行和经营目标的实现，通过颁布文件和下达指令，使社会保障系统内部各级各类人员的行为服从管理者的统一意志，将规划和管理者的意图变成全体人员的统一行动，使全体人员在同一目标下相互协作，密切配合，尽职尽责，全力以赴地完成各自承担的任务。

社会保障管理的调节功能，亦称协调功能，是带有综合性、整体性的一种功能。它以计划目标为核心，安排和部署所有活动，使各部门、各环节的活动相互衔接、相互协调和配合，保证社会保障活动有序和高效地进行。社会保障管理的调节可分为纵向调节与横向调节、内部调节与外部调节。社会保障管理的纵向调节是指系统内上下级管理人员和职能部门之间的协调；横向调节则是指社会保障系统内同级的各单位、各部门之间的活动的协调。社会保障管理的内部调节是指在社会保障系统内部所进行的协调；外部调节则是指社会保障机构与系统外部其他部门和单位之间的协调。做好社会保障管理的调节工作，目的在于克服社会保障活动中可能产生的重复或脱节现象，保持整体平衡，使各个局部步调一

---

① 参见潘锦棠：《社会保障学概论》，340页，北京，北京师范大学出版社，2012。

② 参见邓大松、刘昌平：《社会保障管理》，5～6页，北京，中国人民大学出版社，2011。

致，以便发挥总体优势，确保规划目标顺利实现。

社会保障管理的控制功能，亦称监督功能，是指对社会保障规划的执行情况进行检查、考核、分析和处理。其目的在于对社会保障活动加以测定，与计划目标和实现计划目标的原则相比较，发现偏差，找出问题，查明原因，采取措施，及时加以纠正，使社会保障活动符合客观经济规律，符合国家有关的方针政策和法律法规。

以上五种功能是根据社会保障管理的自然属性，按照管理过程的客观要求提出的。因此，它们是社会保障管理的一般功能，不论社会经济形态如何，上述功能总是存在的。

二、社会保障管理的原则与特点

（一）社会保障管理的原则

社会保障管理的原则是建立社会保障合理的管理体制的基本依据，也是管理系统正常、有效运行的准则与保证。社会保障管理应该坚持下列主要原则。

1. 集中管理与分类管理相结合原则

社会保障的各项目构成一个内在密切相关的系统，因此，社会保障管理机构的设置首先要体现和服务于社会保障体系的统一性和整体性。建立统一的社会保障管理机构，使社会保障的规划、立法和协调方面的权力相对集中，有利于统筹规划、整体协调。但是，由于社会保障的项目比较多，各种社会保障项目的性质、作用和操作差异很大，因此，又不能在方方面面过分集中，而要根据各种社会保障项目的具体特点，实行集中管理和分类管理相结合，分级管理，分项目管理，分工负责。如养老、遗属、残疾等社会保障项目的基本部分带有全社会的性质，属于年金保障，可以由中央政府统一、集中管理；而工伤、失业、医疗、生育等社会保障项目，地域性强，管理操作复杂，就不宜由中央政府集中管理，而应由地方政府分级、分层管理。[①]

2. 依法管理原则

社会保障是国家通过立法，以行政手段推行的，具有鲜明的强制性和法制性。社会保障制度在各个环节上都有相关法律、法规和政策约束，在具体实施过程中还存在公开的社会监督。社会保障管理的立法在前，社会保障管理体制的建立在后，后者的任务就是贯彻落实社会保障法律、法规和政策，使自身成为执行社会保障法律、法规和政策的关键性工具。[②] 社会保障管理作为整个社会保障运行机制中的一个重要环节，实行依法管理包括两个方面：一是管理机构及管理岗位的设置需要有相应的法律、法规作为依据，有关法律、法规对此应当有明确而具体的规范；二是管理系统必须依法运行，即管理机构只能在既定

① 参见宋晓梧：《中国社会保障体制改革与发展报告》，212页，北京，中国人民大学出版社，2001。

② 参见童星：《社会保障与管理》，133页，南京，南京大学出版社，2002。

的职责范围内行使权力，而不能越权行事。要防止“有事无职无人”或“有职有人无事”，也要防止组织之间、个人之间在社会保障事务上权责不清，争权夺利，相互推诿。既避免因管理职责的混乱导致社会保障制度运行中的非正常状态，又确保社会保障管理的权威。

3. 社会化管理原则

现代社会保障是一种高度社会化的再分配形式。它不是任何个人意志的产物，而是生产社会化的必然结果。作为社会化分配形式的社会保障必然要求社会保障基金在全社会范围内进行统筹使用，实行集中统一的社会化管理。这种社会化管理就是中央政府的社会保障职能部门统一制定社会保障基本制度，并由各级政府的社会保障主管和专管机构统一管理社会保障对象和社会保障基金。实行社会化管理，有利于减轻企业的社会事务负担，降低社会保障的管理成本，提高社会保障的服务质量，也有利于发挥家庭和社区在提供社会保障服务方面的作用。正因为如此，建立起由政府统一组织、统一管理的社会化管理体制，就成为世界各国社会保障发展的必然趋势。我国建立完善的社会保障管理体制，也必须顺应这一历史趋势，实现社会化管理。

4. 属地化管理原则

社会保障制度追求的目标是社会稳定与社会公平，主要通过在一定区域内设置机构来完成项目实施任务，实现的也是一定区域内社会成员之间的共济或互济互助，从而实现整体的社会稳定与社会公平的目标。因此，世界大多数国家的社会保障管理均表现出属地化管理的特点，其目的在于维护社会保障制度的公平性、互济性和社会性。一般的社会保障事务通常是按照国家统一的法规，由中央政府或国家社会保障主管部门制定统一的原则和政策，各地区管理部门和业务机构具体执行和实施，并由各地区的社会保障管理机构承担起主要的管理职责，向地方政府直接负责。

5. 政事分开原则

社会保障机构的设置，在遵循行政管理与业务管理协调一致原则的基础上，根据社会保障工作自身的特点，还应遵循行政管理与业务管理分离的原则，以免行政管理部门干预正常的社会保障业务。因此，一般在中央机构及地方机构之下设置类似社会保障管理局的业务机构，专门负责社会保障基金的筹集、给付和管理等。政事分开是各国社会保障管理的通行做法，有利于提高管理效率，防止管理中的腐败行为，也能增加管理的民主化。政事分开原则的一个延伸原则，就是要严格使社会保险和商业保险分开，社会保险机构不能经办商业保险，反之，商业保险公司也不能经办社会保险。

6. 公开、公正与效率原则

所谓公开原则，就是社会保障机构设置、人员配备、收支状况、办事流程、工作计划与总结等应面向全体社会成员公开，增强社会保障管理的透明度，确保社会成员在社会保障方面的知情权，以便让全体社会成员接受必要的社会保障政策信息，明了自己的社会保障权益及可以申请与上诉的路径及处所。所谓公正原则，就是指社会保障管理机构既要负责社会保障制度的运行，又要维护社会保障制度的公正，它应当严格依法保护社会成员的社会保障权益，做到法律面前人人平等，并对社会保障纠纷采取不偏不倚的态度，以事实为依据，以法律为准绳。所谓效率原则，就是指效率是社会保障管理的主要目标之一，管理机构是否职责分明、政令是否畅通无阻、管理成本是否低廉、管理资源是否得到最优配置，均是衡量管理效率的基本标志。

(二) 社会保障管理的特点

根据社会保障本身的性质和特点，社会保障管理应具有以下特点。

1. 法制化

社会保障是由政府组织实施的一项公共事业，因此，必须纳入法制化轨道，依法行事。建立社会保障制度，是国家的一项基本社会职责。参加国家的社会保障计划，缴纳社会保障的有关费用，是参保人的基本义务；而享受社会保障的有关待遇，又是参保人的基本权利。这一切都需要通过法律法规予以确定，以同时约束政府和参保人的行为，从而从根本上保障受保人的利益。

2. 社会化

社会保障具有社会性和保障性，必须实行社会化管理。在生产社会化条件下，劳动者的生、老、病、死、伤、残、灾、失业等是一种社会风险，必须由社会来统一承担。社会保障的社会性就是通过建立社会统筹基金，使基金统一筹集、统一管理、统一使用，体现“大数法则”，实现“风险共担、统筹互济”的目标。

3. 科学化

社会保障涉及面广，涉及对象和事务多，非常复杂，业务性强，必须实行科学化与专业化管理。科学化管理的核心是实现管理的计算机化、信息化和网络化。应通过计算机系统收集、存储、处理资料，进行精算、统计、财务管理，确定支付待遇以及制订计划与规划等。

4. 民主化

社会保障政策性强，直接关系劳动者的切身利益，关系社会稳定和国家的长治久安，必须实行民主化管理。民主化管理的核心是建立和健全监督机制。监督可分为行政监督和社会监督两个方面。为了加强社会监督，需要建立一个专门的社会保障监督机构，还需要来自广大群众、新闻媒体和社会各方面的监督，以增加决策的透明度。同时，在社会保障管理的各部门、各环节之间，要明确分工、政事分开，以便于各司其职、相互监督。[①]

第二节　社会保障管理体制

一、社会保障管理的内容

社会保障管理的内容非常复杂，但是主要包括社会保障基金管理、行政管理、信息管理、对象管理、风险管理、预算管理等方面，鉴于本书前文已对社会保障基金管理进行了系统阐述，这里仅就社会保障行政管理、信息管理、对象管理、风险管理与预算管理做简单阐述。

(一) 社会保障行政管理

社会保障行政管理是社会保障管理的重要内容。社会保障行政管理活动具有二重性，既具有体现国家中统治阶级的阶级意志、维护其统治地位的阶级属性，又具有干预和管理社会保障公共需要所产生的社会属性。社会保障行政管理不同于一般社会活动和管理活动，具有政治性、服务性、科学性和法制性等特点。[②]社会保障的主体在一般情况下为国家，社会保障活动也是从国家制定有关的法律、法规开始的，社会保障管理的首要环节是制定社会保障法律。这些法律、法规对社会保障的实施范围和对象、享受社会保障的基本条件、资金来源、待遇支付与方式、管理办法、社会保障中有关方面的责任、权利和义务等方面做出规定。社会保障的法律法规通常是由国家和政府制定的，体现出行政管理的特征。其中，社会保障基本法律是由国家和政府直接颁布的，具体法规是由政府主管部门颁布实施的。在立法过程中，一般的做法是由国家统一立法，但由于各地社会经济发展不平衡，国家的立法权逐渐集中于一些基本法律、法规的制定，具体法规细则与办法则趋向于由地方政府制定。

此外，社会保障行政管理的内容还包括：设置高效的社会保障管理机构，配置精干的社会保障管理人员，明确社会保障管理组织的职责；制订社会保障计划，检查社会保障计划的执行情况，并不断完善社会保障计划；落实社会保障的法律、法规和政策，监督社会保障法律、法规和政策的实施情况，确保社会保障法律、法规和政策得到认真的贯彻和实施；调解和处理社会保障活动中出现的纠纷，等等。

---

① 参见宋晓梧：《中国社会保障体制改革与发展报告》，211～212页，北京，中国人民大学出版社，2001。

② 参见邓大松：《社会保险》，118页，北京，中国劳动社会保障出版社，2002。

（二）社会保障信息管理

社会保障信息管理对提高社会保障管理效率具有重要意义。在社会保障管理系统工程中，信息交换是最重要的环节，必须做到准确、及时。因此，必须建立严密畅通的信息管理制度，使有关信息在每个当事人、经办机构和相关机构之间有效传递，这就是社会保障管理的信息系统。该系统是我国政府管理信息系统的一个重要组成部分，由计算机、通信网络、数据库和相应的管理软件，以及各种专业技术人员包括系统分析人员、程序编制人员、数据库管理人员等组成。信息来源于劳动者个人和基层单位，通过对社会保障及相关数据的采集、加工、处理，形成多种有用的信息，提供给各级劳动保障部门的决策者、管理人员和社会公众，以满足不同层次、不同人群的信息需求，达到信息共享，实现信息资源的有效利用。

社会保障事业具有政策性强、业务范围广、信息流量大、数据交换频繁等特点，随着中国社会保障事业的不断发展和完善，社会保障相关信息量急剧增加、数据频繁更新，社会保障基础数据的转移、接续、交换，以及各项社保待遇在全国范围内的支付，社保基金的使用和保值增值的监督管理，为微观及宏观决策提供的准确的数据分析，等等，均表明传统的手工操作和单机管理等方式已经越来越难以适应其发展的需要，以计算机、信息网络为主体的信息技术在社会保障领域中的广泛应用，将成为整个社会保障体系的技术支撑。总的来看，中国的社会保障信息化建设工作的总体水平还比较落后，存在着诸如社会保障信息资源部门化、管理体制不畅、技术升级需求快、系统稳定性差、资金和人才投入不足、社会保障业务繁杂、跨地区流动障碍重重、数据难以实现共享等诸多问题，全国统一的社会保障信息管理机制远未建立起来，在很大程度上已成为制约社会保障制度整合和体系完善、社会保障工作开展和社会保障服务水平提高的主要瓶颈。因此，为适应社会保障事业高速发展的需要，加快社会保障信息机制建设已经被提上了议事日程。

按照中国共产党和政府提出的到2020年基本建立覆盖城乡居民的社会保障体系、实现人人享有基本生活保障的目标，加强社会保障信息化建设的战略目标是：社会保障信息化建设需要与社会保障制度发展相适应，新的信息化平台要涵盖社会保险、社会救助和社会福利等主要制度，覆盖到制度设计中的所有人员，同时要有一定的前瞻性；社会保障信息化建设要与社会保障管理模式相适应，要根据中央、省、市、县各级政府管理和服务的不同需要，分层次、有侧重、分步骤地进行建设；社会保障信息化建设要体现社会保障经办和管理并重，不仅要为各项业务经办提供支持，还要加强管理信息系统建设，加强对宏观管理和决策的信息支撑；社会保障信息化建设要充分整合资源并注重可持续发展，既要充分整合已有资源，提高公共资源利用效率，也要统筹兼顾系统未来的运行维护，实现可持续发展。①

---

① 参见郑功成：《中国社会保障改革与发展战略（总论卷）》，221页，北京，人民出版社，2011。

同时，加快社会保障信息机制建设还必须遵循如下原则：一要统筹规划、统一标准。坚持统筹规划，平台核心数据库及核心应用系统由中央统一组织开发，按照数据集中、分散处理的原则进行部署实施和推广应用。规范所有工作程序，使用统一的数据标准和技术标准，以确保社会保障信息资源从源头到应用始终符合信息共享的要求。二要整合资源、讲求效益。对已建系统必须强化应用，推动互通共享和支持部门间协同。对在建和拟建系统，要逐步向统一平台上靠拢，避免简单地在原有体制和业务流程基础上建设应用系统。三要突出重点、分步实施。既要以社会保障的需要为重点，以应用为核心，以数据为基础，又要坚持边建设、边应用、求实效的原则，先急后缓、分步实施。四要准确定位、双向服务。要能为使用者及时解答问题，提供相关数据查询功能，使其能够获取自己应享受社会保障的信息，明白自己应该如何办理各种业务；同时要能为管理者提供及时的各类保障动态，进行数据分析和汇兑，及时发现和处理执行过程中出现的各种问题。五要加强管理、确保安全。系统设计和建设要建立完善的安全防护体系，建立安全检测监控系统，建立病毒防范体系，建立重要应用系统和关键的主机系统冗余备份和灾难恢复，做到系统环境安全、网络运行安全、数据储存安全。①

(三) 社会保障对象管理

社会保障对象管理就是对社会保障的特殊对象如离退休职工、鳏寡孤独老年人、失业者、贫困者、残疾人等所提供的一系列必要的服务。这种服务不仅包括物质的提供，还包括日常生活的照料、健康方面的服务以及社会生活的提供等。在职的社会保障对象主要由其所在单位提供有关的服务，对他们的管理也主要由其所在单位负责。对情况特殊的社会保障对象如离退休职工、残疾人和失业者等进行特别的管理。根据社会保障对象的不同情况采取不同的管理办法：如组织残疾人福利企业、事业工作，组织贫困户发展生产、脱贫致富，对失业人员进行职业培训，组织他们积极进行生产自救，组织身体好、业务强的退休退职职工参加社会急需的生产活动，等等。

对社会保障对象的服务不仅要设立专门机构和配备专职人员，还要有更多身体健康、热心工作、有一定工作能力的社会保障对象来做这项工作。即使设立了专职机构，也应只聘用少量专职工作人员，多数工作人员则应根据前述条件从社会保障对象中聘请，让他们自己管理自己，自己服务自己。社会保障对象的管理工作从总体上说属于群众性服务工作。一方面，由于它涉及各个方面，所以需要由政府协调和制定政策；另一方面，由于它涉及的工作烦琐复杂，具体问题需要发动社会力量解决，应特别注意发挥工会及其他社会组织的作用，使专业人员和群众相结合，走社区化、社会化的管理道路。

(四) 社会保障风险管理

所谓社会保障风险是指社会保障制度未来可能发生的一切损失的总称，包括由各类社

---

① 参见李轩红：《建立全国社会保障信息管理平台的若干问题》，载《山东社会科学》，2008 (8)。

会保障事件所造成的可预测的与不可预测的损失。依据不同的标准，可将社会保障风险进行不同的分类。如从社会保障基金运作过程来看，可分为筹资风险、投资风险、管理风险、给付风险；从金融角度来看，可分为市场风险、信用风险、流动性风险、营运风险、政治风险等；从内因和外因的角度来看，可分为内部风险和外部风险；根据风险的促成因素不同，可将社会保障风险分为自然风险、社会风险、经济风险、道德风险和制度风险；根据风险标的的不同，可将社会保障风险分为养老风险、医疗风险、失业风险、工伤风险、生育风险，等等。邓大松等人将社会保障风险分为制度设计风险、营运风险、资产流动风险、投资风险、偿付能力风险、财政风险、经济风险、灾难风险、政治风险九大类。①

对于目前正处于经济转轨与体制转型时期的中国而言，社会保障制度在运行过程中必将面临比其他国家更多、更特殊的风险威胁。人口老龄化加速、“未富先老”、养老金“空账运营”等所带来的社会养老保险的支付风险，管办不分离、监督不力所带来的社会保障基金安全风险，城乡二元社会保障结构以及社会保障立法滞后所带来的制度风险等，都是当前中国社会保障制度可能存在的风险。作为现实社会诸多社会风险中的一类特殊风险，社会保障风险也具有一般风险的客观性、普遍性、不确定性及不利性，这四个特性也决定了我们必须采取各种有效的措施应对、规避社会保障制度运行过程中潜在的、可能发生的各种不利事件。

所谓社会保障风险管理即是指对以上风险的科学化管理过程。一般来说，它是指通过识别社会保障风险体系中存在的各类潜在或显性风险，建立相应的风险评估与预警机制，并通过实施有效的风险规避措施以保证社会保障制度健康、有序运行的管理过程。社会保障风险管理是社会保障制度管理各环节中最为重要且关键的环节之一，其效果的良好是社会保障管理部门工作内容的基础和重中之重，关系着社会保障其他各个环节的正常、良好运行，关系着整个社会保障事业的发展，对整个社会保障制度的健康发展具有长远的战略性意义。因此，社会保障风险管理作为一个新兴的理论研究领域，正得到越来越多的专家、学者的关注，也作为一项重要的实务工作，得到了各级社会保障管理部门的极大重视。②

（五）社会保障预算管理

社会保障预算是政府预算的重要组成部分，是政府为了实现社会保障目标，根据有关法律法规编制的反映社会保障收支规模、结构及变化的计划，包括政府一般性税收收入安排的各项社会保障基金以及养老、失业、医疗、工伤、生育保险和住房等各项基金收支活动的计划，是政府财政全面反映、管理、监督各项社会保障资金收支活动的重要手段，是建立健全社会保障体系的重要保证。一般来讲，社会保障预算编制模式主要有四种类型，即基金预算模式、政府公共预算模式、一揽子社会保障预算模式和政府公共预算下的二级

① 参见邓大松、薛惠元：《社会保障风险管理国际比较分析》，载《学习与实践》，2011（2）。

② 参见邓悦、孟颖颖：《社会保障风险及管理基本理论研究》，载《贵州社会科学》，2014（5）。

预算模式。社会保障预算包括社会保障预算收入和社会保障预算支出两个部分。其中社会保障预算收入是实现社会保障政策目标的前提，包括社会保障基金征缴收入、财政补贴收入以及其他收入；社会保障预算支出包括社会救助支出、社会保险支出和社会福利支出三大类，社会保险支出是社会保障预算中最大的支出项目。社会保障预算有利于对社会保障资金收支进行统筹安排，确保基金运行的总体平衡，有利于确保社会保障资金的安全和专款专用，防止社会保障基金管理风险的发生。

社会保障预算收入管理涉及多个部门：财政部门是综合管理部门，处于主导地位，既要提供社会救助、社会福利等资金，又要承担社会保险的最后兜底责任；税务部门是社会保险基金的征收机构，地方税务局征收的各项社会保险税直接进入国库，再按月划转到财政社保专户；社会保险经办机构是专门负责办理社会保险事务的部门；各缴费单位及银行系统是社会保障预算管理体系的基础，各缴费单位有义务为其雇员代为扣缴社会保险税，银行系统通过转账方式将税务部门征缴的社会保险税纳入国库。社会保障预算支出管理涉及财政部门、社会保险经办机构、民政部门、街道社区等部门：财政部门既是社会保障资金的支付部门，又是社会保障资金的监督部门；社会保险经办机构负责办理社会保险的具体支出事务；民政部门负责支付社会救助、社会福利、社会优抚以及部分离退休费用；街道社区是社会保障支出的基层单位，负责审查、核实城市居民最低生活保障对象、标准以及对符合条件的低保户按月发放低保金等。①

二、社会保障管理模式

世界各国根据自身的政治经济制度、历史文化传统和其他社会因素，建立了不同的社会保障管理模式。

(一) 根据政府介入程度划分的管理模式

1. 政府直接管理模式

政府直接管理模式的主要特征是，政府设立专门的管理机构统一、集中管理全国社会保障事务。在这种模式下，政府首先要负责制定社会保障的政策和法令，对社会保障实施的范围与对象、享受社会保障的基本条件、基金来源、待遇支付标准与支付方式、管理办法，以及社会保障有关方面的责任、义务、权利等做出规定；还要负责检查和监督这些政策和法令的正确实施，受理有关社会保障的申诉，调解和裁决发生的纠纷，等等。政府除了承担立法、监督职责之外，还要负责社会保障的业务管理：受保人的登记和审查；保障资金的征缴、计算和支付；保障基金的使用、调剂和运营；在工伤保险中，组织对劳动者

① 参见李珍：《社会保障理论》，3版，131～132页，北京，中国劳动社会保障出版社，2013。

丧失劳动能力情况的鉴定，组织协调对保障对象进行一系列必要的服务，等等。①

政府直接管理模式又有两种具体形式：一种是社会保障集中统一管理形式，即中央政府授权一个部或一个委员会，下面层层设置机构，实行统一政策、统一制度、统一标准、统一表格、经费统收统支；另一种是社会保障分权管理形式，即中央政府制定基本法律和法规，地方政府可根据自己的具体情况制定具体的法规细则，或者实行分部门管理，如劳工部门管理劳工保险，卫生部门管理医疗保险，农业部门管理农民保险等。

2. 半官方自治管理模式

半官方自治管理模式是由社会保障制度的责任主体自我管理的一种模式。这种模式的特征是，由政府成立一个统一的协调机构，负责协调全国社会保障事务，并指定一个或若干个中央政府部门实施统一监督，具体的社会保障管理工作则由半官方、半独立的行业或地区社会保障管理机构来实施。社会团体是区别于政府机构和私人企业的具有自治性的公共团体，一般由劳资双方代表组成各种社会保障委员会或基金会、董事会、理事会、协会等，有时政府也派代表参加，下设办事机构，在国家法律规定的范围内，开展多项业务活动。政府主管部门虽无权干涉这些社会团体的正常业务，但有权对它们进行检查和监督。

在国际上最为典型的是德国社会保险制度自治管理。德国的养老保险由劳动和社会秩序部监督，养老保险按地区或行业由劳资双方代表组成理事会具体组织实施。联邦政府设立保险监督局，对地区、行业的社会保险机构进行监督检查。医疗保险受卫生部监督，按七大行业和地方（联邦、州、地）设立医疗保险机构。医疗保险机构是独立的企业组织，由劳资双方组成的董事会管理，依法自定医疗保险费标准，自行征收和发放医疗保险费。这种管理模式使社会保险制度与国家财政保持了一定距离，是德国社会保险制度实现自我平衡、自我发展的重要保证。又如在法国，卫生和社会保障部负责监督社会保障和颁布法律，全国养老保险基金会、全国疾病保险基金会、全国就业组织理事会、全国家庭补贴基金会及其各自的各级地区性分支机构，分别负责管理全国的养老保险、疾病保险、就业补贴和家庭补贴等社会保障项目。

这种管理模式带有政府行政和事务性工作分开管理的特点，由国家设立统一的机构管理和监督全国社会保障的运作，具体的工作如保险的资格认定、待遇给付、资金收缴等则由地方或者社会团体机构来处理。社会团体一般是相对于政府系统直接通过行政权力介入而言的，它们客观上不接受政府的直接管理，而是由有关立法进行相应的规范，在法律、法规的规范下自我管理、自我发展，并接受社会监督。因此，社会团体通常是管办合一的机构，即同时充当着管理机构和实施机构的双重身份。在这种情形下，法制的规范和来自社会的监督会起到很重要的作用。

---

① 参见孙光德、董克用：《社会保障概论》，4版，59页，北京，中国人民大学出版社，2012。

3. 以私营机构为主的管理模式

以私营机构为主的管理模式是指部分社会保障事务由民间社会福利、慈善机构或者商业保险公司对有关社会保障事务实行自我管理。这种管理模式建立在社会保障基金按照“完全积累”原则筹集和运作的基础上，其特征是在政府社会保障主管部门的监督下实施的一种强制性储蓄保险，采用“以收定支”的基金制积累方式，即按照固定缴费率征缴保险基金，然后将基金投入资本市场，通过基金的投资营运，实现基金的保值增值。在这种情况下，基金的保值增值是社会保障管理的主要任务。因此，充分发挥商业保险在基金运作方面的经验和灵活的市场运作机制，就成为实行完全积累型筹集社会保障基金的国家社会保障管理体制的选择。

社会保障基金的管理、投资和营运，一般由独立的具有半官方或私营性质的基金会负责。如在新加坡，在中央政府劳工部的监督下，实行社会保障中央公积金制度，保障项目包括养老、残疾和死亡保险、医疗保险，以及住房和教育计划等。中央公积金的管理和组织实施工作由半官方性质的中央公积金局负责。又如在智利，1980 年后，国家将旧的社会保险制度改革为完全个人缴费的、以个人账户为中心的社会保障制度，社会保障管理具体由国家劳动和社会保障部监督下的四个分支机构即社会保障总署、“公共养老金”管理公司、“私人养老金”管理公司、基金投资风险管理委员会等管理和组织实施。此外，墨西哥、玻利维亚、萨尔瓦多等国家也都采用这种管理体制。这种管理模式代表了世界上社会保障改革中的一种趋势，反映了降低政府负担、提高社会保障效率的要求。但其效果尚需要一定时间的实践检验。

(二) 根据集权程度划分的管理模式

1. 集中管理模式

集中管理模式是把社会保险各个项目（养老保险、医疗保险、失业保险、工伤保险等），以及其他的社会保障项目全部放在一个管理体系里统一管理，并成立统一的社会保障管理机构，此机构同样负责社保基金的营运和监督。集中管理模式有利于社会保障的统一管理，降低管理成本，有利于社会保障基金的集中和更好地发挥其互济功能，也有利于增强基金的透明度和接受社会监督。但这种模式往往以国家行政管理为主，受行政干预较多。

英国的社会保障管理模式是典型的集中管理。社会保障部是英国统一的社会保障管理机构，负责全国的社会保障事务。社会保障部内部设立有三个行政管理机构（政策规划局、财务管理局以及法律事务局），全国性的社会保障政策由中央统一制定，同时中央对社会保障的许多项目提供资金支持。社会保障的具体事务则由在社会保障部外部设立的相对独立的执行机构以及中央政府在各地设立的派出机构承担。具体来说，社会保障部的待遇发放机构负责管理年金和支付津贴；社会保障部的基金收缴机构负责征收、记录和管理国民保险费；就业部负责就业服务管理。除此之外，还设立有信息技术服务机构、儿童扶助机构、战争优抚机构等。英国的公共卫生事业也由中央政府集中统一管理，社会保障部通过其在地方设立的派出机构负责管理医疗保险费和现金补助。社会救济事务则由专门建立的国民救济署负责管理。另外，英国还建立了完全独立的监督机构，以便监督社会保障各项事务的展开。

2. 分散管理模式

分散管理模式是针对不同的社会保障项目，各自分别成立不同的政府部门进行管理，每一个保障项目都有其独立的保障经办机构、资金营运机构以及保障监督机构。各个分散管理机构具有较大的自主性，能够根据客观实际，及时调整保障项目和内容，从而灵活适应社会保障发展的需要。但这种模式下的管理机构较多，导致管理成本较高，同时，机构庞杂和相互独立可能导致一些工作的重复，给被保险人和保险机构管理增添难题。

德国的社会保障管理模式是典型的分散管理。德国没有一个像英国一样的统一管理全国社会保险事务的机构——社会保障部。社会保险的各项事务都是由各个地区和行业建立的社会保险机构负责的。被保险人依据自己所在的地区和行业，由相对应的社会保险机构负责管理。联邦政府一般负责立法和制定社会保险政策，具体事务都是由分布于全国的社会保险机构负责的。这些保险机构一般都是独立存在的，而且每一类保险机构基本只承担一种保险业务，各类保险机构都有明确的业务范围，这样可以避免业务上的相互重叠和交叉。社会保险机构有专门的管理委员会负责管理，管理委员会先由代表大会推选理事会成员，再由理事会提名确定会长。德国的公共卫生事业由州和市政府负责，各州设立的有卫生局，负责公共卫生保健和医疗设施建设，各市县设立的有独立的卫生所，主要负责一些公共卫生事务。德国的社会救济也由州和市政府负责管理，社会救济资金由市县以及州政府的财政税收提供。

3. 集散结合管理模式

集散结合管理模式则是集中管理模式和分散管理模式的有机结合，即将社会保障项目中有较多共同点的项目集中在一起，由一个统一的机构管理，而把剩下的保障项目交由不同的政府部门分散管理。这种模式既能体现社会保障社会化、一体化的要求，又能兼顾个别项目的特殊要求，有利于调动各方面的积极性，提高工作效率，降低管理成本，更好地促进社会经济发展。

美国的社会保障管理模式是典型的集散结合管理。社会保障总署负责全国社会保障事务的统一管理，社会保障总署下设多个部门，每个部门负责一项业务。财政部是具体的办事机构，挂靠在财政部的社会保障基金管理委员会主要负责管理信托基金，选择信托基金的投资方向，以及评估联邦社保基金的收支状况；劳工部的主要任务是负责监督私营的养老计划和退休计划，同时还要负责监管全国在岗员工的福利状况；国内税务部门负责征收职工的工资税，还要负责向社会保障总署汇报个体经营人员的纳税情况。社会保障总署也负责社保基金的筹集和发放，但不负责社保基金的投资运营。基金的投资运营由专门成立的社保基金信托投资委员会负责。

针对社会保障项目的复杂性和产生的一些特殊问题，美国还成立了一些机构专门负责管理各类社会保险项目和解决一些特殊问题。这些机构有社会保障局、健康筹资委员会、社会保障咨询团以及社会保障顾问理事会等。社会保障局主要负责管理老年、幸存者、伤残保险计划，以及其他几个社会保障计划；健康筹资委员会负责管理医疗方案，包括住院保险和补充医疗保险等；社会保障咨询团是一个临时性的组织，通常由社会保障局、国会或者其他一些有关部门，专门为了解决某些特殊问题而建立。除此之外，美国还成立了一些顾问机构和组织，监督社会保障基金的营运。如社会保障顾问理事会，这个机构是一个完全独立于行政部门的咨询理事会，主要负责监督与评估联邦社保基金的投资运营。

这三种管理模式很难说哪一种模式更好，每一种都有其优越性和局限性。英、德、美这三个国家也是根据自己的国情，选择适合自己国家社会保障发展的管理模式。具体来说，集中管理模式有利于社会保障政策的统一制定和实施，可以有效避免多部门管理带来的政令不统一以及矛盾利益冲突等问题。但集中管理模式往往以国家行政管理为主，容易受到较多的行政干预，而且社会保障中的有些项目，如失业保险、工伤保险等，这些项目的工作如果统一管理，往往难以协调配合。分散管理模式中各级政府以及社会保障各部门具有很大的独立性，政府一般只对社会保障事业进行监督，具体的事务交给社会保障经办机构管理。但这种管理模式因机构庞杂和相互独立导致工作的重复，给被保险人和保险机构管理增添了许多难题。集散结合管理模式可以说综合了集中管理模式和分散管理模式的优缺点，它对某些共性较大的项目集中管理，体现了社会保障一体化的要求，同时又能对某些差别较大的个别项目单独管理，体现了统一规划和分散管理相结合的优势。①

三、社会保障管理发展趋势

(一) 中国社会保障管理面临的问题

我国社会保障管理是随着经济体制的改革而不断变化的。从新中国成立初期到改革开放以前，我国社会保障的行政管理方式是由全国人民代表大会或国务院负责制定及公布社会保障主要法规，这种管理体制是与计划经济体制相适应的。随着我国社会保障事业的发展，特别是近十几年来经济体制改革的不断深化，现行社会保障管理体制存在的问题逐步暴露出来。

1. 社会保障法律制度建设滞后

这既是社会保障管理体制的问题，也是整个社会保障制度的问题。我国社会保障制度

① 参见邓大松、丁怡：《国际社会保障管理模式比较及对中国的启示》，载《社会保障研究》，2012 (6)。

建立、改革和发展60多年，至今还没有《社会保障法》这样一部基本的法律，制度建设也处于不断推进的过程之中。社会保障管理所依据的只是一些制度性决定、意见以及部门法规、条例等。对于社会保障的概念界定，一直没有一个统一的认识，包括政府文件中对社会保障功能的界定也模糊且经常变换，从而导致社会保障工作的具体内容缺乏统一标准，不同地区和不同所有制之间的社会保障存在很大差别，特别是社会保险制度更是多种多样，社会保险的强制性和权威性难以发挥，已形成的利益格局难以调整。这不仅影响社会保障制度改革的深入进行，而且无法综合协调各项社会保障关系，无法综合评价社会保障基金对我国经济发展的影响，从而直接影响到建立适应我国国情的社会保障体系。

2. 社会保障缺乏统一管理

改革开放后，特别是1985年对“七五”计划的建议提出要统管“社会保险、社会福利、社会救济”的构想以来，建立统一的社会保障机构几乎成为每次国家机构改革都“绕不开”的课题。然而，历经1988年、1993年、1998年、2003年、2008年、2013年六次政府机构改革，虽然包含“社会保障”字样的政府机构名称从无到有、从有到变，但一个能够统管“社会保险、社会福利、社会救济”的社会保障行政机构却始终没能建立起来。[①]长期以来，我国社会保障呈现多家分管的格局。当前我国社会保障管理呈现由人力资源和社会保障部、民政部两家主管，其他部委多家协管的格局：社会保险由人社管理；社会救济和社会福利，特别是最低生活保障由民政部管理；农村合作医疗由卫生和计划生育委员会管理；住房公积金和保障性住房由住房和城乡建设部管理；企业年金由人社部、保监会、证监会、银监会按照各自的管辖范围共同管理。[②] 虽然国务院明确规定社会保险工作由劳动部门综合管理，但长期以来，由于各有关部门所处的地位不同以及局部利益的驱动，认识很不一致，在实际工作中经常发生矛盾，难以综合规划和统一协调。多头管理容易造成各部门各自为政、管理集约化程度低的问题，而且不利于统筹使用有限的社会保障资源。例如，在管理政策上，各定各的办法，各有各的政策界限，难以统一政策；社会保障制度分属不同的部门管理，各部门分别制定发展规划，分别设计保障制度，难以发挥保障体系的整体功能；在资金管理上，各守各的条块壁垒，各部门重复设立经办机构，各自建立信息系统，造成人力和财力浪费，资金过于分散，不能通融调剂，资金整体使用效益差；社会保障项目分属不同的部门管理，相互之间缺乏统筹协调，不利于人员流动和保障待遇衔接。随着我国城镇化进程加快、人员流动增加、就业方式转变，参保人员身份经常发生转换，但其保障关系难以接续。

3. 政事不分，监督检查不力

即社会保障的决策、经办、监督由同一个部门负责，行政与事业、实施与监督、宏观

---

① 参见岳宗福：《新中国60年社会保障行政管理体制的变迁》，载《安徽史学》，2009（5）。

② 参见安华：《完善我国社会保障管理体制的思考》，载《宏观经济管理》，2011（11）。

调控和微观管理混在一起，结果造成监督不力，管理部门滥用职权，社会保障基金被挪用、滥用，浪费现象严重，腐败孳生，引发一系列社会矛盾。作为上级行政主管部门，人力资源和社会保障部门存在着一定的职能定位模糊的问题。一方面，一些地方的行政主管部门对社会保障基本情况、数据掌握不齐全，将很多属于决策与监督性质的工作，如草拟发展规划、制定政策性文件、受理检举投诉书等工作转由社会保障经办机构承担，再以行政管理部门名义处理。另一方面，一些地方的行政主管部门直接干预具体业务，操控技术流程，如直接审批退休、核算基金支出，影响了社会保障规范管理和服务水平。部分地区甚至出现社会保障行政主管部门与经办机构合在一起办公、任意混岗使用、挤占挪用社会保障专项经费的情况。作为执行机构，社保经办机构具有准金融机构的性质，本应是参保群体"代言人"和基金"守门人"，但由于法律责任主体、会计管理主体的地位不清晰，与行政主管部门关系未能理顺，工作独立性受到影响，降低了管理的专业化水平和服务效率。① 只有严格地区分行政管理与业务管理、业务管理与监督检查的界限，坚持行政管理与业务管理分开，业务管理与监督机构分设的原则，才能建立起科学、有效的管理体制和运行机制。

4. 责权不明确，管理层次不清晰

科学地划分各级政府和有关部门的管理职能和管理权限，正确处理好宏观调控和微观管理之间的关系，是完善社会保障管理体制的重要环节之一。1994 年的分税制改革对政府间的社会保障事权没有做明确的界定，政府间的社会保障权责划分仍十分模糊，使得各级政府的社会保障主管部门也在权责上难以协调，表现如下：

一是政府间社会保障责任边界划分模糊不清。在中国社会保障制度的实际运行中，对于哪些保障项目或保障部分归中央政府主要负责，哪些归地方政府主要负责，哪些应当由中央政府与地方政府共同负责，其分摊比例又如何确定等问题，始终没有作出明晰的说明和划分。在许多社会保障项目的实施和运行过程中，中央政府和地方政府同时存在责任缺位和越位现象。

二是各级政府之间存在相互转嫁责任的道德风险。客观上来说，目前中国的各级政府都没有摆脱"经济人"的基本属性，尤其是地方政府具有既要对中央政府负责又要对本地利益负责的"利益双重性"特征，中央政府与省级政府、省级政府与市县级政府之间在社会保障尤其是社会保险领域呈现相互转嫁责任的博弈与制约关系：一方面下级政府通过人为扩大资金缺口索取补助而过度依赖上级政府，另一方面上级政府也会通过企业改制等形式向下级政府转嫁财政责任。

三是社会保障的事权重心下移和支出责任过于分散化。目前中国大部分地区的社会保障基金仍然处于县级统筹和市级统筹的分散管理状况，社会保险的资金筹集及缴费标准的

① 参见叶响裙：《论我国社会保障管理体制的改革与完善》，载《中国行政管理》，2013 (8)。

制定、资金管理以及发放和发放标准的制定基本上由地级市负责，社会救助和福利、优抚安置等项目主要由县级政府负责。社会保障事权重心严重下移会导致支出责任过于分散化，容易导致社会保障资金筹集方法政出多门，筹资方式不规范，缺乏法律保障。其结果是筹资的刚性不足，手段软化，拖欠、不缴或少缴统筹金的现象比较普遍。

四是政府间社会保障财权、财力和事权严重不匹配。在财政性社会保障收支中，中央政府收走了大部分的财政税收，而把大部分的财政支出责任尤其是社会保障支出责任留给地方政府，从而形成了社会保障制度实施过程中的"财权层层上收、事权层层下移"的局面。中国的社会保障财政支出责任基本上都由地方政府来承担，地方政府承担了与本级财力不相匹配的社会保障支出责任。这种上级财政集中度较高而基层财政集中度较低的责任分摊机制，不符合市场经济的要求。①

5. 社会保障管理与服务尚未实现一体化

社会保障管理服务平台未能有效整合，导致信息沟通、资金监管、管理能力等方面存在问题。第一，从信息沟通看，不同部门建设的社会保障平台各自为政，信息系统各成孤岛，户籍、人员基本信息和业务流程重复采集、重复建设，有些互相联系的保障项目却难以提供一站式服务。一个家庭或个人同时享有不同待遇时，却要跑多个机构，要分别理解不同窗口的政策规章，要反复向不同的机构提供相同的基本信息。第二，从资金监管看，社会保险资金分散在不同部门操作，风险节点多，审计、监督部门也必然要"分头出兵"，不利于提高风险监控效率。第三，从管理力量看，随着民生事业发展，各个社会保障经办机构都面临着任务加重、力量不足、手段落后、管理风险加大等压力，产生了"小马拉大车"的矛盾。目前全国社会保障管理机构人数约 13 万人，省级约 4 千人，地市级约 4 万人，县（区）级约 9 万人。按照国际标准，经办人员与参保人员比例一般是 1∶2 000，我国平均大约是 1∶6 000，有的地方甚至达到 1∶40 000。越往基层，具体经办人越少，严重影响了管理和服务的质量。②

（二）社会保障管理的发展趋势

社会保障管理体制的建立不是一成不变的，而要随着本国本地区社会政治经济状况的变化而不断调整和完善。当前世界各国社会保障管理的发展变化具有如下趋势。

1. 社会保障决策的集中化与业务管理的分散化

社会保障政策制定逐步集中统一于一个部门，该部门负责全面规划，这样才能协调各方面的利益，使社会保障各制度、计划和项目之间协调互补，共同编织起社会保障的安全网络；而社会保障业务管理机构和服务设施要靠近群众，以便同保障对象保持经常的密切

① 参见柯卉兵：《中国社会保障转移支付制度研究》，55～67 页，北京，人民出版社，2014。

② 参见叶响裙：《论我国社会保障管理体制的改革与完善》，载《中国行政管理》，2013（8）。

联系，及时了解群众的情况和问题，为群众提供方便和高质量的服务。当前，除了建立社会保障制度比较早的国家如德国、法国等还保留着原来的“自治管理”的历史传统外，后来逐渐建立起社会保障制度的国家的基本养老、伤残、遗属保险，一般都采取决策由国家集中统一管理，而服务下放给社区来管理的方式。

2. 社会保障管理的法制化

社会保障组织管理的正常化、科学化运行，需要从规范与模式方面给出明确的规定性即制度化，并建立带有强制性的、体现国家意志的制度即法制化。制度化和法制化具有规定整合社会关系、实现管理的既定目标的功能。国际经验表明，社会保障管理制度的建立和相关管理机构的设立都是以法律形式明确下来的。通过相关的立法来确定相应的社会保障项目，明确部门设置和各部门的职责分工，能够更好地保证社会保障管理和运营的规范有序。

社会保障管理作为整个社会保障运行机制中的一个重要环节，实行依法管理包括两方面内容：一是管理机构及管理岗位的设置需要有相应的法律、法规作为依据，有关法律、法规对此应当有明确而具体的规范；二是管理系统必须依法运行，即管理机构只能在既定的职责范围内行使权力，既不能不作为，也不能越权行事。依法管理作为对社会保障管理的一项基本要求，既是为了避免管理职责紊乱致使社会保障制度在运行中出现非正常状态，也是为了确保社会保障管理的权威性。因此，社会保障管理立法应当先于社会保障管理体制的建立，社会保障管理的基本任务就是保证现行社会保障法律、法规、政策的贯彻落实，是执行法治并确保法治的关键性工具。①

3. 社会保障管理的社会化

所谓社会化的社会保障管理，是相对于国家化组织管理和传统家庭保障模式而言的，是指社会团体、自治组织、集体单位、私营组织等参与社会保障管理。社会保障组织管理的社会化是对原有社会保障国家化的组织管理进行反思的结果。养老保险如果全部由政府负责，会加重政府的财政负担。现在的发展趋势是由政府负担基本保障，然后鼓励一些私人机构提供多种形式的保障项目。这样不仅有利于减轻政府的财政负担，也有利于社会保障的多元化发展，满足公民对社会保障的不同需求。政府可以采取税收优惠或者补贴的方式对兴办社会保障项目的私人机构给予一定的支持。②

社会保障管理的社会化有以下优点：一是可以调动社会力量，运用各方面的财力、物力，提高社会保障能力；二是既有利于提高社会保障的水平，也克服了社会保障国家化导致的财政负担重等问题；三是有利于形成合理的社会保障管理体制，发展社会化社会保障，由全社会共同承担社会保障责任，共同享受社会保障权利，共同履行社会保障义务，运用各方面的财力、物力，把社会问题化解在基层和社区，有利于社会的稳定与发展；四

---

① 参见林闽钢：《现代社会保障通论》，110～111 页，北京，中国社会科学出版社，2014。

② 参见邓大松、丁怡：《国际社会保障管理模式比较及对中国的启示》，载《社会保障研究》，2012（6）。

是适应了家庭核心化和家庭功能向社会的转移以及人口老龄化的需要；五是有利于调节和改善人际关系，强化社会成员的社会公德意识，促进精神文明建设。

社会保障管理的社会化主要包括：社会保障组织机构的社会化；社会保障服务人员的社会化，即服务者既有政府的公务人员、业务工作者，又有兼职服务、志愿服务者，非官方的服务人员起主导作用；社会保障资金筹集的社会化，即国家财政拨款的比重逐渐降低，形成自助性与互助性相结合的社会保障局面。①

4. 社会保障管理的信息化

随着计算机技术的发展，各国都在不断推进计算机信息化在各个领域的应用。社会保障管理领域也不例外，社会保障制度的完善意味着有越来越多的人可以从社会保障制度中受益，同时也给信息管理提出了新挑战，信息化管理已经成为未来社会保障管理的主流趋势。社会保障信息化是指以计算机、通信网络为主体的信息技术在社会保障领域中的应用，就是将信息技术与社会保障的具体业务相结合，进行系统化管理。整个管理系统包括：计算机、通信网络、数据库和相应的管理软件，以及各种专业技术人员。社会保障信息化建设，对于改善服务手段、增加工作透明度、提高政府决策水平、加速社会保障管理科学化进程都大有裨益。②

许多发达国家社会保障管理的信息化程度已经达到了很高的水平，每个公民都十分清楚地了解缴费标准、待遇条件、计发办法、资金投资渠道等政策性信息，并且可以随时查询社会保障账户的收支情况。同时信息化还有利于促进不同社会保障管理部门之间的沟通和协调。例如，瑞典有将近40年的信息系统的历史，其信息系统十分完备。它由中央财政投资建设、全国社会保障系统共同使用，完全实现了信息共享，大大改善了部门之间的协作，提高了工作效率。

第三节　社会保障监管

一、社会保障监管的必要性和原则

（一）社会保障监管的必要性

社会保障监管主要是对社会保障政策法规的执行情况和社会保障基金的收支活动进行监督检查，制止和纠正社会保障业务活动中的违规行为。世界社会保障制度的发展历史表

---

① 参见童星：《社会保障与管理》，146～147页，南京，南京大学出版社，2002。

② 参见邓大松、刘昌平：《社会保障管理》，230页，北京，中国人民大学出版社，2011。

明，建立健全的监管机制会促进社会保障的良性发展，反之，缺乏有效监管的社会保障制度必然会偏离其预定的轨道。因此，建立和健全社会保障监管机制对保证社会保障制度的有效实施和正常运行有着重要的作用。

第一，社会成员的社会保障权益需要社会保障监管机制加以维护。社会保障是社会赋予社会成员的法定的基本权益，应该受到法律的保护。政府部门和社会公众都有责任执行和维护这一制度。但是在各项社会保障制度的具体实施中，存在着各种主客观的因素，影响社会保障制度的全面实施，使社会成员的社会保障权益受到损害。因此，需要建立和健全专门的、有法定权力的社会保障监管机制，通过其监督、纠察等行为，对社会保障实施的全过程进行监管控制，使社会成员的合法权益得到保护。

第二，社会保障运行过程中出现的问题和潜伏的危机需要社会保障监管机制。在社会保障制度的实施过程中，经常会出现各种问题，突出的如挪用、贪污社会保障基金，用社会保障基金作非法投资等，这些问题的产生和存在既违背了社会保障的基本原则，也会对社会保障制度的有效实施和社会效益产生消极影响，有时会导致社会保障基金运行和给付工作的瘫痪。尽管我国比较强调社会保障管理机构内部的自我监察，但在实际执行过程中有较大的局限性，必须在管理和实施机构之外建立法定的、独立的和健全的监管机制，以随时发现问题，纠正问题。

另一方面，社会保障的发展要受到多种因素的制约，如作为社会保障最主要的开支项目的养老保险支出规模，除了要受到经济发展水平和通货膨胀等因素的影响外，还必然受人口老龄化和预期寿命的影响，后者的影响甚至更久远。如果平时只按常规考察社会保障制度的运行，一旦人口老龄化到来，就可能因养老金储备的不足而陷于困境。因此，从宏观或长远的角度出发，社会保障的运行需要有专业化的预警监管机制，这既是一些发达国家以往的深刻教训，也是社会保障制度持久稳定发展的内在要求。

第三，社会保障政策的实施需要社会保障监管机制的监控。社会保障的本质是解决人的生存和发展问题，无论各国社会制度和国情差异多大，都必须面对和解决国民的生、老、病、死、残等社会问题，而要解决这些问题都离不开社会保障费用的征集和再分配。筹集社会保障基金、确定社会保障待遇偿付、确定社会保障水平、实现社会公平等都离不开社会保障基金的实力支撑。构筑社会保障基金监管体系，正是从系统管理和防护入手，通过层层监管，环环制约，使不利于社会保障基金的行为和因素无所遁形，使社会保障基金不受任何侵蚀，从而为实现社会保障政策奠定坚实的物质基础。

第四，社会保障运行机制的自我完善需要社会保障监管机制。在社会保障宏观运行机制中，监管机制独立于管理系统和实施系统之外，并根据法律的规定行使着自己的监管职能。社会保障法律制度是否得到有效的、规范化的实施，社会保障管理系统的行为是否符合法律制度的规范，社会保障实施系统是否处于正常运行状态，均需要通过监管机制来进行监察和督促。因此，对整个社会保障运行机制而言，监管机制既是不可缺少的环节，同时也是对运行机制乃至整个社会保障制度的自我完善。

(二) 社会保障监管的原则

1. 独立、公正、审慎、科学原则

社会保障行政监管是政府在法律法规基础上管理社会保障事务的一种形式。监管机构依照法律法规独立行使行政监管权力，不受其他任何单位和个人的干预，以确保社会保障监管的严肃性、强制性和有效性。监管机构在履行监管职能时，应以客观事实为依据，以法律规章为准绳，综合运用行政、经济和法律手段，对经办机构及有关机构的违规行为予以监管检查。监管机构应按照基金对安全性、流动性、效益性的要求，合理设置有关监管指标，认真进行评价和预测，最大限度地控制风险，促进社会保障基金运营机构自我约束运作行为。监管机构必须建立严密的监管法规体系和科学规范的监管指标体系，适应经济和社会发展的情况，运用先进的科学技术，不断提高监管的质量和效率，推动社会保障监管水平不断提高。

2. 法律监管和政府行政监管并重原则

社会保障自身的运行特点决定了必须依法对社会保障制度的全过程尤其是养老保险实施管理，政府监管部门应当严格遵循社会保障法、养老保险法、社会保险基金管理法等法律、法规，对养老保险费的征缴、基金投资营运与管理、养老金给付、养老保险计划的安全保障实施法律监管。同时，我国的现实国情决定了政府行政监管对养老保险机制稳定健康发展具有重要意义。

3. 综合监管，协调发展，区别对待原则

社会养老保险是一项非常复杂的系统工程及长期计划，必须充分考虑养老保险的社会政策效应、财政经济效应及政治效应。注重同国家财政政策、金融政策的协调配套，注重保证养老保险计划的近期、中期、长期稳健发展。同时，多层次的养老保险构架，又需要强调对企业补充养老保险和其他养老保险计划区别对待的原则，实现多层次养老保险的协调发展。①

4. 多重化与权威化原则

由于社会保障内容庞杂、涉及面广，从国内外的社会保障制度发展实践来看，任何国家都不可能由一个机构来行使监管职责，因此，构建多重化的监管机制是社会保障制度的内在要求；同时，对社会保障制度的运行进行监管的目标，是保证社会保障制度的运行正常，纠察失误，预警危机，这就需要监管机构具有权威性。多重化是促使社会保障监管机制结构严密的需要，权威化则是促使社会保障监管机制行为有效化的需要。

---

① 参见林义：《社会保险基金管理》，128页，北京，中国劳动社会保障出版社，2002。

5. 日常监管与预警监管相结合原则

监管机构通常将自己的职责界定为对具体事务的日常监管，这使其重要性及影响大打折扣。工业化国家的实践证明，一些监管部门的监管对纠正社会保障日常运行中的个别失误发挥了积极影响，却也对社会保障制度中、长期运行中形成的积重难返的危机负有不可推脱的责任。如人口老龄化带来的养老保险金支付高峰、失业规模扩大化带来的影响等，就往往不能被社会保障监管机构及时注意并提前预警，致使危机发生时往往令人措手不及。因此，社会保障监管机制不仅要注重日常的、微观的监管，而且应当将长期性的、宏观性的预警监管纳入自己的职责范围。将日常监管与预警监管相结合，应当成为社会保障监管机制运行的一项重要原则。①

二、社会保障监管的内容与实施

(一) 社会保障监管的体系②

社会保障制度监管是对社会保障制度实施全过程的监管，包括对社会保障基金的筹集、运营、支付、使用的监管，还包括对社会保障制度总体设置、实施和效果的监督与审议。社会保障制度是一个内容非常多、涉及面非常广的体系，不但包括养老、医疗、失业保障，而且包括住房保障、就业保障、最低生活保障等公共事业项目，以及社会优抚等对特殊社会对象的保障。所有这些社会保障项目与公众的生活质量和政府财政的可持续性都有莫大的关系，因此有必要提高监管的深度、扩大监管的广度、创新监管的手段和办法。社会保障的覆盖范围是全体社会成员，保障内容也是全方位的，因此仅仅依靠单个部门难以较好地完成监管任务，有必要发挥社会监管的作用，号召全民参与。③

一个完备的社会保障制度监管体系必须一方面通过社会保障经办机构的内控机制实施对自身的监管，另一方面通过由行政监管、专门监管、法律监管和社会监管组成的外部监管系统来促使社会保障制度实施符合法律法规的要求，严格的内部监管、健全的行政监管、规范的专门监管、权威的法律监管和有效的社会监管共同构成一个五位一体的社会保障监管体制（见图 9—1）。

社会保障内部监管是指社会保障经办机构在内部分工的基础上，采取一系列的措施、手段和程序来构建一个规范化、系统化的监管系统，对经办机构运营社会保障制度的整个过程实施监督控制，目的在于保证社会保障机构贯彻执行国家的法律法规和方针政策，保障社会保障基金安全，提高社会保障管理实施效率。社会保障内部监管包括财务会计监管、内部审计监管和业务程序监管三方面的内容。财务会计监管主要是通过建立会计制

---

① 参见郑功成：《社会保障学》，466～467 页，北京，商务印书馆，2000。

② 参见丁建定等：《中国社会保障制度体系完善研究》，388～391 页，北京，人民出版社，2013。

③ 参见邓大松、刘昌平：《社会保障管理》，50～51 页，北京，中国人民大学出版社，2011。

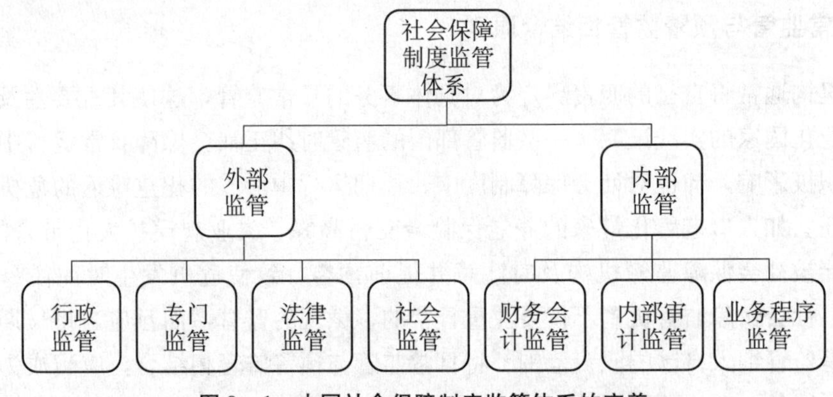

图 9—1 中国社会保障制度监管体系的完善

度，设置必要的凭证和报表以反映经济活动，并运用会计学基本原理确保会计资料的准确性和完整性。内部审计监管是在社会保障机构内部建立独立于财务部门的审计机构，对本单位财务收支、款项拨付的合理性和合法性，以及会计信息的真实性和完整性进行审计和评估，通过独立于财务的内部审计可以及时发现经办中的违规行为和基金漏洞。另外，社会保障是一个系统工程，其实施管理过程包括诸多环节，每个环节都有其相应的规则和制度，各个环节的相应操作部门可以相互监督、彼此制衡，形成上级对下级进行监督和本级内部相互监督相结合的综合监督机制，从而加强社会保障制度运行监管，使社会保障各个环节有效、合法地操作。①

行政监管是政府有关职能部门根据其管理职能，代表国家对社会保障制度的运行进行的监管，是整个社会保障制度监管机制的核心。理顺中国社会保障行政监管体制的关键，是要明确社会保障主管部门对社会保障事务进行集中监管的权力和责任，设置尽可能统一的社会保障监管机构，同时让财政、审计、监察等部门履行其法定监管职责。具体来讲，人力资源和社会保障部门要制定社会保险基金监管制度和社会保险经办机构管理制度，制定基金运营准入资格标准，认定基金运营机构资格，监管基金运营、查处基金管理重大违规违纪案件。民政部门要对社会福利、社会救助、优抚安置等事务的财政拨款、待遇发放等是否符合规定，私营公益事业团体和慈善团体的运行是否规范等问题进行监管。财政部门要对社会保障机构遵守财经法纪和财务会计制度的情况进行财政监管。审计部门要定期或不定期审计社会保障基金财务收支、社会保障基金使用和投资运营的效益，对违法违纪行为及时纠正。证监会、银监会和保监会要根据各自职能对属于其监管范围内的社会保障基金实施监管，等等。

由于社会保障涉及政府、企业和社会成员个人的切身利益，社会保险基金更是劳动者共同的后备基金，所以有必要建立社会保障的专门监管机构，如社会保障管理委员会等，负责社会保障体系的专门监管，确保社会保障目标的实现。社会保障管理委员会应该具有

① 参见邓大松、刘昌平：《社会保障管理》，51～52 页，北京，中国人民大学出版社，2011。

独立性，直接对各级人大负责，其人员构成也要体现独立性和专业性，包括政府代表、缴费单位代表、社会保障学者和专家、劳动者个人代表等。社会保障管理委员会要定期审查社会保障基金的收支及其运行情况，反映非官方的意见，维护各方利益。

法律监管负责对行政监管和专门监管范围之外的问题，如社会成员与社会保障机构之间的争议、社会保障工作人员的严重违法犯罪行为等，进行相应的刑事处罚和民事处罚，起到的是威慑作用。中国目前社会保障立法滞后，对社会保障法律监督的重视也不够，司法机关还处于缺位状态。因此，各级人民法院必须尽快建立专门的社会保障仲裁委员会，负责审理涉及社会保障管理部门的决策和公众的投诉和上诉，人民法院对社会保障领域发生的违法违规行为要进行及时合理的处理，让各级司法机关切实承担起社会保障监管责任。为了更好地解决专业性问题，仲裁委员会可以吸收社会保障相关专家、律师，以提供专业服务。这是矫治现阶段社会保障领域中的违法犯罪现象和维护社会保障制度规范有序运行的重要保证。

社会监管是非官方的、非专门的监管，在中国主要包括工会组织、妇联组织、企业团体、雇主组织、新闻媒体、非营利组织和社会公众等监管主体，它符合普通民众的需求与意愿，属于群众性、社会性、非强制性的监管系统。社会成员和非营利组织能够在社会监管中发挥重要作用，社会成员在有些环节上比监管机构更有优势，因为他们掌握着更多、更详细、更真实的信息；而非营利组织将社会公众信任度视为安身立命之本，通过宣传组织，强化公众参与社会保障监管的意识，推动社会保障监管体系的执行。因此，要发挥社会监管的作用，就必须唤醒社会公众的权益意识，引导公众主动参与社会保障监管，同时要充分发挥非营利组织的作用，督促社会保障管理机构公开社会保障政务，让社会各方在知情的情形下监督社会保障制度的运行，从而提高社会保障管理的责任意识和工作效率，改善社会保障政策的实施效果。

（二）社会保障监管的内容

社会保障监管主要是对社会保障政策法规的执行情况和社会保障基金的收支活动进行监督检查，在中国，对社会保障政策法规的执行情况的监督检查，主要是由人力资源和社会保障部以及民政部等社会保障主管部门来完成，而对社会保障基金的收支活动进行监督检查则是由财政部门、审计部门和金融管理部门等非主管部门来完成。

人力资源和社会保障部作为中国社会保险事务的主管部门，主要依据《中华人民共和国劳动法》、《中华人民共和国社会保险法》及其配套法规，并通过内部设置的基金监察机构等行使自己的监督权力。其监管的主要内容包括用人单位是否依法缴纳社会保险费，有无违背最低工资保障线的规定，社会保险机构的运行是否正常，社会保险基金是否安全，社会保险机构有无损害企业或劳动者的正当权益，等等。民政部作为中国社会福利事务、社会救助事务和军人优抚安置事务等的主管部门，它的监管内容主要是社会福利事务、社会救助事务、军人优抚安置事务的财政拨款、待遇发放等是否符合法律与政策规定，私营公益事业团体和慈善团体的运行是否规范，等等。

国家财政与社会保障有着密切的联系，社会保障基金收支状况会直接影响到国家财政状况的好坏。因此，必须加强财政监管，行使财政监管的主体是各级政府财政机关，监管的内容包括预算监管、缴费监管、财务监管。其中，预算监管的主要内容有：监管社会保障预算的编制和执行是否符合党和国家的方针、政策；监管和检查社会保障业务经办机构执行社会保障事业计划和基金收支完成的情况；监管预算收入入库情况；监管社会保障预算支出的安排和使用。缴费监管是对负有缴费义务的单位和个人履行缴费的真实情况进行审查，严肃财经纪律，惩处拖欠缴费行为。财务监管是对社会保障机构日常工作和业务活动的监管，财务监管要借助于检查、核算、分析、反映等手段来进行，并与审计监管有机结合起来。

审计监管是由专门从事审计业务的部门对社会保障基金收支、社会保障基金使用、投资运营效益和违反财经纪律的行为所进行的经济监管。审计监管具有地位超脱、监管内容全面深刻、监管结果比较公正的特点。从事社会保障审计监管的主体是国家审计机关，各级社会保障业务经办机构应当建立相应的内部审计机构，健全内部审计制度。同时，在国家审计机关的授权下，社会审计组织也可以从事社会保障审计。审计监管主要靠国家审计，因此国家审计机关必须把社会保障审计作为经常的和重要的审计项目。国家审计机关对社会保障经办机构的财务收支进行审计的具体内容包括：对社会保障基金财务核算和会计资料的真实性进行审计；各种会计账本和会计决算是否真实准确地反映了社会保障基金的真实运行情况；会计核算是否符合国家有关会计制度，财务管理是否符合国家有关财务会计制度，等等。①

社会保障是用经济手段来解决特定的社会问题，尤其是在采取部分积累或完全积累方式筹集社会保障基金的情况下，社会保障机构总是积累着相当数量的资金，这笔资金在许多国家被允许用于投资运营，从而成为金融市场的一支重要力量。因此，国家的金融管理部门也应当承担起相应的监督职责，包括金融政策监管、基金运营过程监管、投资结果监管以及社会保障基金存入银行专户后的存取过程监管等。金融监管的主要目的是确保社会保障基金的安全和保值增值以及维护整个金融市场的秩序。随着社会保障基金积累规模日益扩大和国家对社会保障基金运营禁令的逐步放开，金融管理部门对社会保障基金的监管作用将日益显现出来。

（三）社会保障监管的实施

社会保障监管过程包括许多环节，但是，最为重要的环节是对社会保障基金的监管，所以这里所说的社会保障监管的实施主要是指社会保障基金监管的实施。对社会保障基金的监管按照基金流动的全过程来看，主要包括基金征缴监管、基金运营监管和基金支付监管三个方面的内容。

---

① 参见齐海鹏等：《社会保障》，357～358页，大连，东北财经大学出版社，2000。

1. 基金征缴监管

社会保障基金征缴的监管是保证资金及时、有效供给的要求。现阶段，我国社会保障基金征缴存在着强制性弱、缺乏统一性、征缴力量薄弱、缴费意识不强等问题。社会保障基金征缴阶段监管的主要目标是保证社会保障资金及时、足额地上缴。及时征缴社会保障基金，社会保障基金的给付才能够及时提供；足额征缴社会保障基金，社会保障基金的给付才有充足的资金来源。社会保障费征缴过程中应该达到的目标是，不漏缴、不滥征，对拒缴、有意欠缴社会保障费的企业与单位进行严惩，对擅自提高社会保障缴费比率的机构进行严厉处罚，使社会保障基金征缴阶段的监管有章可循、有法可依。

社会保障基金征缴监管的主要内容包括：(1) 对缴费单位的监管。重点是检查缴费单位是否按规定进行登记、变更登记或注销登记；是否按规定申报缴纳数额；是否逾期未缴；有无违反有关财务、会计、统计的法律、行政法规和国家有关规定，伪造、编造、故意毁灭有关账册、材料，或者不设账册的行为，致使社会保障缴费基数无法确定等。(2) 对经办机构的监管。主要是监管征收的社会保障费是否及时足额存入财政专户；社会保障基金是否按险种单独核算；经办机构的工作人员有无滥用职权、徇私舞弊、玩忽职守的行为，致使社会保障费流失等。(3) 检查社会保障基金是否被挪用。其监管的对象包括缴费单位、经办机构在内的任何单位和个人。

2. 基金运营监管

社会保障基金投资运营的监管是社会保障基金保值增值的内在要求。目前，世界上许多国家都以立法的形式对社会保障基金投资运营进行监管。这主要是因为社会保障基金是一种比较特殊的基金，国家往往对社会保障基金的管理方式、投资方式、投资组合做出一些政策或法律规定，监管、规范投资管理人的行为。但是，我国社会保障基金的监督尚无明确的法律加以规范，监管中还存在许多问题。

社会保障基金为了实现安全增值，可以利用金融机构的行业优势、人才优势和管理优势，而对营运机构的选择和资格认定即实行准入制度就成了社会保障基金营运监管的首要问题。在社会保障基金的投资上，各国政府虽存在以政府为主的投资营运体系，但惯例是委托独立的机构管理和运作基金。这种独立的机构更多的是具有法人资格的基金公司或投资银行。大多数国家对基金投资人的资格审查都有一套严格的程序和条件，我国也应建立严格的社会保障基金投资机构准入管理制度，其主要内容是资格认定，包括核对该机构是否有符合法律规定的章程；审核资本金是否达到法律规定的最低限额、资金的来源是否合法真实；审查其从业人员是否具备从业的业务水平和道德要求；检查其是否有健全的组织机构和管理制度；是否有符合要求的营业场所及相关设施，等等。

营运机构获准营运资格或社会保障基金公司组成后，可称为社会保障基金托管机构，这些机构必须运用现代投资组合理论，结合实际情况规范营运社会保障基金。投资决策监管的重点是检查投资机构是否按照“谨慎人原则”和“现代证券组合理论”来选择投资工具。“谨慎人原则”要求投资受托人有义务谨慎地为社会保障基金选择投资方针和决策。“谨慎人原则”现在已向“谨慎专家原则”演进，要求投资人运用专业技术和知识经验进行投资抉择。“现代证券组合理论”是投资人日常投资运作的理论基础，它要求在基金的特定风险范围内寻求最优证券组合，以达到收益最大化的目的。如果投资机构的基金运作处于高风险状态，监督人则可以区别不同情况给予警告、停业整顿甚至取消运营资格。

3. 基金支付监管

社会保障基金支付的监管是现代社会保障制度建立和发展的需要。社会保障基金支付阶段监管的目标是保障公民的生活，提高社会保障基金的运用效率，保证社会保障资金及时足额支付，严防养老金被冒领、骗领。社会保障基金支付的监管包括监管参保单位、监管社会保障待遇的审批机构、监管养老保险发放的管理机构。监管参保单位、参保人员是否有编造假工龄、假年龄、假工种、假证明、假身份，从而骗取享受社会保障待遇的行为。监管社会保障待遇的审批机构是否按规定审查社会保障待遇，办理离退休职工的养老保险费是否已经全部缴清，各项待遇的计发标准是否合理合法，是否存在多拨或少拨的问题。监管养老保险发放的管理机构是否按国家规定统一管理社会保障资金的给付，是否实现社会保障基金的社会化发放，是否及时、有效地开展生存调查，是否及时处理冒领、骗领养老金问题。①

第四节　社会保障政策的评估与调整

一、社会保障政策的评估

（一）社会保障政策评估的原则

社会保障政策评估是社会保障管理和实施的重要环节，也是社会保障政策调整的基础。社会保障政策评估一般要根据一定的标准，这种标准既与一定的社会保障目标相联系，也与评估者的情况和评估方案的选择密切相关。

确定社会保障政策评估的标准应遵循下列原则：第一，科学性原则。社会保障政策评估是否科学取决于评估标准的科学性，社会保障政策评估标准要真实而科学地反映社会保障发展的基本状况。第二，定量与定性相结合原则。社会保障政策评估标准应该尽量采用量化标准，对那些不能量化的方面应该让更多公众参与评估。第三，趋向性原则。社会保障政策评估标准应体现社会保障改革与发展的基本趋向。第四，普遍性与国别性相结合原

① 参见刘钧：《运行与监管——中国社会保障资金问题分析》，262～263页，北京，清华大学出版社，2003。

则。社会保障政策评估标准既要遵循国际社会保障发展的普遍规律，符合国际社会保障政策评估的一般做法，更要符合本国社会经济与社会保障发展的实际情况。

社会保障政策评估既要设立客观事实标准，也要设立社会价值标准。

客观事实标准建立在社会保障客观事实基础上，主要包括以下几个方面：（1）社会保障政策效率，即社会保障政策投入与收益之间的关系，这是社会保障政策的经济可行性标准；（2）社会保障政策效能，即社会保障政策达到预期结果的程度；（3）社会保障政策绩效，即社会保障政策目标得以实现的程度。社会保障政策绩效标准比较复杂，既涉及社会保障政策目标，也涉及社会保障政策执行或实现目标的充分性，还涉及对社会保障政策总体效应的分析等。

社会价值标准建立在社会保障政策所体现的社会价值取向基础上，主要包括以下几个方面：（1）社会生产力的发展。社会保障政策既应该满足大多数人的经济利益，也应该促进社会生产力的发展。（2）社会公正。社会保障政策应该促进社会公正的实现。（3）社会健康发展。社会保障政策应当推动社会健康发展。

应该指出的是，社会保障评估标准的确定很少使用单一标准，而是采用客观事实标准与社会价值标准相结合的办法。与此同时，在客观事实标准或社会价值标准的具体应用中，也都使用具有严密逻辑的标准体系，以实现评价标准的全面性、准确性和有效性。

（二）社会保障政策评估的类型

社会保障政策是一个复杂的政策体系，社会保障政策的复杂性决定了社会保障政策评估的多样化。

从社会保障政策评估的组织形式看，社会保障政策评估可以划分为正式评估和非正式评估。社会保障政策正式评估是指事先制定出完整的社会保障政策评估方案，由确定的评估者严格按照规定的程序、内容和目标实施的评估。社会保障政策非正式评估是指对评估者、评估形式、评估内容与评估结论没有严格要求，评估者依据自己所掌握的情况对社会保障政策进行评估。

从社会保障政策评估机构的性质看，社会保障政策评估可以划分为内部评估和外部评估。社会保障政策内部评估是由社会保障政策系统内部的评估者所进行的评估，既包括由社会保障政策制定者或执行者实施的评估，也包括由社会保障机构中专职评估人员实施的评估。社会保障政策外部评估是由社会保障政策系统外的评估者所进行的评估。根据评估主体的不同，社会保障政策外部评估又可以分为受委托进行的评估、投资或立法机构所组织的评估和其他各种外部评估者组织的评估等。

从社会保障政策评估的发生阶段看，社会保障政策评估可分为事前评估、事中评估和事后评估。社会保障政策事前评估又称预评估，是在社会保障政策执行前所进行的一种预测性评估，包括对社会保障政策实施对象变化趋势、社会保障政策可行性和效果的预测等。社会保障政策事中评估是对社会保障政策实施过程进行的系统分析和评价。社会保障政策事后评估是对社会保障政策效果的评估，是社会保障政策评估的主要方式，其主要内容包括评价社会保障政策的全部结果、分析社会保障政策运行优劣的具体原因、探讨实现社会保障政策最佳效果的途径等。

社会保障政策评估方法多种多样，常用的社会保障政策评估方法主要有：(1) 比较评估法，即对社会保障政策进行比较分析从而实现对社会保障政策的评价，比较评估法既包括直接比较与间接比较，也包括单项比较与综合比较，还包括动态比较；(2) 整体评估法，即从整体上对社会保障政策进行评估，主要包括社会保障政策的整体功能和各组成部分的功能的发挥情况，社会保障政策各组成部分之间、社会保障政策与其他社会政策之间、社会保障政策及其实施的经济社会政治环境之间的相互协调等；(3) 优化评估法，该方法侧重对社会保障政策优化范围和程度的评估，包括社会保障政策实现了哪些方面的优化、社会保障政策优化是否顺利、实现社会保障政策优化的代价等；(4) 非平衡评估法，该方法侧重于从非平衡性出发评估社会保障政策，主要包括社会保障政策是否为一个开放的系统，是否依据不同的社会保障政策对象采取不同的政策措施，是否具有起决定性作用的组成部分及其对社会保障政策整体功能的作用，社会保障政策的整体及各组成部分能否随某一部分的变化而变化，等等。

(三) 社会保障政策绩效评估客观指标体系

关于政府的社会保障绩效评估的客观指标体系，主要依据社会保障的具体内容，包括社会保险、社会救助、社会优抚和社会福利等来建立起评估指标体系。整体上，参考已有的社会保障指标体系，可以划分为三级指标，包括 5 项一级指标、19 项二级指标和 56 项三级指标。具体的指标体系见表 9—1。

表 9—1　　政府社会保障绩效评估客观指标体系

一级指标	二级指标	三级指标	方向	标准值
总体指标 (A1)	收入、就业情况 (B1)	全国社会保障支出占 GDP 比重 (X1)	在 10%内为＋	8%[a]
		政府社保支出占财政比重 (X2)	在 20%内为＋	20%[b]
		基尼系数 (X3)	－	0.25
		失业率 (X4)	－	3%
		人口贫困率 (X5)	－	1%
	社保财务状况 (B2)	社会保障基金结余率 (X6)		
		社会保障基金收益率 (X7)	＋	X[c]
社会保险 (A2)	养老保险 (B3)	养老保险覆盖率 (X8)	＋	100%
		养老金替代率 (X9)	＋	60%
		养老保险基金结余率 (X10)		
		养老保险基金收益率 (X11)	＋	X
	失业保险 (B4)	失业保险覆盖率 (X12)	＋	100%
		失业金替代率 (X13)	＋	50%
	医疗保险 (B5)	医疗保险覆盖率 (X14)	＋	100%
		医疗保险支付率 (X15)	＋	80%
		乡村医疗站覆盖率 (X16)	＋	100%

续前表

一级指标	二级指标	三级指标	方向	标准值
		每千人拥有医生人数（X17）	+	3
	工伤保险（B6）	工伤保险覆盖率（X18）	+	100%
		工伤津贴替代率（X19）	+	60%
	生育保险（B7）	生育保险覆盖率（X20）	+	100%
		生育津贴占平均生育费用比率（X21）	+	80%
社会救助（A3）	贫困人口基本生活救助(B8)	城市贫困居民基本生活保障覆盖率（X22）	+	100%
		农村贫困居民基本生活保障覆盖率（X23）	+	100%
		农村五保户基本生活保障覆盖率（X24）	+	100%
		流浪乞讨人员救助覆盖率（X25）	+	100%
	医疗救助（B9）	弱势群体医疗覆盖率（X26）	+	100%
	灾害救助（B10）	灾后基本生活保障率（X27）	+	100%
		灾后心理治疗救助率（X28）	+	100%
		灾后生产恢复救助率（X29）	+	100%
	法律救助（B11）	弱势群体法律救助率（X30）	+	100%
社会优抚（A4）	军人优抚（B12）	军人保险覆盖率（X31）	+	100%
		军人就业安置率（X32）	+	100%
		伤残抚恤金水平（X33）	+	
		死亡抚恤金水平（X34）	+	
	其他因公伤亡人员优抚(B13)	优抚覆盖率（X35）	+	100%
		优抚金水平（X36）	+	
社会福利（A5）	残疾人福利（B14）	残疾人福利覆盖率（X37）	+	100%
		残疾人就业率（X38）	+	90%
		残疾人津贴水平（X39）	+	
		特殊教育入学率（X40）	+	100%
	老年人福利（B15）	老年人福利津贴水平（X41）	+	
		老年人福利院床位拥有率（X42）	+	
	儿童福利（B16）	义务教育入学率（X43）	+	100%
		幼儿园入学率（X44）	+	100%
		孤儿抚养率（X45）	+	100%
	妇女福利（B17）	妇女就业水平（X46）	+	90%
		妇女生育津贴水平（X47）	+	
	文化教育福利（B18）	社区文化设施覆盖率（X48）	+	100%
		文化教育投入占社区投入支持比率（X49）	+	10%
		高中入学率（X50）	+	
		职业教育水平（X51）	+	
		助学贷款发放率（X52）	+	100%
	住房福利（B19）	廉租房提供率（X53）	+	100%
		经济适用房提供率（X54）	+	100%
		低收入人口人均住房面积水平（X55）	+	—
		住房公积金覆盖率（X56）	+	100%

注：[a] 社保支出占 GDP 的比重，应该与经济、社会发展水平及文化历史等国情相适应，比重不可以过高或者过低。[b]社保支出占财政支出的比重，也应该慎重考虑，与国情相适应。[c]X 为通货膨胀率，以下同该处意思。

资料来源：参见周长城、吴青鹏：《社会保障绩效评估指标体系思考》，载《社会保障研究》，2012（6）。

(四) 社会保障政策评估的过程

一般来讲，社会保障政策评估过程可以大致分为评估准备阶段、评估实施阶段和评估结果反馈与应用阶段三个阶段。

第一阶段为评估准备阶段，其主要任务是确立评估对象和制订评估方案。社会保障政策评估方案须包括明确的社会保障政策评估目标，确定社会保障政策评估标准，确定社会保障政策评估方法。首先，了解社会保障支出投入、转换过程及产出结果，明确制定评估的内容。其次，确定评估标准与指标体系。评估标准可采用最优实践法、绩效协定法等确定。评估指标体系应包括对实施绩效、功能绩效、资金管理绩效、经济效益、社会效益等内容的评估。评估指标可采用适合的绩效分析方法加以确定，同时考虑到输入、运行状况和运行结果。构建适用的评估指标体系必须围绕评价对象的绩效目标来设计，因为评估社会保障支出的绩效根本是看评估对象在绩效目标方面的运作结果如何，而评估对象的运作结果即绩效信息是通过评估指标来体现的。同时，科学确定各指标权重。最后，确定评估方法。现有的绩效评估方法有多种，如成本—效益分析法、最低成本法等。我们应根据中国的实际情况及社会保障支出本身的特点，选择合适的评估方法。①

第二阶段为评估实施阶段，这是社会保障政策评估的主要阶段。其主要任务是在准备阶段的基础上，充分获取社会保障政策的制定、执行和影响等与评估指标有关的各种信息，包括各种数据资料、社会调查所获得的资料等，并根据评估目的和所选择的评估视角对所收集的信息加以筛选、核实和鉴定，然后运用恰当的评估方法分析绩效资料，依据选定的评估标准计算出各个评估指标的分值，对社会保障政策进行系统分析并得出综合评估结论。

第三阶段为评估结果反馈与应用阶段。评估结束后提出社会保障评估报告，并对评估结果进行分析讨论，以确保评估结果的客观性、公正性和真实性。社会保障政策评估报告除客观反映评估结果外，更应提出解决社会保障政策现存问题的具体思路或对策，还应对评估的过程、方法及存在的主要问题加以说明，对评估工作的优缺点进行总结。最后将评估结果及时反馈给有关部门，以便更好地调整下一阶段的社会保障政策目标、内容和手段，使其更好地适应经济社会形势的发展。

二、社会保障政策的调整

(一) 社会保障政策调整的原则

社会保障政策与特定的社会、经济、政治与思想文化紧密联系在一起，因此随着社会、经济、政治与思想文化的变化，必须对社会保障政策进行调整，只有这样才能不断完

① 参见李春根、李建华：《建立适应和谐社会的社会保障支出绩效评估体系》，载《当代经济管理》，2009 (2)。

善社会保障政策，保持社会保障政策稳定与社会和谐发展。社会保障政策是社会政策的重要组成部分，其调整应该遵循社会政策调整的一般原则。

1. 客观原则

客观原则是指社会保障政策调整必须以客观事实为基础，依据社会保障政策监督和评估信息来进行，这就要求在社会保障监督和评估中所获取的各种信息必须客观准确。

2. 适度原则

社会保障政策调整在方式上应该循序渐进，在幅度和范围上应该注意社会承受能力。

3. 动态原则

社会保障政策调整是一个历史过程，应该根据条件的变化及时补充、修正和完善社会保障政策。

4. 整体原则

社会保障政策是一个复杂的政策系统，社会保障政策局部内容的调整必须注意其对其他相关内容的影响，社会保障政策又是整个社会政策的组成部分，社会保障政策调整还将对其他社会政策产生影响。

5. 程序原则

社会保障政策调整需要遵循科学程序，必须在社会保障政策监督与评估的基础上，制定并选择科学的调整方案，进行社会保障政策调整。

（二）社会保障政策调整的基本类型

社会保障政策调整分为四种基本类型。

1. 扩充型社会保障政策调整

扩充型社会保障政策调整是对可继续执行的社会保障政策的目标、范围与措施做相应扩充，在具体调整中表现为增加新的社会保障内容，提高社会保障目标要求，扩大社会保障适用范围，提高社会保障津贴标准等。

2. 缩减型社会保障政策调整

缩减型社会保障政策调整是指对原社会保障政策的目标、范围与措施等做相应缩减，使之更符合现实条件。在社会保障政策具体调整中表现为减少社会保障项目、降低社会保障政策的目标要求、缩小社会保障适用范围、降低社会保障津贴等。

3. 延续型社会保障政策调整

延续型社会保障政策调整是继续推行行之有效的社会保障政策。

4. 终止型社会保障政策调整

终止型社会保障政策调整是终止某些已经不适应社会发展需要的社会保障政策。

社会保障政策的扩充或缩减直接影响社会保障制度的实施效果，社会保障政策的延续或终止直接影响社会保障政策的稳定性，因此，在决定社会保障政策扩充或缩减、延续或终止时必须非常慎重。

(三) 社会保障政策调整的程序

社会保障政策调整必须按照一定的程序进行。提出社会保障政策调整方案是社会保障政策调整的首要环节。社会保障政策主体依据社会保障政策监督和评估信息，确定对原社会保障政策修改的原则、内容、方法和步骤，从而拟定社会保障政策调整方案。社会保障政策调整方案的科学性与合理性决定社会保障政策调整的效果，社会保障政策调整方案的制订必须以全面准确的评估信息为基础，建立在客观事实的基础上，社会保障政策调整方案要适度，还必须考虑到社会保障政策系统的整体性。

社会保障政策调整的方案可以有多种，在不同的调整方案拟定后，就可以通过比较分析选择出一项最佳调整方案。选择社会保障政策调整方案的过程实际上也就是做出决策的过程，社会保障政策调整方案的选择应根据社会保障政策目的的要求，遵循符合实际、及时果断与可行性等基本原则。

制订和选择社会保障政策调整方案都属于社会保障政策调整的准备阶段，要真正达到社会保障政策调整目的，就必须进入社会保障政策调整的实施阶段。实施社会保障政策调整要按照一定程序并符合一定的要求，包括：社会保障政策调整必须通过一定的组织程序；重大社会保障政策调整必须经过上级机关批准，一般性社会保障政策调整要报上级机关或主管部门备案；在上级机关尚未做出决定或尚未正式公布调整政策之前，必须继续按原政策执行。

社会保障政策调整的制约因素很多，既有国内因素也有国际社会环境；对一个国家的社会保障政策调整来说，既有经济与社会因素，也有政治与道德因素，还要考虑区域与传统因素等。因此，社会保障政策调整应该谨慎、稳步、适度推进。与此同时，社会保障政策的国内和国际环境处于不断变化之中，社会保障政策理应处于不断调整和变化之中。社会保障政策的稳定是社会保障制度实施的基础，社会保障政策的调整是社会保障制度完善的基础，应该根据社会保障政策环境变化的实际状况，适时适度地调整社会保障政策，促进社会保障政策的稳定和社会保障制度的完善。

（四）社会保障政策调整的注意事项

首先，宏观协调与微观协调相结合。社会保障政策的调整机制应该与国家宏观社会经济发展状况保持协调一致，最主要的是与国家经济发展水平、整体物价水平以及区域社会经济发展的差别保持一定的协调。社会经济发展水平是决定社会保障政策是否调整以及调整幅度的基础因素，物价水平是影响社会保障政策调整幅度的直接因素，区域社会经济发展差别是社会保障政策调整中必须客观面对的现实问题。与此同时，社会保障政策调整还必须与最低工资水平相协调。只有与社会经济发展及其相关因素相协调的社会保障政策调整机制才是合理的机制。单纯强调社会保障政策应该不断调整，或者不能根据社会经济发展以及相关因素的变化对社会保障政策做出调整，都是不可取的。

其次，保障基本生活与培养收入获得能力相结合。在建立合理的社会保障政策调整机制时，应该改变单一性保障生活的制度目标，将提高社会保障对象获得收入的能力作为实施社会保障政策的重要目标之一，从而将社会保障政策的基本生活保障目标与提高社会保障对象收入获得能力目标结合起来，实现社会保障对象的基本生活保障与发展能力培养有机结合，使现行社会保障政策从保证对象人口生存的标准，转变为满足对象人口基本生活的标准，进而转变为促进社会保障对象收入能力提高的标准。

再次，常态主动调整与动态及时调整相结合。社会保障制度对象是一个对物价水平与工资水平的些微变化具有最高敏感度的群体，因此，社会保障待遇发放标准不应该是一个静态的标准，而应该是一个动态的标准。社会保障政策的调整应该把常态主动调整与动态及时调整相结合。所谓常态主动调整，是指政府在制定和实施社会保障政策时就应明确提出，社会保障政策应该根据经济发展、社会变化、物价水平、工资水平以及相关社会津贴等因素的变化而主动做出调整，并明确规定社会保障政策调整的具体时间、财政来源途径、调整幅度、调整频率等，主动定期对社会保障政策标准进行调整。所谓动态及时调整，是指政府社会保障管理部门在建立一种常态主动调整机制的基础上，还应当对市场价格、居民生活、经济发展等与其息息相关的变化有更大的敏感性，善于从现实状况出发去预测未来，根据影响民众生活水平的相关因素的变化，尤其是对贫困群体生活水平具有直接影响的物价水平的变化，及时调整社会保障政策，建立一种动态及时调整机制。常态主动调整机制具有相对的机制稳定性，旨在使社会保障政策在一个较长时间内能够保持相对的稳定；动态及时调整具有相对的制度灵活性，旨在使社会保障政策在一个相对较短的时间内能够及时满足人民群体的生活所需。

最后，常态增长机制与动态补贴机制相结合。社会保障政策的调整不仅应该遵循常态主动调整与动态及时调整相结合的原则，而且还应该遵循常态增长机制与动态补贴机制相结合的原则，前者主要是指社会保障政策调整的时间与过程，后者则主要是指社会保障政策调整的高低与幅度，两者对于建立合理的社会保障政策调整机制同样重要。总的来说，随着社会经济的发展以及人们生活水平的逐渐提高，社会保障发放待遇标准调整的总体趋势应该是一种不断提高的趋势，即是一种常态增长的机制，政府社会保障政策管理部门应该根据经济发展、社会进步与工资提高的状况逐步提高标准，从而使保障对象的生活水平能够随着社会经济的发展而不断得以提高。与此同时，经济发展、物价水平、就业状况以及工资水平也会出现短期内的变化，这些因素会给对象群体的生活带来更加显著的影响，因此，政府社会保障政策管理部门在建立常态增长机制的同时，还必须建立动态补贴机制。①

推荐阅读书目

邓大松，刘昌平．社会保障管理．北京：中国人民大学出版社，2011.

童星．社会保障与管理．南京：南京大学出版社，2002.

郑功成．中国社会保障改革与发展战略（总论卷）．北京：人民出版社，2011.

柯卉兵．中国社会保障转移支付制度研究．北京：人民出版社，2014.

丁建定等．中国社会保障制度体系完善研究．北京：人民出版社，2013.

① 参见丁建定：《建立合理的城市居民低保标准调整机制的几个理论问题探讨》，载《中南民族大学学报（人文社会科学版）》，2009（6）。

第十章

社会保障功能论

本章要点：主要阐述社会保障的基本理念与基本目标；社会保障在维护社会稳定、扩展国民社会保障权益等方面的政治功能，在保障经济稳定发展与支撑经济转型等方面的经济功能，在保障国民生活水平、应对社会问题等方面的社会功能，在提升社会道德、改善社会文化等方面的文化功能。

关键概念：政治功能；经济功能；社会功能；文化功能

第一节　社会保障的基本理念与目标

一、社会保障的基本理念

（一）社会保障的基本理念

社会福利思想与社会福利理念之间既有联系也有区别。简单地说，社会福利思想的形成和发展是社会福利理念形成和发展的基础，社会福利思想往往明显地体现出阶段性、具体性和微观性，而社会福利理念则明显地呈现出长期性、抽象性和宏观性。社会福利理念是指一个国家或地区在一个时期内社会福利制度的基本指导思想，它既受到社会历史发展状况的影响，更受到社会福利思想的影响。社会福利思想会对一个国家的某个阶段的具体的社会福利政策选择产生影响，而社会福利理念则将对一个国家整个社会福利制度的基本特征产生深远影响。

西方社会福利思想发展变化下的社会福利理念变化经历了以下三个阶段：

第一个阶段是 15、16 世纪至 19 世纪中期，西方社会福利理念的基本特点是自助理念。这种理念认为资本主义尤其是工业化为每个人提供了充分的机会，个人理应依靠个人的努力为自己提供较好的生活与发展条件，个人的成败荣辱与自己的个人努力直接相关，个人生活中的各种问题主要是由于自己的过错而不是社会的过错造成的。因此，这些问题的解决应该是个人的责任而不是社会的责任，社会福利应该依靠个人自助而不是依靠社会或者政府帮助。这种个人自助的理念成为早期西方资本主义社会的基本社会福利理念。

第二个阶段是19世纪末到20世纪70年代，西方社会福利理念的基本特点是国家福利理念。尽管不同国家的国家福利程度有所差别，但是，社会福利的基本理念是强调国家的责任。这种理念认为，社会问题的出现主要不是由于个人的原因，而是由于社会的原因，社会问题的解决主要应该是社会或国家的责任，而不应该是个人的责任，社会福利应该依靠国家保障而不是依靠个人自助。国家福利理念在20世纪大部分时间内，一直是主导西方社会福利政策的基本理念。

第三个阶段是20世纪70年代以后，西方社会福利理念的基本特点是自助、互助与国家保障相结合的理念。这种理念认为，社会问题的出现和加剧，既有社会的原因，也与个人原因相联系，这些问题的解决既是政府的责任，也是社会的责任，还是个人的责任。社会福利不仅应该依靠国家福利，也应该依靠社会的力量，还应该发挥个人自助的作用。这不仅可以为民众提供充分的社会福利，还可以避免过分的国家福利制度所带来的弊端，同时有利于个人责任心与进取心的发展，即社会道德的进步。国家、社会与个人共同责任理念正在成为主导当代西方社会福利制度和政策的基本理念。

（二）基本理念变迁下的社会保障政策选择

西方社会福利基本理念的发展变化，影响着西方社会福利制度实践模式的发展变化，并使得西方社会福利制度实践也表现出三个阶段性特点：

第一个阶段是19世纪末以前，由于西方社会福利基本理念是自助理念，因此这个时期西方社会福利制度实践比较强调个人自助的重要地位和作用，家庭保障成为这一时期社会保障的重要内容，社会慈善机构提供的各种救助成为家庭保障的重要补充，只有在家庭保障与社会慈善救助无法满足需要时，政府才会通过济贫法制度等官方社会福利制度提供救助。但是，这种官方社会救助的基本目的和宗旨以促进个人自助为主，因此，这一时期的西方济贫法制度往往规定严格的家庭经济情况调查，济贫院实行军事化管理，济贫院中的生活条件极端恶劣，接受济贫法救济者要以牺牲部分政治权利为代价。

第二个阶段是19世纪末到20世纪70年代初，由于西方社会福利理念是国家福利理念，因此这一时期的西方社会福利制度实践十分强调国家福利的重要地位和作用，以国家为主体的各种福利制度成为这一时期西方国家社会福利制度的核心内容。国家不仅建立起完善的社会保险制度，而且建立起有效的社会救助制度，同时还建立起充分的福利服务制度。社会福利制度的覆盖面不断扩大，社会福利津贴标准逐年提高，建立福利国家成为西方许多国家争相追求的目标。这种现象在促进西方社会福利提高的同时，导致“福利病”的出现并长期难以克服。

第三个阶段是20世纪70年代中期以后，在自助、互助和国家保障的社会福利理念的影响下，西方社会福利制度实践开始出现明显的变化，即追求社会福利制度中国家责任、社会责任与个人责任的协调和平衡，实现这一目标的途径是进行大规模、深层次的社会福利制度改革。于是，20 世纪 70 年代中期以后，西方各国都开始走上社会福利制度改革的道路，其基本改革政策和措施是，提高享受一些社会福利制度的资格要求，降低一些社会福利津贴的标准，提倡社会福利水平与社会经济发展水平的协调，推进一些社会福利项目的私营化，鼓励建立多层次的社会福利制度。这些改革措施旨在为民众提供合理的社会福利的同时，消除“福利病”的困扰，实现社会福利、社会经济与社会道德的全面和谐发展。

二、社会保障的基本目标

（一）社会保障目标的内涵

社会保障的目标是指一个国家实施社会保障制度所要达到的基本目的。社会保障的基本目标包括政治目标、社会目标、经济目标和道德目标四个主要目标。从 19 世纪末 20 世纪初至今的西方国家社会保障制度发展史来看，西方国家社会保障制度基本目标的发展变化，存在一种从被动地选择单一的政治目标、社会目标、经济目标或道德目标，逐渐转变为主动地选择社会保障的政治目标、社会目标、经济目标与道德目标等多种基本目标之间相互协调的发展趋势，表现在历史阶段上就是：19 世纪末 20 世纪初到 20 世纪中期的被动地选择社会保障制度的单一的政治目标，20 世纪中期的被动地选择社会保障制度的单一的社会目标，20 世纪 70 年代到 90 年代中期的被动地选择社会保障制度的单一的经济目标，最后到 20 世纪 90 年代中期以来逐渐转变为注重社会保障制度的政治目标、社会目标、经济目标与道德目标的协调。

西方社会保障制度基本目标的发展变化提示我们，需要慎重选择社会保障制度发展的阶段性目标，努力做到社会保障制度多种目标的协调发展。事实上，被动地选择单一的社会保障目标在可能提升个别目标的同时，也有可能导致其他目标受损，但是，单一目标选择的不同对其他目标的影响程度也存在显著差异。如单一地选择社会保障制度的政治目标可能有利于社会保障制度的社会目标的实现，不一定有利于社会保障制度的道德目标的实现，但很有可能导致社会保障制度的经济目标受到严重损害；单一地选择社会保障制度的社会目标可能有利于社会保障制度的政治目标的实现，并不一定必然导致社会保障制度的经济目标与道德目标受到损害；而单一地选择社会保障制度的经济目标则可能导致社会保障制度的政治目标、社会目标与道德目标都受到损害。①

西方社会保障制度基本目标发展变化的历史事实告诉我们，在社会保障制度的发展过程中，有可能出现不得不被动地选择单一的社会保障制度目标的情况，这与特定的社会发展状况具有密切的联系，在这种情况下，应该尽量避免社会保障制度基本目标选择上的单一化，尽量缩短单一性社会保障制度目标的延续时间，尽量选择那种对其他社会保障制度基本目标产生较小消极影响的社会保障制度目标，尽量兼顾其他社会保障制度的基本目

① 参见丁建定：《和谐社会建设需要构建合理的社会保障制度》，载《人口与经济》，2009 (3)。

标。尤其重要的是，随着社会保障制度发展环境的变化以及社会保障制度自身的发展，社会保障制度的基本目标应该是努力争取政治目标、社会目标、经济目标与道德目标等多种目标的协调发展。

（二）中国社会保障目标的变迁

我国的社会保障制度正处于从传统的国家保障制度到现代意义上的社会保障制度的转型时期，在这一转型过程中，如何确定我国社会保障制度的基本目标就成为一个十分重要的问题。我国社会保障制度的基本目标不可避免地存在着从被动地选择单一性社会保障制度基本目标，到主动地选择社会保障制度的多种基本目标的协调的发展过程。然而，我国社会保障制度基本目标的发展变化走了一条不同于西方国家的轨迹。我国社会保障制度基本目标的选择不是沿着从被动地选择单一的政治目标到单一的社会目标再到单一的经济目标，进而逐渐转变为选择社会保障制度的政治目标、社会目标、经济目标与道德目标的协调发展的历史轨迹，而是沿着从被动地选择单一的经济目标到单一的政治目标再到单一的社会目标，进而逐渐转变为实现社会保障制度的经济目标、政治目标、社会目标与道德目标的协调这样一种发展轨迹。

在改革开放初期，我国社会保障制度的基本目标体现出强烈的经济目标取向，社会保障制度的改革主要服务于经济体制改革与经济建设，这是一种被动的单一性的社会保障制度基本目标选择；其后，随着我国经济体制改革的快速发展，各种社会问题开始呈现并严重化，于是，我国的社会保障制度的基本目标表现出在继续服务于经济建设这一社会保障制度的基本目标的同时，强调社会保障制度的政治目标，维护社会稳定成为我国社会保障制度发展和完善的主要制度动机，这同样是一种被动的单一性的社会保障制度基本目标选择；近几年，随着我国社会经济的发展以及和谐社会建设目标的提出，我国社会保障制度的基本目标开始从被动地选择单一的经济目标或政治目标，逐步转变为通过主动地选择社会保障制度的社会目标，进而促进社会保障制度的经济目标、政治目标、社会目标与道德目标的协调发展。①

第二节　社会保障的政治功能

一、维护社会稳定

社会保障的政治功能首先表现为维护社会稳定。中国古代有着十分丰富的社会保障思

① 参见丁建定：《和谐社会建设需要构建合理的社会保障制度》，载《人口与经济》，2009（3）。

想与实践活动，其目的除了家国同构的社会政治模式与实施仁政的自发需要外，主要是维护统治秩序与“家天下”政权延续的需要。[①]

调粟政策是中国古代社会保障机制的主要内容之一。它可分为三种类型：一是移民就粟；二是移粟就民；三是平粜。其中移民就粟是主要方式。如：“（开皇）十四年，关中大旱，人饥……令百姓就食。”（《通典》）“咸亨元年……天下四十余州，旱及霜虫，百姓饥乏……诏，令任往诸州逐食。”（《旧唐书》）“永隆二年……河南、河北大水。许遭水处，往江淮已南就食。”（《旧唐书》）

移粟就民与移民就粟相辅相成，如果灾民能够移动至谷丰之地，则听其移动，如若不然，可移谷而尽量就民。移粟就民和移民就粟二者不冲突，可同时并用。移粟就民的典型案例如：“咸亨元年……百姓饥乏，关中尤甚。诏令……转江南租米，以赈给之。”（《旧唐书》）“（开元）十五年……河北饥，转江淮之南租米百万石，以赈给之。”（《旧唐书》）

平粜思想古来有之，在唐代得到了一定发展。如：“开元十二年，八月，诏曰：蒲、同等州，自春偏旱，虑来岁贫下少粮。宜令太原仓出十五万石米付蒲州，永丰仓出十五万付同州，减时价十钱，粜与百姓。”（《册府元龟》）“（天宝）十二载……八月，京城霖雨，米贵。令出太仓米十万石，减价粜与贫人。”（《旧唐书》）“十三载……秋，霖雨积六十余日，京城……物价暴贵，人多乏食。令出太仓米一百万石，开十场贱粜，以济贫民。”（《旧唐书》）“（元和）十二年四月，诏，出粟二十五万石，分两街降估出粜。”（《旧唐书》）在唐朝开元之后，和籴得以出现，由官方购买百姓之谷，“民无科押之累，官有储蓄之利，故云和籴”[②]。

在灾害发生期间，政府通过各类调粟政策，有助于维护社会的稳定，进而有利于保障政治的稳定。[③] 同时应该看到，自古以来，中国就是灾害多发之国，如果相应的社会保障措施不得力，一旦遭遇灾荒，社会就不会安定，大的灾荒往往导致大的农民起义与社会动乱，甚者导致改朝换代，这是中国历史的公例。[④]

就国际视域看，社会保障制度亦发挥了维护社会政治稳定的功能。英国社会保障制度的建立和发展，为英国民众提供了一种比较有效的社会安全网，保证了英国民众的基本生活水平，同时，也为他们的正常发展提供了有利的条件，这就有利于缓和因社会问题造成的社会矛盾，有利于消除社会矛盾引发的政治动乱因素。可以说，20世纪英国一直没有发生大规模的民众革命运动，社会保障制度的建立和实施具有直接的重要影响。

二、影响政党政治进程

社会保障制度是发达资本主义国家政党政治的关键影响变量。社会保障制度对英国政

① 参见郑功成：《中国社会保障演进的历史逻辑》，载《中国人民大学学报》，2014（1）。

② 邓云特：《中国救荒史》，上海，上海书店出版社，1984。

③ 参见郭林、丁建定：《隋唐五代灾害及其防救措施评析》，载《山东社会科学》，2013（6）。

④ 参见郑功成：《中国社会保障演进的历史逻辑》，载《中国人民大学学报》，2014（1）。

治的发展产生了重要的影响。英国社会保障制度建立以后，就成为英国社会各阶级、各社会团体以及各政治党派所关注的一个问题。社会保障制度首先与英国民众的生活水平直接相关，他们必然把社会保障制度放在重要的位置，他们对政治力量的取舍、对政党政策的判断、对政府支持的程度，在很大程度上是根据政党在社会保障制度方面的主张与政策决定的。在这样的情况下，任何政治力量都必然会在社会保障制度方面具有明确的立场和方针，也会在社会保障问题上持十分谨慎的态度。

社会保障政策影响了英国政党政治的发展。任何一个政党都把社会保障制度作为决定自己是否能够上台执政，或者是否能够保持执政党地位的重要因素。20 世纪初，英国保守党由于种种原因，在建立社会保障制度问题上行动迟缓，自由党趁机打出社会改革和尽快建立社会保障制度的旗帜，使得自由党在选举中战胜保守党，结束了保守党长期执政的局面。两次世界大战之间，自由党在严重的失业问题面前提不出切实有效的应对之策，这不仅是其失去政治优势的一个主要原因，也是它被工党取代的重要原因之一。

第二次世界大战以后，英国工党利用广大民众提出的提高生活水平、促进就业水平、增进社会保障效果等要求，在社会保障制度方面向民众作出种种许诺，成为工党上台执政的一个重要因素。鉴于社会保障制度政策主张的政治敏感性，20 世纪 60—70 年代，英国各党政府在社会保障制度上都是慎之又慎，基本上沿着 40—50 年代工党的政策与方向发展，使得这一时期英国社会保障政策形成了明显的连续性。

到了 20 世纪 80 年代，英国保守党面对社会保障制度的种种困境与弊端，决定对英国社会保障制度进行强有力的改革。保守党政府对英国社会保障制度所进行的激进改革，使英国社会保障制度的一些弊端得到明显缓解，却也使保守党承受了巨大的社会压力。尽管保守党最后被工党取代的原因很多，但是，英国民众对保守党政府社会保障制度改革的不满是主要原因之一。

美国社会保障制度的改革历程既会是一个共和党和民主党博弈的过程，又会经历利益集团的不断游说，还会在一定程度上体现民意的倾向。美国存在共和党、民主党、平民党、进步党、社会劳工党、美国社会党、自由土壤党、绿党、禁酒党、茶党等多个政党，但实行两党制，即民主党和共和党通过竞选轮流上台执政。如在 1853 年至 2010 年的 32 届总统中，共和党占据 20 届总统，民主党占据 12 届总统；110 届国会中，100 席的参议院中共和党与民主党各占 49 席，435 席的众议院中共和党与民主党分别占 201、232 席；111 届国会中，100 席的参议院中共和党与民主党分别占 43、57 席，435 席的众议院中共和党与民主党分别占 178、256 席。

从表现形式上看，美国的政党政治是一种选举政治；从两党斗争的实质看，则为自由主义和保守主义两种政治理念的斗争。此外，美国政党存在如下特征：党员身份确认宽松、变化快；政党组织与纪律松散；政党组织成员志愿性高；政党的主要职能是竞选；政党缺乏明确的宪法地位；党群之间的关系以选举为纽带；党政关系相对独立分开；政党间关系是竞争、反对与不平等的；政党价值取向是实用主义的。

制度的改革则意味着利益格局的调整，必然对改革之前获益集团的发展施加十分重要的影响。美国医改过程中利益集团的形成在很大程度上归因于分割的医疗保障制度。奥巴马改革之前，政府主办的医疗保障制度、雇主举办的团体医疗保险计划和以个人为参与主体的商业医疗保险计划之间联系并不紧密，缺乏有效的协调与配合，导致整个医疗保障体系效率低下，带来了规模巨大的医疗资源浪费。这既推动了医疗服务价格的不断攀升，又会通过市场细分，产生与医疗体系相关的一系列组织或群体，这些组织或群体通过游说或政治捐款等方式努力维护自身的利益，对美国医改的政治进程施加了重要的影响。

所谓游说，是指利益团体雇佣专业人士，试图影响立法者的观点和行动，并从中获益的行为。政治捐款是指利益团体以影响政策为目的，对公职候选人的竞选活动提供资金支持。私营医疗保险机构、医院团体、医生组织、保险企业等即为利益集团的典型代表，它们使得美国社会保障的改革历程复杂。

利益集团游说国会的方式主要有：为广告宣传提供资金；为表面独立的研究小组和维权机构等的工作提供财力支持；向立法过程直接渗透。2009 年 1 月至 9 月，医疗行业利益集团（包括医药公司、医疗产品公司、医院等主体）花费 3.96 亿美元来游说国会和联邦政府；2009 年，商业保险公司亦花费了高达 1.6 亿美元的巨额资金来实施游说。而利益集团为了能够在国会委员会内部对医改具体内容施加影响，给予国会议员以巨额捐款。美国医疗改革难以顺利推行的重要原因之一即为政府受制于保险公司、医药公司和医师协会等众多利益集团。①

三、扩展国民社会保障权利

济贫法制度逐步扩大了英国公民享有社会救济的权利。中世纪晚期，英国民众中享有救济权利的比例极为有限，最初的贫民法以惩罚为主，毫无公民权利的色彩，随后的济贫法制度表现出一个以惩罚为主逐步走向惩罚为主、救济为辅的变化过程，济贫法将贫困群体划分为“值得救济者”与“不值得救济者”两种群体，享有救济权利者仅仅为一小部分所谓的“值得救济者”，且受到家庭收入、个人品行、居住地点等方面的严格限制，“不值得救济者”不可能得到救济，而必须接受相关强制性劳动，否则将受到严厉惩罚。显然，早期英国济贫法制度是一种救穷不救贫性质的社会政策，但对所谓的“值得救济者”提供有限的救济，应该说已是对英国公民享有救济权利的一种认可，这种认可随着英国社会的变化和济贫法制度的变化而逐步发展变化，到 18 世纪末 19 世纪初，英国公民享有救济权利的扩大成为济贫法制度改革的重要内涵之一。

1834 年新济贫法的主要政治功能是部分扩大了英国公民享有救济权利的范围。虽然新济贫法制度确立了严格的院内救济原则，实行歧视性的贫民次等权利理念，推行带有侮辱性的以公民权利为代价换取有限救济的做法，但是，从公民享有救济权利的角度来看，

① 参见郭林、杨植强：《奥巴马医疗保障制度改革综论》，载《江汉论坛》，2013（3）。

新济贫法制度在一定程度上有所进步，其最为突出的变化是不再将贫民划分为“值得救济者”和“不值得救济者”，不仅以前所谓的“值得救济者”可以申请救济，而且即使是以前所谓的“不值得救济者”也可以申请救济，英国济贫法制度开始从救穷转变为既救穷也救贫。

特别需要指出的是，除了济贫院内救济之外，济贫院外救济的事实存在及不断扩大的趋势，也在一定程度上弥补了院内救济原则对部分贫民的排斥，使得一部分贫民不必进入济贫院而可以在济贫院外获得一定的救济，从而使得更多的英国公民或在济贫院内或在济贫院外获得济贫法制度所提供的相关救济。此后，随着英国社会的发展变化及济贫法制度的不断改进，尤其是19世纪末20世纪初以社会保险制度为核心内容的新型社会保障制度的出现，英国公民享有的救济权利逐步扩大。

四、提升政府的合法性

英国济贫法改革与发展对政治的影响是社会保障制度政治功能表现的一个典型。济贫法制度确立了英国民族国家及政府的合法性。宗教改革以前，英国如同其他欧洲国家一样基本上是一个神权社会，教会不仅拥有极大的宗教权力，更拥有广泛的世俗权力，同时也拥有很大的经济权力。英国神权政治的合法性不仅依靠宗教的精神控制，也依靠教会地产与什一税等经济力量，更与其所实施的广泛社会救济密不可分。可以说，正是宗教慈善救济所体现出的社会责任，才使得英国社会对神权国家表示认同，亦使得英国神权国家的合法性得以确立。格茨曾就教会的救济功能明确指出：“在那个‘国家’还没有社会政策的时代，除了对灵魂的关怀和教育，修道士的第三个任务就是社会救济。”①

宗教改革在英国开始了一场神权国家向民族国家、神权政治向世俗政权的转变过程，这一过程最终通过资产阶级革命的形式得以完成。但是，权力的转移并不意味着民族国家与政府合法性的确立。权力转移的过程也是一个社会重大转型过程，这必然引发严重的社会问题。权力转移的合法性必须通过责任承载的现实性加以实现。英国民族国家及政府权力的建立通过宗教改革与资产阶级革命得以实现，但英国民族国家及政府权力的合法性必须通过建立相关社会政策、承担原来由神权国家与宗教组织所履行的社会责任方能确立。

因此，中世纪晚期英国济贫法制度的出现，不仅是英国社会转型的需要和近代社会政策的起源，也是实现英国民族国家及政府权力合法性的需要。于是，从宗教改革开始，英国对贫民的救济逐渐从依靠建立在宗教基础上的教会救济，转变为依靠建立在民族国家责任理念基础上的政府救济政策。正如斯莱克所指出的那样，宗教改革与解散修道院“意味着16世纪英国的济贫改革，不像法国、意大利和西班牙那样只是对现存规定的重组或增补，它需要世俗政府和单个捐助者的介入去取代教士的职责，因此，它看起来好像就是从

---

① 参见［德］格茨：《欧洲中世纪生活》，79页，北京，东方出版社，2002。

头重建一个社会福利体系”①。斯莱克进一步指出：“1500 年以前，对贫民的救济与帮助表现为各种方法的混合，如宗教性机构——修道院、兄弟会以及基尔特、城镇的劳动介绍所、济贫院以及教堂捐助等，除了有关要求劳动、惩罚乞丐和流民的法令外，国家对济贫几乎没有参与和行动。然而，1530 年以后，政府干预、中央化以及统一化的趋势开始出现并不断增强。”②

这种观点得到了其他学者的认同。德国经济史学者豪斯赫尔指出，宗教改革与解散修道院“有损于履行旧教会履行过的救济义务。旧的修道院居住者们凡是不住在自己家里的，多半被人毫无顾忌地抛向街头，变成乞丐。当时，对贫民的救济和教育关注甚少。这就是英国在 16 到 17 世纪的转折时期制定世俗的济贫法的原因”③。里姆林格也指出：“正在出现的民族国家及政府逐渐认识到，它们不得不关注由于大量的贫困个体所导致的问题，事实上，几乎从近代民族国家开始出现之时起，贫困便成为国家必须关注的问题。毫无疑问，如何处理劳工贫困的问题，在那些关注国家经济政策的人们的心目中占据了一个非常重要的地位。”④

五、推动中央和地方的分权

以英国济贫法制度为例，它固化了英国地方政府的权力。英国济贫法制度这一政治功能的出现导源于济贫法制度最初出现时的特点。英国早期济贫法制度出现时的显著特点是，地方政府率先进行济贫尝试，其后中央政府在地方政府各种济贫尝试的基础上加以规范或推广。利普森对此明确指出：“从本质上讲，《伊丽莎白济贫法》无非就是将各自治市政府所确立的济贫原则推向全国，该法的重要性不在于其所创造的济贫组织系统，而在于它将自治市当局现存的济贫组织系统推广到全国。”⑤

可以说，早期济贫法制度的几乎所有方面均以地方政府的探索性实践为主，甚至作为英国社会最基层组织的教区，在早期济贫法制度实施中都具有很大的自主权，并且始终保持了济贫事务中教区拥有较大自主权的传统。地方济贫尝试在早期济贫法制度出现时的重要影响，直接导致英国济贫法制度管理中地方政府拥有很大自主权的事实，这种自主权随着英国政治社会的变迁非但没有削弱，反而存在一种逐渐强化的趋势。

17 世纪中后期，英国济贫法制度管理中地方政府的自主权进一步增强，雷恩对此曾做出如下概括：“英国内战爆发时，各地治安法官与枢密院之间的联系被打断，此后直到 19 世纪，几乎没有任何中央政府的权威能够指导和保持济贫法制度的统一。法律赋予治

① P. Slack, *Poverty and Policy in Tudor and Stuart England*, Longman, 1988, p. 13.

② P. Slack, *The English Poor Law, 1531—1782*, Cambridge, 1995, p. 6.

③ ［德］豪斯赫尔：《近代经济史》，105 页，北京，商务印书馆，1987。

④ G. V. Rimlinger, *Welfare Policy, Industrialization in Europe, America and Russia*, New York, 1971, p. 13.

⑤ E. Lipson, *The Economic History of England*, Vol. Ⅲ, London, 1984, p. 411.

安法官的权力虽依然存在，他们还会指定济贫监督官，还有权确定济贫税，还可以接受济贫监督官和教区委员呈递的报告，也可以要求从比较富裕的教区提取济贫基金以帮助那些贫穷落后的教区从事济贫事务，可以对争议做出裁决，可以处理有关定居法的相关问题，并关注感化院的建立和运行，但是，济贫事务的真正管理落在了济贫监督官的身上，推动相关法律实施的压力来自地方对贫民救济需要的程度，各地济贫法实施的状况也存在明显的不同。”①

进入18世纪，不仅英国济贫法制度管理中地方政府的自主权更加明显，甚至在济贫法管理中出现了明显的教区化趋势。斯莱克在总结济贫法制度管理中的教区化时指出：“教区不仅负责这一时期济贫法日常管理的具体工作，而且还对济贫法的宏观原则产生重要影响。除了那些保护济贫税纳税人的个别法令以外，几乎所有成为法律的济贫法案都建立在教区济贫实践的基础之上。……事实上，可以相对准确地说，在征得大多数教区的认可以前，议会几乎不会批准任何有关济贫的法律。”② 这种地方化甚至教区化趋势的增强，虽有助于各地根据具体情况实施救济，但也使得各地济贫法制度极不一致，最终使济贫法制度成为英国社会关注、批评和要求改革的焦点所在。

19世纪中期以后，英国济贫法制度管理中的中央化初露端倪并逐渐增强，济贫法修正法提出建立济贫法委员会，建立联合教区济贫院，要求实施严格的院内救济，禁止提供院外救济，1847年甚至在中央政府建立了济贫法局，实现了济贫法制度管理机构的中央化，1871年又通过《地方政府事务部法》，将济贫法制度管理明确划归地方政府事务部等，所有这些无不表现出强化济贫法管理制度中的中央化迹象。20世纪初的一些学者甚至指出：“济贫法制度的管理是统一的……贫民不可能在一个教区救济过度而在另一个教区挨饿而死，每一项法律及行政规定在联合王国的每一个地方都会不折不扣地推行……地方的济贫法管理当局及其官员是如此严格地执行济贫法相关规定，以至于几乎每一项法令都好像是在地方政府事务部的统一指令下实施的，除了执行包含在地方政府事务部各种一般或特殊规定中的指示外，济贫监督官几乎毫无他事可行。”③

然而，19世纪中期开始出现的济贫法管理中央化的程度极为有限。济贫法委员会虽然建立，但并非中央政府的济贫法管理行政机构；联合教区济贫院虽然建立，但进程缓慢且许多地方并未建立此类联合教区济贫院；院内救济虽为新济贫法制度的基本原则，但并未严格实施；院外救济虽被禁止提供，但却事实存在并不断扩大；济贫法局虽然建立，但并未根本上颠覆地方政府管理济贫法事务的自主权；济贫法制度管理虽明确划归地方政府事务部，但并未改变地方政府管理济贫法制度的基本政治格局。“济贫法制度的统一化与中央化较之现实性来说更具想象性。”④ 因此，济贫法制度管理中央化趋势的出现并没有从

---

① H. E. Raynes, *Social Security in Britain, A History*, London, 1960, p. 70.

② P. Slack, *Poverty and Policy in Tudor and Stuart England*, Longman, 1988, pp. 8 - 9.

③ W. J. Mommsen, *The Emergence of the Welfare State in Britain and Germany*, London, 1981, p. 20.

④ W. J. Mommsen, *The Emergence of the Welfare State in Britain and Germany*, London, 1981, p. 21.

根本上改变地方化的传统，济贫法制度管理权仍然是英国地方政府的一种具有较大自主性的传统权力，这种地方化传统如此根深蒂固和举足轻重，以至于 20 世纪初的自由党政府虽深知济贫法制度的弊端却没予以废除，而是选择在对其施以改进的基础上任其继续存在。①

总之，社会保障制度的完善与否对社会稳定状况具有深刻影响。合理的社会保障制度有助于协调不同社会群体的利益分割，可为社会稳定发挥积极作用；而不合理的社会保障制度无一例外地或多或少对发展成果在不同社会群体之间的分配施加消极影响，进而不利于社会稳定。同时，社会保障既因为涉及广大民众的切身利益，而成为一国政治生活和政党竞争的关键方面，又由于与中央和地方政府权限和资源划分密切相关，而成为中央与地方分权的关键载体，还因为可以赋予广大国民基本的生存和发展权，而成为政府合法性的重要标志。

第三节 社会保障的经济功能

一、保障经济稳定健康发展

健全的社会保障制度可以通过二次分配、三次分配适当调节不同群体的收入差距，经由社会保险和就业服务制度促进劳动力的有效供给，为经济健康发展提供保障。总之，社会保障制度是促进经济发展的关键工具。

国外的政策实践充分展示了社会保障的这一经济功能。英国旧济贫法制度具有稳定就业和促进英国农业经济发展的功能。14 世纪的黑死病使得大量农村人口离开家园成为流动人口，16 世纪开始的圈地运动更使大量人口离开土地成为流民。在工业革命开始以前，英国经济主要以农业经济为主，农业经济的主要特征是依靠大量劳动力从事生产劳动，显然，大量人口的流动必然影响英国农业经济的正常发展。于是，为农业经济提供足够的劳动力，便成为包括济贫法制度在内的早期英国社会政策的主要目标，旧济贫法制度的重要经济功能之一，便是保证足够数量的从事农业经济的劳动力。因此，旧济贫法制度的各种相关内容无不与目标直接相关，早期的劳工条例是如此，对流民的惩罚条例也是如此，延续几个世纪的定居法更是如此，而对劳动救济措施的关注和强调同样如此。旧济贫法制度正是适应英国农业经济并维护其稳定发展的一种社会政策工具。

索拉尔在论及工业化以前英国济贫法制度的经济功能时指出：“英国的旧济贫法制度要优于欧洲大陆的贫民救济，不仅是因为英国的旧济贫法制度建立在依靠税收作为财政、

① 参见丁建定：《试论英国济贫法制度的功能》，载《学海》，2013 (1)。

覆盖全国及其救济的综合化的基础上，旧济贫法制度还对英国国民经济的发展做出了重要贡献。”① 哈蒙德夫妇也指出：“18 世纪的济贫法既是一种救济制度，也是一种就业制度。”② 里姆林格更指出，旧济贫法制度的一个重要目的就是，将所有无以为生者和没有经常性或间断性工作以维持生计者置于工作之上。为了实现就业的目标，旧济贫法制度管理当局有四种可供选择的途径：（1）它们可以依靠公共赞助或者与私人实业签订协约为穷人创造就业机会；（2）它们可以通过限制行乞或者使救济很难得到以迫使穷人为自己寻找工作；（3）它们可以为贫民儿童寻找就业机会以便使其能为家庭收入提供补充；（4）它们还可以通过提供工资补贴以促进贫民就业。上述四种办法在整个 17—18 世纪都曾被广泛采用，而第一种办法在 18 世纪初更为流行，第四种办法则流行于 18 世纪末。③

19 世纪中后期，英国新济贫法制度的经济功能主要表现在两个方面。为英国工业化的发展提供充足的自由劳动力仍然是新济贫法制度的重要经济功能之一。院内救济与次等权力原则等使得大部分贫民难以将进入济贫院作为自己的首要选择，而是把依靠自己工作维持生活作为主要选择。芬纳在论及新济贫法中的次等权力原则对英国工业经济发展的影响时指出，次等权力原则的重要性在于，它从理论上具有了将对身体健全的工人的救济与自由劳动力市场和工人阶级的勤劳、远见与独立意识等的发展衔接起来的可能性。④ 里姆林格认为，次等权力原则是一种新的劳动力政策措施，如果得以充分实施，将使得救济不仅“安全”而且“持续有效”，反映了新的市场文明的商业价值观念。⑤

为工业化的发展提供稳定的社会环境是新济贫法制度的另一经济功能。工业革命促进了英国经济的发展，但却导致英国社会问题的社会化、工人阶级生活的贫困化、劳资关系的对抗化以及无产阶级与资产阶级利益的极端化，从而导致英国社会的不稳定，势必影响英国的工业化的快速发展。有效缓解社会问题、减轻贫困化程度、化解社会矛盾，不仅成为英国社会政治的需要，而且也成为英国工业化进一步发展的需要。芒图对此指出，旧济贫法只不过是一种治标的方法而已，“产业革命提出了一个为最巧妙的赈济所不能解决的问题：怎样改善这群对于自己努力所创造出来的财富享有那么少的份额的劳动者的状况呢”?

新济贫法制度虽然实行严格的院内救济与次等权力原则，但其从救穷改变为济贫却扩大了接受救济者的人数，院外救济的事实存在也发挥了一定的救济作用，从而比较有效地缓解了英国的社会矛盾，保证了英国工业革命的顺利进行和工业化的快速发展。芒图针对

---

① P. M. Solar, "Poor Relief and English Economic Development before the Industrial Revolution," *The Economic History Review*, 1995, No. 1.

② J. L. Hammond & B. Hammond, *The Village Laborer*, Longman, 1978, p. 98.

③ See G. V. Rimlinger, *Welfare Policy, Industrialization in Europe, America and Russia*, New York, 1971, p. 19.

④ See S. E. Finer, *The Life and Times of Sir Edwin Chadwick*, London, 1952, p. 45.

⑤ See G. V. Rimlinger, *Welfare Policy, Industrialization in Europe, America and Russia*, New York, 1971, p. 52.

新济贫法制度对英国工业革命顺利进行的影响指出："在欧洲革命和战争中间继续开展着的那一伟大的经济运动，多亏新的恤贫法才把若干使其进展延迟的障碍搬开了。在某些地区中，教区发给救济金使得反机械化几乎完全消失了，因为救济金部分地补偿了工业化前所提供的家庭劳动的工资的损失，而且比工资又有不费任何努力的好处，人们看到乡下纺纱女人自己粉碎了自己的纺车。"①

二、支撑经济转型

在中国由计划经济向市场经济转型的过程中，企业需要剥离出社会保障供给的功能，卸掉"包袱"、轻装上阵，这就需要有效的社会保障制度来承担原有企业福利供给的功能。之后，市场经济体制改革的有序推进亦离不开社会保障制度的配合。

在中国社会保障制度的改革初期，其通常被作为经济改革的配套措施。例如，1993年的《中共中央关于建立社会主义市场经济体制若干问题的决定》提出，要"重点完善企业养老和失业保险制度，强化社会服务功能以减轻企业负担，促进企业组织结构调整，提高企业经济效益和竞争能力"。在当时，为了顺利推进市场经济体制改革，包括企业养老保险和失业保险等在内的社会保障制度完善是一种被动行为。这种让社会保障制度的发展服从经济改革需求的非理性行为，使得各类社会保障项目的发展出现了结构失衡的问题，无法发挥其积极功能，进而在一定程度上有损于促进经济发展路径的通畅。应有的理念为，将社会保障制度作为重点发展的社会经济政策，发挥其积极功能，为促进经济发展贡献力量。②

社会保障为农业社会向工业社会的转型提供了制度支撑。18 世纪末 19 世纪初，英国开始进行工业革命并逐步进入工业社会。工业社会与农业社会的一个显著差别在于，农业社会需要大量劳动者固着在土地上，而工业社会则需要大量的自由劳动力。于是，工业社会的发展对自由劳动力的需求，便与旧济贫法制度对劳动力流动的限制与束缚产生尖锐的矛盾，工业革命的发展对劳动力的需要"太普遍，太强大，以至于不能用个人手段予以阻止。随着大工业的发展，其愈益不耐烦地感到那些障碍还在对抗它的进展"，旧济贫法制度尤其是定居法成为严重阻碍英国工业化所需要的大量自由劳动力形成的主要因素。早在1753 年，罗格·诺斯就已指出："定居法使得贫民被囚禁于他们所在的城市并深陷于贫困之中，他们被剥夺了通过移居到更适合他们的地方以改变其生活条件的办法。""人们需要工作，工作也需要人，工作与人之间的协调关系为定居法所割裂。"③ 威廉·皮特指出，定居法"阻碍了工人到他可以根据最有利的条件出卖劳动力的市场上去，同时也阻碍了资本

---

① ［法］芒图：《十八世纪产业革命》，354～357 页，北京，商务印书馆，1983。

② 参见郭林：《论国家治理现代化目标下的社会保障制度优化路径》，载《华中师范大学学报（人文社会科学版）》，2015（4）。

③ E. Lipson，*The Economic History of England*，London，1948，pp. 463 - 466.

家雇佣那些能为他所投的资本带来更高报酬的能干的人们”①。

旧济贫法制度所具有的经济功能与工业化的发展所期望的济贫法制度经济功能的变革之间的矛盾变得越发明显，济贫法制度经济功能的改变意味着济贫法制度的本质必然发生变化。于是，新济贫法制度的经济功能便从旧济贫法制度所具有的保证农业劳动力规模以促进农业经济稳定，变为提供大量自由流动的劳动力以适应工业经济的发展，新济贫法制度便成为适应和促进英国工业经济发展的社会政策工具。

此外，社会保障制度是经济调节的重要手段。当经济衰退时，完善的社会保障制度可以为失业人员提供经济支持和就业服务，向贫困人员进行财政转移支付，进而通过增大需求，来缓解经济的进一步衰退；在经济繁荣时，随着劳动力市场就业人数的增加、贫困人口收入水平的提高，通过社会保障进行的转移支付规模缩小，一国可将节省出的财政资金用于其他亟须发展的领域，从而实现对经济的调节。

第四节　社会保障的社会功能

一、保障国民社会生活

社会保障制度覆盖对象具有特殊性。具体而言，社会保险制度、社会救助制度和社会福利制度分别主要覆盖劳动者、贫困群体和全体国民。这种覆盖群体的特殊性必然要求在社会治理过程中，充分发挥社会保障制度的作用，改善各类群体的社会保障待遇。

社会保障制度为英国民众提供了比较有效的生活保障，促进了英国社会生活水平的提高，推动了英国社会整体的发展。社会保障制度为英国民众提供了三种水平的生活保障，这就是缴费的社会保险制度、作为社会保险制度补充的国民救济制度以及针对特殊群体需要的特殊津贴。这三种水平的社会保障措施，为英国社会构筑起三重社会生活与社会发展的安全网。

社会保险制度是英国社会保障制度的核心内容和主要组成部分。自从 20 世纪初社会保险制度在英国建立以后，这一制度获得了快速发展，并为大部分英国民众提供了比较稳定的生活保障。社会保险制度成为英国政府保证民众正常生活水平的主要社会保障措施。

国民救济制度是社会保险制度的必要补充，它主要是在社会保险制度难以充分有效地满足社会保险参加者的需要时，向其提供的救济。国民救济制度从 20 世纪 40 年代末建立以后，对于保证英国民众的生活水平发挥了重要的作用，特别是在保证低收入者的生活水平方面，更是发挥了关键的作用。

---

① 转引自芒图：《十八世纪产业革命》，352 页，北京，商务印书馆，1983。

此外，英国还实施了一些针对特殊群体需要的特殊津贴制度，以保证这些特殊群体的基本生活水平。这些特殊津贴主要由地方政府部门根据各地的具体情况执行，享受这些特殊津贴者大多是因为特殊原因失去或不具备劳动能力者，如残疾人和未成年人，单亲家庭等也是接受此类津贴主要群体。这种特殊津贴为此类人口提供了基本的生活保障。

英国社会保障制度的建立和发展，为英国人建立起了“从摇篮到坟墓”的社会保障网。它不仅使得社会上的老弱病残者实际生活得到保障，而且使得在职人员的实际生活也具有一定的安全感和稳定感，从而较有效地避免了绝对贫困问题的加剧；社会保障制度的建立和发展，不仅在物质上为英国人提供了一种安全感，而且在思想和心理上也使得英国人有了一种安全感。从总的方向上来说，英国社会保障制度的发展越来越符合民众的利益与要求。

二、应对社会问题

当前，人类社会存在老年、疾病、生育、失业和贫困等社会问题，而社会保障制度为应对这些问题的重要手段。分而论之，养老保险和老年服务制度为应对老年问题的关键安排，医疗保险、医疗救助和医疗服务制度是应对疾病问题的重要机制，生育保险制度为应对生育问题的支撑方法，失业保险和就业服务制度是应对失业问题的有效手段，最低生活保障和扶贫开发制度为应对贫困问题的积极工具。

社会问题出现和加剧的原因十分复杂，社会保障制度只能预防社会问题进一步加剧，只能在一定程度上缓解社会问题，而不可能仅仅依靠社会保障制度来消除社会问题。英国社会保障制度比较有效地减缓了社会问题的压力，但是，它并没有有效地根除社会问题。社会问题的解决除了依靠建立有效的社会保障制度以外，主要应该依靠社会经济的发展，这是有效解决社会问题的根本途径。此外，随着社会的发展变化，社会问题也会随之发生变化，这就有可能使得现行的社会保障制度不能适应变化了的社会现实。

例如，贫困问题是20世纪英国的主要社会问题之一，20世纪英国社会保障制度的建立和发展，基本上消除了绝对贫困问题，但它并没有消除贫困，20世纪英国贫困问题始终存在，而且在一些时期以及一些社会群体中还十分严重。两次世界大战之间，英国总人口中的17.8%生活在贫困之中，工人阶级总数的31.1%生活贫困。第二次世界大战之后，英国的贫困问题得以缓解，但仍然有6%的个人及9%左右的家庭生活贫困。70年代，英国仍有5%的人口及7%左右的家庭生活在贫困之中。可见，社会保障只是缓解了20世纪英国的贫困问题，但并没有消除贫困问题。同样，英国的失业问题和养老问题也没有因为社会保障制度的建立和发展而被消除。

社会保障制度的建立和发展，是对社会财富进行一定程度和范围的再分配，这种再分配尽管难以实现绝对的公平，但却使得一些低收入者的实际生活水平得到比较普遍的提高，从而使得社会的整体生活水平得以明显提高。随着社会保障制度的建立和发展、社会生活水平和医疗技术水平的提高，英国人的健康情况发生了很大变化。英国人口的平均寿命，1901年为男子48.5岁，女子52.4岁，1945年为男子62.6岁，女子68.8岁，1985年为男子71.8岁，女子77.7岁。所有这一切都推进了英国社会的整体发展。

社会保障促进社会公平功能的主要表现之一是社会救济作用的发挥。例如，16世纪英国济贫法制度颁布和实施的基本原因是为了给老弱病残者等所谓的“值得救济者”提供必要的生活救济，对流民等所谓的“不值得救济者”予以惩罚并强制其进行劳动。[①] 早期济贫法制度虽然惩罚性功能强于救济性功能，但是毕竟为“值得救济者”提供了必要的生活救济。17世纪英国的济贫法制度的救济对象虽然没有发生显著变化，但是对于劳动救济的强调以及劳动救济机构的出现，在客观上也为所谓“不值得救济者”提供了必要的救济来源。值得指出的是，16、17世纪的济贫法制度除了提供现金救济以外，还提供相关的实物救济，主要包括食物、衣物、住所等。17世纪以后，一些地方的济贫法管理机构甚至还向一些身患疾病的人提供少量的药物救济。[②] 到了18世纪，英国济贫法制度不仅在救济方式方面不断改善，而且对一些特殊人群如儿童、麻风病人、精神病人提供专项救助，甚至对以前所谓的“不值得救济者”如失业者及其家人提供必要的救济。[③] 斯宾汉姆制度甚至被认为是一种过度救济制度而受到英国自由主义思想家的强烈批评。

1834年新济贫法颁布实施以后，英国名义上实行严格的院内救济原则，济贫院也曾被称为穷人的“巴士底狱”，但是19世纪中期以后，英国的济贫法制度经过不断改革，其社会救济功能逐渐完善。如改变混合济贫院的传统，把院内贫民划分为不同的群体，实行区别对待；改善济贫院的环境，增加济贫院的床位，建造新的条件较好的济贫院，改善济贫院的伙食等；对济贫院中的违反规定者的惩罚也逐渐减轻；逐步放宽临时性救济条件并扩大临时救济人群。[④] 尤其重要的是，新济贫法虽然规定严格的院内救济原则，但是整个19世纪后期，济贫院外的救济不仅事实存在，而且存在逐步扩大的趋势。1840—1890年，英国接受济贫院外救济的人口占总人口的比例始终高于接受济贫院内救济的人口占总人口的比例。[⑤] 而济贫院外救济无疑是一种较之济贫院内救济更为合理的救济形式。正是由于19世纪后期经过改进以后的济贫法制度不断完善其功能，并逐步走向合理化，才使其在社会保险制度出现以后能够作为新型社会保障制度的补充而长期存在下来。

但是，社会保障制度并没有也不可能消除英国社会的贫富不均与两极分化。例如，1983年，英国占家庭总数40%的上层收入家庭拥有存款的63.6%，而占家庭总数40%的下层收入家庭仅拥有存款的18.8%。在可出售财富占有方面差距更大，最富有的一半人口

---

① See R. H. Tawney and E. Power, *Tudor Economic Documents*, Vol. 2, Longman, 1924, pp. 328 - 331.

② 参见尹虹：《近代早期英国流民问题及流民政策》，载《历史研究》，2001（2）。

③ See J. Burnett, *Planty and Want, A Social History of Diet in England from 1815 to the Present Day*, London, 1979, p. 33.

④ 参见丁建定：《从济贫到社会保险》，150～151页，北京，中国社会科学出版社，2000。

⑤ See K. Williams, *From Pauperism to Poverty*, London, 1981, pp. 158 - 162.

拥有可出售财富的96％。①

此外，如果社会保障制度在实施过程出现偏差，这种社会保障制度还会带来新的社会问题。20世纪后期，英国社会保障制度津贴水平的持续提高，不仅给政府带来高额的财政负担，而且加重了英国社会对国家的过分强调与依赖，实际上降低了个人的责任感与进取意识，不仅影响了英国社会保障制度的正常发展，而且在一定意义上不利于英国社会的健康发展。

三、实施社会控制

现代社会保障制度是公民的一项权利，但从历史角度上，社会保障确实曾经发挥过惩罚和社会控制的功能。

济贫法制度具有惩罚的功能。英国济贫法制度的基本特征之一是惩罚与救济相结合，这也是济贫法制度实现其社会控制功能的主要措施之一。这种惩罚不仅表现在新济贫法制度之中，而且也是旧济贫法制度的基本特征之一。英国早期济贫法制度的基本特征就是惩罚与救济相结合，济贫法制度对所谓"值得救济者"提供救济但数量极为有限，而对于"不值得救济者"如流民等则实施强制性劳动作为惩罚，甚至直接施以严酷的惩罚。17世纪的济贫法制度虽然有所改进，但是其惩罚性依然严重存在，"不值得救济者"必须接受强制性劳动救济，"值得救济者"所得到的救济极为有限，定居法严重约束贫民的流动，对流民的惩罚性法律虽然有所改进但其惩罚依然十分严格。直到18世纪末期，英国旧济贫法制度的惩罚性才开始有所改变，救济性功能逐步提升，斯宾汉姆制度便是这种变化的集中体现。但是，英国旧济贫法制度惩罚性功能的下降与救济性功能的上升，立即引起英国自由主义者的强烈批评，并导致1834年新济贫法的颁布实施。

新济贫法制度的惩罚性是一种不容置疑的历史事实。1855年，舍费尔德济贫法监督局主席对济贫院的功能做出如下评论："济贫院所要培养起来的是这样一种传统，接受救济者的目标就是防止自己成为济贫院的长期居住者……贫民十分自然地得出结论，他在济贫院中所得到的救济只是对其失去自由的不充分的补偿，包括全日制劳动、他的劳动价值、他所必须忍受的耻辱以及他已经全部丧失自我和自尊的痛苦体验等。谁还会怀疑最诚实的贫民一定会尽最大努力使自己身居济贫院之外呢?"②

1867年，利物浦慈善家拉斯博也评论道："济贫院确实成功地阻止了贫民向教区申请支持……但是，作为公共慈善制度，它是失败的。它在应对社区公平的复杂要求、对懒惰者更加严厉、对那些陷于贫困者施加怜悯及同情方面，都超过了英国议会所能及的范围。诚实的贫民中有着难以忍受的匮乏，社会存在着难以名状的饥饿、肮脏及痛苦，孩子缺乏食物，母亲双眼疲惫、身体虚弱，毫无用处地在寻觅生存所需，但是，济贫法当局对这种

① See Edward Royal, *Modern Britain, A Social History, 1750—1985*, Arnold, 1988, pp. 153－170.

② W. J Mommsen, *The Emergence of the Welfare State in Britain and Germany*, London, 1981, pp. 10－11.

挣扎毫无记述。”[①] 19 世纪中期的法国批评家 H. 泰恩参观了曼彻斯特一个模范济贫院之后指出：“济贫院被看成是监狱，穷人把是否进入济贫院看成自己名誉的转折点。或许应当承认，这种管理制度是愚蠢的专制，令人担忧。这是每一项管理制度的缺陷，每一个人在这里都成了机器，仿佛他们没有情感，总是无意识地受到侮辱。”[②]

英国济贫法制度尤其是新济贫法制度的惩罚性功能是由该制度的本质属性所决定的。济贫法制度下的救济基本上仍然是一种责任与权利不协调的制度，大部分济贫法制度所提供的救济的领取者几乎不履行任何个人责任，加之英国社会经济尚未发展到可以为大部分贫困群体提供有效的社会救济，英国政治民主化也没有发展到全体公民都能够享受普遍的社会保障权益，因此，为了避免贫困人群对济贫法制度下的救济产生依赖，也为了给英国工业社会提供充足的劳动力，济贫法制度必然实行极端严格的管理和极为低劣的条件，这使得英国济贫法制度尤其是新济贫法制度的惩罚性功能始终存在，并在 19 世纪中期达到极限。

济贫法制度还具有社会控制功能。中世纪晚期，英国济贫法制度出现的根本原因是实现社会控制，应对各类贫民尤其是流民成为包括济贫法制度在内的几乎所有社会政策措施的首要目标，对“值得救济者”提供的生活救济、对“不值得救济者”提供的劳动救济、对流民的严厉惩罚、严格实施的定居法、针对儿童的学徒规定等，无不凸显着直接的、外在的、强制性的社会控制，这种情况一直延续到 18 世纪初期定居法的放宽和《吉尔伯特法》的实施。

早期济贫法制度的社会控制功能得到了许多学者的认同。基斯·怀特森指出，17 世纪“济贫法制度所体现的救济与控制的混合，在社会分化与社区聚合的平衡中，提供了一种对分化与差别行为的强有力的弥补”[③]。阿彻指出：“16 世纪晚期济贫法制度的实施，旨在强调比较贫困的教区成员要依靠教区中的富人，这些富人因此也有更多机会去缓和贫民的行为，济贫法制度逐渐被用作一种社会控制的手段。”[④] 博尔顿指出：“济贫法制度下的救济成为控制或者约束贫民的那些办法的组成部分，换句话说，济贫法制度变成了复辟王朝以后英国社会结构的整合工具。”[⑤] 里姆林格也指出：“政府对贫民救济的关注从本质上不是出于救济不幸者的目的，而是为了维护法律和社会秩序。与贫民救济相关的立法起源于对流民的惩罚，并且这种救济制度的特点保持至今。”[⑥]

新济贫法制度同样具有社会控制功能，但是，这种社会控制较之旧济贫法制度发生了

---

① D. Fraser, *The Evolution of the British Welfare State*, Macmillan, 1985, p. 55.

② 转引自郭家宏、唐艳：《19 世纪英国济贫院制度评析》，载《史学月刊》，2007 (2)。

③ K. Wrightson, *English Society 1580—1680*, London, 1982, pp. 181-182.

④ I. Arche, *The Pursuit of Stability*, *Social Relations in Elizabethan London*, Cambridge, 1991, pp. 96-98.

⑤ T. Hitchock, *Chronicling Poverty*, *the Voice and Strategies of the English Poor*, *1640—1840*, Macmillan, 1997, p. 19.

⑥ G. V. Rimlinger, *Welfare Policy*, *Industrialization in Europe*, *America and Russia*, New York, 1971, p. 19.

一定的变化。新济贫法制度通过废除旧济贫法制度对流民的惩罚，改变了社会控制的方式和性质；取消“值得救济者”与“不值得救济者”的划分，院内救济与次等权力原则对接受救济者做出限制，院内救济原则与院外救济的事实存在，以及生活救济与强制劳动等，使得新济贫法制度下的社会控制具有外部控制与内在控制、强制性控制与非强制性控制相结合的特征，从而改进和提升了济贫法制度的社会控制效果。①

新济贫法制度的社会控制功能在当时已经受到了恩格斯的高度关注，他指出：“在国家的这个措施中，英国资产阶级是 in corpore〔作为一个整体〕，作为当权者出现的，在这里他们清楚地表明了他们的真正愿望，表明了他们那种使无产者处处遭殃但又把这归之于个别人的罪过的恶劣行为的真正含义。这个措施不是出自资产阶级某一集团之手，而是得到了整个阶级的赞许的。……这样就宣布了无产阶级是不受国家和社会保护的；这样就公开地宣布了无产者不是人，不值得把他当人看待。”② 新济贫法制度的社会控制功能还受到当代学者的认同，著名学者弗雷泽就曾指出，新济贫法制度具有三种社会控制功能，即它被用做强化统治者对被统治者权威的一种工具，它被用来操纵劳动力市场尤其是工资标准，它还被用做将资产阶级的价值体系强加于工人阶级身上的一种工具。③

第五节　社会保障的文化功能

一、提升社会道德的重要工具

道德是以善恶评价为标准，依靠社会舆论、传统习俗和人的内心信念的力量来调整人们之间相互关系的行为规范的总和。2011 年，《中共中央关于深化文化体制改革推动社会主义文化大发展大繁荣若干重大问题的决定》提出，建设社会主义文化强国，就是要着力推动社会主义先进文化更加深入人心，推动社会主义精神文明和物质文明全面发展，不断开创全民族文化创造活力持续迸发、社会文化生活更加丰富多彩、人民基本文化权益得到更好保障、人民思想道德素质和科学文化素质全面提高的新局面。这表明，道德培养可作为文化建设的核心内容之一。基于这种分析，社会保障的道德目标可主要通过社会保障文化功能的实现来达成。

十八大报告提出“推动社会主义文化大发展大繁荣”和“坚持全覆盖、保基本、多层次、可持续方针……全面建成覆盖城乡居民的社会保障体系”的任务。前者属于社会主义

---

① 参见丁建定：《试论英国济贫法制度的功能》，载《学海》，2013 (1)。

② 《马克思恩格斯全集》，中文 1 版，第 2 卷，582 页，北京，人民出版社，1957。

③ W. J. Mommsen, *The Emergence of the Welfare State in Britain and Germany*, London, 1981, p. 24.

文化建设的范畴，后者为社会建设和民生工程的重要内容，二者联系紧密。

马克思认为："一个种的全部特性、种的类特性就在于生命活动的性质，而人的类特性恰恰就是自由的自觉的活动。"[①] 而这种自由自觉的活动正是意识性的、文化性的活动，因为人的一切活动无不具有意识性因而无不具有文化的属性。[②] 作为社会政策体系的核心内容之一，社会保障制度的建设无疑是人类的一项社会活动，因而具有文化属性。

列宁认为："马克思主义这一革命无产阶级的思想体系赢得了世界历史性的意义，是因为它并没有抛弃资产阶级时代最宝贵的成就，相反却吸收和改造了两千多年来人类思想和文化发展中一切有价值的东西。只有在这个基础上，按照这个方向……才能认为是发展真正的无产阶级文化。"[③] 也就是说，只有在马克思主义意识形态指导下，认真吸取以往一切文化成果中有价值的东西，才能发展真正的无产阶级文化。[④] 可见，社会主义先进文化的建设应对传统文化进行扬弃，保留并吸收传统文化的精髓。

毛泽东认为，一定的文化是一定社会的政治和经济的反映，又给予伟大影响和作用于一定社会的政治和经济。[⑤] 因此，社会主义文化与社会保障的发展存在一种互动关系。

一方面，社会保障体系的建设必须尊重社会主义文化的要求。不同国家社会保障的形成和发展，与其文化密不可分。文化环境是社会保障产生和发展的土壤，文化传承则使得不同国家社会保障存在显著的差异，由此产生了具有国别特色的社会保障体系。基于不同的文化背景，不同国家和地区选取了差异化的社会保障发展之路。日本、韩国、中国台湾、中国香港和新加坡的社会福利公共支出比西方国家要少很多[⑥]，而其经济增加较快，因此其社会政策被命名为生产型社会政策。生产型社会政策的一个重要特点是国家倡导工作福利和人际互助，而不是把社会公正与福利权利观念作为其福利意识形态的核心理念。[⑦] 东亚国家或地区的政府之所以倡导人际互助，与其互助文化密切相关。

另一方面，社会主义先进文化的建设亦须注重社会保障对文化的引导和塑造作用。中国优良的传统文化是社会主义先进文化的重要组成部分，其应该成为在完善中国社会保障体系过程中必须考虑的主要因素之一。

文化的变迁会使得传统文化向现代文化渐进过渡。文化变迁并非对传统文化的全盘否定，而应该是一个在传承优良文化的基础上，逐渐产生与传统文化有所差异的现代文化的过程。这种差异会使人们对特定事物的认知在一条基准线之上发生一定变化。文化变迁在不同地区并非同步进行，一个国家或一个地区往往会出现传统文化与现代文化并存的状

---

① 《马克思恩格斯全集》，中文1版，第42卷，96页，北京，人民出版社，1979。

② 参见张华：《历史地系统地把握马克思主义文化理论》，载《马克思主义研究》，2007（10）。

③ 《列宁全集》，中文2版，第39卷，332页，北京，人民出版社，1986。

④ 参见郁建兴：《马克思主义文化理论与现时代》，载《中国社会科学》，2001（6）。

⑤ 《毛泽东选集》，2版，第2卷，663～664页，北京，人民出版社，1991。

⑥ See D. Jacobs, "Low Public Expenditures on Social Welfare: Do East Asian Countries Have a Secret?" *International Journal of Social Welfare*, 2000, No. 9.

⑦ 参见林卡：《东亚生产主义社会政策模式的产生和衰落》，载《江苏社会科学》，2008（4）。

况。社会保障文化功能的实现不仅要考虑到对传统文化因素的影响，且不能忽视对现代文化中的传统观念和现代理念的作用。

二、提升社会文化的基本途径

西方发达国家的经验表明，合理的社会保障制度在政府、社会和个人等主体间分责均衡，有利于个人责任心和进取心的培养和维护，从而实现社会道德的进步。中国的传统文化博大精深，社会保障制度的建设与发展，可对这些文化产生重要影响。孝的学说散见于古代典籍与近代文件、规章中，从春秋战国时期的《孝经》、《论语》、《管子》到现代社会的《中华人民共和国宪法》、《中华人民共和国老年人权益保障法》，诸多文献均有子女对父母赡养的论述。孝文化是我国传统文化的重要组成部分，它确立了养老的代际供养关系，树立了子女对父母孝养、孝敬、孝顺、孝思、孝丧、孝祭的行为模式，使得子女一代对父母一代的赡养成为子女的一种责任和义务。孝文化所引起的示范效应，即子女一代对父母一代的赡养行为是子女一代为后代做示范，使得代际之间的“父→子、子→孙……”的供养关系得以持续，从而为家庭保障提供了可持续运行的理论逻辑。在当代社会，家庭养老在我国农村依然长期存在并发挥重要作用。家庭养老立足于孝文化，由配偶、子女和其他亲属对老年人提供经济支持、服务供给和精神慰藉。因此，孝文化构成了我国家庭养老保障的重要思想基础。

当前，中国社会保障制度体系并未忽视家庭保障。我国颁布的《中华人民共和国老年人权益保障法》规定：“老年人养老以居家为基础，家庭成员应当尊重、关心和照料老年人。”《关于加强老龄工作的决定》、《关于完善社会主义市场经济体制若干问题的决定》、《中国老龄事业发展“十一五”规划》、《中国老龄事业发展“十二五”规划》等文件一再强调要大力发展家庭保障。这有助于我国传统孝文化的传承和发展。但是，应该看到，20世纪90年代以来，我国养老保险、医疗保险、生育保险等化解相关风险的社会机制的建立和发展对传统孝文化有一定的冲击作用。

生育文化是指人们在生育及相关活动中形成的意识形态和相应的规范制度，即人们在婚姻、家庭、生育、节育等活动中形成的思想理论、价值观念、知识能力、风俗习惯、伦理道德、行为规范等。[①] 计划生育政策的实施和现代社会保障制度特别是养老保障制度在中国的改革与发展对传统生育文化向现代生育文化转型发挥了很大作用。

中国人对孩子数量和孩子性别的认识、养育子女的理念逐渐发生变化。传统生育文化主张早生、多生、粗放式养教，多子多福、多男子、养儿防老等是其主要表现；现代生育文化以晚婚、晚育、少育和集约化养教为特征。[②] 应该看到，这一文化变迁并没有抛弃中国传统的注重家庭亲情观念，同时，这一过程在城镇发展较快，而在农村地区则进展

---

① 参见潘贵玉：《中华生育文化导论》，上册，1页，北京，中国人口出版社，2001。

② 参见吴忠观、刘家强：《关于生育文化现代化的几点思考》，载《人口研究》，2003（5）。

较慢。

在这个过程中，国民对养老保障的供给主体、养老保障方式的认知慢慢发生变化。人们对孩子的性别偏好逐渐减弱，子女数量不断减少，养儿防老的观念日益淡化，对子女的教育投资逐渐增加。

社会保障体系的建设可对社会互助传统的传承施加积极作用。从作用的领域看，社会互助可以分为生产互助和生活互助。社会成员通过生产互助实现互助换工，解决缺少生产工具和劳动力的问题。而生活互助的典型包括民间结社和丧葬互助，民间结社所需费用由结社居民负担，丧葬嫁娶的帮忙帮钱是下层民众互助行为的突出内容。①

从作用的范围看，我国社会互助传统主要表现为血缘型互助和地缘性互助。前者指在具有血缘关系的亲属之间发生的经济支持和帮扶行为等，包括代际互助、手足互助、宗亲互助等方式，其主体为父母、兄弟姐妹、叔伯姑母、舅氏姨母、子侄、祖父母、外祖父母等。在血缘型互助的方式中，代际互助以孝道伦理为内核，表现为父代对子代的抚养以及子代对父代的赡养，手足互助指兄弟姐妹之间发生的救助行为，宗族互助的依据为宗族内的血缘网络关系。② 地缘型互助是指居住在同一地区社会成员之间的救助行为，典型代表为邻里互助。③ 费孝通认为，在乡土社会家族中的家庭只是社会圈子中的一轮，离开血缘圈的重要社会圈子是邻居，乡邻关系也是乡村社会关系的重要一环，他们互相承担着特别的社会义务。④

互助文化对我国当代社会也具有重大影响。农民在农忙季节的帮扶互助、在丧葬嫁娶上的帮忙帮钱、对患病社会成员的疾病照料、对行动不便老年人的生活照料和服务供给均表现出互助的特点。在建立和发展城市社区服务机制的过程中，社区内成员的相互帮扶可在一定程度上使得社会互助传统得以传承。

社会保障的发展可对节俭储蓄文化施以影响。从春秋战国时期的《论语》、《墨子》⑤，到现代建设节约型社会的理念⑥，诸多思想都有着浓厚的节俭储蓄文化色彩。节俭储蓄行为表现为国家或个人将现期的资源进行储备，以应对未来的风险。节俭储蓄文化反对奢侈浪费，鼓励国家开源节流、国民量入为出，反对不必要的支出和消费，它促使国家和民众

① 参见王勇：《论汉代下层民众的互助活动》，载《中国社会经济史研究》，2009（1）。

② 在《旧唐书》中可以找到宗族救助的典型案例。如冀州鹿城女子王阿足，因为“姊年老孤寡，不能舍去，乃誓不嫁，以养其姊”；元行冲“少孤，为外祖司农卿韦机所养”；王珪“事寡嫂尽礼，抚孤侄恩义极隆，宗姻困匮者，亦多所周恤”。

③ 根据张读《宣室志》记载：“扶风县西有天和寺，在高冈之上，其下有龛宇轩豁。可穷居者，赵叟家焉。叟无妻孥，病足而伛，常策杖行乞于市，里中人哀其老病且穷无所归，率给以食。”乡里对赵叟“给食”就是邻里救助的表现。

④ 参见费孝通：《江村经济——中国农民的生活》，95～96页，北京，商务印书馆，2001。

⑤ 我国古代典籍《论语》、《墨子》中具有倡导节俭的思想。如《论语·八佾》中提到：“礼，与其奢也，宁俭。”《墨子·辞过》中提出：“圣人之所俭节也，小人之所淫佚也。俭节则昌，淫佚则亡。”《墨子·节用》中提出：“其为衣裘何？以为冬以圉寒，夏以圉暑。”“不极五味之调、芬香之和，不致远国珍怪异物。”《墨子·节葬》中提出：“棺三寸，足以朽体；衣衾三领，足以覆恶。以及其葬也，下毋及泉，上毋通臭，垄若参耕之亩，则止矣。”

⑥ 节约型社会的要求是走新型工业化道路，坚持资源开发与节约并重、把节约放在首位的方针，以节约使用资源和提高资源利用效率为核心，以节能、节水、节材、节地、资源综合利用和发展循环经济为重点。

对社会资源进行重新分配，对社会资源在不同的时间段内进行均衡，以保障国家和民众的安全。在节俭储蓄文化的影响下，我国国民进行了大量的储蓄。①

在社会保障体系不健全的情况下，国民的预防性动机增强，往往进行大量的储蓄以应对老年、医疗、工伤等风险；社会保障体系的完善则有利于提高国民应对社会风险的能力，促使国民增加当期消费。当前我国社会保障体系的不完善是人们不得不将大量的资金用于储蓄的主要原因之一。我国政府社会保障公共支出较少的状况长期存在。如我国城镇企业职工养老保险制度资金主要来源于企业和个人，政府的财政责任表现不清晰，且存在责任规避问题。这在一定程度上发挥了固化国民储蓄文化观念的作用。

推荐阅读书目

郑功成．社会保障学．北京：商务印书馆，2000.

丁建定．英国社会保障制度史．北京：人民出版社，2015.

丁建定．西方国家社会保障制度史．北京：高等教育出版社，2010.

① 参见郭林、杨斌：《文化视域下中国养老保障发展路径研究》，载《社会保障研究（北京）》，2013（2）。

主要参考文献

［美］艾伦等．退休金计划——退休金、利润分享和其他延期支付．北京：经济科学出版社，2003.

［丹麦］艾斯平－安德森．福利资本主义的三个世界．北京：法律出版社，2003.

［德］奥菲．福利国家的矛盾．长春：吉林人民出版社，2006.

［英］巴尔．福利国家经济学．北京：中国劳动社会保障出版社，2003.

陈佳贵，王延中．中国社会保障发展报告（2010）．北京：社会科学文献出版社，2010.

郑大松，刘昌平．改革开放30年：中国社会保障制度改革回顾评估与展望．北京：中国社会科学出版社，2009.

邓大松，刘昌平等．中国社会保障改革与发展报告．北京：人民出版社，2013.

邓大松等．中国社会保障若干重大问题研究．深圳：海天出版社，2000.

邓大松．社会保险．北京：中国劳动社会保障出版社，2002.

丁建定等．中国社会保障制度体系完善研究．北京：人民出版社，2013.

丁建定，柯卉兵．完善社会保障体系．武汉：湖北人民出版社，2012.

丁建定．西方国家社会保障制度史．北京：高等教育出版社，2010.

丁建定．社会福利思想．2版．武汉：华中科技大学出版社，2009.

董克用．中国经济改革30年：社会保障卷（1978－2008）．重庆：重庆大学出版社，2008.

樊小钢，陈薇．公共政策：统筹城乡社会保障．北京：经济管理出版社，2009.

费梅萍．社会保障概论．3版．上海：华东理工大学出版社，1999.

冯彦君．和谐社会建设与社会法保障．北京：中国劳动社会保障出版社，2008.

耿忠平．社会保障学导引．上海：同济大学出版社，2003.

顾俊礼．福利国家论析：以欧洲为背景的比较研究．北京：经济管理出版社，2002.

顾昕．走向全民医保：中国新医改的战略与战术．北京：中国劳动社会保障出版社，2008.

国际劳工局．社会保障：新共识．北京：中国劳动社会保障出版社，2004.

郭士征．社会保障学．上海：上海财经大学出版社，2004.

何平等．非正规就业群体社会保障问题研究．北京：中国劳动社会保障出版社，2008.

和春雷．社会保障制度的国际比较．北京：法律出版社，2001.

胡晓义．走向和谐：中国社会保障发展 60 年．北京：中国劳动社会保障出版社，2009.

[美] 怀特科等．当今世界的社会福利．北京：法律出版社，2003.

黄小花．中国人口与社会保障．北京：经济管理出版社，2006.

[英] 霍尔茨曼等．21 世纪可持续发展的养老金制度．北京：中国劳动社会保障出版社，2004.

[英] 霍尔茨曼等．养老金改革——名义账户制的问题与前景．北京：中国劳动社会保障出版社，2006.

[英] 霍尔茨曼等．21 世纪的老年收入保障——养老金制度改革国际比较．北京：中国劳动社会保障出版社，2006.

[美] 霍斯金斯等．21 世纪初的社会保障．北京：中国劳动社会保障出版社，2004.

Gilbert，Terrell. 社会福利政策导论．上海：华东理工大学出版社，2003.

[美] 吉尔伯特等．激活失业者——工作导向型政策跨国比较研究．北京：中国劳动社会保障出版社，2004.

[美] 吉尔伯特．社会福利的目标定位．北京：中国劳动社会保障出版社，2004.

吉列恩等．全球养老保障．北京：中国劳动社会保障出版社，2002.

姜守明，耿亮．西方社会保障制度概论．北京：科学出版社，2002.

[美] 卡特等．信守诺言——美国养老社会保险制度改革思路．北京：中国劳动社会保障出版社，2003.

[德] 考夫曼．社会福利国家面临的挑战．北京：商务印书馆，2004.

柯卉兵．中国社会保障转移支付制度研究．北京：人民出版社，2014.

柯卉兵．分裂与整合：社会保障地区差异与转移支付研究．北京：中国社会科学出版社，2010.

李绍光．深化社会保障改革的经济学分析．北京：中国人民大学出版社，2006.

李迎生．转型时期的社会政策．北京：中国人民大学出版社，2007.

李珍．社会保障制度与经济发展．武汉：武汉大学出版社，1998.

李珍．社会保障理论．北京：中国劳动社会保障出版社，2001.

林嘉．社会保障法的理念、实践与创新．北京：中国人民大学出版社，2002.

林义．社会保险．北京：中国金融出版社，1998.

林毓铭．社会保障与政府职能研究．北京：人民出版社，2008.

刘波．当代英国社会保障制度的系统分析与理论思考．上海：学林出版社，2006.

刘昌平等．中国新型农村社会养老保险制度研究．北京：中国社会科学出版社，2008.

刘昌平．可持续发展的中国城镇基本养老保险制度研究．北京：中国社会科学出版社，2008.

刘纪新．拉美国家养老金制度改革研究．北京：中国劳动社会保障出版社，2004.

刘苓玲．中国社会保障制度城乡衔接理论与政策研究．北京：经济科学出版社，2008.

刘燕斌．面向新世纪的全球就业．北京：中国劳动社会保障出版社，2000.

柳拯．中国农村最低生活保障制度政策过程与实施效果研究．北京：中国社会出版社，2009.

鲁全．转型期中国养老保险制度改革中的中央地方关系研究——以东北三省养老保险改革试点为例．北京：中国劳动社会保障出版社，2011.

[英] 罗恩．医疗保障政策创新．北京：中国劳动社会保障出版社，2004.

吕学静．中国农民工社会保障理论与实证研究．北京：中国劳动社会保障出版社，2008.

吕学静．日本社会保障制度．北京：经济管理出版社，2000.

吕学静．现代各国社会保障制度．北京：中国劳动社会保障出版社，2006.

孟庆跃，姚岚．中国城市医疗救助理论和实践．北京：中国劳动社会保障出版社，2007.

孟醒．统筹城乡社会保障：理论·机制·实践．北京：经济科学出版社，2005.

[加] 米什拉．资本主义社会的福利国家．北京：法律出版社，2003.

闵凡祥．国家与社会：英国社会福利观念的变迁与撒切尔政府社会福利改革研究．重庆：重庆出版社，2009.

穆怀中．社会保障国际比较．北京：中国劳动社会保障出版社，2002.

穆怀中．中国养老保险制度改革关键问题研究．北京：中国劳动社会保障出版社，2006.

穆怀中．养老金调整指数研究．北京：中国劳动社会保障出版社，2008.

穆怀中等．发展中国家社会保障制度的建立和完善．北京：人民出版社，2008.

[英] 皮尔逊．福利制度的新政治学．北京：商务印书馆，2004.

齐海鹏等．社会保障．大连：东北财经大学出版社，2000.

沈洁．日本社会保障制度的发展．北京：中国劳动社会保障出版社，2004.

史柏年．社会保障概论．北京：高等教育出版社，2004.

石宏伟．中国城乡二元化社会保障制度的改革和创新．北京：中国社会科学出版社，2008.

史探径．社会保障法研究．北京：法律出版社，2000.

斯哥等．地球村的社会保障——全球化和社会保障面临的挑战．北京：中国劳动社会保障出版社，2004.

宋士云．中国农村社会保障制度结构与变迁．北京：人民出版社，2006.

孙光德，董克用．社会保障概论．北京：中国人民大学出版社，2000.

田德文．欧盟社会政策与欧洲一体化．北京：社会科学文献出版社，2005.

童星．社会转型与社会保障．北京：中国劳动社会保障出版社，2007.

童星．社会保障与管理．南京：南京大学出版社，2002.

童星，林闽钢．中国农村社会保障．北京：人民出版社，2011.

王东进．中国社会保障制度的改革与发展．北京：法律出版社，2001.

王国军．社会保障：从二元到三维——中国城乡社会保障制度的比较与统筹．北京：对外经济贸易大学出版社，2005.

王国军．中国社会保障制度一体化研究．北京：科学出版社，2011.

王齐彦．中国新时期社会福利发展研究．北京：人民出版社，2011.

王三秀．农村最低生活保障制度的目标转型．北京：中国社会科学出版社，2010.

王延中等．中国卫生改革与发展实证研究．北京：中国劳动社会保障出版社，2008.

吴湘玲．我国区域基本养老保险协调发展研究．武汉：武汉大学出版社，2006.

吴士宇．后福利国家．上海：上海三联书店，2004.

杨燕绥等．论社会保障法．北京：中国劳动社会保障出版社，2003.

杨华．中国城乡一体化进程中的社会保障法律制度研究．北京：中国劳动社会保障出版社，2008.

杨立雄等．中国残疾人社会保障制度．北京：人民出版社，2011.

姚建平．中美社会救助制度比较．北京：中国社会出版社，2007.

张荐华．欧洲一体化与欧盟的经济社会政策．北京：商务印书馆，2001.

张奇林．美国医疗保障制度研究．北京：人民出版社，2005.

张新生．我国二元经济与农村多元过渡社会保障研究．北京：经济科学出版社，2009.

郑秉文，方定友，史寒冰．当代东亚国家、地区社会保障制度．北京：法律出版社，2002.

郑功成．社会保障学．北京：商务印书馆，2000.

郑功成．中国社会保障 30 年．北京：人民出版社，2008.

郑功成．中国社会保障改革与发展战略——理念、目标与行动方案．北京：人民出版社，2008.

郑功成．中国社会保障改革与发展战略（总论卷）．北京：人民出版社，2011.

中国发展研究基金会组织．构建全民共享的发展型社会福利体系．北京：中国发展出版社，2009.

种明钊．社会保障法律制度研究．北京：法律出版社，2000.

钟仁耀．养老金改革国际比较研究．上海：上海财经大学出版社，2004.

［日］中原弘二等．现代日本的社会保障．北京：中国劳动社会保障出版社，2006.

周弘．国外社会福利制度．北京：中国社会出版社，2004.

周弘．福利国家向何处去．北京：社会科学文献出版社，2006.

周沛．社会福利体系研究．北京：中国劳动社会保障出版社，2007.

朱青．中国社会保障制度完善与财政支出结构优化研究．北京：中国人民大学出版社，2010.

邹东涛等．社会保障：体系完善与制度创新．北京：社会科学文献出版社，2011.

邹根宝．社会保障制度：欧盟国家的经验与改革．上海：上海财经大学出版社，2001.

后　记

本书是国内多位知名中青年社会保障学者合作完成的。具体分工如下：

丁建定（华中科技大学）：导论、第二章 社会保障思想论、第三章 社会保障发展论

杨　斌（长安大学）：第一章 社会保障环境论

李　薇（中南财经政法大学）：第四章 社会保障改革论

王三秀（华中科技大学）：第五章 社会保障法制论

温海红（西安交通大学）：第六章 社会保障构成论

刘志英（武汉大学）：第七章 社会保障模式论

何文炯（浙江大学）：第八章 社会保障基金论

柯卉兵（华中科技大学）：第九章 社会保障管理论

郭　林（华中科技大学）第十章 社会保障功能论

全书由丁建定统稿和定稿。

丁建定

2016 年 3 月于紫菘公寓

图书在版编目（CIP）数据

社会保障概论新编／丁建定主编．—北京：中国人民大学出版社，2016.7
21世纪中国高校社会工作专业系列教材
ISBN 978-7-300-23135-8

Ⅰ.①社… Ⅱ.①丁… Ⅲ.①社会保障-高等学校-教材教材 Ⅳ.①C913.7

中国版本图书馆CIP数据核字（2016）第163722号

21世纪中国高校社会工作专业系列教材
社会保障概论新编
丁建定　主　编
Shehui Baozhang Gailun Xinbian

出版发行	中国人民大学出版社		
社　　址	北京中关村大街31号	**邮政编码**	100080
电　　话	010－62511242（总编室）		010－62511770（质管部）
	010－82501766（邮购部）		010－62514148（门市部）
	010－62515195（发行公司）		010－62515275（盗版举报）
网　　址	http://www.crup.com.cn		
	http://www.ttrnet.com(人大教研网)		
经　　销	新华书店		
印　　刷	北京密兴印刷有限公司		
规　　格	185 mm×260 mm　16开本	**版　　次**	2016年8月第1版
印　　张	20.75 插页1	**印　　次**	2016年8月第1次印刷
字　　数	456 000	**定　　价**	38.00元